CHONGQING SHI 2015 NIAN

XUEXIAO TIYU GONGZUO NIANDU BAOGAO LANPISHU

# 重庆市2015年

## 学校体育工作年度报告蓝皮书

重庆市教育委员会　组编

重庆大学出版社

图书在版编目(CIP)数据

重庆市 2015 年学校体育工作年度报告蓝皮书/重庆
市教育委员会组编. -- 重庆:重庆大学出版社,2017.11
    ISBN 978-7-5689-0181-9

    Ⅰ.①重… Ⅱ.①重… Ⅲ.①中小学—学校体育—体
育工作—研究报告—重庆—2015 Ⅳ.①G807.3

    中国版本图书馆 CIP 数据核字(2016)第 233320 号

**重庆市 2015 年学校体育工作年度报告蓝皮书**
CHONGQING SHI 2015 NIAN XUEXIAO TIYU GONGZUO NIANDU BAOGAO LANPISHU

重庆市教育委员会 组编
主　编　周　旭
执行主编　张　荣
责任编辑:陈一柳　　版式设计:陈一柳
责任校对:秦巴达　责任印制:张　策
＊
重庆大学出版社出版发行
出版人:易树平
社址:重庆市沙坪坝区大学城西路 21 号
邮编:401331
电话:(023) 88617190　88617185(中小学)
传真:(023) 88617186　88617166
网址:http://www.cqup.com.cn
邮箱:fxk@ cqup.com.cn (营销中心)
全国新华书店经销
重庆升光电力印务有限公司印刷
＊
开本:787mm×1092mm　1/16　印张:21.25　字数:381 千
2017 年 11 月第 1 版　　2017 年 11 月第 1 次印刷
ISBN 978-7-5689-0181-9　定价:58.00 元

# 重庆市 2015 年学校体育工作年度报告蓝皮书

# 编委会

| | |
|---|---|
| **主　　编** | 周　旭 |
| **执行主编** | 张　荣 |
| **副 主 编** | 余世琳　姚友明　金　玲　刘宏伟 |
| | 邓沁泉　刘先海　龚春燕　曹型远 |
| **编　　委** | 张淑娟　向淑平　胡　方　熊德雅 |
| | 熊知深　余　跃　张晓亮　梅永轩 |
| | 傅　瑜　任贞玲 |

# 序　言

　　习近平总书记指出：“少年强、青年强则中国强。”少年强、青年强，既包括思想品德强、学习成绩强、创新能力强、动手能力强，也包括身心健康、体魄强健、意志坚强。中华人民共和国成立以来，特别是党的十八大以来，党和国家非常重视青少年的健康成长，明确要求各级政府和学校要牢固树立“健康第一”“全面育人”的思想，坚持把青少年的健康成长放在全面建成小康社会、实现中华民族伟大复兴的战略高度，作为亿万家庭幸福和谐的民生大计，作为国家兴衰、民族兴旺的基础工程抓紧抓实抓好。

　　学校体育是青少年强其体质、壮其筋骨、历练意志和增强身心健康的有效途径，对青少年思想品德、智力发育、审美素养和健康生活方式的形成具有不可替代的作用。我市历来十分重视学校体育，明确提出要把“加强学校体育、增强学生体质”作为“科教兴渝”和“富民强市”的基础性工程，摆在应有位置；作为全面贯彻党的教育方针、全面实施素质教育和全面提高教育质量的重要举措，不断完善和落实各项政策措施。全市学校体育从渐进发展步入快速发展、科学发展的轨道，学校体育的政策体系初步形成、体育设施不断改善、锻炼风气日益浓厚、课程教学更加到位、保障水平更加有力，青少年学生的体质健康水平明显提升，呈现向好趋势。

　　从全市 2015 年学生体质健康调研结果看，全市青少年学生的身高、体重与2010 年相比，6～18 周岁年龄组男女生身高分别平均增长 1.29 cm、0.98 cm，19～22 周岁年龄组男女生身高分别平均增长 1.83 cm、0.69 cm；6～18 周岁年龄组男女生体重分别平均增长 1.91 kg、1.24 kg，19～22 周岁年龄组男女生体重分别平均增长 1.86 kg、1.05 kg。反映人体生理机能重要指标的肺活量水平与 2010 年相比，6～18 周岁年龄组男女生分别平均增长 10 mL、41 mL，19～22 周岁年龄组男生平均增长 479 mL。贫血患病率和乡村小学生蛔虫感染率与 2010 年相比，7、9、12、14 周岁年龄组男女生低血红蛋白检出率分别下降 3.57、9.15 个百分点，9 岁年龄组乡村男女生蛔虫感染率分别下降1.84、0.81个百分点。学生营养不良检出率与2010年相比，6~18周岁年龄组男女生分别平均下降1.09、2.32个百分点，19~22周岁年龄组男女生分别平均下降1.92、1.80个百分点。全市中小学生的身体素质普遍提高，与2010年相比，6~18周岁年龄组男女生速度素质（50米跑）分别提高0.21 s、0.18 s，耐力素质分别提高1.72 s、3.01 s，力量素质（立定跳远）分别提高1.70 cm、0.41 cm。

《重庆市2015年学校体育工作年度报告蓝皮书》，是重庆市教委根据国务院办公厅转发教育部等部门《关于进一步加强学校体育的若干意见》和教育部《关于印发学生体质健康监测评估办法等三个文件的通知》的精神，反映全市学校体育工作现状的专门著述，具有权威性、全面性和系统性。本卷为首期出版，主要记述全市2015年中小学（含中职学校）体育工作的组织管理、条件保障、课程实施、阳光体育活动开展、学生体质健康变化等方面的情况。本书还围绕创新现代学校体育这一主线，传递高层声音，解读国家战略，交流区县经验，公示相关指标达标情况，指出学校体育存在的突出问题，提出改进意见建议，凝聚社会共识，为进一步推进学校体育持续健康发展提供决策依据。

本书以第三方的视角和历史的眼光，多角度、全方位地展示了我市2015年学校体育工作的新思路、新发展和新成效，体现了学校体育的育人特色，突出了学生体质健康的核心地位，是全市学校体育全面贯彻党的十八大和十八届三中、四中、五中全会精神，落实"立德树人"根本任务，培育全面发展人才，践行"创新、协作、绿色、开放、共享"发展理念的真实写照。面对"十三五"，学校体育面临新的机遇和挑战，需要我们按照党和国家对学校体育工作的新定位，提出的新目标和新要求，持续用力、久久为功，努力为每一个学生的健康成长和幸福人生奠定健康基础。

重庆市教育委员会主任　周旭
2016年6月于重庆

# 编辑说明

《重庆市 2015 年学校体育工作年度报告蓝皮书》，是重庆市教委根据国务院办公厅转发教育部等部门《关于进一步加强学校体育的若干意见》和教育部《关于印发学生体质健康监测评估办法等三个文件的通知》的精神，主编出版的一部反映全市学校体育工作现状的专门著述，具有权威性、全面性和系统性。

2015 卷为首期出版，主要记述全市 2015 年中小学（含中职学校）体育工作的组织管理、条件保障、课程实施、阳光体育活动开展、学生体质健康变化等方面的情况。

本书采用篇章节目体编排，分三篇四十六章。第一篇共三章，是全市学校体育工作的自评报告，分基本概况、主要工作与成效、主要问题与改进措施。第二篇共三章，是全市学校体育工作的总评报告，分评估概况、主要工作概况、主要问题与工作建议。第三篇是各区县（自治县）学校体育工作的分评报告，每个区县一章，每章记述三个内容：基本概况、主要亮点、主要问题。

书中评估报告采取定量与定性分析相结合的方式，对全市及各区县 2015 年学校体育工作的组织管理、教育教学、条件保障和学生体质健康情况，特别是学校体育开课率、教学实施情况、阳光体育活动开展情况、学校体育经费投入、教学条件改善、教师队伍建设和学生体质健康状况等关键指标进行了全面、客观的评价。定量分析的有关数据主要来源于各区县上报的《中小学校体育工作评估自评结果报表》和《学校体育工作年度报表》及年度报告数据；定性分析的信息样本主要来源于各区县的自评报告、专家评审、平时上报的有关信息和门户网站的相关信息。

因自评报告和评估报告所用数据来源、统计时段、统计口径不一，存在一些数据不一致的现象，使用时应注意。自评报告的数据主要来源于《重庆市 2015—2016 年教育事业学年初统计报表》和《重庆市 2015 年中学校体育工作自评结果统计报表》，评估报告的数据主要来源于各区县 2015 年中小学校体育工作自评结果统计报表汇总。

本书是首次编撰，加之时间紧、任务重，疏漏之处在所难免，恳请读者谅解并给予指正。

编　者

2016 年 6 月于重庆

# 目 录

# 第一篇

## 全市自评报告

2015 年 12 月,重庆市教委根据教育部制定的《学生体质健康监测评价办法》《中小学校体育工作评估办法》和《学校体育工作年度报告办法》(教体艺〔2014〕3 号)的相关要求,组织有关人员对全市学校体育工作,特别是国办发〔2012〕53 号、渝府办发〔2013〕137 号、教体艺〔2014〕3 号文件的贯彻落实情况,学校体育硬件设施建设、师资队伍建设、体育课程建设情况,学生体育竞赛和课外体育活动情况,学生体质健康状况等进行了全面细致的自查。现将自评结果报告如下:

# 第一章  基本概况

2015 年,是教育部门主导校园足球工作的开局之年,也是全市大力实施学校体育三年行动计划的收官之年。全市学校体育工作按照国务院办公厅转发教育部等部门《关于进一步加强学校体育的若干意见》(国办发〔2012〕53 号)和教育部《关于印发学生体质健康监测评价办法等三个文件的通知》(教体艺〔2014〕3 号)要求,围绕"健康第一"思想和"全面育人"理念,广泛开展阳光体育运动和大课间活动,切实推进"2 + 2"项目普及,不断深化课程教学改革,着力提升学生身心素质、增强学生身心健康,各项工作稳步推进,基本完成年度目标任务,取得了可喜成绩。

2015 年,全市有中小学 5 589 所(含中等职业教育学校,下同),比上年减少 433 所,下降 7.19%;有在校学生 413.40 万人,比上年减少 3.52 万人,下降 0.84%;有在职教职工 27.66 万人,比上年增加 400 人,增长 0.14%。2015 年,全市有 3 628 所具有独立法人资格的中小学(村校等非独立法人资格中小学参加所在学区中心校评估)参加了学校体育工作评估,比上年减少 164 所,下降 4.32%。其中,优秀学校 2 001 所,占参评学校的55.15%,比上年增长 3.07 个百分点;良好学校 1 068 所,占参评学校的 29.41%,比上年下降 0.65 个百分点;合格学校 519 所,占参评学校的 14.33%,比上年下降 2.36 个百分点;不合格学校 40 所,占参评学校的 1.11%,比上年增长 0.03 个百分点;体育工作加分学校 2 053 所,占参评学校的 56.59%,比上年增长 4.48 个百分点。

表 1-1-1  重庆市 2015 年中小学体育工作评估基本信息一览表

| 评估项目 | 2014 年 | 2015 年 | 与上年比较( ± ) | |
|---|---|---|---|---|
| | | | 数量 | 比例/% |
| 学校数/所 | 6 022 | 5 589 | − 433 | − 7.19 |
| 在校学生数/万人 | 416.92 | 413.40 | − 3.52 | − 0.84 |
| 教学班数/个 | 74 899 | 74 195 | − 704 | − 0.94 |

续表

| 评估项目 | 2014 年 | 2015 年 | 与上年比较（±） | |
|---|---|---|---|---|
| | | | 数量 | 比例/% |
| 在职教职工数/万人 | 27.62 | 27.66 | 0.04 | 0.14 |
| 参加体育工作评估学校数/所 | 3 792 | 3 628 | −164 | −4.32 |
| 其中:优秀学校占比 | 52.08 | 55.15 | 3.07 | 5.89 |
| 良好学校占比 | 30.06 | 29.41 | −0.65 | −2.16 |
| 合格学校占比 | 16.69 | 14.33 | −2.36 | −14.14 |
| 不合格学校占比 | 1.08 | 1.11 | 0.03 | 2.78 |
| 加分学校占比 | 52.11 | 56.59 | 4.48 | 8.60 |

说明:表中数据来源于《重庆市2015—2016年教育事业学年初统计报表》和《重庆市2015年中小学校体育工作自评结果统计报表》。

表 1-1-2　重庆市 2015 年中小学体育工作自评结果一览表

| 学校类别 | 学校总数 | 优秀学校 | 比例/% | 良好学校 | 比例/% | 合格学校 | 比例/% | 不合格学校 | 比例/% | 加分学校 | 比例/% |
|---|---|---|---|---|---|---|---|---|---|---|---|
| 普通高中 | 253 | 193 | 76.28 | 42 | 16.60 | 18 | 7.11 | 0 | 0 | 206 | 81.42 |
| 中职学校 | 63 | 33 | 52.38 | 13 | 20.63 | 8 | 12.70 | 9 | 14.29 | 42 | 66.67 |
| 普通初中 | 836 | 514 | 61.48 | 215 | 25.72 | 103 | 12.32 | 4 | 0.48 | 539 | 64.47 |
| 普通小学 | 2 476 | 1 261 | 50.93 | 798 | 32.23 | 390 | 15.75 | 27 | 1.09 | 1 266 | 51.13 |
| 总计 | 3 628 | 2 001 | 55.15 | 1 068 | 29.41 | 519 | 14.33 | 40 | 1.11 | 2 053 | 56.59 |

说明:表中数据来源于《重庆市2015年中小学校体育工作自评结果统计报表》。

# 第二章　主要工作与成效

## 一、组织领导更加到位

习近平总书记指出："少年强、青年强则中国强。"青少年的健康成长事关全民素质提升，事关国家发展和民族兴亡。党中央、国务院历来高度重视，始终坚持把发展学校体育、促进学生身心健康摆在重要的战略地位，再三强调各级政府和学校要牢固树立"健康第一"思想，增强青少年体质，促进青少年健康成长、全面发展。2007年，中共中央、国务院印发的《关于加强青少年体育增强青少年体质的意见》(中发〔2007〕7号)指出，青少年的健康水平不仅关系个人的健康成长和幸福生活，而且关系整个民族的健康素质，关系我国人才的培养质量。党的十八届三中全会印发的《关于全面深化改革若干重大问题的决定》提出，教育要以立德树人为根本任务，再次明确了新时期学校体育工作的战略目标和时代内涵。强化体育课和课外锻炼，促进青少年身心健康、体魄强健，成为新时期学校体育改革发展的基本任务和突出重点。

重庆市委、市政府十分重视学校体育发展。市委明确提出，要把"加强学校体育、增强学生体质"作为"科教兴渝"和"富民强市"的基础性工程，摆在应有位置，作为全面贯彻党的教育方针、全面实施素质教育和全面提高教育质量的重要举措，不断完善和落实各项政策措施。市政府坚持把学校体育工作情况和学生体质健康情况，纳入区县政府"全民健身工程"目标考核指标体系，仅学校运动场建设一项分值就达11分，占整个考评总分的11%。市政府办公厅印发了《关于进一步加强学校体育和艺术教育工作的意见》(渝府办发〔2015〕110号)，着力推动各区县政府和教育行政部门，切实加强学校体育教学和体育锻炼。全市还建立了由市教委牵头，市发改委、市财政局、市卫计委、市体育局、市人社局、市文化委、团市委8个部门组成的联席会议制度，统筹协调解决学校体育工作中的突出问题。各成员单位按照职责分工，各司其职，积极开展工作,加强信息沟通,相互配合支持,初步形成政府主导、部门协调、社会参与、各方责任明确的管理体系和学校、家庭、社会紧密结合的工作体系。

表1-2-1　2007—2015年重庆市学校体育工作政策文件一览表

| 时　间 | 事　项 |
| --- | --- |
| 2007年3月 | 市教委、市体育局、团市委印发《关于进一步加强学校体育工作切实提高学生健康素质的意见》(渝教体卫艺〔2007〕11号) |
| 2007年3月 | 市教委印发《关于认真做好2007年初中毕业生升学体育考试的通知》(渝教体卫艺〔2007〕6号),要求全市统一举行初中毕业生升学体育考试,并将成绩按30分的分值计入中考总分 |
| 2007年7月 | 市教委、市体育局印发《关于全面实施国家学生体质健康标准的通知》(渝教体卫艺〔2007〕17号),启动国家学生体质健康达标工作 |
| 2008年1月 | 市教委印发《2008年重庆市初中毕业生升学体育考试工作方案的通知》(渝教体卫艺〔2008〕1号),体育升学考试成绩占比由30分增至50分 |
| 2008年5月 | 市教委印发《关于开展体育艺术科技"2+2"项目实验工作的通知》(渝教体卫艺〔2008〕17号),并从当年秋季起,在全市中小学逐步推进体育艺术科技"2+2"项目实验工作 |
| 2008年11月 | 市委三届四次全会提出,到2012年在全市中小学建设1 000片塑胶运动场的目标,切实改善中小学的体育教学环境 |
| 2008年12月 | 市委、市政府印发《关于加强学校体育增强学生体质的意见》(渝委发〔2008〕32号),明确新时期学校体育工作的目标和任务 |
| 2009年3月 | 市教委印发《关于增加普通中小学体育课时的通知》(渝教基〔2009〕24号),调整中小学课时计划,明确规定中小学校体育课时每周增至4节 |
| 2009年5月 | 市教委印发《关于加强高校体育教学管理工作的意见》(渝教体卫艺〔2009〕16号),安排部署高校体育教学管理工作 |
| 2009年12月 | 市教委、市卫生局、市体育局印发(渝教体卫艺〔2009〕43号),提出到2012年全市中小学体育场地器材达标率达80% |
| 2010年7月 | 市教委、市财政局印发《关于调整体育教师和卫生保健人员工作服装发放标准的通知》(渝教财〔2010〕50号),体育教师工作服配置标准由每人每年160元增至400元 |

续表

| 时　间 | 事　项 |
|---|---|
| 2011 年 3 月 | 市教委印发《关于在全市大中小学生中广泛开展跳绳活动的通知》(渝教体卫艺〔2011〕8 号),要求各级各类学校要把跳绳活动纳入体育课教学和中招体育考试内容,作为大课间活动、课外体育活动和体育竞赛的主要项目 |
| 2011 年 5 月 | 市教委印发《关于在义务教育阶段开展体育艺术特色学校创建工作的通知》(渝教体卫艺〔2011〕22 号),提出到 2013 年创建市级体育特色学校 300 所 |
| 2011 年 9 月 | 市教委转发《教育部关于切实保证中小学生每天一小时校园体育活动的通知》(渝教体卫艺〔2011〕32 号),要求各中小学必须保证学生每天一小时的校园体育活动时间 |
| 2012 年 3 月 | 市教委印发《关于命名首批义务教育阶段体育艺术特色学校的通知》(渝教体卫艺〔2012〕7 号),命名首批义务教育阶段体育特色学校 20 所 |
| 2012 年 4 月 | 市教委印发《关于进一步加强中小学体育教学工作的通知》(渝教体卫艺〔2012〕13 号),明确新时期中小学体育教学的新要求 |
| 2013 年 3 月 | 市教委印发《关于开展普通高等学校体育工作考核的通知》(渝教体卫艺〔2013〕5 号),决定从 2013 年起,每 4 年组织一次高校体育工作考核 |
| 2013 年 6 月 | 市政府办公厅转发《市教委等部门关于进一步加强学校体育工作意见的通知》(渝府办发〔2013〕137 号),提出进一步加强学校体育工作的十七条意见 |
| 2014 年 2 月 | 市教委印发《关于学习贯彻市政府办公厅转发市教委等部门关于进一步加强学校体育工作意见的通知》(渝教体卫艺〔2014〕8 号),要求各区县和学校要深入贯彻学习渝府办发〔2013〕137 号文件精神 |
| 2014 年 4 月 | 市教委印发《关于开展重庆市中小学学生活动月活动的通知》(渝教体卫艺〔2014〕20 号),明确每年 10 月为学生体育活动月 |
| 2014 年 9 月 | 市教委印发《关于启动学校体育工作专项评估的通知》(渝教体卫艺〔2014〕39 号),启动全市学校体育评估工作 |
| 2014 年 10 月 | 市教委印发《关于大力开展校园足球·啦啦操试点活动的通知》(渝教体卫艺〔2014〕42 号),启动校园足球试点工作 |
| 2014 年 11 月 | 市教委印发《关于成立重庆市学校体育教学指导委员会的通知》(渝教体卫艺〔2014〕48 号),加强专家团队对学校体育工作的专业引领 |
| 2014 年 12 月 | 市教委印发《关于命名第二批体育艺术特色学校的通知》(渝教体卫艺〔2014〕56 号),命名第二批体育特色学校 30 所 |

续表

| 时　　间 | 事　项 |
| --- | --- |
| 2015 年 3 月 | 市教委印发《关于命名重庆市首批校园足球特色学校的通知》(渝教体卫艺〔2015〕7 号),命名首批校园足球特色学校 300 所 |
| 2015 年 5 月 | 市教委印发《关于增加培养体育后备人才足球试点校的通知》(渝教体卫艺〔2015〕25 号),推动校园足球活动广泛开展 |
| 2015 年 5 月 | 市教委印发《关于切实加强恶劣天气学生户外体育活动管理的通知》(渝教体卫艺〔2015〕26 号),加强恶劣天气环境下学生运动安全管理 |
| 2015 年 6 月 | 市政府办公厅印发《关于进一步加强学校体育和艺术教育工作的意见》(渝府办发〔2015〕110 号),着力推动学校体育教学和体育锻炼 |
| 2015 年 6 月 | 市教委印发《重庆市校园足球工作考核办法(试行)》(渝教体卫艺〔2015〕35 号),加强对校园足球工作的管理 |
| 2015 年 9 月 | 市教委印发《关于成立重庆市青少年校园足球工作领导小组的通知》(渝教体卫艺〔2015〕55 号),统筹全市校园足球工作 |
| 2015 年 10 月 | 市教委印发《关于加强学生体质健康监测相关工作的通知》(渝教体卫艺〔2015〕63 号),提升学生体质健康监测工作的制度化、信息化水平 |
| 2015 年 11 月 | 市教委印发《关于大力推进青少年校园足球工作的意见》(渝教体卫艺〔2015〕73 号),提出推进青少年校园足球发展的十二条意见 |

## 二、课程教学更加落实

加强学校体育课程教学、确保学生每天一小时体育锻炼,是培养学生终身锻炼习惯、提高学生健康素质、促进学生健康成长、提升学生运动素养的主渠道和主阵地,是全面实施素质教育、培养全面发展人才的重要途径,是学校教育全面落实立德树人根本任务,坚持以人为本、全面发展的必然要求。全市始终坚持把强化和规范体育课程教学作为强化学校体育的重要抓手,通过规范办学行为、实施高中新课程改革等有效手段,督促各类学校落实每周 4 节体育课、每学期不少于 7 课时健康教育的规定。全市小学基本落实每周 4 节体育课,大部分中学通过 2 节体育课＋2 节体育活动课("2 ＋2"模式)或 3 节体育课＋1 节体育活动课("3 ＋1"模式)的方式保证每周 4 节体育课的要求。为确保课程的教学质量,市教委还组织相关专家研究制订了《重庆市中小学体育教学指导纲要及评价标准》和《重庆市中小学体育学科课堂教学常规》,并从

2013 年秋季起在全市施行。

2015 年,从参与全市学校体育工作评估的 3 628 所中小学看,按照国家课程设置要求开齐开足体育课时的学校有 3 594 所,占参评学校总数的 99.06%,比上年的 98.51% 增长了 0.55 个百分点;落实每天一小时体育锻炼的学校有 3 597 所,占参评学校总数的 99.15%,比上年的 95.59 增长了 3.56 个百分点;组织了大课间体育活动的学校有 3 591 所,占参评学校总数的 98.98%,比上年的 98.17% 增长了 0.81 个百分点。全市 99.11% 的中小学坚持了每年 1 次的春、秋季运动会。全市 71.12% 的中小学依据课程标准组织体育教学,21.88% 的中小学基本依据课程标准组织体育教学。全市 56.78% 的中小学开展了体育教学研究与课程教学改革,75.68% 的中小学建立了体育课程教学考勤制度和考核制度,并将考核结果记入学生成长档案。全市 98.88% 的中小学开展了体育、艺术"2 + 2"项目试验,其中 38.98% 的学校学生初步掌握了 2 项体育锻炼技能,49.67% 的学校学生初步掌握了 1 项体育锻炼技能。

表 1-2-2　重庆市 2015 年中小学体育课程落实情况一览表　　　　单位:所

| 学校类别 | 学校数 | | 体育课开足学校数 | | 落实每天一小时体育锻炼学校数 | | 组织大课间体育活动学校数 | |
|---|---|---|---|---|---|---|---|---|
| | 2014 年 | 2015 年 | 2014 年 | 2015 年 | 2014 年 | 2015 年 | 2014 年 | 2015 年 |
| 小学 | 2 582 | 2 476 | 2 543 | 2 449 | 2 437 | 2 458 | 2 536 | 2 452 |
| 初中 | 702 | 809 | 685 | 807 | 682 | 805 | 681 | 809 |
| 高中 | 75 | 250 | 75 | 250 | 75 | 250 | 74 | 250 |
| 九年一贯制学校 | 191 | 27 | 191 | 27 | 190 | 27 | 191 | 27 |
| 十二年一贯制学校 | 7 | 3 | 7 | 3 | 7 | 3 | 7 | 3 |
| 完全中学 | 211 | 63 | 211 | 58 | 211 | 54 | 210 | 50 |
| 合　计 | 3 768 | 3 628 | 3 712 | 3 594 | 3 602 | 3 597 | 3 699 | 3 591 |

## 三、课程改革更加深入

全市按照学校体育发展规律和学生身心成长规律,建立了逐级递进、科学衔接、富有特色的中小学体育课程体系,并积极探索小学体育兴趣化、初中体育多样化、高中体育特色化的国家、地方、学校三级课程实施体系,鼓励区县和学校大力开发具有民族、地域特色的地方体育课程和校本体育课程,构建"菜单式、多元化、个性化"的体育教学体系。一些有条件的区县和学校打破传统的体育课堂教学模式,按照学生兴趣爱好,大力推行"连堂教学、分类教学、分层教学",确保了每个学生的个性特长都能得到良好发展。还有的区县和学校因地制宜开展体育教学改革试点,大力推行"菜单式"教学和"走班制"教学,积极开展长短课、专项课、综合课改革试点,增强体育课程教学的趣味性和吸引力,着力培养学生的体育爱好和运动兴趣,让每个学生在校都能学会至少两项终身受益的体育锻炼项目,养成良好的体育锻炼习惯和健康生活方式,掌握科学的运动方法和基本技能。

同时,还将课程改革纳入全市教育科研总体规划,与其他学科研究同部署、同规划、同管理。坚持每两年一届的学校体育科学论文报告制度和专题研究制度,定期表彰在体育课程改革和体育科学研究中的先进典型,及时推广成功经验,交流研究成果,提高研究水平,推动学校体育教育改革,引导广大体育教师认真钻研业务,积极探索和总结教学经验,并通过特色学校建设引领带动。到2015年,全市已成功举办六届中小学体育优秀论文评选活动、七届高校体育优秀论文评选活动,命名两批共50所体育特色学校。

表1-2-3　重庆市义务教育阶段体育特色学校一览表

| 学校名称 | 特色项目 | 学校名称 | 特色项目 |
|---|---|---|---|
| 万州区上海小学校 | 篮球 | 渝中区大田湾小学校 | 足球 |
| 大渡口区实验小学校 | 武术 | 大渡口区马王小学校 | 足球 |
| 江北区港城小学校 | 跳绳 | 江北区苗儿石小学校 | 毽球 |
| 沙坪坝区景瑞小学校 | 武术 | 九龙坡区第二实验小学校 | 足球 |
| 九龙坡区西彭镇第一小学校 | 跳绳 | 南岸区弹子石小学 | 乒乓球 |
| 南岸区江南小学校 | 足球 | 北碚区澄江小学校 | 民族传统体育 |
| 綦江区万盛新华小学校 | 羽毛球 | 渝北区实验小学校 | 篮球 |
| 巴南区鱼洞第四小学校 | 篮球 | 江津区龙华小学校 | 排球 |
| 綦江区营盘山小学校 | 篮球 | 铜梁区龙都小学校 | 篮球 |
| 大足区龙岗第一小学校 | 篮球 | 石柱县大歇中学校 | 民族传统体育 |
| 万州区汶罗小学 | 跳绳 | 大渡口区钰鑫小学 | 花式跳绳 |
| 江北区观音桥小学 | 田径 | 江北区和济小学 | 足球 |
| 江北区华新实验小学 | 排球 | 重庆市字水中学 | 田径、毽球 |

续表

| 学校名称 | 特色项目 | 学校名称 | 特色项目 |
|---|---|---|---|
| 沙坪坝区山洞小学 | 足球 | 沙坪坝区烈士墓小学 | 跳绳 |
| 重庆市第七中学 | 足球 | 重庆市凤鸣山中学 | 田径 |
| 九龙坡区人和小学 | 武术 | 重庆市铁路小学 | 足球、乒乓球 |
| 南岸区天台岗小学 | 篮球 | 渝北区汉渝路小学 | 花式跳绳 |
| 重庆市南华中学校 | 武术 | 重庆市暨华中学 | 排球 |
| 永川区双石小学 | 篮球 | 綦江区陵园小学 | 乒乓球 |
| 重庆市綦江中学 | 足球 | 璧山区实验小学 | 篮球 |
| 垫江县五洞小学 | 跳绳 | 武隆县第二实验小学 | 篮球 |
| 开县汉丰第五中心小学 | 乒乓球 | 云阳县民德小学 | 少儿篮球 |
| 云阳县江口中学 | 乒乓球 | 丰节县草堂镇中学 | 武术 |
| 巫山县大昌小学 | 乒乓球 | 石柱县民族中学 | 竹铃球 |
| 北部新区星光学校 | 花式跳绳 | 重庆市第八中学 | 排球 |

表1-2-4  重庆市2007—2015年学校体育科研论文评选一览表

| 时　间 | 事　项 |
|---|---|
| 2007年10月 | 成功举办重庆市第二届中小学体育优秀论文评选活动,收到论文1 124篇,评出一等奖24篇、二等奖97篇、三等奖155篇 |
| 2009年3月5日 | 召开重庆市第二届大学生运动会体育科学论文报告会,收到论文129篇,评出一等奖4篇、二等奖20篇、三等奖50篇 |
| 2010年11—12月 | 举办重庆市第三届中小学体育科学论文报告会,收到论文408篇,评出一等奖51篇、二等奖99篇、三等奖150篇 |
| 2011年7月14—22日 | 选送论文参加第十一届全国中学生运动会科学论文报告会暨第六届中国学校体育科学大会,获一等奖2篇、二等奖11篇、三等奖23篇,创历史最好成绩 |
| 2012年3月 | 成功举办重庆市第六届高校体育科学论文报告会,收到论文423篇,评选获奖论文257篇,占上交论文的60.76% |
| 2012年9月8—18日 | 推选131篇论文参加第九届全国大学生运动会科报会优秀论文评选,获大会一等奖2篇、二等奖8篇、三等奖10篇 |

续表

| 时　间 | 事　项 |
| --- | --- |
| 2014 年 7 月 28 日—8 月 2 日 | 选送论文参加第十二届全国学生运动会科学论文报告会,获一等奖 2 篇、二等奖 17 篇、三等奖 34 篇,创历史最好成绩,荣获优秀组织奖 |
| 2015 年 2 月 12 日 | 重庆市第七届高校体育科学论文评选工作圆满结束,收到 28 所高校参评论文 382 篇,评出一等奖 39 篇、二等奖 78 篇、三等奖 110 篇 |

## 四、体育活动更加丰富

围绕 10 月学生体育活动月,以班级为基础,学校为主体,区县为平台,市级为引领,大力开展内容丰富、形式多样的体育主题实践活动、观摩活动和竞赛活动。学生体育活动形式不断更新、内容更加丰富。2015 年,全市共举办市级学生体育竞赛活动 32 次,涵盖田径、足球、篮球、排球、武术等 14 个运动大项 120 多个运动小项,参赛运动员达 2.5 万余人次。1 人 1 次破重庆市纪录,5 人 2 次破重庆市大学生运动会纪录,6 人 3 次破重庆市中学生纪录,3 人达国家健将级运动员标准,17 人达国家一级运动员标准,432 人达国家二级运动员标准。参加全国中学生田径锦标赛,获团体总分第二名;参加全国体育传统项目学校田径赛,获团体总分第一名;参加全国青少年校园足球联赛,以全胜的骄人成绩获得冠军;参加“谁是球王”全国总决赛,获得亚军;参加第八届亚洲跳绳锦标赛,获 3 金 2 铜,并打破 1 项亚洲纪录;参加 2015 全国青少年国际象棋锦标赛,获青年女子组冠军;参加 2015 全国业余高尔夫球希望赛获冠军,3 人获健将级运动员称号。

表 1-2-5　重庆市 2007—2015 年市级重大体育活动一览表

| 时　间 | 事　项 |
| --- | --- |
| 2007 年 3 月 15 日 | 组团参加重庆市第二届运动会,获 29 金 22 银 18 铜,团体总分 11 023 分,奖牌总数和团体总分位列行业组第二名 |
| 2007 年 4 月 29 日 | 全市大中小学以学校为单位,按照教育部、国家体育总局、共青团中央的统一部署,因地制宜组织开展丰富多彩的阳光体育活动 |
| 2007 年 5 月 18 日 | 市教委在南岸区江南体育馆召开重庆市学校体育工作会议,并举行“亿万学生阳光体育运动”重庆市展示活动 |

续表

| 时间 | 事项 |
|---|---|
| 2008 年 10—11 月 | 重庆市第二届大学生运动会在重庆大学、西南大学、西南政法大学、重庆邮电大学、重庆师范大学、重庆三峡学院、四川外语学院举行 |
| 2009 年 5 月 14 日 | 教育部、国家体育总局、共青团中央在重庆市渝北区举行全国亿万学生阳光体育运动推进会暨现场观摩活动,展示重庆市学生阳光体育运动取得的主要成绩 |
| 2009 年 5 月 27 日 | 市教委在渝中区、江北区的部分学校举行全市中小学体育公开课和大课间观摩活动,推进学校体育教学和大课间活动 |
| 2009 年 10 月 24 日 | 重庆市第一届"健康校园杯"学生运动会在西南大学开幕,来自全市 41 个区县 50 所高校的 91 支代表队 8 000 余名运动员参加田径等 15 个项目的比赛 |
| 2010 年 6—10 月 | 组团参加重庆市第三届运动会,获 34 金 19 银 20 铜,团体总分 1 159.5 分,奖牌总数和团体总分位列行业组第二名,取得运动成绩和精神文明的双丰收 |
| 2010 年 6 月 18 日 | 教育部、国家体育总局、共青团中央在京召开全国贯彻落实中共中央国务院关于加强体育工作推进会,重庆作大会交流发言 |
| 2010 年 12 月 8 日 | 圆满完成沙坪坝区、大足县、云阳县和重庆师范大学 2010 年全国学生体质健康调研现场检测和数据汇总上报工作 |
| 2011 年 3 月 12 日 | 市委召开全市学校体育工作专题会议,决定以中小学为重点,广泛开展跳绳活动,并在重庆市求精中学举行启动仪式 |
| 2011 年 5 月 14 日 | 市教委在石柱县召开全市学校体育工作推进会,并在江北区港城小学举办全市学生跳绳展示活动,市委、市政府有关领导观看展演 |
| 2011 年 6 月 2 日 | 市教委在南岸区珊瑚实验小学举行"跳出健康·跳出快乐"全市中小学生跳绳联动活动,全市 8 000 余所中小学 300 余万中小学生同步进行大课间跳绳活动 |
| 2011 年 6 月 16 日 | 市政府与教育部在重庆市渝北区联合举行"心手相连·健康成长"全国学生阳光体育运动展示活动,来自全国各直辖市、计划单列市和革命老区的 260 余名中学生参加了跳绳、踢毽子和登山比赛 |
| 2011 年 7 月 14—22 日 | 组团参加第十一届全国中学生运动会,获 1 金 3 银 1 铜,团体总分 117 分,奖牌总数团体总分位列西部第三,西南第一 |

续表

| 时　　间 | 事　　项 |
| --- | --- |
| 2011 年 11 月 20 日 | 重庆市第二届"健康校园杯"大中小学生运动会圆满结束,来自全市 41 个区县 53 所高校的 11 000 名运动员参加了 17 个项目的比赛,21 人次打破 15 项重庆市大、中学生纪录 |
| 2012 年 5 月 3 日 | 市教委在南岸区弹子石小学召开重庆市中小学校体育艺术科技"2 + 2"项目实验工作现场推进会,总结和交流全市中小学校体育艺术科技"2 + 2"项目实验工作取得的成绩和经验 |
| 2012 年 6 月 26 日 | 组织专家从全市各区县和委直属中小学推荐报送的 74 个优秀案例中,遴选 28 个优秀案例参加全国中小学阳光体育运动优秀案例征集评选活动 |
| 2012 年 7 月 3—4 日 | 在重庆文理学院召开全市中小学体育教学工作会议,总结部署全市中小学学校体育教学改革工作,学习《重庆市中小学体育课程教学指导纲要及评价标准》 |
| 2012 年 9 月 8—18 日 | 组团参加第九届全国大学生运动会,获 2 枚金牌,团体总分 60.5 分,位列西部第三,西南第一 |
| 2012 年 10 月 31 日 | 在九龙坡区华润谢家湾小学和杨家坪小学举行"2 + 2"项目体育艺术班级展示活动,同时对各地报送推荐参加市级展示的项目进行评比,评出一等奖 39 名、二等奖 32 名 |
| 2014 年 7 月 28 日—8 月 2 日 | 组团参加第十二届全国学生运动会,获 1 银 5 铜,团体总分 106 分,位列西部第一,取得运动成绩和精神文明的双丰收 |
| 2014 年 11 月 18 日 | 重庆市学校体育教学指导委员会成立,重庆市教委主任周旭、巡视员钟燕任顾问,西南大学体育学院院长郭立亚任主任委员 |
| 2015 年 3 月 12 日 | 重庆市首批校园足球特色学校评选工作圆满结束,全市 782 所中小学申报参评,确认万州区中加友谊小学等 300 所学校为重庆市首批校园足球特色学校 |
| 2015 年 9—10 月 | 市教委对全市各大中小学、中等职业学校、幼儿园的体育场馆及运动设施、器材进行拉网式排查 |
| 2015 年 9 月 12 日 | 向教育部报送深化学校体育改革的典型经验材料 10 篇,全部入选《2015 年全国学校体育改革经验选集》 |

## 五、师资队伍更加优化

全市通过实施"双特计划""转岗培训计划"和"送教下乡计划"等,新增中小学体育教师 400 余人,中小学体育教师短缺现象有所缓解,体育教师年轻化、专业化程度进一步提升。2015 年,全市有体育教师 19 584 人(其中专职教师 13 131 人、兼职教师 6 453 人),比上年增加 1 223 人,增长 6.66%;教师配备率达 84.56%,比上年增长 3.41 个百分点;师生比为 1:251,比上年略有提高。全市中小学体育教师通过专项培训计划、全员培训计划、远程教育培训计划,参加县级以上培训人数达 11 309 人次,比上年的 10 478 人次增加 831 人次,增长 7.93%;通过评优选好、基本功大赛、优质课展示、优秀论文评选等,受到县级以上表彰的体育教师达 2 649 人次,比上年的 3 237 人次减少 588 人次,下降 18.16%,体育教师与其他学科教师同等待遇进一步落实。全市 87.16% 的学校以不同方式落实了体育教师每年 400 元的服装费,89.65% 的学校落实了体育教师开展课外训练、体质健康监测的工作量,62.5% 的区县采取单列体育教师考核的方式,解决了体育教师工作考核、职称评聘等方面的"瓶颈"问题。

表 1-2-6　重庆市 2015 年中小学体育教师基本情况一览表　　　　单位:人

| 学校类别 | 体育教师数 | | | | 缺额情况 | | | | 各级专职体育教研员数 | |
| | 专职教师 | | 兼职教师 | | 缺额比 | | 缺额数 | | | |
| | 2014年 | 2015年 | 2014年 | 2015年 | 2014年 | 2015年 | 2014年 | 2015年 | 2014年 | 2015年 |
| --- | --- | --- | --- | --- | --- | --- | --- | --- | --- | --- |
| 小学 | 5 609 | 5 907 | 4 824 | 5 492 | 25.43 | 24.71 | 2 654 | 2 817 | — | — |
| 初中 | 3 070 | 2 947 | 408 | 432 | 8.48 | 7.83 | 295 | 265 | — | — |
| 高中 | 842 | 691 | 29 | 15 | 15.73 | 4.53 | 137 | 32 | — | — |
| 九年一贯制学校 | 645 | 699 | 353 | 368 | 20.44 | 18.46 | 204 | 197 | — | — |
| 十二年一贯制学校 | 44 | 47 | 4 | 5 | 12.50 | 25.00 | 6 | 13 | — | — |
| 完全中学 | 2 392 | 2 840 | 141 | 141 | 6.55 | 8.49 | 166 | 253 | — | — |
| 合　计 | 12 602 | 13 131 | 5 759 | 6 453 | 18.85 | 18.26 | 3 462 | 3 577 | 116 | 302 |

表1-2-7　重庆市2007—2015年青年体育教师基本功大赛一览表

| 时　间 | 事　项 |
|---|---|
| 2007年10月14—16日 | 成功举办重庆市第二届高校青年体育教师基本功大赛,全市各高校35岁以下的男体育教师和30岁以下的女体育教师参加比赛 |
| 2009年9月18—19日 | 成功举办重庆市第三届高校青年体育教师基本功大赛,全市各高校35岁以下的男体育教师和30岁以下的女体育教师参加比赛 |
| 2011年9月23—27日 | 重庆市第一届中小学体育教师基本功大赛在璧山中学举行,来自全市35个区县8所直属中小学的430名中小学体育教师参加比赛 |
| 2011年10月14—16日 | 在西南大学成功举办重庆市第四届高校青年体育教师基本功大赛,评出优秀组织奖17个,男子一等奖21名、二等奖40名、三等奖59名,女子一等奖6名、二等奖12名、三等奖18名 |
| 2011年12月2—5日 | 选派3名小学和3名中学体育教师参加全国第一届中小学体育教师教学技能大赛,获得5个一等奖、1个二等奖,夺得团体一等奖第一名 |
| 2012年5月 | 在重庆工商大学举行委直属中小学第一届体育教师基本功大赛,委直属中小学170名40岁以下的男体育教师和35岁以下的女体育教师参加了自编集体操、理论知识、身体素质和专项技能的比赛 |
| 2013年5月10—12日 | 在重庆工商大学举行重庆市第二届中小学校青年体育教师基本素质大赛,来自全市的45支代表队540余名青年体育教师参加比赛 |
| 2013年10月13—14日 | 在重庆大学成功举行重庆市第五届高校青年体育教师基本功大赛,来自全市55所高校的336名青年体育教师参加比赛 |

## 六、经费保障更加有力

坚持把完善学校体育场地设施建设作为学校标准化、教育现代化的基本要求,纳入年度经费预算,与教育经费同步增长。2015年,全市学校体育经费总支出47411万元,比上年增加8419万元,增长17.76%。其中,市级专项资金5875万元,比上年增加1157万元,增长19.69%。全市学校体育经费总支出中,体育场地建设支出32620万元,比上年增加5211万元,增长15.97%;体育专用器材支出7715万元,比上年增加2157万元,增长27.96%;体育工作经费支出7076万元,比上年增加1050万元,增长14.84%。

表 1-2-8　重庆市 2015 年中小学体育经费投入一览表　　　　单位:万元

| 学校类别 | 总支出 | 其中 | | |
|---|---|---|---|---|
| | | 体育场地支出 | 专用器材支出 | 工作经费支出 |
| 小学 | 22 650 | 16 276 | 3 064 | 3 310 |
| 初中 | 10 746 | 7 334 | 2 033 | 1 379 |
| 高中 | 10 760 | 7 762 | 1 703 | 1 295 |
| 九年一贯制学校 | 1 024 | 339 | 398 | 287 |
| 十二年一贯制学校 | 378 | 198 | 100 | 80 |
| 完全中学 | 1 853 | 711 | 417 | 725 |
| 合　计 | 47 411 | 32 620 | 7 715 | 7 076 |

## 七、教学条件更加完善

全市通过设立体育场地专项维护资金,实施体育器材专项配备工程和中小学塑胶运动场建设工程、"新农村新校园"建设工程、薄弱学校改造工程等,多形式支持学校体育场地设施建设,学校体育教学条件明显改善。尤其是塑胶运动场地建设,极大地改善了学校体育场地面貌,彻底改变了"晴天一身灰、雨天一身泥"的学校体育教学环境,体育教学效果明显提升,成为学校一道亮丽的风景线,受到师生的普遍好评,近200 万学生的体育锻炼环境得到明显改善。2015 年,全市中小学有 400 米标准田径运动场 217 块,比上年增加 24 块,增长 11.06% ;400 米以下田径运动场 2 038 块,与上年基本持平。有篮球场 7 740 块,比上年增加 696 块,增长 8.99% ;排球场 2 242 块,比上年增加 230 块,增长 10.26% 。有体育馆 158 个,比上年增加 24 个,增长 15.19% ;游泳池 62 个,比上年增加 9 个,增长 14.29% 。有学生体质测试室 6 807 间,体育器材配备达标学校 2 133 所,占全市中小学校总数的 58.79% 。

表 1-2-9　重庆市 2015 年中小学体育场地设施建设一览表(一)

| 学校类别 | 田径场/块 | | | | 篮球场/块 | 排球场/块 | 器械体操及游戏区面积/m² |
|---|---|---|---|---|---|---|---|
| | 200 m | 300 m | 300~400 m | 400 m | | | |
| 小学 | 1 178 | 77 | 87 | 21 | 3 652 | 1 210 | 1 318 052 |
| 初中 | 376 | 81 | 61 | 46 | 2 504 | 650 | 479 346 |

续表

| 学校类别 | 田径场/块 | | | | 篮球场/块 | 排球场/块 | 器械体操及游戏区面积/m² |
|---|---|---|---|---|---|---|---|
| | 200 m | 300 m | 300～400 m | 400 m | | | |
| 高中 | 37 | 34 | 31 | 109 | 1 108 | 142 | 594 329 |
| 九年一贯制学校 | 16 | 5 | 12 | 6 | 188 | 86 | 89 678 |
| 十二年一贯制学校 | 3 | 4 | 0 | 4 | 15 | 9 | 1 589 |
| 完全中学 | 15 | 13 | 8 | 31 | 273 | 145 | 122 550 |
| 合　计 | 1 625 | 214 | 199 | 217 | 7 740 | 2 242 | 2 605 544 |

表 1-2-10　重庆市 2015 年中小学体育场地设施建设一览表（二）

| 学校类别 | 体育馆 | | 游泳池 | | 学生体质测试室/间 | 体育器材配备达标学校数/所 |
|---|---|---|---|---|---|---|
| | 个数/个 | 总面积/m² | 个数/个 | 总面积/m² | | |
| 小学 | 87 | 146 870 | 21 | 15 861 | 1 467 | 1 459 |
| 初中 | 25 | 33 114 | 6 | 5 033 | 308 | 410 |
| 高中 | 20 | 17 209 | 17 | 19 424 | 63 | 181 |
| 九年一贯制学校 | 6 | 5 291 | 5 | 6 524 | 18 | 27 |
| 十二年一贯制学校 | 3 | 3 645 | 2 | 2 154 | 6 | 3 |
| 完全中学 | 17 | 37 696 | 11 | 18 646 | 4 945 | 53 |
| 合　计 | 158 | 243 825 | 62 | 67 642 | 6 807 | 2 133 |

## 八、学生体质更加强健

《国家学生体质健康网》统计显示,2015 年我市中小学生的身体形态、生理机能、身体素质、健康状况 4 个方面 19 项指标均有不同程度的提高。全市中小学生体质健康平均值为 81.28,比上年增加 4.47,增长 5.50%。其中,优秀率增长 1.23 个百分点,良好率增长 2.56 个百分点,及格率增长 0.88 个百分点。与 2010 年相比,中小学男女生体重分别平均增长 1.91 kg、1.24 kg,身高分别平均增长 1.29 cm、0.98 cm,肺活量分别平均增长 10 mL、41 mL,营养不良检出率分别下降 1.09、2.32 个百分点,速度、爆发力、力量、耐力等身体素质指标均有提高。全市 36.17 万名初中毕业生参加中招体育考试,及格率达 99.9%,优秀率达 48.96%。

表 1-2-11　重庆市 2015 年学生形态发育水平一览表

| 对象<br>对比 | 城乡男女学生平均身高分别增长/cm | | | | 城乡男女学生平均体重分别增长/kg | | | |
|---|---|---|---|---|---|---|---|---|
| | 6～18 岁年龄组 | | 19～22 岁年龄组 | | 6～18 岁年龄组 | | 19～22 岁年龄组 | |
| | 男 | 女 | 男 | 女 | 男 | 女 | 男 | 女 |
| 与 2010 年比 | 1.29 | 0.98 | 1.83 | 0.69 | 1.91 | 1.24 | 1.86 | 1.05 |
| 与 2005 年比 | 3.54 | 2.59 | 3.93 | 1.90 | 4.13 | 2.67 | 6.15 | 0.42 |

表 1-2-12　重庆市 2015 年学生肺活量水平一览表　　　　单位:mL

| 对象<br>对比 | 6～18 岁年龄组学生肺活量分别增长 | | | 19～22 岁年龄组学生肺活量分别增长 | | |
|---|---|---|---|---|---|---|
| | 城市女生 | 乡村男生 | 乡村女生 | 平均增长 | 城市男生 | 乡村男生 |
| 与 2010 年比 | 31 | 38 | 54 | 479 | 541 | 425 |
| 与 2005 年比 | 45 | 17 | 177 | 317 | 359 | 282 |

表 1-2-13　重庆市 2015 年学生贫血患病率一览表　　　　单位:%

| 对象<br>对比 | 男女生低血红蛋白检出率 | | | | 其中:城乡男女生分别为 | | | | | | | |
|---|---|---|---|---|---|---|---|---|---|---|---|---|
| | 男生 | | 女生 | | 城市男生 | | 城市女生 | | 乡村男生 | | 乡村女生 | |
| | 比例 | 下降 | 比例 | 下降 | 比例 | 下降 | 比例 | 下降 | 比例 | 下降 | 比例 | 下降 |
| 与 2010 年比 | 10.31 | 3.57 | 9.77 | 9.51 | 9.33 | 4.74 | 11.45 | 10.14 | 11.25 | 2.43 | 8.12 | 8.25 |
| 与 2005 年比 | — | 9.71 | — | 14.30 | — | 5.17 | — | 7.75 | — | 14.33 | — | 20.94 |

表 1-2-14　重庆市 2015 年学生营养不良检出率一览表　　　　单位:%

| 对象<br>对比 | 6～18 岁年龄组学生营养不良分别下降 | | | | 19～22 岁年龄组学生肺活量分别增长 | | | |
|---|---|---|---|---|---|---|---|---|
| | 男生 | | 女生 | | 男生 | | 女生 | |
| | 比例 | 下降 | 比例 | 下降 | 比例 | 下降 | 比例 | 下降 |
| 与 2010 年比 | 10.87 | 1.09 | 7.50 | 2.32 | 15.21 | 1.92 | 17.52 | 1.80 |
| 与 2005 年比 | — | 7.66 | — | 6.91 | — | — | — | — |

表 1-2-15　重庆市 2015 年中小学生身体素质一览表

| 对比 \ 对象 | 速度素质分别提高/s | | 耐力素质分别提高/s | | | | 力量素质分别提高 | | | |
|---|---|---|---|---|---|---|---|---|---|---|
| | 50 m 短跑 | | 50 m×8 往返跑 | | 中长跑 | | 握力/kg | | 立定跳远/cm | |
| | 男生 | 女生 | 男生 | 女生 | 男生 | 女生 | 男生 | 女生 | 男生 | 女生 |
| 与2010年比 | 0.21 | 0.18 | 1.72 | 3.01 | 1.70 | — | 0.09 | 0.61 | 1.70 | 0.41 |
| 与2005年比 | 0.18 | 0.15 | 6.55 | 7.50 | 8.98 | 12.12 | 1.63 | 1.03 | 8.52 | 8.30 |

# 九、专项评估更加规范

9月,市教委下发了《关于做好 2015 年学校体育工作评估和年度报告的通知》(渝教体卫艺〔2015〕52 号),对 2015 年全市学校体育工作评估和年度报告进行了全面部署。10月,各中小学对照《中小学校体育工作评估指标体系》认真开展自查。11月,各区县对所辖区域中小学体育工作自评情况进行复核,填写《中小学校体育工作评估审核结果报表》和《学校体育工作年度报表》,形成区县学校体育工作报告。12月,市教委组织专家评委,采取材料审查和随机抽查两种形式,对学校自评情况和区县复核情况进行结果认定。

表 1-2-16　重庆市 2015 年中小学体育工作等级评估一览表　　　　单位:所

| 学校类别 | 优秀 | | 良好 | | 合格 | | 不合格 | |
|---|---|---|---|---|---|---|---|---|
| | 所数 | 比例/% | 所数 | 比例/% | 所数 | 比例/% | 所数 | 比例/% |
| 小学 | 1 261 | 50.93 | 798 | 32.23 | 390 | 15.75 | 27 | 1.09 |
| 初中 | 497 | 61.43 | 207 | 25.60 | 101 | 12.48 | 4 | 0.49 |
| 高中 | 190 | 76.00 | 42 | 16.80 | 18 | 7.20 | 0 | 0 |
| 九年一贯制学校 | 17 | 62.96 | 8 | 29.63 | 2 | 7.41 | 0 | 0 |
| 十二年一贯制学校 | 3 | 100.00 | 0 | 0 | 0 | 0 | 0 | 0 |
| 完全中学 | 33 | 52.38 | 13 | 20.63 | 8 | 12.70 | 9 | 14.29 |
| 合　计 | 2 031 | 55.15 | 1 068 | 29.44 | 519 | 14.30 | 40 | 1.11 |

# 十、校园足球开局良好

建立了校园足球工作联席会议制度和年度工作考核制度、适时督查制度、备案登记制度,印发了 2015 年全市校园足球工作要点、四级联赛竞赛规程、校园足球特色学校年度考核评估办法,为全市校园足球加速落地提供了政策保障。建立了"区县为主、市级奖补"的经费投入机制,组织了"三个层面、五个大类"的校园足球专项培训,遴选了 300 所市级特色学校、40 所校园足球种子学校、18 支高校高水平校园足球运动队、5 个试点区县作为重点建设对象,引领带动全市校园足球发展。举办了小学、初中、高中、大学四级联赛,组织了优秀运动员、教练员冬令营活动,其成功经验和做法受到《中国教育报》、新华网等多家媒体的热捧。

表 1-2-17　市教委主导校园足球工作推进情况一览表

| 时　间 | 事　项 |
| --- | --- |
| 2014 年 10 月 22 日 | 印发《关于大力开展校园足球·啦啦操试点活动的通知》,在全国率先开展校园足球与啦啦操融合试点 |
| 2014 年 12 月 29 日 | 召开重庆市学校体育艺术暨校园足球工作视频会议,市政府副秘书长王余果主持会议,副市长吴刚出席会议并讲话 |
| 2015 年 3 月 5 日 | 遴选重庆大学董科等 11 人参加教育部组织的校园足球教练员赴法国留学项目培训学习,拓展全市校园足球教练员国际视野 |
| 2015 年 3 月 11 日 | 选派 8 名教育行政部门分管领导、8 名业务科室负责人、16 名校园足球特色学校校长参加全国城市校园足球培训班培训 |
| 2015 年 3 月 12 日 | 印发《关于命名重庆市首批校园足球特色学校的通知》,在全国率先命名市级校园足球特色学校 300 所 |
| 2015 年 3 月 24 日 | 市教委印发《重庆市 2015 年校园足球工作要点》和《重庆市 2015 年校园足球联赛竞赛规程》 |
| 2015 年 3 月 26 日—4 月 3 日 | 在西南大学体育学院和沙坪坝区教师进修学院举办市级校园足球教练员培训班,全市 300 所市级校园足球特色学校每校选派 1 名教师参培 |
| 2015 年 4 月 26 日 | 在沙坪坝区召开校园足球行政管理人员工作会,切实增强校园足球行政管理人员的管理能力和水平 |
| 2015 年 5 月 17 日 | 在永川区召开小学校园足球工作现场推进会,观摩永川区红旗小学校园足球班级联赛三结合模式展示和永川区汇龙小学校园兴趣足球大课间展示 |

续表

| 时　间 | 事　项 |
|---|---|
| 2015 年 5 月 28 日 | 市教委印发《关于增加培养体育后备人才足球试点校的通知》(渝教体卫艺〔2015〕25 号),新增万州第二高级中学等 29 所学校为重庆市培养体育后备人才足球试点校 |
| 2016 年 6 月 18 日 | 选派 53 名校园足球特色学校校长参加 2015 年国家级专项培训,提升校长改革学校体育和管理校园足球工作的能力 |
| 2015 年 6 月 18 日 | 市教委印发《重庆市校园足球工作考核办法(试行)》,加强全市校园足球工作管理,规范校园足球工作考核程序 |
| 2015 年 9 月 14 日 | 市教委印发《关于成立重庆市青少年校园足球工作领导小组的通知》(渝教体卫艺〔2015〕55 号),市教委主任周旭任领导小组组长 |
| 2015 年 9 月 21—26 日 | 在重庆市育才中学举办重庆市 2015 年小学校园足球指导员讲师培训班,切实提高全市校园足球指导教师的业务能力和教学水平 |
| 2015 年 10 月 8—28 日 | 在酉阳县、永川区、九龙坡区、梁平县、江北区分别举行"西南证券杯"重庆市 2015 年校园足球联赛片区赛 |
| 2015 年 11 月 6 日—12 月 2 日 | 在南岸区、綦江区、沙坪坝区和西南大学、重庆科技学院举行"西南证券杯"重庆市 2015 年校园足球联赛市级总决赛 |
| 2015 年 11 月 23—27 日 | 分 20 个组对全市校园足球工作开展专项交叉检查,了解全市校园足球工作推进情况,督促各区县和有关学校深入贯彻落实教育部《关于加快发展青少年校园足球的实施意见》 |
| 2015 年 11 月 28 日 | 市教委印发《关于大力推进青少年校园足球工作的意见》,部署全市到 2020 年的推进工作 |
| 2015 年 12 月 3 日 | 遴选重庆电子工程职业学院徐然等 6 人参加教育部组织的校园足球教练员赴法国留学项目培训学习,拓展全市校园足球教练员国际视野 |

# 第三章　主要问题与改进措施

## 一、存在的主要问题

2015 年,我市学校体育工作虽然取得长足发展,但由于这项工作底子薄、基础差,加上城乡"二元结构"明显,整体薄弱的局面仍然存在。

### (一)城乡发展极不平衡

城乡之间、区域之间体育工作发展极不平衡,城市学校无论师资还是设施条件都明显优于农村学校。全市学校体育工作的整体状况与重庆建设西部地区教育高地和长江上游地区教育中心相比,还处于相对滞后的状态。学生体质健康水平虽然有所提高,但心肺、耐力等身体素质指标仍然偏低,农村近视学生上升,城市肥胖学生增多,充分说明学校体育仍是教育工作中的薄弱环节。

表 1-3-1　重庆市 2015 年各学段学生视力不良、近视检出率增长一览表

| 对比 \ 项目 | 视力不良检出率分别平均增长/% | | | | 近视检出率分别平均增长/% | | | |
|---|---|---|---|---|---|---|---|---|
| | 6~18 岁年龄组 | | 19~22 岁年龄组 | | 6~18 岁年龄组 | | 19~22 岁年龄组 | |
| | 男生 | 女生 | 男生 | 女生 | 男生 | 女生 | 男生 | 女生 |
| 与 2010 年相比 | 8.30 | 5.55 | 10.27 | 14.09 | 9.76 | 6.14 | 10.27 | 14.09 |
| 与 2005 年相比 | 6.95 | 3.03 | — | — | — | — | — | — |

表 1-3-2　重庆市 2015 年各学段学生肥胖检出率上升一览表

| 对象　　　　　　对比 | 6～18 岁年龄组分别上升/% | | 19～22 岁年龄组分别上升/% | |
|---|---|---|---|---|
| | 男生 | 女生 | 男生 | 女生 |
| 与 2010 年相比 | 1.80 | 3.25 | 2.38 | 0.83 |
| 与 2005 年相比 | 4.48 | 2.20 | 4.16 | 0.83 |

表 1-3-3　重庆市 2015 年中小学生柔韧素质下降一览表

| 对象　　　　　　对比 | 城乡男女学生坐位体前屈平均成绩分别下降/cm | | | |
|---|---|---|---|---|
| | 城市男生 | 城市女生 | 乡村男生 | 乡村女生 |
| 与 2010 年相比 | 1.00 | 0.37 | 1.28 | 0.19 |
| 与 2005 年相比 | 1.37 | 0.12 | 0.63 | 0.61 |

表 1-3-4　重庆市 2015 年大学生身体素质下降一览表(一)

| 项目　　　　　　对比 | 立定跳远平均成绩分别下降/cm | | | | 握力平均成绩分别下降/kg | | | |
|---|---|---|---|---|---|---|---|---|
| | 城市 | | 乡村 | | 城市 | | 乡村 | |
| | 男生 | 女生 | 男生 | 女生 | 男生 | 女生 | 男生 | 女生 |
| 与 2010 年相比 | 15.34 | 6.88 | 6.88 | 4.19 | — | 0.37 | 0.78 | 0.18 |
| 与 2005 年相比 | 15.52 | 14.73 | 17.77 | 7.80 | — | — | — | — |

表 1-3-5　重庆市 2015 年大学生身体素质下降一览表(二)

| 项目　　　　　　对比 | 女生 800 米跑分别下降/s | | 男生 1 000 米跑分别下降/s | | 男生引体向上分别下降/次 | |
|---|---|---|---|---|---|---|
| | 城市女生 | 乡村女生 | 城市男生 | 乡村男生 | 城市男生 | 乡村男生 |
| 与 2010 年相比 | 6.73 | 3.19 | 5.59 | — | — | 6.10 |
| 与 2005 年相比 | — | — | — | — | 6.86 | 4.34 |

表 1-3-6　重庆市 2015 年中小学生身体素质下降一览表

| 对比　　　项目 | 城乡女生握力分别下降/kg | | 乡村学生立定跳远下降/cm | | 男生斜身引体分别下降/次 | |
| --- | --- | --- | --- | --- | --- | --- |
| | 城市女生 | 乡村女生 | 乡村男生 | 乡村女生 | 城市男生 | 乡村男生 |
| 与 2010 年相比 | 0.37 | 0.18 | 3.54 | 3.57 | 0 | 6.10 |
| 与 2005 年相比 | — | — | — | — | — | 1.61 |

（二）队伍建设仍需加强

按照小学每周 4 节、初中每周 3 节、高中每周 2 节体育课时计算，2015 年全市应配中小学体育教师 19 337 人，实有体育教师 15 724 人，尚差 3 613 人，缺额比达 18.68%，且配备极不平衡，一些偏远的农村中小学普遍没有专职体育教师。全市尚有 10 个区县没有配备专职体育教研员，14 个区县没有设立独立的体卫艺科，16 个区县没有配备专职体育干事。部分体育教师专业素质老化，缺乏必要的培训和进修，跟不上当前体育教学、体育训练的新形势。特别是在校园足球的推广过程中，不少区县和学校严重缺乏教练员、裁判员。

（三）设施建设仍需完善

按照《国家体育卫生条件试行基本标准》要求，2015 年全市小学、初中、高中体育场地达标率分别为 72.5%，70.63%，79.87%，体育器材达标率分别为 78.86%，79.88%，81.48%，离市政府提出的到 2020 年，全市中小学体育场地建设达标率达 90% 以上，设施设备配齐率达 98% 以上的目标尚有较大距离。

（四）校园足球尚需用力

一些区县和学校对国家发展校园足球的战略思想缺乏足够的认识，存在锦标主义和功利思想，没有"在普及中发展、在发展中提高"的思想和"持久用力、久久为功"的理念。一些区县和学校把发展校园足球停留在口头上、书面上、形式上，没有实质性的改革措施和推进办法，缺乏科学、系统的校园足球教学体系。课程设置、教学标准、教材教法和教学资源等教学要素还不配套，球队建设、课余训练、赛事运行等还不完善。

## 二、改进的主要措施

当前和今后一段时期,全市学校体育要以党的十八届三中、四中、五中全会精神为指导,围绕小学体育兴趣化、初中体育多样化、高中体育特色化要求,切实加强体育课和课外体育锻炼,促进体育与德育、智育、美育有机融合,着力提高学生的身心素质和健康水平。

(一)全面改善学校体育基础条件

一要将学校体育场地设施建设纳入教育均衡发展和现代化学校建设规划,在投入320亿元实施中小学标准化建设工程中,同步推进学校体育场地设施建设标准化。二要将学校体育场地器材配备达标率纳入区县体育工作和教育工作考核的指标体系,督促区县和学校尽快补充和完善体育场地器材。三要建立场地维护、器材损耗长效机制,形成学校公用经费与专项经费双管齐下、多方结合的追补机制。四要大力实施农村中小学体育器材添置工程,每年投入4 000万专项经费,为农村中小学配备体育器材,力争到2020年基本配齐中小学体育器材,及时对学校低值易耗体育器材进行补充,保障学生体育活动的正常开展。

(二)实施专任教师队伍建设工程

一要进一步加大体育教师的配备力度,确保各区县和学校体育教师配备率在2020年达到90%以上,每个区县至少配备1名专职体育教研员、1名体育专干。二要培养和培训一批退役运动员、转岗学科教师,补充到体育教师队伍中。三要进一步加大体育教师的培训力度,特别是"市培"和"国培"的培训力度,确保每位体育教师3年有1次县级以上规范化培训的机会,学习和掌握体育运动和教学的新知识、新技能。四要大力推进体育骨干教师、体育名师培养工程,认真抓好体育教学研究和科研工作,不断提高体育教师素质。

(三)着力提高体育课程育人质量

一要坚持体育课程教学"健康第一"思想,把学生身心素质提升和运动兴趣培养作为体育教师工作考核的重要内容。二要进一步促进学校发展特色体育项目,推广和加强面向全体学生参与的体育项目,丰富中小学体育活动的内容,提升体育工作的专业性。三要坚持把每年的中小学体育工作评估常态化、制度化,督促学校形成良好的工作习惯。四要加强对学生体质健康监测和学校体育工作评估统计数据的比较分析,充分发挥评估的导向引领作用,推动全市中小学体育工作迈上新台阶。

(四)持续推进校园足球加快发展

一要严格按照教育部《关于加快发展青少年校园足球的实施意见》要求,切实提高校园足球的普及程度,让更多的青少年学生体验足球生活、热爱足球运动、享受足球快乐。二要以普及校园足球示范带动校园田径、篮球、排球等其他体育运动项目的发展,形成"校园足球＋学校体育"新模式。三要积极鼓励和支持300所市级校园足球特色学校和5个市级校园足球试点区县,加强建设,深化改革,先行先试,办出特色,为整体推进全市校园足球发展积累经验,发挥骨干示范和引领带动作用。四要加强校园足球的制度建设,进一步规范校园足球的健康发展。五要强化学校体育工作专项督导,确保体育课程目标的实现和学校体育工作的持续推进。

# 第二篇

## 全市总评报告

2016 年 3—6 月，重庆市教育评估院根据市教委《关于做好 2015 年学校体育工作评估和年度报告的通知》（渝教体卫艺〔2015〕52 号）精神，按照教育部制定的《学生体质健康监测评价办法》《中小学校体育工作评估办法》和《学校体育工作年度报告办法》（教体艺〔2014〕3 号）要求，组织专家，以第三方的视角对全市中小学 2015 年的学校体育工作进行了专项评估。现报告如下：

# 第一章 评估概况

## 一、评估设计

根据评估任务要求,市教育评估院对本次评估的总体设计为:专业引领、多元整合、点面结合。

### (一)专业引领

鉴于体育工作的高度专业性,我们始终坚持把评估的专业引领放在首要位置。首先是充分发挥自身在教育评估领域中的专业优势,为评估工作设计了详细的工作流程、评估工具包,将每一项指标落实到评估工作中。其次是高度重视专家组的专业化组成结构,聘请了重庆市学校体育工作研究、管理、指导、实践等领域中的知名专家参与评估工作。

### (二)多元整合

评估必须具有多元的信息来源。首先,是充分发掘自评信息。评估院组织专业人员,对自评报表数据进行了全面的清理,形成标准化数据库,并进行了深入的统计分析;对各区县和学校的自评报告进行了逐项阅读,采取文本编码的方式进行深入分析。其次,是发挥专家队伍的价值判断作用,将专家组在材料审查、现场测查中形成的意见和数据进行整理、录入和分析。再次,是对抽查学校分管体育工作的领导、体育教师和学生代表进行问卷调查,将问卷调查数据进行录入、整理、统计和分析。最后,是发挥市级平台数据作用,结合全市足球运动项目、体育竞赛项目等情况进行一对一分析。

### (三)点面结合

体育工作评估涉及全市40个区县、近4 000所中小学,要在较短时间内完成全面评估是一项非常艰巨的任务。评估中,我们采取点面结合的方式开展评估。首先是在自评材料、基础数据的分析中,调取了全市统一口径的材料进行分析,保证将每一个区县、每一所学校纳入关注范围,涉及中小学校 3 633 所。其次是抽取具有代表性的样本区县、样本学校进行现场检查。在区县抽样中,按照全市区县总数 30% 的比例,结合全市区县分布情况、自评材料分析情况、上年评估整改情况等随机抽取 12 个区县进行抽查。在学校抽样中,按照城乡结合、大小结合、远近结合的要求,每个区县随机抽取 1 所高中、2 所初中、3 所小学进行抽查。

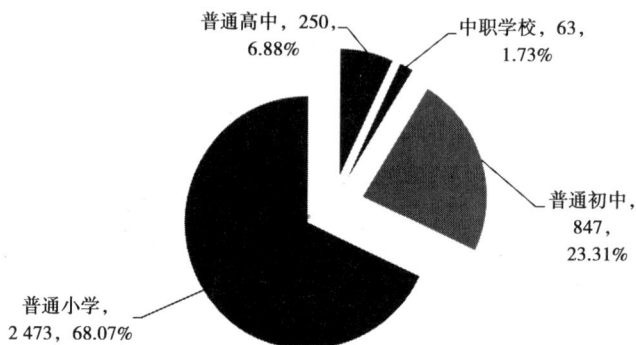

普通高中,250,6.88%

中职学校,63,1.73%

普通初中,847,23.31%

普通小学,2 473,68.07%

图 2-1-1　2015 年各区县评估学校的类别比例和数量

## 二、评估实施

### (一)自评复核

2016 年 1 月,各区县和学校按照渝教体卫艺〔2015〕52 号文件要求,完成自评和复核,并形成自评报告,自评报表的电子稿和纸质稿上报市教委体卫艺处。3 月,市教育评估院组织人员对各区县和学校自评材料进行整理、汇总,并针对材料漏报、错报等问题,督促各区县和学校进行了修订和完善。

### (二)现场抽查

2016 年 4 月 24—28 日,市教育评估院组织专家组对部分区县和学校的体育工作进行了随机抽查。抽查中,专家组听取了区县教委的体育工作汇报,查阅了各项体育工作指标的印证材料,并到学校进行了实地考查。

在学校考查中,为验证各校自评数据的信度,专家组查阅了活动资料、教学资料,核实了体育教师待遇落实情况、体育活动开展情况,考察了体育教师业务素质和教育理念。同时,根据现场对体育场地和设施的考察,评判条件保障落实情况;根据财务资料查证了 2015 年的体育设施建设经费投入情况。

为验证学生体质健康监测的信度,专家组对学生体质健康监测状况进行了检测。检测时,每校随机抽取了 10 名学生,选取了身高和体重两项必测项目,以及 50 米、立定跳远、1 分钟跳绳、1 分钟仰卧起坐等项目中的一项为选测项目,进行实际检测,并将检测结果与学校原有体质健康监测数据进行比对。

为进一步从教师和学生角度了解学校体育工作的落实情况,专家组还对 57 名分管学校体育工作的校级领导和部门负责人、174 名体育教师和 1 283 名学生进行了问卷调研。

（三）材料审查

2016 年 5 月 27 日,市教育评估院组织专家对各区县自评材料进行材料审查。材料审查时,专家组主要针对自评材料的信度、主要成绩、主要问题和工作建议提出自己的意见。参加评审的专家由市内大学体育学院院长、市级教研机构体育工作负责人、研究员级体育教师等组成,保障了评审的准确性、客观性。

（四）评估反馈

在现场反馈、书面反馈当中,专家组根据评估掌握的情况,从中小学体育工作健康发展的角度出发,对区县体育工作提出了中肯的工作建议。其建议集中在加强体育师资队伍建设、加强体育场地和器材建设以及加强体育工作的监测评估等方面。这些意见对区县体育工作的进一步发展起着重要的引导作用。

## 三、评估结论

2015 年,全市参与学校体育工作评估的中小学（含中等职业技术学校）共计 3 633 所,评为优秀的学校 2 149 所,占 59.15%,比 2014 年增长 7.07 个百分点;评为良好的学校 969 所,占 26.67%,比 2014 年下降 3.39 个百分点;评为合格的学校 507 所,占 13.96%,比 2014 年下降 2.73 个百分点;不合格学校 8 所,占 0.22%,比 2014 年下降 0.86 个百分点;有加分项目的学校 2 070 所,占 56.98%,比 2014 年增长 4.87 个百分点。

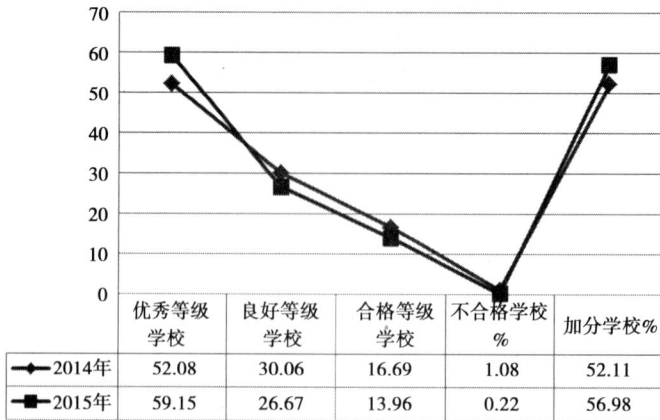

| | 优秀等级学校 | 良好等级学校 | 合格等级学校 | 不合格学校% | 加分学校% |
|---|---|---|---|---|---|
| 2014年 | 52.08 | 30.06 | 16.69 | 1.08 | 52.11 |
| 2015年 | 59.15 | 26.67 | 13.96 | 0.22 | 56.98 |

图 2-1-2　2014 年和 2015 年重庆市体育工作评估各等级学校比例(单位:%)

(一)学段差异

　　各类别学校中,优秀比例最高的为普通高中,优秀比例达 78.00% ;最低的为普通小学,优秀比例为 54.63% 。各类别学校中,优秀等级比例均比 2014 年有所提高,普通高中、中职学校、普通初中和普通小学中优秀等级学校比例分别比 2014 年增长 0.18、2.50、10.66、6.34 个百分点。

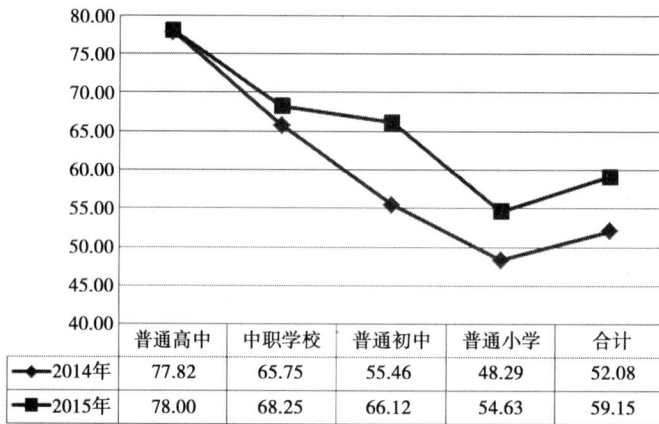

| | 普通高中 | 中职学校 | 普通初中 | 普通小学 | 合计 |
|---|---|---|---|---|---|
| 2014年 | 77.82 | 65.75 | 55.46 | 48.29 | 52.08 |
| 2015年 | 78.00 | 68.25 | 66.12 | 54.63 | 59.15 |

图 2-1-3　2014 年和 2015 年各类别学校中优秀等级比例(单位:%)

(二)地区差异

　　各区县中,优秀比例最高的为 100% ,最低的为 12.22% ,差距非常明显。优秀比例超过 90% 的有 10 个区县,其中有 5 个是主城区;优秀比例小于 30% 的有 8 个区县,占区县总数的 20% 。有 4 个区县评价有不合格等级学校。各优秀等级学校比例段的区县数如图 2-1-4 所示,呈现明显的两极分化形态。

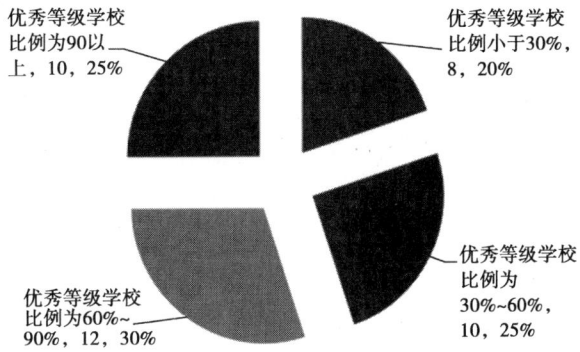

优秀等级学校比例为90以上，10，25%

优秀等级学校比例小于30%，8，20%

优秀等级学校比例为30%~60%，10，25%

优秀等级学校比例为60%~90%，12，30%

图 2-1-4　2015 年优秀等级比例区县数分布

（三）自评准确性

在现场抽查中，专家组对抽查的 72 所学校的自评结果报表进行了核实并打分，以"专家评分÷自评分"比较学校自评准确性，得出抽查学校总体在组织管理、教育教学和条件保障方面自评准确性较高，但在学生体质健康测试方面的自评准确性比较低。

# 第二章　学校体育工作概况

2015 年,是重庆市大力实施学校体育三年行动计划的收官之年。全市学校体育工作按照国办发〔2012〕53 号和教体艺〔2014〕3 号文件要求,围绕"健康第一"思想和"全面育人"理念,广泛开展阳光体育运动和大课间活动,大力推进"2＋2"项目试验,不断深化课程教学改革,着力提升学生身心素质,各项工作基本完成年度目标任务,取得较大进展。

## 一、组织管理进一步完善

（一）中招体育考试管理更加规范

1 月 21 日,市教委印发《关于认真做好 2015 年初中毕业生升学体育考试工作的通知》（渝教体卫艺〔2015〕1 号）,要求考生必须参加《国家学生体质健康标准》规定的女子 800 m 和男子 1 000 m 项目的测试后,方能参加立定跳远、掷实心球和 1 分钟跳绳项目的测试。中长跑不计入中招体考,立定跳远、掷实心球和 1 分钟跳绳考试计入中招体考。3 项考试满分为 50 分,其中立定跳远 15 分,掷实心球 15 分,1 分钟跳绳 20分。全市 36.17 万名初中毕业生参加中招体育考试,及格率达 99.9%,优秀率达48.96%。

（二）学校体育工作评估持续开展

自 2014 年启动全市学校体育工作评估和年度报告制度以来,2015 年 9 月 6 日,市教委又下发了《关于做好 2015 年学校体育工作评估和年度报告的通知》（渝教体卫艺〔2015〕52 号）,从建标、考核、形成性评估、反馈、问责到干预等一系列程序建立学校体育工作考核运行机制,持续开展学校体育工作评估。

（三）组织领导和监督检查更加到位

通过问卷调查得知,全市 99.6% 的学校成立了政教、教务、总务、共青团（少先队）

等部门参与的体育工作领导小组;99.2%的学校对体育工作定期组织了检查和考核,并建立了校园意外伤害事故的应急管理机制;98.7%的学校有分管体育工作的校领导;95.8%的学校做到了每学期校长听体育课不少于4课时,分管校长不少于6课时。96.6%的学校公布了学生阳光体育运动工作方案、基本要求和监督电话;95.4%的学校利用公告栏、家长会和校园网,每学期通报一次学生体育活动情况。

## 二、教育教学进一步加强

（一）课程教学更加落实

通过问卷调查得知,96.7%的学校开展了体育学科的教学研究与课程教学改革;97.5%的学校严格执行了体育课考勤和考核登记制度,并将结果纳入学生成长档案。同时,坚持把体育教育科研与两年一届的体育科学论文评选、体育教师基本功大赛等结合起来,切实提高全市中小学体育教师的专业能力和业务水平,深化体育课堂教学改革,提升课堂教育质量。4月7日,市教委印发了《关于举办重庆市第四届中小学体育教师技能大赛的通知》（渝教体卫艺〔2015〕13号）,全市共有37个区县及6所直属中学校的430名中小学体育教师参加了此次比赛。通过4天的激烈角逐,评出团体一等奖18个、二等奖25个,团体队列单项比赛一等奖17个、二等奖25个等奖项。

（二）课程改革更加深入

按照学校体育发展规律和学生身心成长规律,建立了逐级递进、科学衔接、富有特色的中小学体育课程体系,积极探索小学体育兴趣化、初中体育多样化、高中体育特色化的国家、地方、学校三级课程实施体系,鼓励区县和学校大力开发具有民族、地域特色的地方课程和校本课程,构建"菜单式、多元化、个性化"的体育教学体系。一些有条件的区县和学校打破传统的体育课堂教学模式,按照学生兴趣爱好,大力推行"连堂教学、分类教学、分层教学",确保了每个学生的个性特长都能得到生动发展。还有的区县和学校因地制宜开展体育教学改革试点,大力推行"菜单式"教学和"走班制"教学,积极开展长短课、专项课、综合课改革试点,增强体育课程教学的趣味性和吸引力,着力培养学生的体育爱好和运动兴趣,让每个学生在校都能学会至少两项终身受益的体育锻炼项目,养成良好的体育锻炼习惯和健康生活方式,掌握科学的运动方法和基本技能。

（三）校园体育活动逐步开展

2015 年，全市体育课开足率达 99.89% ，比 2014 年增长 1.38 个百分点；保障 1 小时体育锻炼时间的学校达 99.92% ，比 2014 年增长 4.33 个百分点；组织大课间体育活动的达 99.86% ，比 2014 年增长 1.69 个百分点。许多区县还开展了大课间活动展演，使大课间体育活动成为各学校的一大特色和亮点。

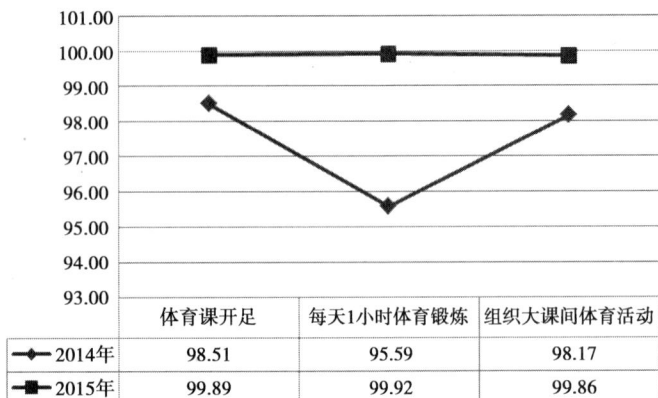

| | 体育课开足 | 每天1小时体育锻炼 | 组织大课间体育活动 |
|---|---|---|---|
| 2014年 | 98.51 | 95.59 | 98.17 |
| 2015年 | 99.89 | 99.92 | 99.86 |

图 2-2-1　2014 年和 2015 年体育教育教学情况（单位:%）

各类别学校的体育教育教学情况如图 2-2-2 所示,高中、九年一贯制和十二年一贯制学校的体育课开足率、保障 1 小时体育锻炼时间的学校比例、组织大课间体育活动的学校比例均为 100% 。小学、初中和完全中学的体育教育教学情况还有待进一步加强。

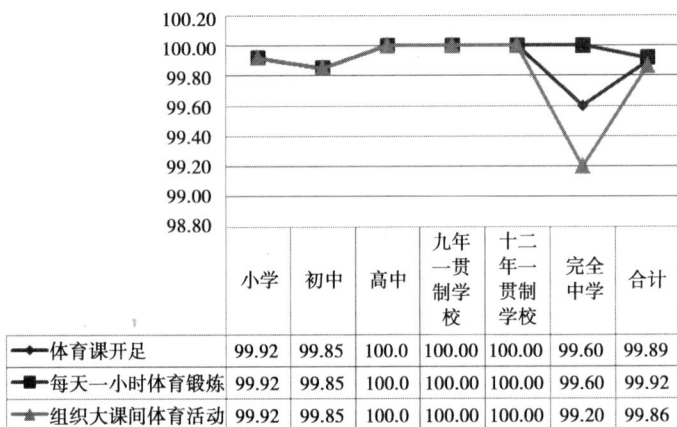

| | 小学 | 初中 | 高中 | 九年一贯制学校 | 十二年一贯制学校 | 完全中学 | 合计 |
|---|---|---|---|---|---|---|---|
| 体育课开足 | 99.92 | 99.85 | 100.0 | 100.00 | 100.00 | 99.60 | 99.89 |
| 每天一小时体育锻炼 | 99.92 | 99.85 | 100.0 | 100.00 | 100.00 | 99.60 | 99.92 |
| 组织大课间体育活动 | 99.92 | 99.85 | 100.0 | 100.00 | 100.00 | 99.20 | 99.86 |

图 2-2-2　各类别学校体育教育教学情况（单位:%）

另外,通过问卷调查,98.3% 的学校将校园体育活动时间和内容纳入了教学计划,列入了课表;92% 的学校在没有体育课的当天,下午安排了 1 小时集体体育锻炼。83.6% 的学校每年春秋季都召开运动会,15.1% 的学校每年只召开一次运动会。

98.3%的学校开展了体育、艺术"2 + 1"项目。其中,76.8%的体育教师认为有85%以上的学生至少掌握2项日常锻炼体育技能;17.3%的教师认为有70%~85%以上的学生至少掌握2项日常锻炼体育技能。100%的学校都对学生进行了体育安全教育。

## 三、条件保障进一步落实

### (一)教师队伍建设进一步加强

数量结构进一步优化。2015年,全市有专职体育教师13 131人,比2014年增加529人;兼职体育教师6 453人,比2014年增加694人。专职教师比例达67.05%,比2014下降1.58个百分点。全市体育教师缺额数为3 577人,比2014年增加115人,缺额比为15.44%,比2014下降3.41个百分点。全市体育教师通过专项培训计划、全员培训计划、远程教育培训计划,参加县级以上培训人数达12 029人次,平均参训率为61.42%,比2014年增长4.35个百分点。全市体育教师通过评优选好、基本功大赛、优质课展示、优秀论文评选等,受过县级以上表彰3 581人次,比2014年增加344人次,平均为18.29%,比2014增长0.66个百分点。

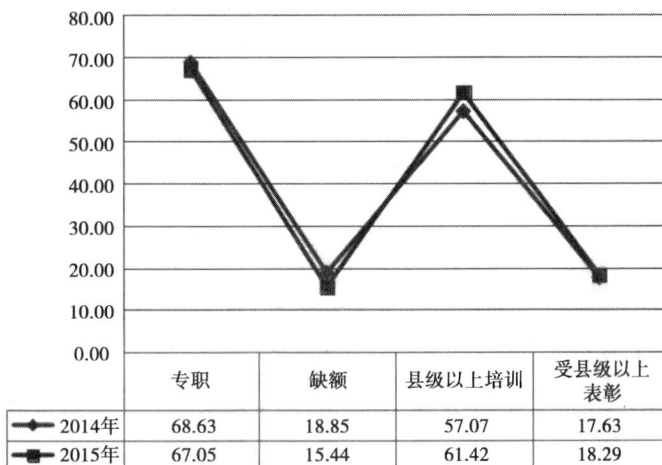

| | 专职 | 缺额 | 县级以上培训 | 受县级以上表彰 |
|---|---|---|---|---|
| 2014年 | 68.63 | 18.85 | 57.07 | 17.63 |
| 2015年 | 67.05 | 15.44 | 61.42 | 18.29 |

图2-2-3 2014年和2015年体育教师比例(单位:%)

各类别学校体育教师比例如图2-2-4所示,小学和九年一贯制学校的专职教师比例较低,分别为51.82%、65.51%;高中和完全中学专职教师的比例较高,分别为97.88%、95.27%。十二年一贯制学校和小学体育教师缺额比例较高,分别为25.00%、24.71%;其次为九年一贯制学校,缺额比例为18.46%。小学、九年一贯制和十二年一贯制学校参加县级以上培训的体育教师比例较低,分别为54.90%、51.64%、53.85%;初中和完全中学参加县级以上培训的体育教师比例较高,分别为72.54%、76.48%。小学和九年一贯制学校受过县级以上表彰的体育教师比例较低,分别为13.61%、14.90%;高中和完全中学受过县级以上表彰的体育教师比例较高,分别为27.48%、27.78%。

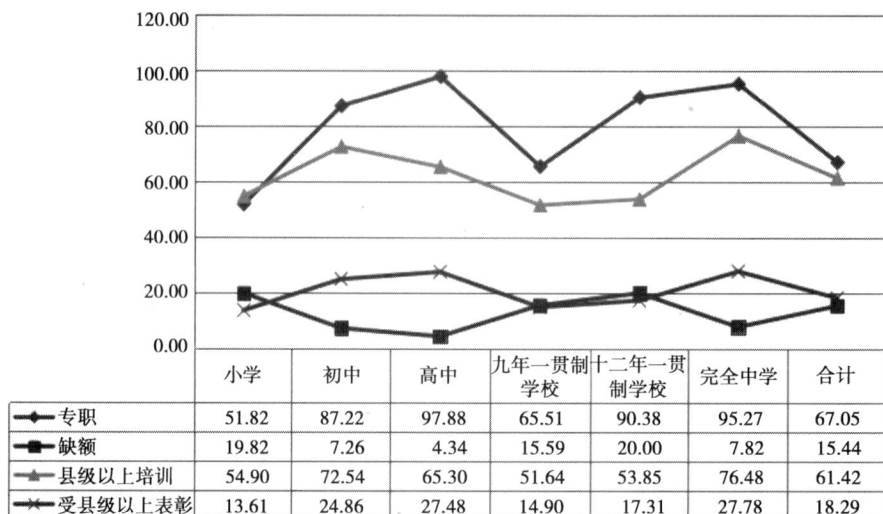

| | 小学 | 初中 | 高中 | 九年一贯制学校 | 十二年一贯制学校 | 完全中学 | 合计 |
|---|---|---|---|---|---|---|---|
| 专职 | 51.82 | 87.22 | 97.88 | 65.51 | 90.38 | 95.27 | 67.05 |
| 缺额 | 19.82 | 7.26 | 4.34 | 15.59 | 20.00 | 7.82 | 15.44 |
| 县级以上培训 | 54.90 | 72.54 | 65.30 | 51.64 | 53.85 | 76.48 | 61.42 |
| 受县级以上表彰 | 13.61 | 24.86 | 27.48 | 14.90 | 17.31 | 27.78 | 18.29 |

图 2-2-4　2015 年各类别学校体育教师比例(单位:%)

## (二)体育教师待遇得到保障

随着体育工作的蓬勃开展,体育教师的待遇问题也逐步得到解决。现各区县和学校普遍采用发放现金、发票报销、发放实物等不同方式落实了体育教师每年400元服装费,采用艺体教师单列考核的方式解决了体育教师在工作考核、职称评聘等方面的待遇。据问卷调研统计,92%的教师认为体育教师工资待遇与其他任课教师同等对待;89.9%的教师认为相对于其他学科,学校体育教师职务评聘公平、公正。

各区县和学校采用计算超课时费、加班费、以奖代补等方式落实了体育教师训练、体质监测等工作量。据问卷调研统计,有82.70%的教师认为学校将开展课外体育活动、组织学生体质健康测试按照"体育课外活动2课时,组织体质监测每班每学年计8课时"标准纳入了教学工作量;只有2.53%的教师认为学校没有将其计入教学工作量。

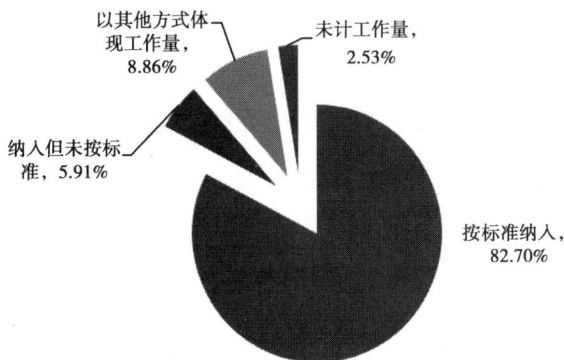

图 2-2-5　各学校体质健康测试纳入教学工作量统计图

**（三）体育场地设施进一步完善**

2014 年和 2015 年各类场地器材配备情况如图 2-2-6 所示。全市中小学有 200 米田径场 1 709 块、300 米田径场 206 块、300～400 米田径场 185 块、400 米田径场 229 块,校均田径场 0.64 块,场地软化已基本普及。全市中小学有篮球场 7 343 块,比 2014 年增加 299 块,增长 4.24%;有排球场 2 117 块,比 2014 年增加 105 块,增长5.22%;有体育馆 205 个,比 2014 年增加 71 个,增长 52.99%;有游泳池 58 个,比 2014 年增加 5 个,增长 9.43%;有学生体质测试室 1 859 间,比 2014 年增加 338 个,增长 22.22%。全市中小学体育器材达标学校 2 613 个,占 72%,同比 2014 年增加了 9 个百分点。

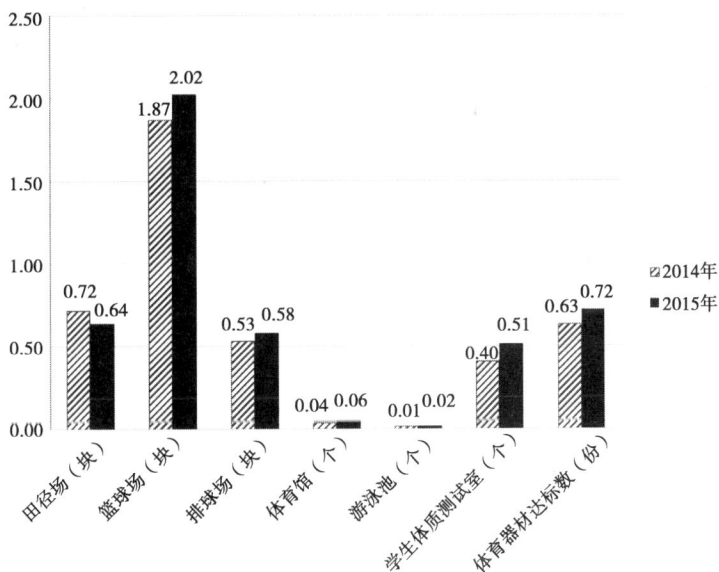

图 2-2-6　2014 年和 2015 年各类场地器材配备情况

从各类别学校来看,高中、十二年一贯制学校、完全中学等高中段学校的体育场地器材配备状况最好,初中及九年一贯制学校其次,小学仍是最低。其中,高中体育器材达标学校最高,达93%;小学体育器材达标学校最低,仅为69%,但与2014年,小学体育器材达标率增加了10个百分点。

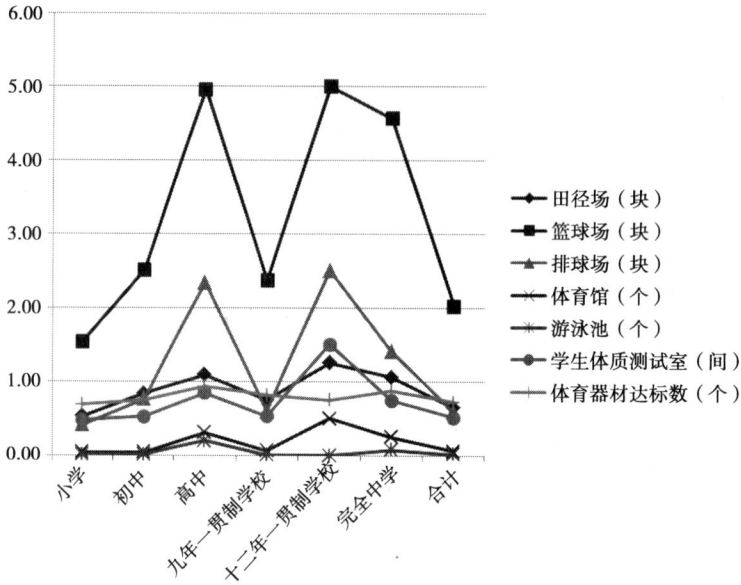

图2-2-7　2015年平均每校配备场地器材情况

另外,据问卷调查得知,78.90%的教师认为学校体育场地达标情况很好或者较好,16.88%的教师认为学校体育场地达标情况一般;86.08%的教师认为学校体育器材达标情况很好或者较好,9.70%的教师认为学校体育器材达标情况一般;86.92%的教师认为学校的体育场地在平整、整洁等方面很好或者较好地达到了体育活动和体育教学的要求;92.85%的教师认为学校在体育场馆、设施管理规范,及时维护,确保安全运行方面做得很好或者较好。

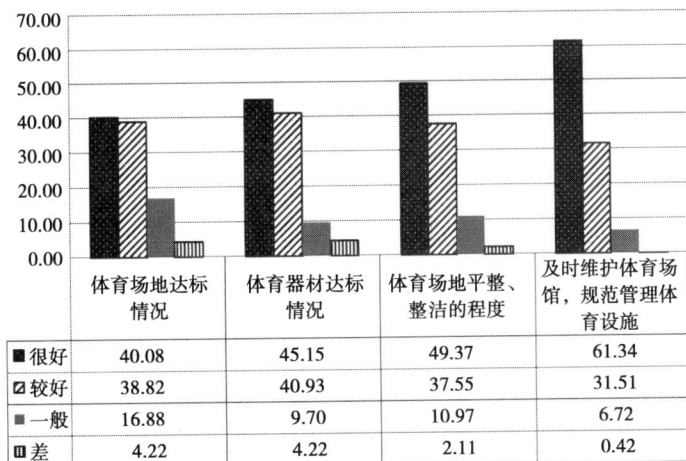

| | 体育场地达标情况 | 体育器材达标情况 | 体育场地平整、整洁的程度 | 及时维护体育场馆,规范管理体育设施 |
|---|---|---|---|---|
| ■ 很好 | 40.08 | 45.15 | 49.37 | 61.34 |
| ▨ 较好 | 38.82 | 40.93 | 37.55 | 31.51 |
| ▨ 一般 | 16.88 | 9.70 | 10.97 | 6.72 |
| ▥ 差 | 4.22 | 4.22 | 2.11 | 0.42 |

图 2-2-8　各学校体育场地器材设施情况统计图(单位:%)

(四)体育经费保障更加有力

坚持把完善学校体育场地设施建设作为学校标准化、教育现代化的基本要求,纳入年度经费预算,与教育经费同步增长。2015 年,全市学校体育经费总投入58 352.02 万元,比 2014 年增加 19 359.15 万元,增长 49.65%。其中,体育场地建设投入 39 030.06万元,比 2014 年增加 11 620.59 万元,增长 42.40%;体育专用器材经费 9 220.55万元,比 2014 年增加 3 662.88 万元,增长 65.91%;体育工作经费 10 101.42 万元,比 2014 年增加 4 075.69 万元,增长 67.64%。

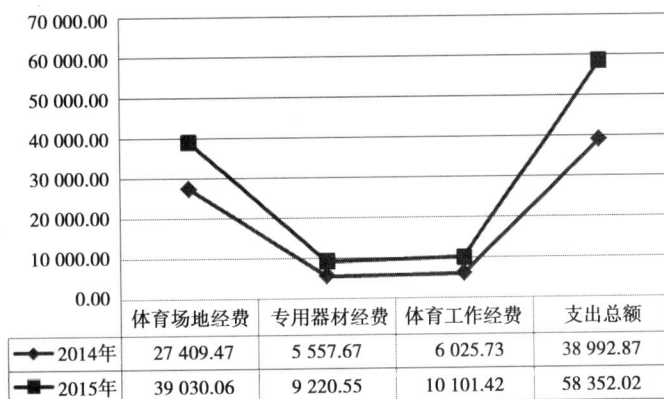

| | 体育场地经费 | 专用器材经费 | 体育工作经费 | 支出总额 |
|---|---|---|---|---|
| ◆ 2014年 | 27 409.47 | 5 557.67 | 6 025.73 | 38 992.87 |
| ■ 2015年 | 39 030.06 | 9 220.55 | 10 101.42 | 58 352.02 |

图 2-2-9　2014 年和 2015 年体育经费投入情况(单位:万元)

## 四、学生体质健康水平不断提升

### (一)监测工作顺利实施

8月25日,举办了《国家学生体质健康标准》数据上报工作省级培训会议,确保2015年国家学生体质健康标准数据报送工作顺利实施。各区县教育行政部门相关负责人及技术人员共计80余人参加了培训。至11月底,各项检测、上报工作有序完成。据《学生体质健康网》统计,2015年,我市学校上报率为98.29%,比2014年提高了8.55个百分点。其中,上报率达100%的有32个区县,占区县总数的84.21%;上报率大于90%小于100%的有5个区县,占13.16%。彭水苗族土家族自治县的上报率最低,仅为61.59%。全市未及时上报的学校72所,主要集中在彭水苗族土家族自治县、城口县、云阳县等几个边远贫困区县,主要原因为缺乏专职体育教师、信息技术装备缺乏。

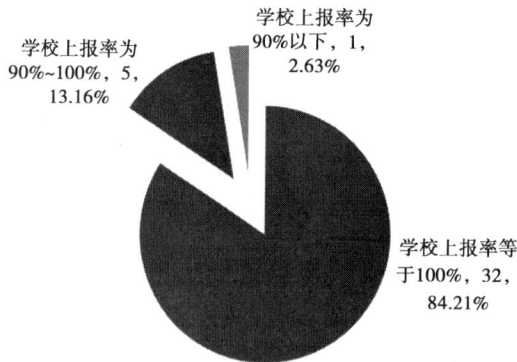

图 2-2-10  2015 年学校上报率区县数分布

### (二)整体状况总体良好

2015年,全市中小学生体质健康平均分为76.53分,比2014年下降了0.28分。各学段城乡学生体质健康测试平均分如图2-2-11所示,其中,初中和高中阶段城市学生平均分明显低于农村。

全市中小学生体质健康优秀等级占5.73%,良及以上占35.04%,及格及以上占95.04%。其中,及格率达到95%以上,良及以上未达到40%。与2014年相比,优秀等级比例增加了0.3个百分点,不及格等级比例增加了0.93个百分点(如图2-2-12所示)。

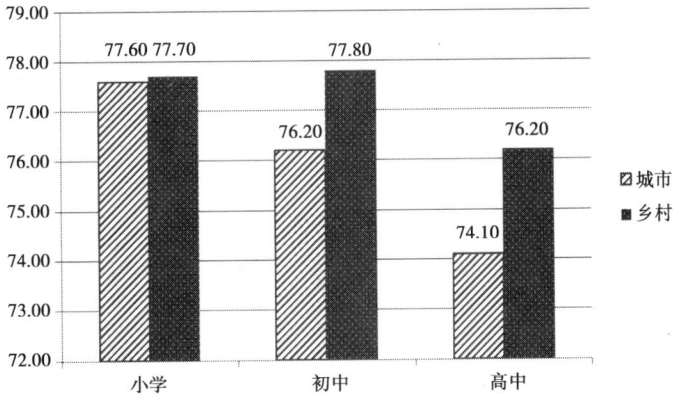

图 2-2-11　2015 年各学段城乡学生体质健康测试平均分

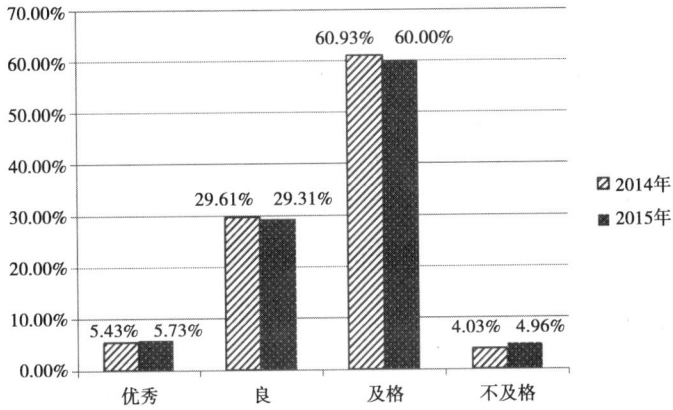

图 2-2-12　2014 年和 2015 年学生体质健康等级比例(单位:%)

各学段学生城乡体质健康等级如图 2-2-13 所示。其中,农村学生状况略好于城市学生,小学、初中略好于高中。

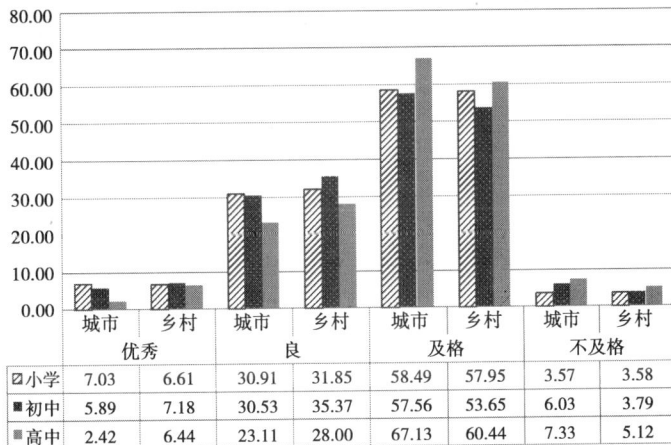

| | 优秀 | | 良 | | 及格 | | 不及格 | |
| --- | --- | --- | --- | --- | --- | --- | --- | --- |
| | 城市 | 乡村 | 城市 | 乡村 | 城市 | 乡村 | 城市 | 乡村 |
| 小学 | 7.03 | 6.61 | 30.91 | 31.85 | 58.49 | 57.95 | 3.57 | 3.58 |
| 初中 | 5.89 | 7.18 | 30.53 | 35.37 | 57.56 | 53.65 | 6.03 | 3.79 |
| 高中 | 2.42 | 6.44 | 23.11 | 28.00 | 67.13 | 60.44 | 7.33 | 5.12 |

图 2-2-13　2015 年各学段城乡学生体质健康等级比例(单位:%)

（三）单项状况各有差异

2015 年，全市中小学学生平均身高为 145.30 cm，比 2014 年增长 1.31 cm；平均体重为 39.48 kg，比 2014 年增长 1.14 kg。

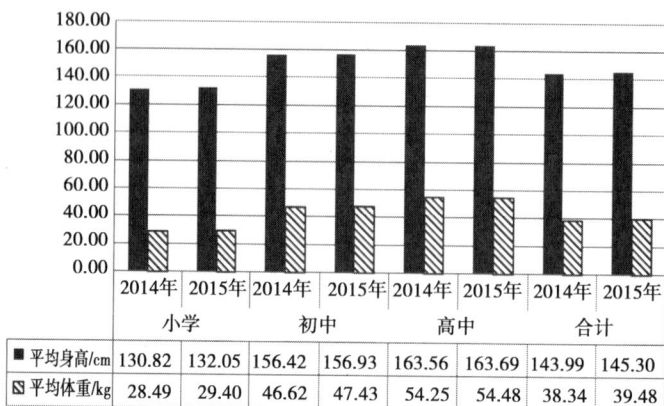

| | 小学 | | 初中 | | 高中 | | 合计 | |
|---|---|---|---|---|---|---|---|---|
| | 2014年 | 2015年 | 2014年 | 2015年 | 2014年 | 2015年 | 2014年 | 2015年 |
| ■平均身高/cm | 130.82 | 132.05 | 156.42 | 156.93 | 163.56 | 163.69 | 143.99 | 145.30 |
| ▨平均体重/kg | 28.49 | 29.40 | 46.62 | 47.43 | 54.25 | 54.48 | 38.34 | 39.48 |

图 2-2-14　2014 年和 2015 年各学段体形比较图（单位：%）

2015 年各单项体质健康测试的等级比例如图 2-2-15 所示。其中，男生引体向上的合格率显著低于其他各项目，男生肺活量、立定跳远、1 000 米跑和女生 800 米跑的合格率也相对较低。男女生 50×8 往返跑、1 分钟仰卧起坐、1 分钟跳绳、坐位体前屈等项目成绩在各个项目中处于较好的状态。

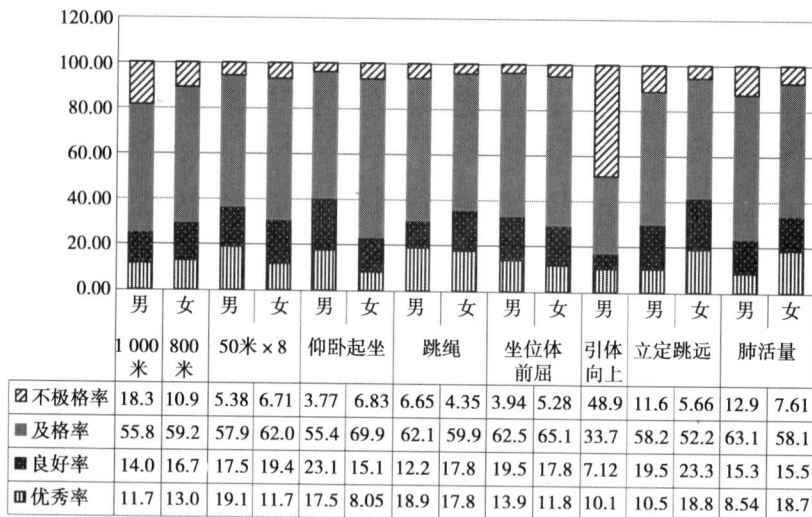

| | 男 | 女 | 男 | 女 | 男 | 女 | 男 | 女 | 男 | 女 | 男 | 男 | 女 | 男 | 女 |
|---|---|---|---|---|---|---|---|---|---|---|---|---|---|---|---|
| | 1 000米 | 800米 | 50米×8 | | 仰卧起坐 | | 跳绳 | | 坐位体前屈 | | 引体向上 | 立定跳远 | | 肺活量 | |
| ▨不极格率 | 18.3 | 10.9 | 5.38 | 6.71 | 3.77 | 6.83 | 6.65 | 4.35 | 3.94 | 5.28 | 48.9 | 11.6 | 5.66 | 12.9 | 7.61 |
| ■及格率 | 55.8 | 59.2 | 57.9 | 62.0 | 55.4 | 69.9 | 62.1 | 59.9 | 62.5 | 65.1 | 33.7 | 58.2 | 52.2 | 63.1 | 58.1 |
| ▨良好率 | 14.0 | 16.7 | 17.5 | 19.4 | 23.1 | 15.1 | 12.2 | 17.8 | 19.5 | 17.8 | 7.12 | 19.5 | 23.3 | 15.3 | 15.5 |
| Ⅲ优秀率 | 11.7 | 13.0 | 19.1 | 11.7 | 17.5 | 8.05 | 18.9 | 17.8 | 13.9 | 11.8 | 10.1 | 10.5 | 18.8 | 8.54 | 18.7 |

图 2-2-15　2015 年各单项等级比例图（单位：%）

各学段学生体形发展状况如图 2-2-16 所示。从中可知，目前中小学生中低体重学生比例在 10% 以下，超重和肥胖的学生比例在 12% 左右。小学段低体重和肥胖的学生比例最高。

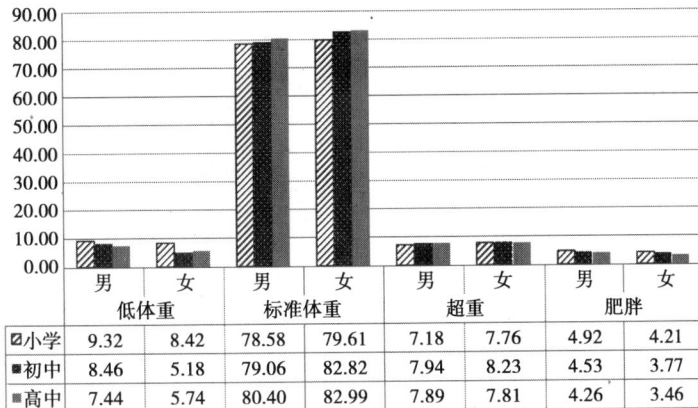

| | 男 | 女 | 男 | 女 | 男 | 女 | 男 | 女 |
|---|---|---|---|---|---|---|---|---|
| | 低体重 | | 标准体重 | | 超重 | | 肥胖 | |
| 小学 | 9.32 | 8.42 | 78.58 | 79.61 | 7.18 | 7.76 | 4.92 | 4.21 |
| 初中 | 8.46 | 5.18 | 79.06 | 82.82 | 7.94 | 8.23 | 4.53 | 3.77 |
| 高中 | 7.44 | 5.74 | 80.40 | 82.99 | 7.89 | 7.81 | 4.26 | 3.46 |

图 2-2-16　2015 年各学段体形比例图（单位:%）

（四）监测信度不断提高

本次现场评估共抽查 12 个区县,每个区县抽查 6 所学校,由于客观原因,学生体质健康总共抽测了 71 所学校,每所学校抽测 10 名学生。将抽查情况与学生体质健康检测原始数据进行对比,得出全市抽查原始数据可信度为 70.24%,比 2014 年增长 0.54 个百分点。

体质健康监测可信度为 100% 的学校有 20 所,分别是开县陈家中学、开县铁桥中学、云阳县外郎乡外郎小学、云阳县凤鸣中学、云阳县东山中学、石柱县沙子中学、石柱县悦崃中学、石柱县民族中学、梁平县双桂初中、大足区铁山中学、大足区海棠小学、大足区龙岗明德小学、九龙坡区杨家坪中学、九龙坡区铁路中学、武隆长坝中学、涪陵一中、涪陵六中、长寿一中、长寿区石堰中学、长寿湖中学等学校;可信度大于或等于 80% 的学校有 41 所,占 57.75%。

可信度小于 50% 的学校有 10 所(主要是学校数据有较多明显差异或完全错误情况),占 14.08%。它们是开县义学堂小学、开县津关小学、云阳县水市小学、石柱县金竹乡小学、梁平县福禄镇中心小学、大足区教师进修学校附属小学、江津区先锋中学、江津区龙华小学、九龙坡区铝城小学(厂校 A、B 区)、九龙坡区田坝小学。根据一票否决项中"未按要求开展学生体质健康标准测试和如实上报数据"的学校进行一票否决,上述 10 所学校应评定为不合格学校。

（五）监测工作亮点纷呈

合川区充分发挥《国家学生体质健康标准》的导向作用,将千万学生阳光体育运

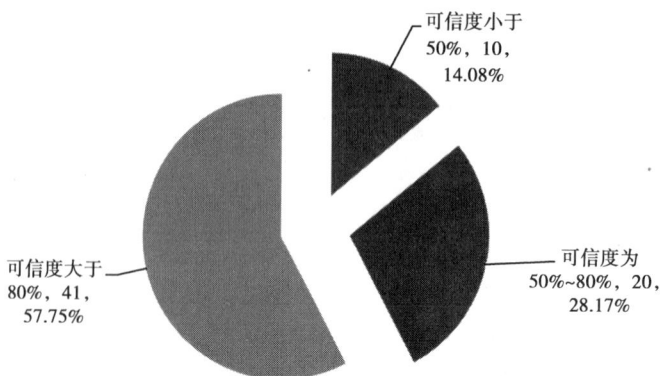

图 2-2-17 体质健康监测可信度学校数分布

动与贯彻《国家学生体质健康标准》相结合,配备必要的测试仪器,杜绝敷衍了事等行为,促使学生积极参加体育锻炼。一是各校建立了《国家学生体质健康标准》测试报告制度,小学生的测试成绩记入成长档案或学生素质报告书,初中及以上学生记入学生档案(含电子档案),测试成绩达到良好及以上者,才能参加三好学生等评选;普通高中、中等职业学校学生毕业时,测试成绩达不到 50 分者按肄业处理。二是建立了《国家学生体质健康标准》的通报制度,定期向社会和家长通报实施情况和测试结果,同时加强数据分析,逐步实现贯彻实施《国家学生体质健康标准》工作的规范化、制度化和科学化。

万盛经济技术开发区从 2008 年开始坚持一年一次学生健康体检,建立学生健康档案,定期向社会公布学生体质状况。大足区是重庆市《全国学生体质与健康调研》项目区县,每 5 年举行一次学生体质与健康调研,严格对学生进行体质健康标准达标测试,及时上报数据,并将测试成绩登记造册,记入学生成绩报告单和学生档案,作为学生毕业和升学重要考核内容和评选先进集体和先进个人的重要内容之一。忠县将学生体质健康状况纳入对学校的综合督导,建立学生体质健康监测档案和公告制度,作为学生毕业和升学重要考核内容和评选先进集体和先进个人的重要内容。永川区教委组织基教科、教科所、保健所、督导室等科室,联合对学生体质健康标准测试结果进行了分析,科学把握学生体质健康状况,制订了进一步提升学生体质的措施。

## 五、体育竞赛蓬勃开展

### （一）市级竞赛丰富多彩

2月13日,市教委印发《2015年重庆市大学生体育竞赛计划的通知》(渝教体卫艺函〔2015〕36号)和《2015年重庆市中小学生体育竞赛计划的通知》(渝教体卫艺函〔2015〕37号),对全年学生体育竞赛活动进行了统筹安排。当年,全市共举办市级学生体育竞赛活动32次,涵盖田径、足球、篮球、排球、武术等14个运动大项120多个运动小项,参赛运动员达2.5万余人次。1人1次破重庆市纪录,5人2次破重庆市大学生运动会纪录,6人3次破重庆市中学生纪录,3人达国家健将级运动员标准,17人达国家一级运动员标准,432人达国家二级运动员标准。各区县(自治县)教委、各高校根据市级竞赛安排,均在区县、学校开展了形式多样、丰富多彩的体育竞赛或运动会,参赛学生数量大,效果佳,有力地推动了体育工作的发展。

### （二）组队参赛叠创佳绩

3月,组队参加2014—2015年全国初中男子篮球联赛南方赛区赛,重庆一中男子篮球队凭借扎实的基本功,顽强的毅力,力压群雄,勇夺南方赛区冠军,创重庆市参加此项比赛的最佳战绩;组队参加2014—2015年中国初中篮球联赛,南开中学初中女子篮球队夺得全国第三名的好成绩。参加全国中学生田径锦标赛,获团体总分第二名;参加全国体育传统项目学校田径赛,获团体总分第一名;参加全国青少年校园足球联赛,以全胜的骄人成绩获得冠军;参加"谁是球王"全国总决赛,获得亚军;参加第八届亚洲跳绳锦标赛,获3金2铜,并打破1项亚洲纪录;参加2015全国青少年国际象棋锦标赛,获青年女子组冠军;参加2015全国业余高尔夫球希望赛获冠军,3人获健将级运动员称号。

## 六、校园足球开局良好

### （一）稳步推进

加强校园足球课题研究。开县共有18所校园足球特色学校启动了国家、市、县级校园足球专项课题研究申报工作,促进了校园足球与教书育人的深度融合,推动了校园足球和教育教学工作的全面开展。签订足球合作协议。11月16日,武隆区教委和渝中区足球协会签订了足球合作协议,加深了区县教委和社会团体间的合作交流,助推了校园足球活动更快地发展。学习交流校园足球经验。3月17日,涪陵、璧山、云阳、大足等区县学校领导、体育教师一行47人赴渝中区大田湾小学学习交流校园足球经验,有效助推了校园足球活动的发展。

（二）特色引领

3月12日,根据市教委《关于大力开展校园足球·啦啦操试点活动的通知》（渝教体卫艺〔2014〕42号）和教育部办公厅《关于做好全国青少年校园足球特色学校及试点区县的遴选工作的通知》（教体艺厅函〔2014〕46号）文件的精神,市教委组织有关专家对照全国校园足球特色学校基本标准,对申报的782所中小学进行了认真评审,确认万州区中加友谊小学等300所学校为重庆市首批校园足球特色学校。

# 第三章 主要问题与工作建议

## 一、进一步加强体育师资队伍建设

2015 年,全市专职体育教师比例为 67.05%,比 2014 年下降 1.58 个百分点。全市体育教师缺额数达 3 577 人,缺额比例为 15.44%。由于体育教师的配备还存在一定的不均衡,具体到部分学校缺额比例就非常大,部分小型学校体育专职教师为 0,还有一些学校配备率仅 20%。这造成很多学校体育课不能正常开设,一般采用兼职教师授课或将部分课时改为体育活动课予以解决。同时,全市尚有 9 个区县没有配备专职体育教研员,尚有部分区县教委没有设立单独的体卫艺科,没有配备专职的体育干事。

体育师资队伍的短缺不只体现在数量上,也体现在质量上。由于缺乏培训进修,部分体育教师专业素质老化,跟不上当前体育教学、体育运动发展的态势,面对新的教学内容无法胜任。例如,在校园足球的推广过程中,不少区县和学校就面临可以担任教练员、裁判员的体育教师严重短缺的问题。

师资是提升教育发展水平的关键力量。建议:一要进一步加大体育师资配备力度,应确保各区县和学校体育师资配备率在短期内达到 80% 以上,每区县至少有一名体育专职教研员。二要推行基层体育教师“优良资源走教模式”,以弥补村小体育教师不足和教师水平低的问题。三要进一步加大体育师资培训力度,应确保每位体育教师每年有 1 次以上县级以上规范化培训的机会,专门用以掌握新技能、新知识,并且应将代、兼课体育教师纳入学校体育师资队伍统一培训和管理。

## 二、进一步加强体育场地器材建设

从本次评估来看,全市中小学体育场地和器材达标情况整体偏低。作为学校体育最基本的设施,田径场配备率仅64%,其中小学仅53%,即有接近1/2的小学没有田径场。在城区,主要是因办学规模过大,田径场大小不符合规格;在边远农村,则缺乏规范的田径场。部分学校因没有规范的田径场,体育教师出于安全考虑,不敢让学生练习跑、跳等项目。

体育器材方面,一是体育器材达标率低。全市体育器材达标率为72%,小学最低仅为69%。由于对配备要求不清楚,在一些已经填报为体育器材达标的学校中,实际按照配备目录核查仍存在较大的缺额,因此实际器材达标率还更低。二是从现场抽查的结果来看,在区县教委配送器材的过程中,存在主观配发的现象,使得下发的体育器材不能符合学校的实际教学需要,而且有的区县教委给各个学校配送的体育器材质量太差。三是很多体育器材属于消耗品,需要不断补充。追补资金的不到位又会造成一些原已配齐器材的学校再次不达标。

体育场地器材是学校体育工作的基础。建议:一要加快推进中小学标准化建设,均衡配置教育资源,促进城区学校生源分流,促进农村学校办学条件改善;二要将器材配备达标率提升列入区县学校体育工作和教育工作考核的重要指标,并且区教委在配送器材时,要与实际需求相结合,以避免器材的闲置和浪费;三要建立损耗器材追补的机制,形成学校生均公用经费定额用于体育器材追补、专项教育经费用于体育器材追补和体育教师器材损耗管理考核相结合的制度;四要场地器材的安全检查要常态化,要写进教学计划中,分管校长要严格督查。

## 三、进一步加强体育工作监测评估

从本次评估来看,各区县和学校在体育工作中,对过程资料和数据的收集和整理工作未给予足够的重视。一是各校在填写自评结果报表时,一些指标由于理解不到位,存在错评的现象。二是一些指标缺乏印证材料,存在评估不实的可能,尤其是学生体质测试的结果分析报告普遍存在缺乏的现象。三是体质监测可信度较低。2015年,全市抽查原始数据可信度为70.24%,抽查的71所学校中有10所学校数据有较多明显差异或完全错误情况。四是半数以上的区县自评报告分析不够深入,从自评报告中不能反映出各项指标的具体措施。五是学校体育工作档案的建立与管理没有形成制度,显得实际工作做得多,文字档案记录少,不能全面反映学校体育工作的完整性。

评估与监测都是为了进一步改进学校体育工作。建议:一要将每年的中小学体育工作评估常态化、制度化,督促学校形成良好的工作习惯;二要加强各级学校学生体质健康测试的专人管理机制,培养专人掌握测试结果的分析能力;三要各区县提高对学生体质健康测试的认识,切实加强对测试工作的组织和管理,并且进一步完善对学校体质健康测试工作的抽查制度,真正将学生体质健康测试工作落到实处;四要在上报体育工作评估自评报告时,按照评估指标体系要求逐项检查,认真填写;五要逐步建立学校体育教学文件资料的档案建设机制。

区县分评报告　　第三篇

2016 年 3—6 月,市教委根据教育部《中小学校体育工作评估办法》和《学校体育工作年度报告办法》要求,委托市教育评估院对全市 40 个区县 2015 年的学校体育工作进行了专项评估。评估根据市教委《关于做好 2015 年学校体育工作评估和年度报告的通知》(渝教体卫艺〔2015〕52 号)文件的精神,采取定量与定性分析相结合的方式,对各区县 2015 年学校体育工作的组织管理、教育教学、条件保障和学生体质情况,特别是学校体育开课率、教学实施情况、阳光体育运动开展情况、学校体育经费投入、教学条件改善、教师队伍建设和学生体质健康状况等关键指标进行了全面、客观的评价。定量分析的有关数据主要来源于各区县上报的《中小学校体育工作评估自评结果报表》和《学校体育工作年度报表》及年度报告数据;定性分析的信息样本主要来源于各区县的自评报告、专家评审、平时上报的有关信息和门户网站的相关信息。

现分区县报告如下:

# 第一章　万州区

## 一、基本概况

2015 年,万州区有中小学校 236 所,比 2014 年减少 15 所,下降 5.98%;有在校学生 174 856 人,比 2014 年减少 4 212 人,下降 2.35%;有专任教师 10 669 人,比 2014 年增加 95 人,增长 0.90%。

2015 年,全区参加学校体育工作评估的独立法人学校 125 所(村校和教学点参加所在学区中心评估),总体评审结果情况优良。其中,优秀等级学校数 119 所,占95.20%,比 2014 年增长 12 个百分点,比全市平均水平高 36.05 个百分点;良好等级学校数 5 所,占 4.00%,比 2014 年下降 5.1 个百分点,比全市平均水平高 22.67 个百分点;无不合格等级学校(如图 3-1-1、图 3-1-2 所示)。全区体育工作加分学校比例达55.20%,比全市平均水平低 1.78 个百分点(如图 3-1-3 所示),比本区 2014 年增长3.5个百分点(如图 3-1-4 所示)。

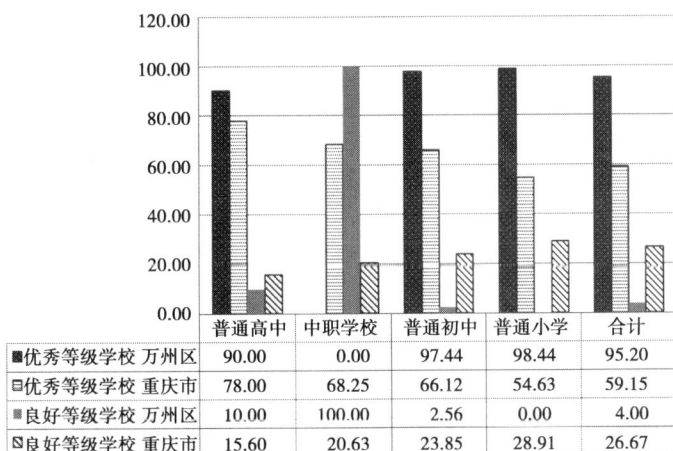

|  | 普通高中 | 中职学校 | 普通初中 | 普通小学 | 合计 |
|---|---|---|---|---|---|
| 优秀等级学校 万州区 | 90.00 | 0.00 | 97.44 | 98.44 | 95.20 |
| 优秀等级学校 重庆市 | 78.00 | 68.25 | 66.12 | 54.63 | 59.15 |
| 良好等级学校 万州区 | 10.00 | 100.00 | 2.56 | 0.00 | 4.00 |
| 良好等级学校 重庆市 | 15.60 | 20.63 | 23.85 | 28.91 | 26.67 |

图 3-1-1　2015 年万州区与重庆市学校评审结果对比图(单位:%)

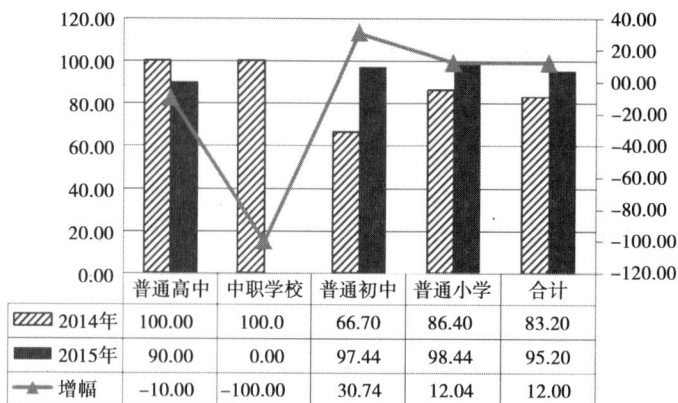

| | 普通高中 | 中职学校 | 普通初中 | 普通小学 | 合计 |
|---|---|---|---|---|---|
| 2014年 | 100.00 | 100.0 | 66.70 | 86.40 | 83.20 |
| 2015年 | 90.00 | 0.00 | 97.44 | 98.44 | 95.20 |
| 增幅 | −10.00 | −100.00 | 30.74 | 12.04 | 12.00 |

图 3-1-2　万州区 2014 年和 2015 年优秀等级学校比例对比图(单位:%)

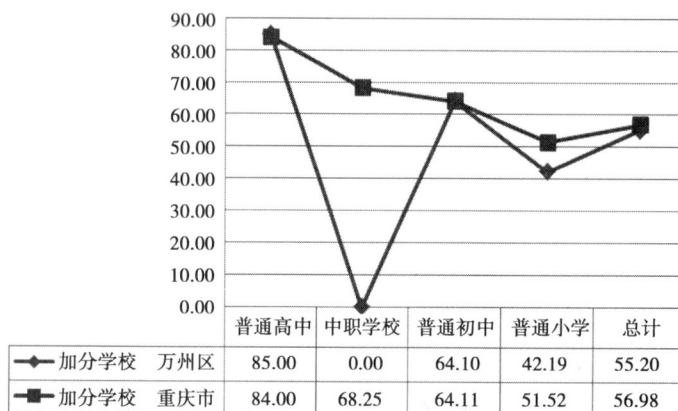

| | | 普通高中 | 中职学校 | 普通初中 | 普通小学 | 总计 |
|---|---|---|---|---|---|---|
| 加分学校 | 万州区 | 85.00 | 0.00 | 64.10 | 42.19 | 55.20 |
| 加分学校 | 重庆市 | 84.00 | 68.25 | 64.11 | 51.52 | 56.98 |

图 3-1-3　2015 年万州区与重庆市加分学校比例对比图(单位:%)

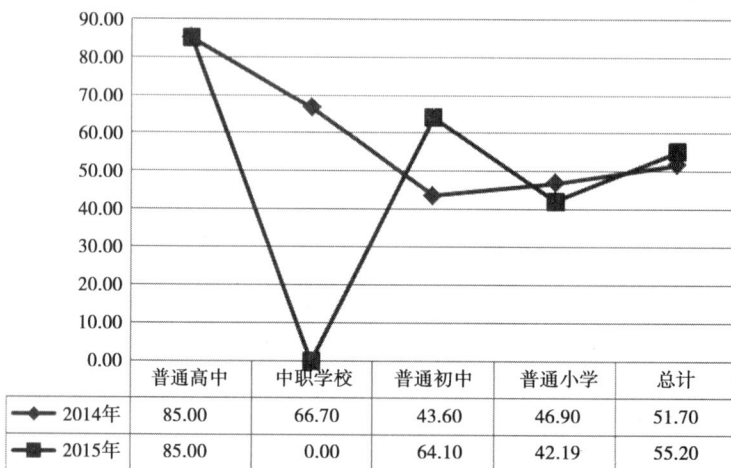

| | 普通高中 | 中职学校 | 普通初中 | 普通小学 | 总计 |
|---|---|---|---|---|---|
| 2014年 | 85.00 | 66.70 | 43.60 | 46.90 | 51.70 |
| 2015年 | 85.00 | 0.00 | 64.10 | 42.19 | 55.20 |

图 3-1-4　万州区 2014 年和 2015 年加分学校比例对比图(单位:%)

## 二、主要亮点

### (一)组织机构健全,管理制度规范

万州区教委一贯重视学校体育工作,自1992年开始成立了体卫艺科,由教委领导分管,有体育专干、体育教研员,机构健全,责任明确。区教委年度工作计划始终把体育工作摆在重要板块,每年都制订了体育工作计划和年度学生体育竞赛计划,每年至少召开一次全区体育工作会议,定期组织专题教学研究活动,研讨体育教学工作,解决体育工作中存在的实际问题。各学校把体育工作纳入学校整体计划,统筹安排,统一考核。学校均成立了体卫艺处或德育处,形成了主要领导负总责、分管领导具体抓、班主任、体育教师参与的体育工作格局,学校体育工作制度健全,建立了阳光体育活动制度、体育大课间及课外体育活动制度、体育设施器材管理制度、学生体质健康检测和安全管理制度,并定期督促检查落实。

### (二)教育教学工作扎实有效

万州区严格落实国家体育与健康课时规定,开齐、开足体育课和健康教育课,坚持开展阳光体育活动和大课间艺体活动,保证学生每天有1小时体育活动时间。各学校依据《课程标准》,结合学校实际制订了体育教学学年计划、学期计划、单元计划、课时计划,规范体育课堂教学,实施效果良好。区教科所加强体育课题研究,加强体育教学指导,定期开展体育教学交流,定期举办体育优质课竞赛。

### (三)生均体育经费投入有所增长

万州区2015年生均体育经费投入为133.89元,虽低于重庆市生均体育经费平均值157.86元(如图3-1-5所示),但是,与2014年相比,万州区2015年生均体育经费的各方面投入均有所增加。其中,生均体育场地经费增加12.32元,生均专用器材经费增加3.72元,生均体育工作经费增加1.65元(如图3-1-6所示)。

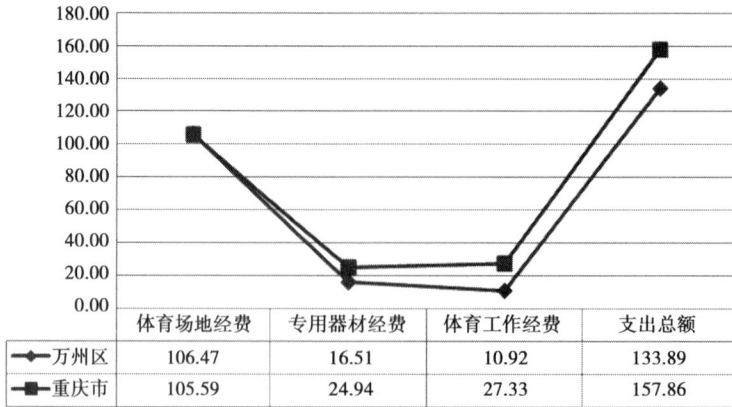

| | 体育场地经费 | 专用器材经费 | 体育工作经费 | 支出总额 |
|---|---|---|---|---|
| 万州区 | 106.47 | 16.51 | 10.92 | 133.89 |
| 重庆市 | 105.59 | 24.94 | 27.33 | 157.86 |

图 3-1-5　2015 年万州区与重庆市生均体育经费支出情况对比图(单位:元)

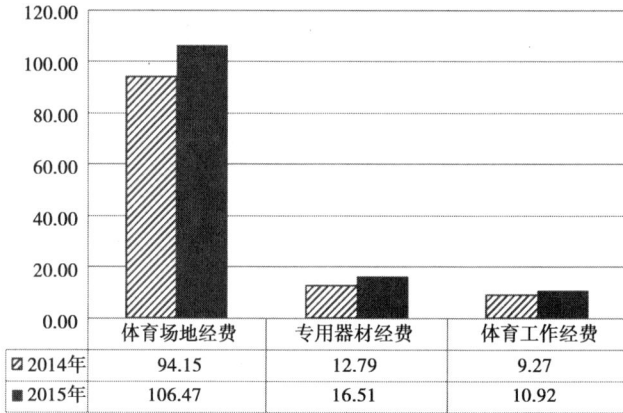

| | 体育场地经费 | 专用器材经费 | 体育工作经费 |
|---|---|---|---|
| 2014年 | 94.15 | 12.79 | 9.27 |
| 2015年 | 106.47 | 16.51 | 10.92 |

图 3-1-6　万州区 2014 年和 2015 年生均体育经费支出情况对比图(单位:元)

## 三、主要问题

### (一)体育教师队伍建设有待加强

在体育教师数量方面,万州区体育教师的缺额比例为 22.86% ,高于重庆市平均水平(见表 3-1-1),表明万州区体育教师数量存在不足。

在体育教师专业素质方面,万州区受区级以上表彰体育教师比例为 0,远低于重庆市平均水平。各类型学校的体育教师受区级以上表彰的比例均低于重庆市相应类型学校平均值(见表 3-1-1)。以上数据表明,万州区需加强体育教师队伍的建设,尤其应提升体育教师的专业素质。

表 3-1-1　2015 年万州区体育教师队伍信息　　　　单位:%

| 学校类别 | 专　职 | | 缺　额 | | 区级以上培训 | | 受区级以上表彰 | |
|---|---|---|---|---|---|---|---|---|
| | 万州区 | 重庆市 | 万州区 | 重庆市 | 万州区 | 重庆市 | 万州区 | 重庆市 |
| 小学 | 75.77 | 51.82 | 28.77 | 19.82 | 75.77 | 54.90 | 0.00 | 13.61 |
| 初中 | 89.42 | 87.22 | 14.05 | 7.26 | 89.42 | 72.54 | 0.00 | 24.86 |
| 九年一贯制学校 | 75.76 | 65.51 | 31.25 | 15.59 | 93.94 | 51.64 | 0.00 | 14.90 |
| 完全中学 | 100.00 | 95.27 | 16.87 | 7.82 | 100.00 | 76.48 | 0.00 | 27.78 |
| 合　计 | 86.42 | 67.05 | 22.86 | 15.44 | 87.42 | 61.42 | 0.00 | 18.29 |

(二)部分体育场地的数量需要增加

2015 年,万州区虽有田径场 129 块(200 米田径场 107 块,300 米田径场 7 块,300~400 米田径场 2 块,400 米田径场 13 块),篮球场 352 块,体育器材达标学校数 125 所,有排球场 19 块,体育馆 1 个,游泳池 2 个,其平均数量均高于重庆市平均水平(见表 3-1-2)。

但是,全区没有 1 间学生体质测试室,且排球场、体育馆、游泳池的平均数量与重庆市平均水平仍有一定差距。其中,每校排球场的数量为 0.15 块,低于重庆市每校平均数量 0.58 块;每校体育馆的数量为 0.01 个,低于重庆市每校平均数量 0.06 个;每校体质检测室的数量为 0 间,低于重庆市每校平均数量的 0.51 间。以上数据表明,万州区需加强学校部分体育场地的建设。

表 3-1-2　2015 年万州区体育场地器材信息(场地器材总量/学校个数)

| 类　别 | | 小　学 | 初　中 | 九年一贯制学校 | 完全中学 | 合　计 |
|---|---|---|---|---|---|---|
| 田径场/块 | 万州区 | 1.06 | 1.00 | 1.00 | 1.00 | 1.03 |
| | 重庆市 | 0.53 | 0.84 | 0.74 | 1.06 | 0.64 |
| 篮球场/块 | 万州区 | 2.56 | 2.48 | 2.36 | 4.23 | 2.82 |
| | 重庆市 | 1.54 | 2.51 | 2.37 | 4.57 | 2.02 |
| 排球场/块 | 万州区 | 0.00 | 0.12 | 0.00 | 0.73 | 0.15 |
| | 重庆市 | 0.41 | 0.76 | 0.59 | 1.41 | 0.58 |
| 体育馆/个 | 万州区 | 0.00 | 0.00 | 0.00 | 0.05 | 0.01 |
| | 重庆市 | 0.04 | 0.04 | 0.06 | 0.25 | 0.06 |

续表

| 类　　别 | | 小　学 | 初　中 | 九年一贯制学校 | 完全中学 | 合　计 |
|---|---|---|---|---|---|---|
| 游泳池/个 | 万州区 | 0.02 | 0.00 | 0.00 | 0.05 | 0.02 |
| | 重庆市 | 0.01 | 0.01 | 0.01 | 0.07 | 0.02 |
| 学生体质测试室/间 | 万州区 | 0.00 | 0.00 | 0.00 | 0.00 | 0.00 |
| | 重庆市 | 0.48 | 0.52 | 0.53 | 0.75 | 0.51 |
| 体育器材达标数/个 | 万州区 | 1.00 | 1.00 | 1.00 | 1.00 | 1.00 |
| | 重庆市 | 0.69 | 0.75 | 0.82 | 0.87 | 0.72 |

注:2015年万州区上报的篮球场352块、体育馆1个、游泳池2个,而2014年上报的篮球场452块、体育馆5个、游泳池4个,需要在上报数据时对数据变化作出说明。

### (三)学生体质健康促进工作有待加强

2015年,万州区认真开展学生体质健康标准测试工作,并如实上报数据,上报率达100%。根据上报数据,全区学生体质健康达到合格以上等级的学生比例为96.13%,虽高于《国家学生体质健康标准》所要求的95%,但与2014年相比,下降了1.51个百分点(如图3-1-7和图3-1-8所示);达到良好以上等级的学生比例为39.95%,略低于《国家学生体质健康标准》所要求的40%,与2014年相比,下降了0.95个百分点(如图3-1-7、图3-1-8所示)。因此,需要加强学生体质健康促进工作的开展。

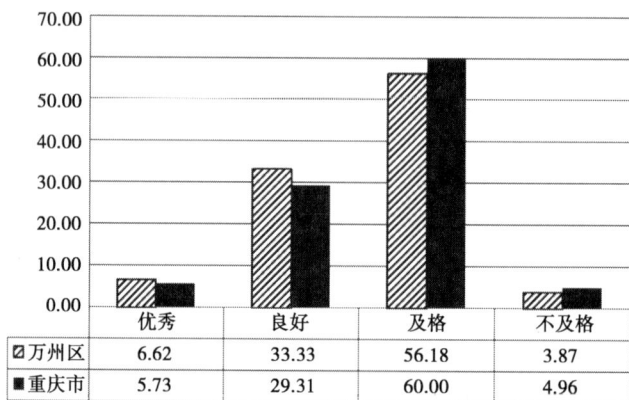

| | 优秀 | 良好 | 及格 | 不及格 |
|---|---|---|---|---|
| 万州区 | 6.62 | 33.33 | 56.18 | 3.87 |
| 重庆市 | 5.73 | 29.31 | 60.00 | 4.96 |

图3-1-7　2015年万州区和重庆市学生体质健康等级比例对比图(单位:%)

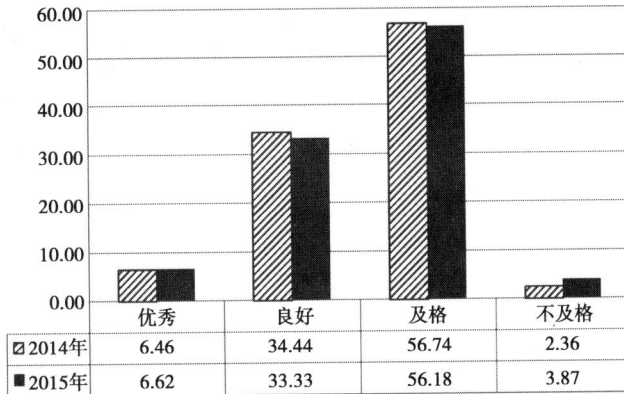

| | 优秀 | 良好 | 及格 | 不及格 |
|---|---|---|---|---|
| 2014年 | 6.46 | 34.44 | 56.74 | 2.36 |
| 2015年 | 6.62 | 33.33 | 56.18 | 3.87 |

图 3-1-8 万州区 2014 年和 2015 年学生体质健康等级比例对比图（单位：%）

（四）加强所报数据的管理和核对

2015 年，万州区上报的篮球场 352 块、体育馆 1 个、游泳池 2 个，而 2014 年上报的篮球场 452 块、体育馆 5 个、游泳池 4 个（详见表 3-1-2）。两年相比，体育场地数量存在较大差距。因此，需对本区各学校体育场地数量的变化做及时更新，并在以后上报自评报告时对数据进行认真核对。

# 第二章 黔江区

## 一、基本概况

2015 年,黔江区有中小学校 153 所,比 2014 年减少 1 所,下降 0.65%;有在校学生 83 227 人,比 2014 年减少 491 人,下降 0.59%;有专任教师 5 223 人,比 2014 年减少 21 人,下降 0.40%。

2015 年,全区有参加学校体育工作评估的独立法人资格学校 55 所。其中,优秀等级学校 43 所,占参评学校的 78.18%,与 2014 年相比没有变化,比全市平均水平高 19.03 个百分点;良好等级学校 11 所,占参评学校的 20.00%,比 2014 年下降 1.82 个百分点,比全市平均水平低 6.67 个百分点(如图 3-2-1、图 3-2-2 所示);无不合格等级学校,全区 2015 年学校体育工作评审结果总体情况优良。

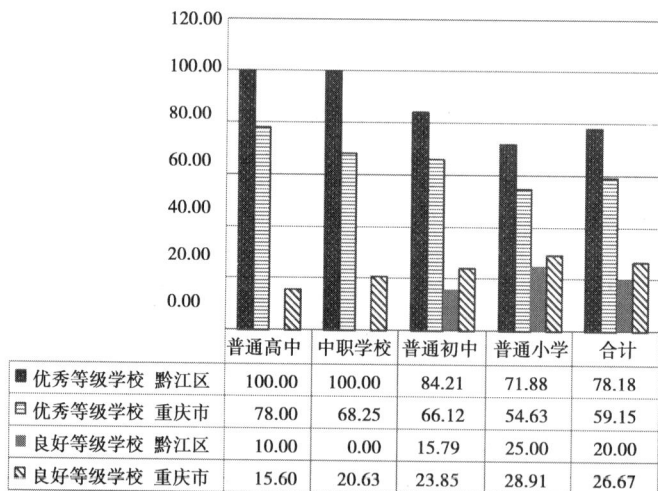

| | 普通高中 | 中职学校 | 普通初中 | 普通小学 | 合计 |
|---|---|---|---|---|---|
| 优秀等级学校 黔江区 | 100.00 | 100.00 | 84.21 | 71.88 | 78.18 |
| 优秀等级学校 重庆市 | 78.00 | 68.25 | 66.12 | 54.63 | 59.15 |
| 良好等级学校 黔江区 | 10.00 | 0.00 | 15.79 | 25.00 | 20.00 |
| 良好等级学校 重庆市 | 15.60 | 20.63 | 23.85 | 28.91 | 26.67 |

图 3-2-1 2015 年黔江区与重庆市学校评审结果比例对比图(单位:%)

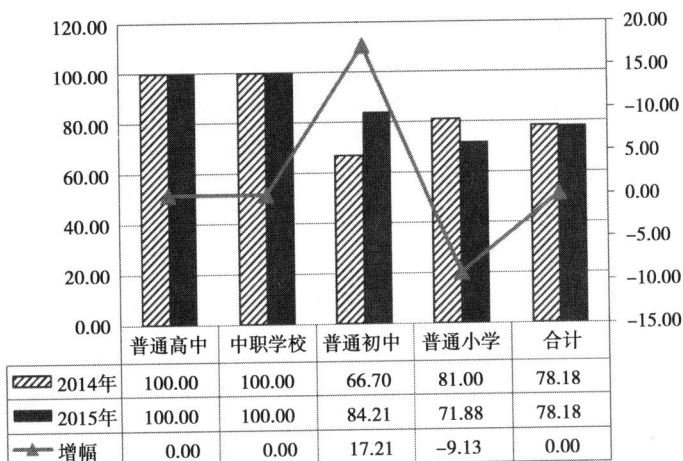

| | 普通高中 | 中职学校 | 普通初中 | 普通小学 | 合计 |
|---|---|---|---|---|---|
| 2014年 | 100.00 | 100.00 | 66.70 | 81.00 | 78.18 |
| 2015年 | 100.00 | 100.00 | 84.21 | 71.88 | 78.18 |
| 增幅 | 0.00 | 0.00 | 17.21 | -9.13 | 0.00 |

图 3-2-2 黔江区 2014 年和 2015 年优秀等级学校比例对比图(单位:%)

2015 年,全区体育工作加分学校占参评学校的比例达 61.82%,比全市平均水平高 4.84 个百分点(如图 3-2-3 所示),比 2014 年下降 9.09 个百分点(如图 3-2-4 所示)。

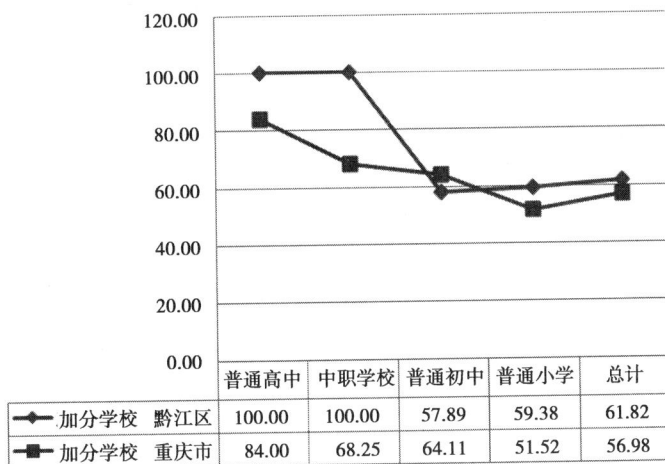

| | 普通高中 | 中职学校 | 普通初中 | 普通小学 | 总计 |
|---|---|---|---|---|---|
| 加分学校 黔江区 | 100.00 | 100.00 | 57.89 | 59.38 | 61.82 |
| 加分学校 重庆市 | 84.00 | 68.25 | 64.11 | 51.52 | 56.98 |

图 3-2-3 2015 年黔江区与重庆市加分学校比例对比图(单位:%)

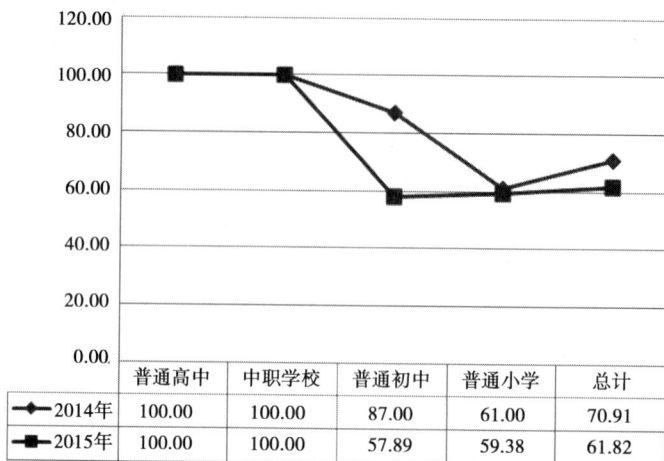

| | 普通高中 | 中职学校 | 普通初中 | 普通小学 | 总计 |
|---|---|---|---|---|---|
| 2014年 | 100.00 | 100.00 | 87.00 | 61.00 | 70.91 |
| 2015年 | 100.00 | 100.00 | 57.89 | 59.38 | 61.82 |

图 3-2-4　黔江区 2014 年和 2015 年加分学校比例对比图（单位：%）

## 二、主要亮点

### （一）组织管理到位

黔江区教委领导重视体育工作，措施到位，责任到人；定期开展体育工作及专项研究活动，加强体育教师的培训。黔江区教委成立了专门的领导小组，由姚兴亮主任任组长，石晓钢副主任任副组长。领导小组办公室设在体卫艺科，由体卫艺科副科长周清霞任办公室主任，负责落实领导小组交办事项落实、具体任务布置、工作检查、过程督查、复核验收等工作。各学校成立了以校长为第一责任人、分管副校长为直接责任人的工作机构，分解工作任务，落实工作责任，适当投入经费，保障学校体育工作顺利发展。

各学校高度重视学校体育工作，牢固树立"健康第一"的育人理念，把学校体育作为实施素质教育的重要突破口，成立了以校长为组长，分管校长为副组长，教务处、学生处、总务处、团委等部门负责人为成员的体育工作领导小组，制订学校体育工作细则，明确职责，落实分工，定期研究工作，定期组织检查、考核。

### （二）教育教学工作有成效

黔江区各学校把增强学生体质作为学校教育的基本目标之一，保证体育课时和活动时间，开足、开齐体育课程率达到100%。各学校严格执行国家课程标准，依据《重庆市中小学体育课程》组织教学，加强教学研究与课程教学改革，提高教学效果。扎实开展体育、艺术"2＋2"项目，每年组织区级体育比赛，如田径、广播操、篮球、乒乓球、羽毛球、跳绳、游泳比赛。注重培养学生良好的体育锻炼习惯和生活方式,各学校组织了丰富多彩的体育比赛活动。大胆创新活动内容和形式,形成独特的活动项目和品牌特色。

(三)学生体质健康促进工作扎实

2015 年,黔江区认真组织开展学生体质健康标准测试,并如实上报数据,上报率达 100%。根据上报数据,全区学生体质健康达到合格以上等级的学生比例为97.14%,高于《国家学生体质健康标准》所要求的 95%,与 2014 年相比,增长了 3.11个百分点(如图 3-2-5、图 3-2-6 所示);达到良好以上等级的学生比例为41.88%,高于《国家学生体质健康标准》所要求的 40%,与 2014 年相比,提高了 16.83 个百分点(如图 3-2-5、图 3-2-6 所示)。

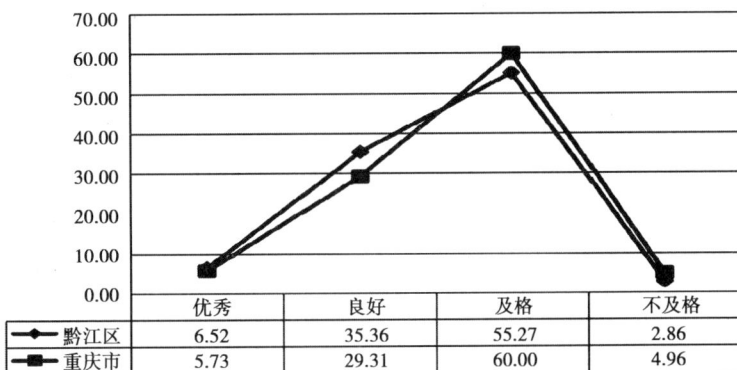

| | 优秀 | 良好 | 及格 | 不及格 |
|---|---|---|---|---|
| 黔江区 | 6.52 | 35.36 | 55.27 | 2.86 |
| 重庆市 | 5.73 | 29.31 | 60.00 | 4.96 |

图 3-2-5　2015 年黔江区与重庆市学生体质健康测试情况对比图(单位:%)

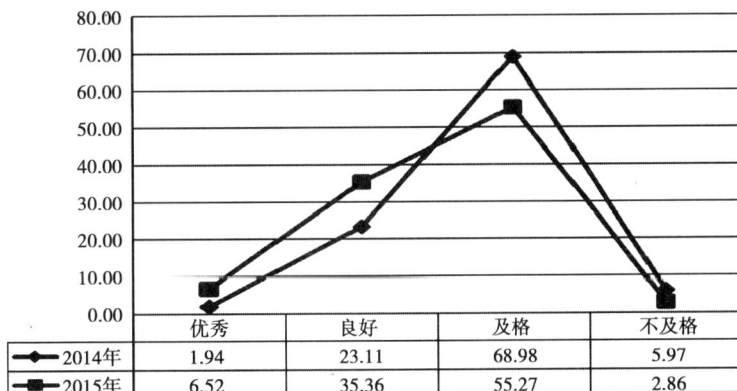

| | 优秀 | 良好 | 及格 | 不及格 |
|---|---|---|---|---|
| 2014年 | 1.94 | 23.11 | 68.98 | 5.97 |
| 2015年 | 6.52 | 35.36 | 55.27 | 2.86 |

图 3-2-6　黔江区 2014 年和 2015 年学生体质健康等级比例对比图(单位:%)

## 三、主要问题

### （一）体育教师队伍建设亟待加强

在体育教师数量方面,黔江区专职体育教师的比例为61.23%,低于重庆市平均水平。其中,小学、九年一贯制学校及完全中学的专职体育教师比例均低于重庆市相应类型学校平均值。同时黔江区体育教师的缺额比例为25.35%,高于重庆市平均水平(见表3-2-1)。这些数据表明黔江区专职体育教师略显不足。

在体育教师专业素质方面,黔江区体育教师参与县级以上培训的比例为50.00%,低于重庆市平均水平,各类型学校的体育教师参与县级以上培训的比例均低于重庆市相应类型学校平均值(见表3-2-1)。

同时,受县级以上表彰的体育教师比例为16.04%,低于重庆市平均水平。其中,初中、九年一贯制学校及完全中学的体育教师受县级以上表彰的比例均低于重庆市相应类型学校平均值(见表3-2-1)。以上数据表明,黔江区需进一步加强体育教师队伍的建设,一方面要补充体育教师数量;另一方面要加大培训力度,以提升体育教师专业素质水平。

表3-2-1　2015年黔江区体育教师队伍信息　　　　单位:%

| 学校类别 | 专　　职 | | 缺　　额 | | 区级以上培训 | | 受区级以上表彰 | |
|---|---|---|---|---|---|---|---|---|
| | 黔江区 | 重庆市 | 黔江区 | 重庆市 | 黔江区 | 重庆市 | 黔江区 | 重庆市 |
| 小学 | 42.13 | 51.82 | 31.83 | 19.82 | 39.09 | 54.90 | 15.23 | 13.61 |
| 初中 | 89.86 | 87.22 | 13.75 | 7.26 | 65.22 | 72.54 | 10.14 | 24.86 |
| 九年一贯制学校 | 38.71 | 65.51 | 24.39 | 15.59 | 38.71 | 51.64 | 9.68 | 14.90 |
| 完全中学 | 93.51 | 95.27 | 15.38 | 7.82 | 68.83 | 76.48 | 25.97 | 27.78 |
| 合　　计 | 61.23 | 67.05 | 25.35 | 15.44 | 50.00 | 61.42 | 16.04 | 18.29 |

### （二）体育场地器材的数量仍需进一步增加

2015年,黔江区中小学共有田径场44块(200米田径场32块,300米田径场2块,300~400米田径场3块,400米田径场7块),篮球场142块,学生体质测试室38间,其平均数量均达到重庆市平均水平(见表3-2-2)。

但是,排球场、体育馆、游泳池、体育器材达标学校数平均数量均与重庆市平均水平仍有一定差距。其中,有排球场 29 块,校均排球场数为 0.53 块,低于全市每校平均数量 0.58 块;体育馆 1 个,校体育馆数为 0.02 个,低于全市每校平均数量 0.06 个;没有 1 个游泳池,低于全市每校平均数量 0.02 个;有体育器材达标学校 36 所,比例为 0.65,低于全市体育器材达标学校比例 0.72(具体情况见表 3-2-2)。这些数据表明,黔江区学校的部分场地数量及体育器材数量略显不足,仍需进一步增加。

表 3-2-2  2015 年黔江区体育场地器材信息(场地器材总量/学校个数)

| 类　别 | | 小　学 | 初　中 | 九年一贯制学校 | 完全中学 | 合　计 |
|---|---|---|---|---|---|---|
| 田径场/块 | 黔江区 | 0.69 | 0.87 | 0.75 | 1.50 | 0.80 |
| | 重庆市 | 0.53 | 0.84 | 0.74 | 1.06 | 0.64 |
| 篮球场/块 | 黔江区 | 1.97 | 2.73 | 3.00 | 6.50 | 2.58 |
| | 重庆市 | 1.54 | 2.51 | 2.37 | 4.57 | 2.02 |
| 排球场/块 | 黔江区 | 0.44 | 0.47 | 0.25 | 1.75 | 0.53 |
| | 重庆市 | 0.41 | 0.76 | 0.59 | 1.41 | 0.58 |
| 体育馆/个 | 黔江区 | 0.00 | 0.00 | 0.00 | 0.25 | 0.02 |
| | 重庆市 | 0.04 | 0.04 | 0.06 | 0.25 | 0.06 |
| 游泳池/个 | 黔江区 | 0.00 | 0.00 | 0.00 | 0.00 | 0.00 |
| | 重庆市 | 0.01 | 0.01 | 0.01 | 0.07 | 0.02 |
| 学生体质测试室/间 | 黔江区 | 0.78 | 0.53 | 0.50 | 0.75 | 0.69 |
| | 重庆市 | 0.48 | 0.52 | 0.53 | 0.75 | 0.51 |
| 体育器材达标数/个 | 黔江区 | 0.63 | 0.73 | 0.50 | 0.75 | 0.65 |
| | 重庆市 | 0.69 | 0.75 | 0.82 | 0.87 | 0.72 |

(三)加强生均体育经费投入

2015 年,黔江区生均体育经费投入为 83.68 元,低于重庆市生均体育经费的平均值 157.86 元。其中生均体育场地经费、生均专用器材经费、生均体育工作经费均低于重庆市平均水平,尤其是生均体育场地经费的差值比较大(如图 3-2-7 所示)。与 2014 年生均体育经费投入相比,黔江区 2015 年生均体育场地经费减少 67.94 元,生均体育工作经费减少 2.85 元(如图 3-2-8 所示)。

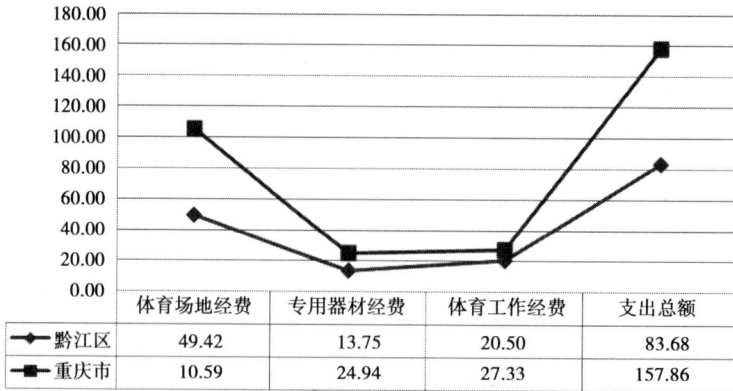

| | 体育场地经费 | 专用器材经费 | 体育工作经费 | 支出总额 |
|---|---|---|---|---|
| 黔江区 | 49.42 | 13.75 | 20.50 | 83.68 |
| 重庆市 | 10.59 | 24.94 | 27.33 | 157.86 |

图 3-2-7　2015年黔江区和重庆市生均体育经费支出情况对比图(单位:元)

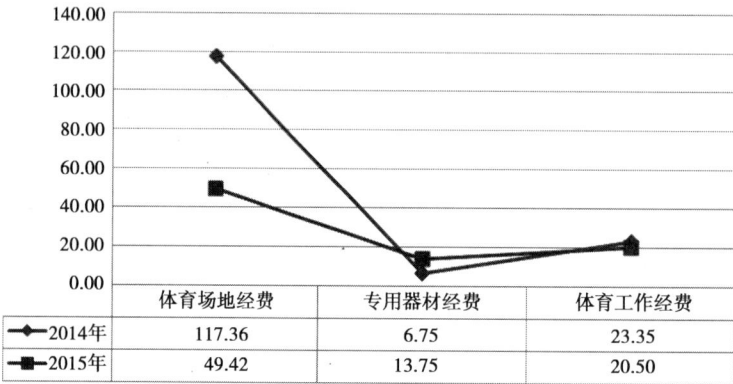

| | 体育场地经费 | 专用器材经费 | 体育工作经费 |
|---|---|---|---|
| 2014年 | 117.36 | 6.75 | 23.35 |
| 2015年 | 49.42 | 13.75 | 20.50 |

图 3-2-8　黔江区2014年和2015年生均体育经费支出情况对比图(单位:元)

# 第三章　涪陵区

## 一、基本概况

2015 年,涪陵区有中小学校 174 所,比 2014 年减少 6 所,下降 3.33%;有在校学生 125 617 人,比 2014 年减少 1 022 人,下降 0.81%;有专任教师 8 231 人,比 2014 年增加 59 人,增长 0.72%。

2015 年,全区有参加学校体育工作评估的独立法人资格学校 155 所。其中,优秀等级学校 142 所,占参评学校的 91.0%,比 2014 年增长 4.3 个百分点,比全市平均水平高 31.85 个百分点;良好等级学校 10 所,占参评学校的 6.45%,比 2014 年下降 4.95 个百分点,比全市平均水平低 20.22 个百分点(如图 3-3-1、图 3-3-2 所示);无不合格学校,全区 2015 年学校体育工作评审结果总体情况优良。

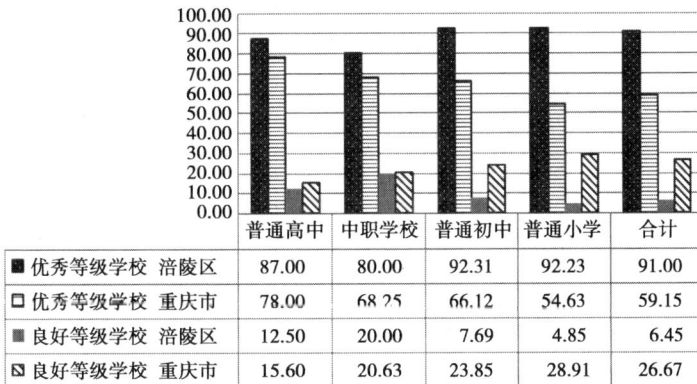

| | 普通高中 | 中职学校 | 普通初中 | 普通小学 | 合计 |
|---|---|---|---|---|---|
| 优秀等级学校　涪陵区 | 87.00 | 80.00 | 92.31 | 92.23 | 91.00 |
| 优秀等级学校　重庆市 | 78.00 | 68.25 | 66.12 | 54.63 | 59.15 |
| 良好等级学校　涪陵区 | 12.50 | 20.00 | 7.69 | 4.85 | 6.45 |
| 良好等级学校　重庆市 | 15.60 | 20.63 | 23.85 | 28.91 | 26.67 |

图 3-3-1　2015 年涪陵区与重庆市学校评审结果比例对比图(单位:%)

2015 年,全区体育工作加分学校比例为 58.71%,比全市平均水平高 1.73 个百分点(如图 3-3-3 所示),比 2014 年增长 1.71 个百分点(如图 3-3-4 所示)。

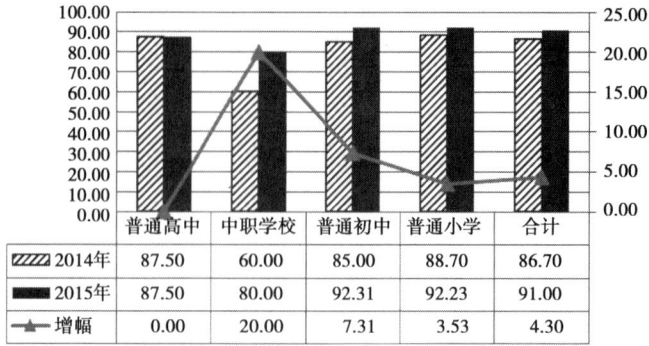

| | 普通高中 | 中职学校 | 普通初中 | 普通小学 | 合计 |
|---|---|---|---|---|---|
| 2014年 | 87.50 | 60.00 | 85.00 | 88.70 | 86.70 |
| 2015年 | 87.50 | 80.00 | 92.31 | 92.23 | 91.00 |
| 增幅 | 0.00 | 20.00 | 7.31 | 3.53 | 4.30 |

图 3-3-2　涪陵区 2014 年和 2015 年优秀等级学校比例对比图(单位:%)

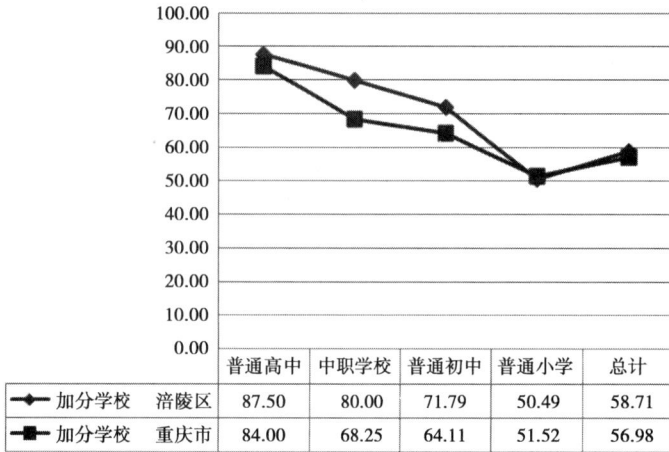

| | 普通高中 | 中职学校 | 普通初中 | 普通小学 | 总计 |
|---|---|---|---|---|---|
| 加分学校　涪陵区 | 87.50 | 80.00 | 71.79 | 50.49 | 58.71 |
| 加分学校　重庆市 | 84.00 | 68.25 | 64.11 | 51.52 | 56.98 |

图 3-3-3　2015 年涪陵区与重庆市加分学校比例对比图(单位:%)

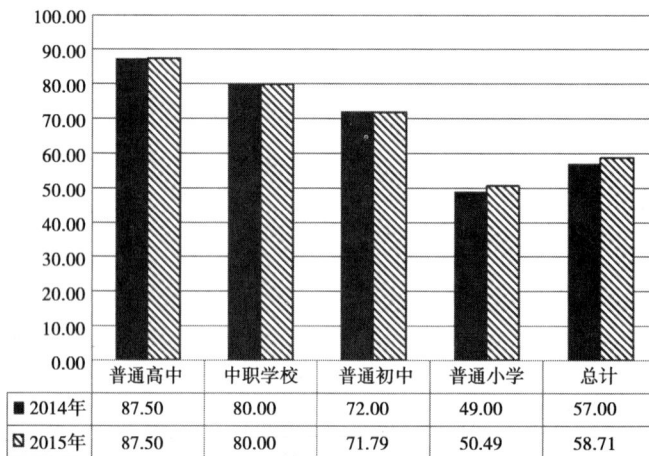

| | 普通高中 | 中职学校 | 普通初中 | 普通小学 | 总计 |
|---|---|---|---|---|---|
| 2014年 | 87.50 | 80.00 | 72.00 | 49.00 | 57.00 |
| 2015年 | 87.50 | 80.00 | 71.79 | 50.49 | 58.71 |

图 3-3-4　涪陵区 2014 年和 2015 年加分学校比例对比图(单位:%)

## 二、主要亮点

### (一)组织管理到位

涪陵区教委专门成立了体育工作领导小组,并成立了体卫艺科,专门负责全区学校的体育、卫生、艺术和国防教育的管理工作。各乡镇(街道)教管中心和直属学校都安排有一名领导分管体卫艺工作,乡镇基层学校也落实了体育工作专管人员。由于管理机构健全,全区学校各项体育工作得到了较好开展。

### (二)教育教学工作扎实有效

涪陵区教委认真贯彻执行国家的体育课程计划,要求各中小学必须严格执行国家体育课程计划,开足体育课时,严禁挤占体育教学时间,各学校开足、开齐体育课达到100%。同时采取四条措施规范学校的体育教学管理:一是督促学校制订体育专项工作计划及行事历,保证体育工作按计划有序开展;二是每年由区政府教育督导室牵头组织对学校体育工作开展情况进行督导检查;三是区教委把体育工作纳入学校年终目标考核的重要内容,督促学校重视和加强体育工作;四是对学校体育参赛获奖实施考核加分奖励,鼓励学校搞好体育工作。

### (三)体育教师队伍建设较为完善

涪陵区专职体育教师的比例为93.36%,高于重庆市平均水平(67.05%)。其中,除高中外,其他各类型学校专职体育教师比例均高于重庆市平均水平;涪陵区体育教师缺额比例为6.42%,低于重庆市平均水平(15.44%)(见表3-3-1),表明涪陵区专职体育教师相对充足。

涪陵区体育教师参与县级以上培训的比例为79.65%,高于重庆市平均水平。同时受县级以上表彰体育教师比例为20.35%,高于重庆市平均水平(18.29%)(见表3-3-1)。以上数据表明,涪陵区体育教师队伍的建设较为完善。

表 3-3-1　2015 年涪陵区体育教师队伍信息　　　　　　单位:%

| 学校类别 | 专职 | | 缺额 | | 县级以上培训 | | 受县级以上表彰 | |
|---|---|---|---|---|---|---|---|---|
| | 涪陵区 | 重庆市 | 涪陵区 | 重庆市 | 涪陵区 | 重庆市 | 涪陵区 | 重庆市 |
| 小学 | 95.67 | 51.82 | 4.15 | 19.82 | 79.42 | 54.90 | 12.64 | 13.61 |
| 初中 | 92.86 | 87.22 | 6.67 | 7.26 | 66.67 | 72.54 | 23.81 | 24.86 |

续表

| 学校类别 | 专职 | | 缺额 | | 县级以上培训 | | 受县级以上表彰 | |
|---|---|---|---|---|---|---|---|---|
| | 涪陵区 | 重庆市 | 涪陵区 | 重庆市 | 涪陵区 | 重庆市 | 涪陵区 | 重庆市 |
| 高中 | 88.00 | 97.88 | 13.79 | 4.34 | 128.00 | 65.30 | 40.00 | 27.48 |
| 九年一贯制学校 | 89.29 | 65.51 | 9.68 | 15.59 | 71.43 | 51.64 | 25.00 | 14.90 |
| 完全中学 | 84.21 | 95.27 | 13.64 | 7.82 | 84.21 | 76.48 | 52.63 | 27.78 |
| 合　计 | 93.36 | 67.05 | 6.42 | 15.44 | 79.65 | 61.42 | 20.35 | 18.29 |

### （四）体质健康监测可信度较高

本次现场抽查涪陵区学校共6所，将抽查情况与学生体质健康检测原始数据进行对比，原始数据基本准确可信的有5所，分别是涪陵区江东街道凉塘小学、涪陵一中、石沱镇初级中学、蔺市中心小学、涪陵六中，占抽查学校数的83.33%；其余1所学校数据有较多明显差异，为马武镇中心小学。全区抽查原始数据可信率为81.67%，高于全市抽查原始数据可信率（70.24%）。

## 三、主要问题

### （一）自评准确性有待提高

以"专家评分÷自评分"比较学校自评准确性（见表3-3-2），抽查学校总体自评准确性为82.62%，低于全市学校自评准确性平均水平（94.02%）。其中，涪陵区江东街道凉塘小学的自评准确性高于90%，涪陵一中、石沱镇初级中学、蔺市中心小学、涪陵六中和马武镇中心小学的自评准确性均低于90%（自评过高）。

表3-3-2　2015年涪陵区体育工作评估审核结果

| 学校名称 | 自评得分 | 核实得分 | 自评准确性/% |
|---|---|---|---|
| 涪陵一中 | 95.0 | 83.0 | 87.37 |
| 涪陵区江东街道凉塘小学 | 94.0 | 89.6 | 95.32 |
| 石沱镇初级中学 | 78.0 | 62.5 | 80.13 |
| 蔺市中心小学 | 104.0 | 74.0 | 71.15 |
| 涪陵六中 | 97.0 | 84.5 | 87.11 |
| 马武镇中心小学 | 104.0 | 79.0 | 75.96 |

（二）体育场地数量需要进一步增加

2015 年,涪陵区有学生体质监测室 149 间,平均数量高于重庆市平均水平;体育器材达标学校 145 所,达标比例高于重庆市平均水平(如表 3-3-3 所示)。

但是,全区的田径场、篮球场、排球场、体育馆、游泳池数量与重庆市平均水平存在一定差距。其中,田径场 44 块(300 ~ 400 米田径场 37 块,400 米田径场 7 块),校均数量为 0.29 块,低于重庆市每校平均数量 0.64 块;篮球场 159 块,校均数量为 1.06 块,低于重庆市每校平均数量 2.02 块;排球场 38 块,校均数量为 0.25 块,低于重庆市每校平均数量 0.58 块;体育馆 2 个,校均数量为 0.01 个,低于重庆市每校平均数量 0.06个;没有 1 个游泳池,校均数量为 0 个,低于重庆市每校平均数量 0.02 个(具体情况见表3-3-3)。以上数据表明,涪陵区亟待加强学校体育场地的建设。

表 3-3-3　2015 年涪陵区体育场地器材信息(场地器材总量/学校个数)

| 类　别 | | 小　学 | 初　中 | 高　中 | 九年一贯制学校 | 完全中学 | 合　计 |
|---|---|---|---|---|---|---|---|
| 田径场/块 | 涪陵区 | 0.13 | 0.65 | 1.00 | 0.38 | 1.00 | 0.29 |
| | 重庆市 | 0.53 | 0.84 | 1.09 | 0.74 | 1.06 | 0.64 |
| 篮球场/块 | 涪陵区 | 0.78 | 1.32 | 2.33 | 1.25 | 4.20 | 1.06 |
| | 重庆市 | 1.54 | 2.51 | 4.96 | 2.37 | 4.57 | 2.02 |
| 排球场/块 | 涪陵区 | 0.00 | 0.65 | 1.00 | 0.63 | 2.00 | 0.25 |
| | 重庆市 | 0.41 | 0.76 | 2.34 | 0.59 | 1.41 | 0.58 |
| 体育馆/个 | 涪陵区 | 0.01 | 0.00 | 0.33 | 0.00 | 0.00 | 0.01 |
| | 重庆市 | 0.04 | 0.04 | 0.30 | 0.06 | 0.25 | 0.06 |
| 游泳池/个 | 涪陵区 | 0.00 | 0.00 | 0.00 | 0.00 | 0.00 | 0.00 |
| | 重庆市 | 0.01 | 0.01 | 0.20 | 0.01 | 0.07 | 0.02 |
| 学生体质测试室/间 | 涪陵区 | 1.00 | 1.00 | 1.00 | 0.88 | 1.00 | 0.99 |
| | 重庆市 | 0.48 | 0.52 | 0.84 | 0.53 | 0.75 | 0.51 |
| 体育器材达标数/个 | 涪陵区 | 0.96 | 1.00 | 1.00 | 0.88 | 1.00 | 0.97 |
| | 重庆市 | 0.69 | 0.75 | 0.93 | 0.82 | 0.87 | 0.72 |

注:2015 年涪陵区上报的篮球场 159 块,而 2014 年上报的篮球场 256 块,需要在上报数据时对数据变化做出说明。

（三）生均体育经费投入需要增加

涪陵区2015年生均体育经费投入为14.67元,远远低于重庆市生均体育经费的平均值157.86元。其中生均体育场地经费、生均专用器材经费、生均体育工作经费均低于重庆市平均水平(如图3-3-5所示)。

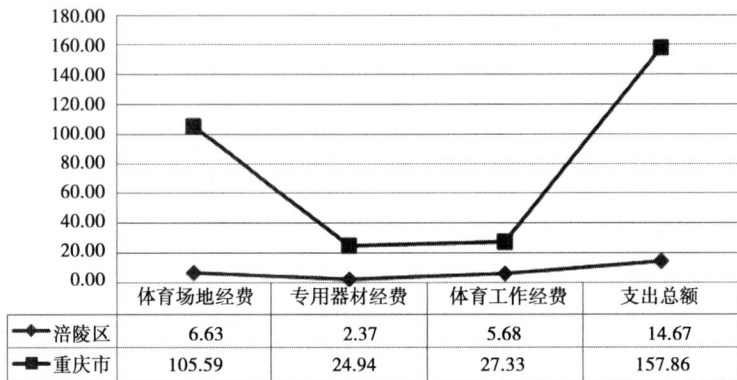

| | 体育场地经费 | 专用器材经费 | 体育工作经费 | 支出总额 |
|---|---|---|---|---|
| 涪陵区 | 6.63 | 2.37 | 5.68 | 14.67 |
| 重庆市 | 105.59 | 24.94 | 27.33 | 157.86 |

图3-3-5 2015年涪陵区与重庆市生均体育经费支出情况对比图(单位:元)

与2014年相比,涪陵区2015年生均体育场地经费减少0.48元,生均专用器材经费减少2.15元(如图3-3-6所示)。虽然减少幅度不大,但数据显示涪陵区生均体育经费的投入仍比较少,还需进一步加大对学校体育经费的投入。

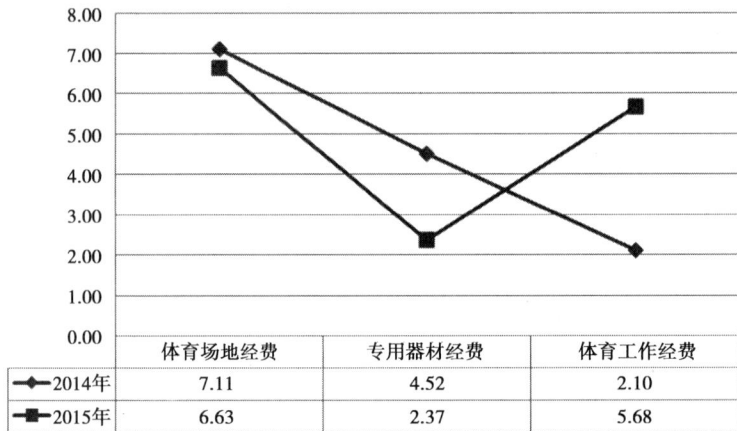

| | 体育场地经费 | 专用器材经费 | 体育工作经费 |
|---|---|---|---|
| 2014年 | 7.11 | 4.52 | 2.10 |
| 2015年 | 6.63 | 2.37 | 5.68 |

图3-3-6 涪陵区2014年和2015年生均体育经费支出情况对比图(单位:元)

（四）学生体质健康促进工作需要进一步加强

2015年,涪陵区虽然认真组织开展了学生体质健康标准测试,并如实上报了数据,上报率达100%。但是,达到合格以上等级的学生比例为94.16%,略低于《国家学生体质健康标准》95%的要求,与2014年相比,下降了0.13个百分点(如图3-3-7、图

3-3-8所示)。学生体质健康达到良好以上等级的比例为28.24%,远低于《国家学生体质健康标准》40%的要求(如图3-3-7、图3-3-8所示)。因此,需要加强学生体质健康促进工作的开展。

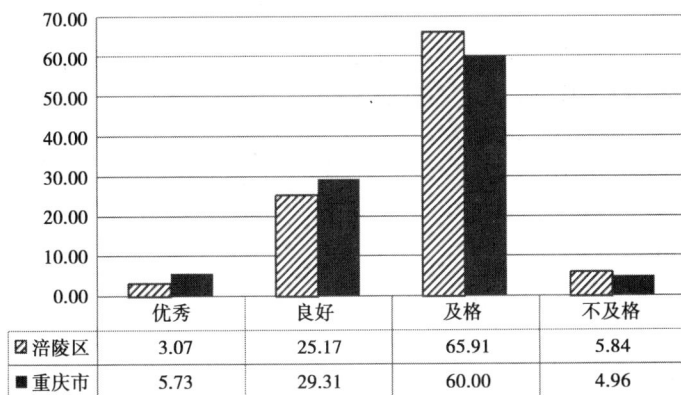

| | 优秀 | 良好 | 及格 | 不及格 |
|---|---|---|---|---|
| 涪陵区 | 3.07 | 25.17 | 65.91 | 5.84 |
| 重庆市 | 5.73 | 29.31 | 60.00 | 4.96 |

图3-3-7　2015年涪陵区与重庆市学生体质健康测试情况对比图(单位:%)

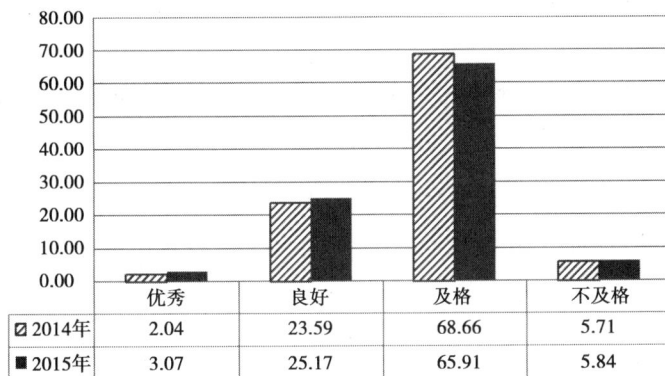

| | 优秀 | 良好 | 及格 | 不及格 |
|---|---|---|---|---|
| 2014年 | 2.04 | 23.59 | 68.66 | 5.71 |
| 2015年 | 3.07 | 25.17 | 65.91 | 5.84 |

图3-3-8　涪陵区2014年和2015年学生体质健康等级比例对比图(单位:%)

(五)加强所报数据的管理与核对

2015年,涪陵区上报的篮球场159块,而2014年上报的篮球场256块(详见表3-3-3)。两年相比,篮球场的数量存在较大差距。因此,需对本区各学校体育场地数量的变化做及时更新,并在以后上报自评报告时对数据进行认真核对。

# 第四章  渝中区

## 一、基本概况

2015 年,渝中区有中小学校 52 所,比 2014 年减少 6 所,下降 10.34%;有在校学生 51 830 人,比 2014 年减少 2 040 人,下降 3.79%;有专任教师 4 684 人,比 2014 年减少 21 人,下降 0.45%。

2015 年,全区有参加学校体育工作评估的独立法人资格学校 44 所。其中,优秀等级学校 43 所,占参评学校的 97.73%,比全市平均水平高 38.58 个百分点;良好等级学校 1 所,占参评学校的 2.27%,比全市平均水平低 24.40 个百分点;无不合格学校(如图 3-4-1 所示),全区 2015 年学校体育工作评审结果总体情况优良。

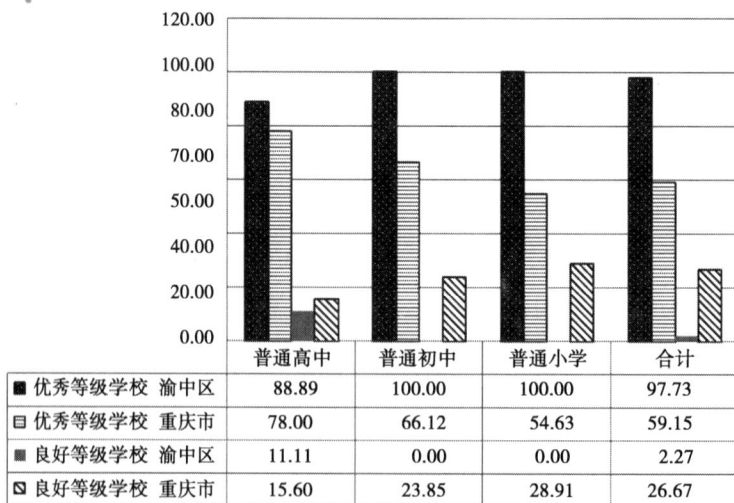

| | 普通高中 | 普通初中 | 普通小学 | 合计 |
|---|---|---|---|---|
| ■ 优秀等级学校 渝中区 | 88.89 | 100.00 | 100.00 | 97.73 |
| ▥ 优秀等级学校 重庆市 | 78.00 | 66.12 | 54.63 | 59.15 |
| ■ 良好等级学校 渝中区 | 11.11 | 0.00 | 0.00 | 2.27 |
| ▨ 良好等级学校 重庆市 | 15.60 | 23.85 | 28.91 | 26.67 |

图 3-4-1  2015 年渝中区与重庆市学校评审结果比例对比图(单位:%)

2015 年,渝中区体育加分学校比例为 90.91%,比重庆市平均水平高 33.93 个百分点(如图 3-4-2 所示),但比 2014 年下降了 4.19 个百分点(如图 3-4-3 所示)。

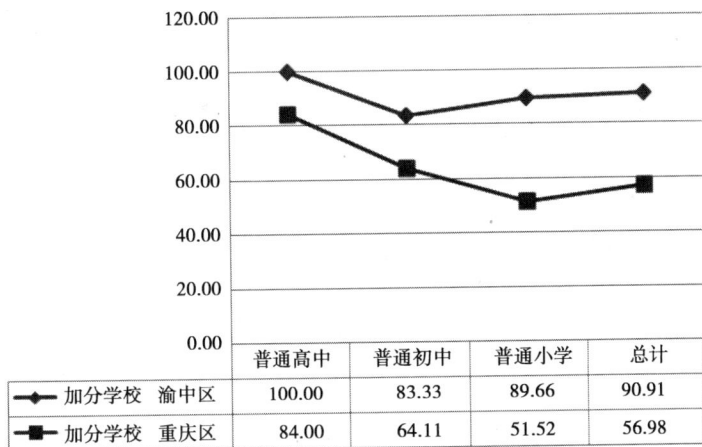

| | 普通高中 | 普通初中 | 普通小学 | 总计 |
|---|---|---|---|---|
| 加分学校 渝中区 | 100.00 | 83.33 | 89.66 | 90.91 |
| 加分学校 重庆区 | 84.00 | 64.11 | 51.52 | 56.98 |

图 3-4-2 2015 年渝中区与重庆市加分学校比例对比图(单位:%)

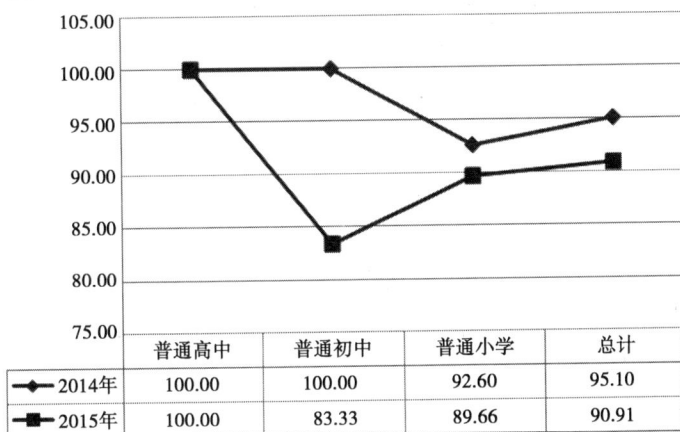

| | 普通高中 | 普通初中 | 普通小学 | 总计 |
|---|---|---|---|---|
| 2014年 | 100.00 | 100.00 | 92.60 | 95.10 |
| 2015年 | 100.00 | 83.33 | 89.66 | 90.91 |

图 3-4-3 渝中区 2014 年和 2015 年加分学校比例对比图(单位:%)

## 二、主要亮点

### (一)组织管理到位

渝中区成立以区教委主任为组长,区教委分管副主任为副组长,体卫艺科科长及体卫艺科体育专干、体育教研员为成员的体育工作领导小组,负责指导全区体育工作的开展和实施。领导小组定期召开工作会,制订工作计划,研讨工作事项,及时总结反思,确保各项体育工作落实到位。

同时建立专项督导制度,由区教委督导室牵头,会同各科室和科教中心等直属单位,积极开展义务教育学校六大功能室应用管理工作专项督导。体卫艺科每学期对各中小学体育教学常规、课程安排、阳光体育落实情况进行检查,针对各校在体育教学工作中遇到的问题提出解决方案。区教师进修学院就体育课堂教学、中招体考开展专项调研,召集体育学科中心教研组成员和各校体育教研组长进行专题研究。

（二）教育教学注重体育特色建设

渝中区坚持每学年开展中小学田径运动会、篮球联赛、排球联赛、校园足球联赛、乒乓球联赛、游泳比赛、跆拳道锦标赛、健美操比赛、三跳比赛、射击比赛、小学生田径锦标赛等学生赛事,并形成常态化、长效化机制,有力推动了各中小学自身体育特色、传统体育项目的建设发展,如42中的男篮,求精中学的女排、健美操等。

同时,制订并印发渝中区科技体艺特色学校评选方案,评选出首批科技体艺特色学校10所,其中体艺特色学校6所,每所投入特色发展资金15万元,共计90万元,并在国家级、市级等体育赛事中获得优良的成绩。

（三）体育教师队伍建设较完善

2015年,渝中区专职体育教师的比例为85.19%,远高于重庆市平均水平;体育教师缺额比例为3.82%,远低于重庆市平均水平(见表3-4-1),表明渝中区专职体育教师相对充足。

2015年,全区参与县级以上培训的体育教师比例为79.63%,高于重庆市平均水平;受县级以上表彰的体育教师比例为25.40%,仍高于重庆市平均水平(见表3-4-1)。以上数据表明,渝中区体育教师队伍的建设较为完善。

表3-4-1　渝中区体育教师队伍信息　　　单位:%

| 类　别 | 专　职 | | 缺　额 | | 县级以上培训 | | 受县级以上表彰 | |
|---|---|---|---|---|---|---|---|---|
| | 渝中区 | 重庆市 | 渝中区 | 重庆市 | 渝中区 | 重庆市 | 渝中区 | 重庆市 |
| 小学 | 77.31 | 51.82 | 4.00 | 19.82 | 75.46 | 54.90 | 21.76 | 13.61 |
| 初中 | 100.00 | 87.22 | 2.63 | 7.26 | 56.76 | 72.54 | 24.32 | 24.86 |
| 完全中学 | 94.40 | 95.27 | 3.85 | 7.82 | 93.60 | 76.48 | 32.00 | 27.78 |
| 合　计 | 85.19 | 67.05 | 3.82 | 15.44 | 79.63 | 61.42 | 25.40 | 18.29 |

## 三、主要问题

### (一)体育场地的数量需要增加

2015 年,渝中区中小学校共有排球场 33 块,体育馆 12 个,游泳池 4 个,体育器材达标学校数 41 所,其平均数量均高于重庆市平均水平(见表 3-4-2)。

但是,田径场、篮球场、学生体质测试室的校均数与重庆市平均水平存在一定差距。其中,田径场 26 块(200 米田径场 20 块,300 米田径场 4 块,300～400 米田径场 1 块,400 米田径场 1 块),校均数量为 0.59 块,低于重庆市每校平均数量 0.64 块;篮球场 82.5 块,校均数量为 1.88 块,低于重庆市每校平均数量 2.02 块(见表 3-4-2)。以上数据表明,渝中区需要加强学校部分体育场地的建设。

表 3-4-2　渝中区体育场地器材信息　(场地器材总量/学校个数)

| 类　别 | | 小　学 | 初　中 | 完全中学 | 合　计 |
|---|---|---|---|---|---|
| 田径场/块 | 渝中区 | 0.41 | 0.67 | 1.11 | 0.59 |
| | 重庆市 | 0.53 | 0.84 | 1.06 | 0.64 |
| 篮球场/块 | 渝中区 | 1.19 | 1.33 | 4.44 | 1.88 |
| | 重庆市 | 1.54 | 2.51 | 4.57 | 2.02 |
| 排球场/块 | 渝中区 | 0.52 | 0.67 | 1.56 | 0.75 |
| | 重庆市 | 0.41 | 0.76 | 1.41 | 0.58 |
| 体育馆/个 | 渝中区 | 0.28 | 0.17 | 0.33 | 0.27 |
| | 重庆市 | 0.04 | 0.04 | 0.25 | 0.06 |
| 游泳池/个 | 渝中区 | 0.07 | 0.17 | 0.11 | 0.09 |
| | 重庆市 | 0.01 | 0.01 | 0.07 | 0.02 |
| 学生体质测试室/间 | 渝中区 | 0.34 | 0.50 | 0.89 | 0.48 |
| | 重庆市 | 0.48 | 0.52 | 0.75 | 0.51 |
| 体育器材达标数/个 | 渝中区 | 0.90 | 1.00 | 1.00 | 0.93 |
| | 重庆市 | 0.69 | 0.75 | 0.87 | 0.72 |

### (二)生均体育经费投入有待加大

2015 年,渝中区生均经费投入为 153.58 元,略低于重庆市平均水平。其中,生均体育场地经费与生均专用器材经费均低于重庆市平均水平(如图 3-4-4 所示)。与

2014 年生均体育经费投入相比,渝中区 2015 年生均体育工作经费减少了 72.12 元
(如图 3-4-5 所示)。

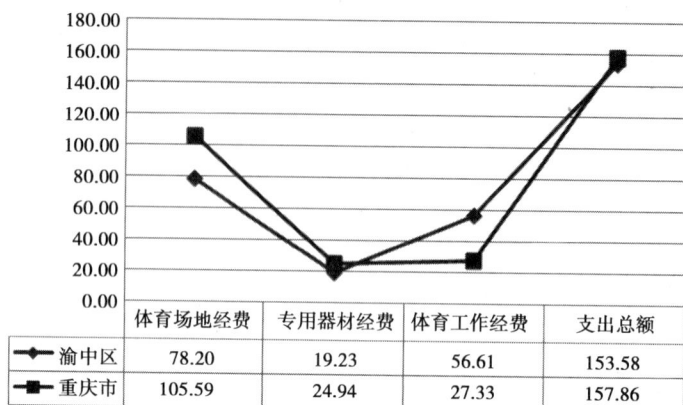

| | 体育场地经费 | 专用器材经费 | 体育工作经费 | 支出总额 |
|---|---|---|---|---|
| 渝中区 | 78.20 | 19.23 | 56.61 | 153.58 |
| 重庆市 | 105.59 | 24.94 | 27.33 | 157.86 |

图 3-4-4　2015 年渝中区与重庆市生均体育经费支出情况对比图(单位:元)

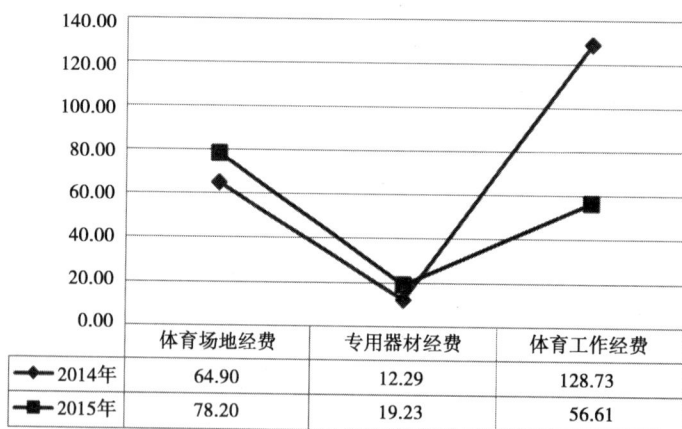

| | 体育场地经费 | 专用器材经费 | 体育工作经费 |
|---|---|---|---|
| 2014年 | 64.90 | 12.29 | 128.73 |
| 2015年 | 78.20 | 19.23 | 56.61 |

图 3-4-5　渝中区 2014 年和 2015 年生均体育经费支出情况对比图(单位:元)

(三)学生体质健康促进工作有待加强

2015 年,渝中区认真开展学生体质健康标准测试工作,并如实上报数据,上报率
达 100%。根据上报数据,全区学生体质健康达到良好以上等级的学生比例为
41.69%,略高于《国家学生体质健康标准》40%的要求,与 2014 年相比,增长了 1.38
个百分点(如图 3-4-6、图 3-4-7 所示)。但是达到合格以上等级的学生比例为
93.77%,低于《国家学生体质健康标准》95%的要求,且与 2014 年相比,下降了 1.07
个百分点(如图 3-4-6、图 3-4-7 所示),需要加强学生体质健康促进工作的开展。

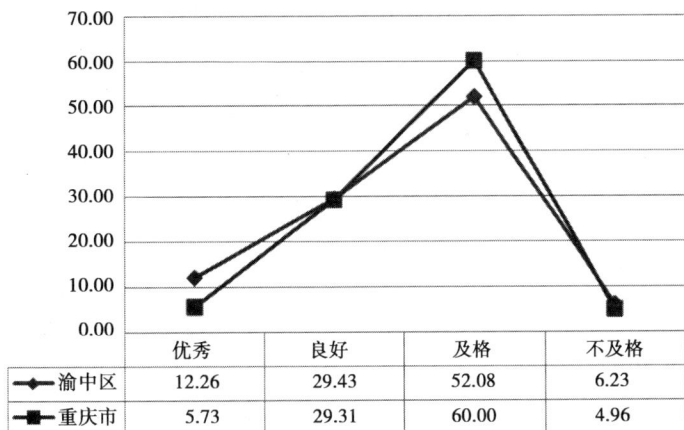

| | 优秀 | 良好 | 及格 | 不及格 |
|---|---|---|---|---|
| 渝中区 | 12.26 | 29.43 | 52.08 | 6.23 |
| 重庆市 | 5.73 | 29.31 | 60.00 | 4.96 |

图 3-4-6　2015 年渝中区与重庆市学生体质健康测试情况对比图(单位:%)

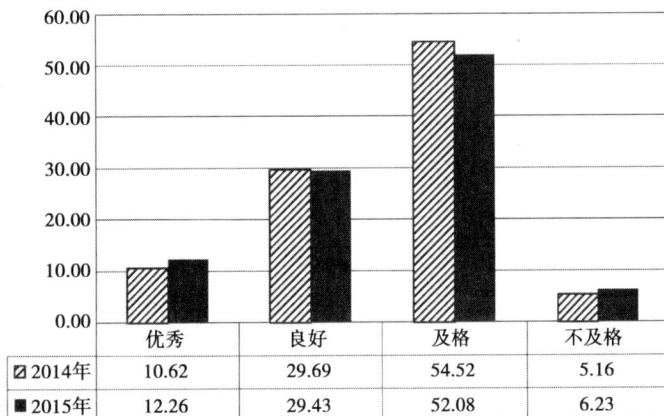

| | 优秀 | 良好 | 及格 | 不及格 |
|---|---|---|---|---|
| 2014年 | 10.62 | 29.69 | 54.52 | 5.16 |
| 2015年 | 12.26 | 29.43 | 52.08 | 6.23 |

图 3-4-7　渝中区 2014 年和 2015 年学生体质健康等级比例对比图(单位:%)

(四)体育活动尚未落实到位

2015 年,渝中区学校体育活动落实情况未达到 100%的要求,其中完全中学的体育课开足比例以及组织大课间体育活动完成的学校比例均为 88.89%(见表 3-4-3)。以上数据一方面表明未开足体育课的学校应一票否决,属于不合格学校,这与渝中区优良等级学校达 100%的情况不符。另一方面,表明渝中区体育活动落实情况尚未达到相关要求,需要加强这方面的工作。

表 3-4-3    渝中区体育活动落实情况                    单位:%

| 学校类别 | 学校/所 | 开足体育课的学校比例 | 落实每天1小时体育锻炼的学校比例/% | 组织大课间体育活动的学校比例/% |
|---|---|---|---|---|
| 小学 | 29 | 100.00 | 100.00 | 100.00 |
| 初中 | 6 | 100.00 | 100.00 | 100.00 |
| 完全中学 | 9 | 88.89 | 100.00 | 88.89 |
| 合 计 | 44 | 97.73 | 100.00 | 97.73 |

## 一、基本概况

2015 年,大渡口区有中小学校 33 所,比 2014 年增加 1 所,增长 3.12% ;有在校学生 31 768 人,比 2014 年增加 456 人,增长 1.46% ;有专任教师 2 119 人,比 2014 年增加 79 人,增长 3.87% 。

2015 年,全区有参加学校体育工作评估的独立法人资格学校 27 所。其中,优秀等级学校 9 所,占参评学校的 33.33% ,比 2014 年下降 1.17 个百分点,比全市平均水平低 25.82 个百分点;良好等级学校 11 所,占参评学校的 40.74% ,比 2014 年增长 20.04 个百分点,比全市平均水平高 14.07 个百分点(如图 3-5-1、图 3-5-2 所示);无不合格学校,全区 2015 年学校体育工作评审结果总体情况相对良好。

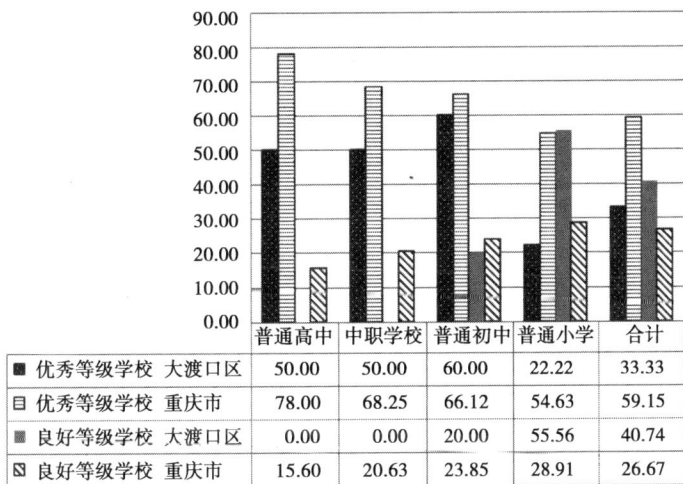

| | 普通高中 | 中职学校 | 普通初中 | 普通小学 | 合计 |
|---|---|---|---|---|---|
| ■ 优秀等级学校　大渡口区 | 50.00 | 50.00 | 60.00 | 22.22 | 33.33 |
| ▤ 优秀等级学校　重庆市 | 78.00 | 68.25 | 66.12 | 54.63 | 59.15 |
| ▦ 良好等级学校　大渡口区 | 0.00 | 0.00 | 20.00 | 55.56 | 40.74 |
| ▨ 良好等级学校　重庆市 | 15.60 | 20.63 | 23.85 | 28.91 | 26.67 |

图 3-5-1　2015 年大渡口区与重庆市学校评审结果比例对比图(单位:%)

2015 年,大渡口区体育工作加分学校比例为 85.19% ,比重庆市平均水平高

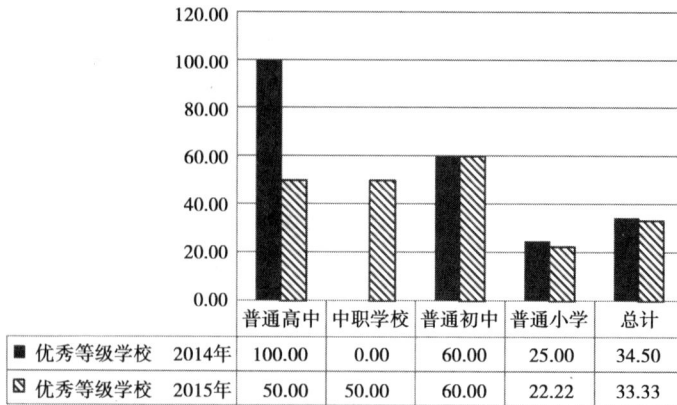

图 3-5-2  大渡口区 2014 年和 2015 年优秀等级学校比例对比图（单位:%）

28.21个百分点（如图 3-5-3 所示），与 2014 年相比,增长了 36.89 个百分点（如图 3-5-4所示）。

| | 普通高中 | 中职学校 | 普通初中 | 普通小学 | 总计 |
|---|---|---|---|---|---|
| 优秀等级学校 2014年 | 100.00 | 0.00 | 60.00 | 25.00 | 34.50 |
| 优秀等级学校 2015年 | 50.00 | 50.00 | 60.00 | 22.22 | 33.33 |

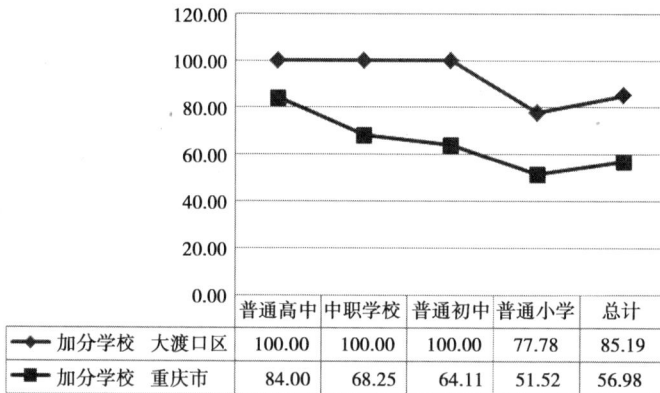

| | 普通高中 | 中职学校 | 普通初中 | 普通小学 | 总计 |
|---|---|---|---|---|---|
| 加分学校 大渡口区 | 100.00 | 100.00 | 100.00 | 77.78 | 85.19 |
| 加分学校 重庆市 | 84.00 | 68.25 | 64.11 | 51.52 | 56.98 |

图 3-5-3  2015 年大渡口区与重庆市加分学校比例对比图（单位:%）

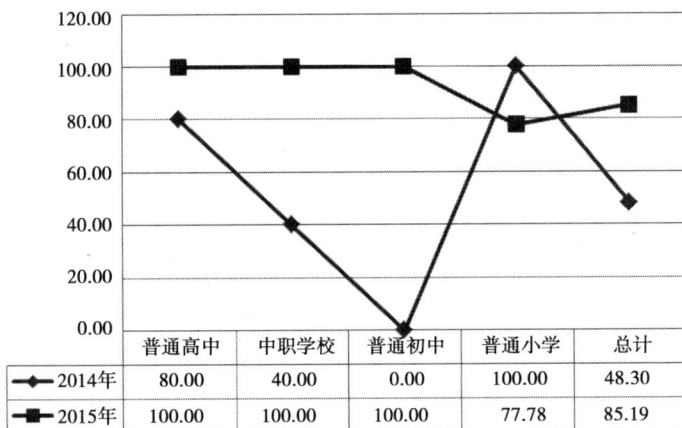

| | 普通高中 | 中职学校 | 普通初中 | 普通小学 | 总计 |
|---|---|---|---|---|---|
| 2014年 | 80.00 | 40.00 | 0.00 | 100.00 | 48.30 |
| 2015年 | 100.00 | 100.00 | 100.00 | 77.78 | 85.19 |

图 3-5-4　2014 年和 2015 年大渡口区加分学校比例对比图(单位:%)

## 二、主要亮点

(一)组织管理到位

大渡口区各中小学校都成立了体育工作领导小组,各校领导小组均做到了职责明确,分工落实,定期研究。并且,各校将体育卫生工作纳入了学校整体工作计划,教导处或体育教研组制订具体工作计划,认真组织实施,还制订了检查、考核制度,并将考核结果与绩效挂钩。为保障体育工作的安全运行,还建立了校园意外伤害事故应急管理机制,制订了工作方案和责任制,明确了责任人。

同时,为保证"阳光体育"的落实和健康开展,各校均制订了工作方案和基本要求,并公布了监督电话,通报学生体育活动情况,以争取家长和社会的支持。

(二)教育教学工作扎实有效

大渡口区每个体育教师都做到了体育与健康课程教学计划、单元计划、课时计划齐全;中小学体育随堂课基本达到了"科学规范、实效"的要求,每届市优质体育课比赛,我区选手都能获得优异成绩。同时,各校都开展了小课题研究,以解决学校体育教学的难题和打造学校体育工作的亮点。每年春、秋两季的运动会,各校不但坚持开展,而且不断创新,形式各样,内容精彩。

另外,各校为保证体育课不被挤占,都建立了体育课考勤本和考核登记制度,有的还建立了课堂教学巡查制度。

## （三）生均体育经费投入较大

2015 年,大渡口区生均体育经费投入为 254.92 元,比重庆市平均水平高 97.06 元。其中,生均体育场地经费、生均专用器材经费及生均体育工作经费均高于重庆市平均水平(如图 3-5-5 所示)。与 2014 年相比,全区生均体育场地经费增长 14.2 元,生均专用器材经费增长 55.32 元,生均体育工作经费增长 42.87 元(如图 3-5-6 所示)。以上数据表明,大渡口区 2015 年生均体育经费投入较大。

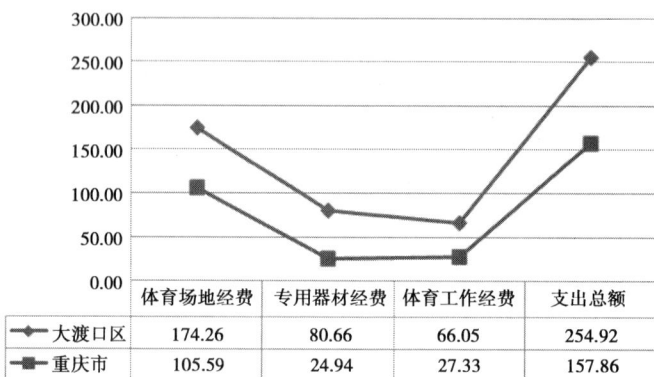

| | 体育场地经费 | 专用器材经费 | 体育工作经费 | 支出总额 |
|---|---|---|---|---|
| 大渡口区 | 174.26 | 80.66 | 66.05 | 254.92 |
| 重庆市 | 105.59 | 24.94 | 27.33 | 157.86 |

图 3-5-5 2015 年大渡口区与重庆市生均体育经费支出情况(单位:元)

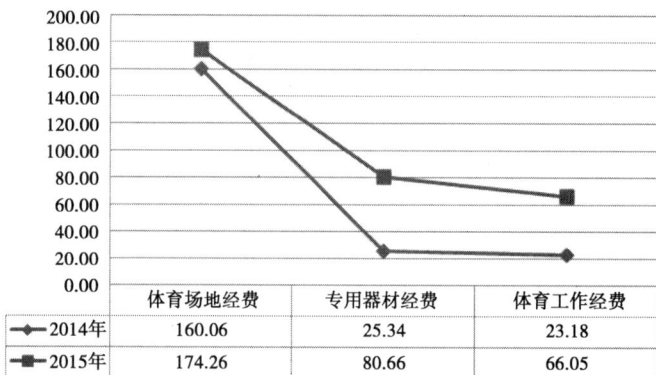

| | 体育场地经费 | 专用器材经费 | 体育工作经费 |
|---|---|---|---|
| 2014年 | 160.06 | 25.34 | 23.18 |
| 2015年 | 174.26 | 80.66 | 66.05 |

图 3-5-6 大渡口区 2014 年和 2015 年生均体育经费支出情况(单位:元)

# 三、主要问题

## （一）教师专业素质有待提升

2015 年,大渡口区专职体育教师比例为 91.72% ,高于重庆市平均水平;体育教师缺额比例为 3.43% ,低于重庆市平均水平;参加县级以上培训的体育教师比例为

91.72%,高于重庆市平均水平。但是,受县级以上表彰的体育教师比例5.29%,远低于重庆市平均水平(见表3-5-1)。以上数据表明,大渡口区体育教师配备充足,但是体育教师的专业素质还有待提升。

表3-5-1　2015年大渡口区体育教师队伍信息　　　　　　单位:%

| 学校类别 | 专　职 | | 缺　额 | | 县级以上培训 | | 受县级以上表彰 | |
|---|---|---|---|---|---|---|---|---|
| | 大渡口区 | 重庆市 | 大渡口区 | 重庆市 | 大渡口区 | 重庆市 | 大渡口区 | 重庆市 |
| 小学 | 85.88 | 51.82 | 4.49 | 19.82 | 85.88 | 54.90 | 5.88 | 13.61 |
| 初中 | 100.00 | 87.22 | 0.00 | 7.26 | 100.00 | 72.54 | 13.04 | 24.86 |
| 九年一贯制学校 | 88.89 | 65.51 | 0.00 | 15.59 | 88.89 | 51.64 | 5.56 | 14.90 |
| 完全中学 | 100.00 | 95.27 | 4.44 | 7.82 | 100.00 | 76.48 | 2.33 | 27.78 |
| 合　计 | 91.72 | 67.05 | 3.43 | 15.44 | 91.72 | 61.42 | 5.92 | 18.29 |

(二)体育场地建设需进一步完善

2015年,大渡口区中小学校有田径场30块(200米田径场28块,400米田径场2块),体育馆8个,体育器材达标学校数27所,其平均数量均高于重庆市平均水平(见表3-5-2)。

但是,篮球场、排球场、游泳池、学生体质测试室的平均数量与重庆市平均水平存在一定差距。其中,篮球场34块,校均数量为1.26块,低于重庆市每校平均数量2.02块;没有排球场,校均数量为0块,低于重庆市每校平均数量0.58块;没有游泳池,校均数量为0个,低于重庆市每校平均数量0.02个;没有学生体质检测室,校均数量为0间,低于重庆市每校平均数量0.51间。这些数据表明,大渡口区学校体育场地需进一步完善。

表3-5-2　2015年大渡口区体育场地器材信息(场地器材总量/学校个数)

| 类　别 | | 小　学 | 初　中 | 九年一贯制学校 | 完全中学 | 合　计 |
|---|---|---|---|---|---|---|
| 田径场/块 | 大渡口区 | 1.17 | 1.00 | 1.00 | 1.00 | 1.11 |
| | 重庆市 | 0.53 | 0.84 | 0.74 | 1.06 | 0.64 |
| 篮球场/块 | 大渡口区 | 1.00 | 1.00 | 1.00 | 2.75 | 1.26 |
| | 重庆市 | 1.54 | 2.51 | 2.37 | 4.57 | 2.02 |

续表

| 类　别 | | 小　学 | 初　中 | 九年一贯制学校 | 完全中学 | 合　计 |
|---|---|---|---|---|---|---|
| 排球场/块 | 大渡口区 | 0.00 | 0.00 | 0.00 | 0.00 | 0.00 |
| | 重庆市 | 0.41 | 0.76 | 0.59 | 1.41 | 0.58 |
| 体育馆/个 | 大渡口区 | 0.28 | 0.33 | 0.00 | 0.50 | 0.30 |
| | 重庆市 | 0.04 | 0.04 | 0.06 | 0.25 | 0.06 |
| 游泳池/个 | 大渡口区 | 0.00 | 0.00 | 0.00 | 0.00 | 0.00 |
| | 重庆市 | 0.01 | 0.01 | 0.01 | 0.07 | 0.02 |
| 学生体质测试室/间 | 大渡口区 | 0.00 | 0.00 | 0.00 | 0.00 | 0.00 |
| | 重庆市 | 0.48 | 0.52 | 0.53 | 0.75 | 0.51 |
| 体育器材达标数/个 | 大渡口区 | 1.00 | 1.00 | 1.00 | 1.00 | 1.00 |
| | 重庆市 | 0.69 | 0.75 | 0.82 | 0.87 | 0.72 |

注:①2015 年大渡口区上报的 200 米田径场 28 块(小学 21 块 + 初中 3 块 + 九年一贯制学校 2 块 + 完全中学 2 块),但合计里面上报的是 29 块。请注意核对上报数据。

②2014 年大渡口区上报的篮球场 40 块、排球场 3 块,而 2015 年上报的篮球场 34 块、排球场 0 块,需要对上报数据的变更作出说明。

### (三)学生体质健康促进工作需要加强

2015 年,大渡口区认真开展了学生体质健康标准测试工作,并如实上报了数据,上报率达 100%。根据上报数据,全区学生体质健康达到合格以上等级的学生比例为 96.52%,虽高于《国家学生体质健康标准》95% 的要求,但与 2014 年相比下降了 2.33 个百分点(如图 3-5-7、图 3-5-8 所示);达到良好以上等级的学生比例为 47.91%,高于《国家学生体质健康标准》40% 的要求,但与 2014 年相比下降了 7.06 个百分点(如图 3-5-7、图 3-5-8 所示)。所以,大渡口区各学校仍需进一步加强对学生体质健康的促进工作。

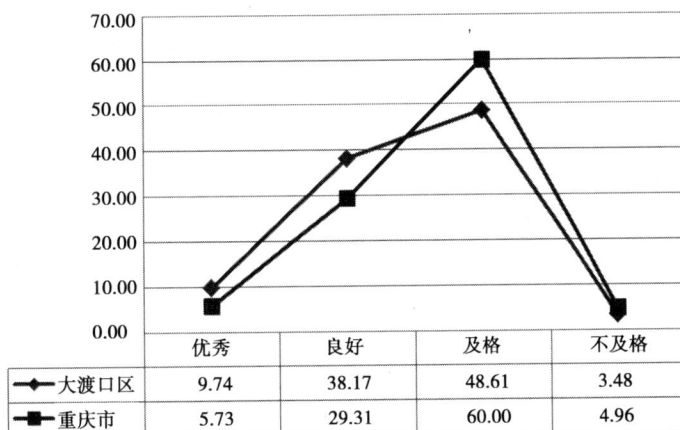

| | 优秀 | 良好 | 及格 | 不及格 |
|---|---|---|---|---|
| 大渡口区 | 9.74 | 38.17 | 48.61 | 3.48 |
| 重庆市 | 5.73 | 29.31 | 60.00 | 4.96 |

图 3-5-7　2015 年大渡口区与重庆市体质健康测试情况对比图(单位:%)

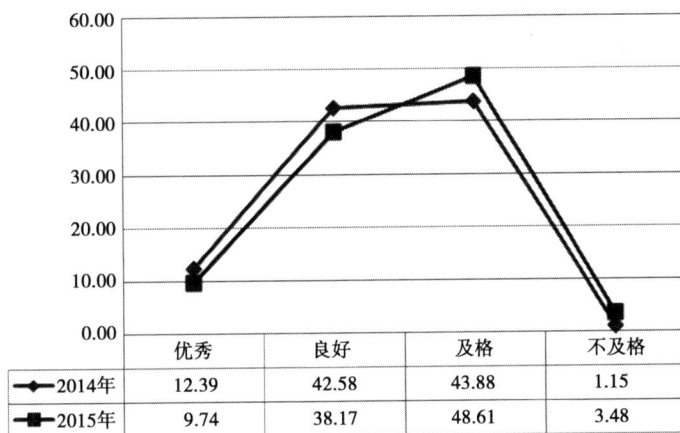

| | 优秀 | 良好 | 及格 | 不及格 |
|---|---|---|---|---|
| 2014年 | 12.39 | 42.58 | 43.88 | 1.15 |
| 2015年 | 9.74 | 38.17 | 48.61 | 3.48 |

图 3-5-8　大渡口区 2014 年和 2015 年学生体质健康等级比例对比图(单位:%)

(四)加强所报数据的管理与核对

2015 年,大渡口区上报的 200 米田径场 28 块(小学 21 块 + 初中 3 块 + 九年一贯制学校 2 块 + 完全中学 2 块),但合计里面上报的是 29 块。另外,2014 年大渡口区上报的篮球场 40 块、排球场 3 块,而 2015 年上报的篮球场 34 块、排球场 0 块(详见表 3-5-2)。两年相比,体育场地数量存在一定差距。因此,需对本区各学校体育场地数量的变化做及时更新,并在以后上报自评报告时对数据进行认真核对。

# 第六章 江北区

## 一、基本概况

2015 年,江北区有中小学校 67 所,比 2014 年增加 1 所,增长 1.52%;有在校学生 69 710 人,比 2014 年增加 494 人,增长 0.71%;有专任教师 3 941 人,比 2014 年增加 171 人,增长 4.54%。

2015 年,全区有参加学校体育工作评估的独立法人资格学校 53 所。其中,优秀等级学校 52 所,占参评学校的 98.11%,比 2014 年增长 3.81 个百分点,比全市平均水平高 38.96 个百分点;良好等级学校 1 所,占参评学校的 1.89%,比 2014 年下降 3.81 个百分点,比全市平均水平低 24.98 个百分点(如图 3-6-1、图 3-6-2 所示);无不合格学校,全区 2015 年学校体育工作评审结果总体情况优良。

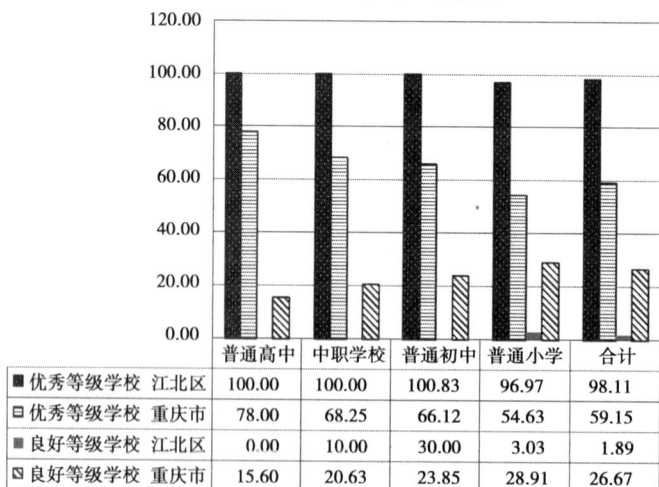

| | | 普通高中 | 中职学校 | 普通初中 | 普通小学 | 合计 |
|---|---|---|---|---|---|---|
| ■ | 优秀等级学校 江北区 | 100.00 | 100.00 | 100.83 | 96.97 | 98.11 |
| □ | 优秀等级学校 重庆市 | 78.00 | 68.25 | 66.12 | 54.63 | 59.15 |
| ■ | 良好等级学校 江北区 | 0.00 | 10.00 | 30.00 | 3.03 | 1.89 |
| ▨ | 良好等级学校 重庆市 | 15.60 | 20.63 | 23.85 | 28.91 | 26.67 |

图 3-6-1　2015 年江北区与重庆市学校评审结果对比图(单位:%)

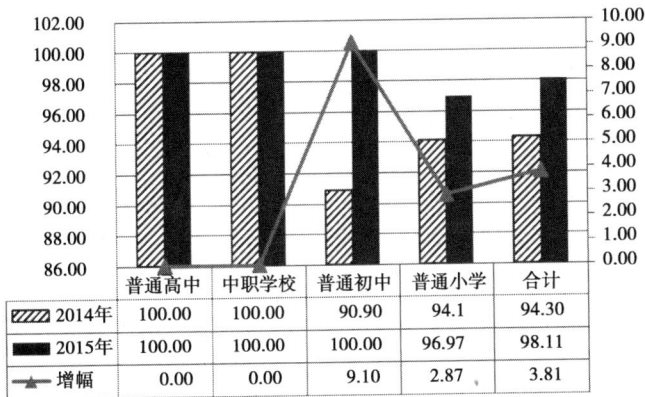

| | 普通高中 | 中职学校 | 普通初中 | 普通小学 | 合计 |
|---|---|---|---|---|---|
| 2014年 | 100.00 | 100.00 | 90.90 | 94.1 | 94.30 |
| 2015年 | 100.00 | 100.00 | 100.00 | 96.97 | 98.11 |
| 增幅 | 0.00 | 0.00 | 9.10 | 2.87 | 3.81 |

图 3-6-2 江北区 2014 年和 2015 年优秀等级学校比例对比图(单位:%)

2015 年,江北区体育加分学校比例达 100%,比重庆市平均水平高 43.02 个百分点(如图 3-6-3 所示),比 2014 年增长 11.3 个百分点(如图 3-6-4 所示)。

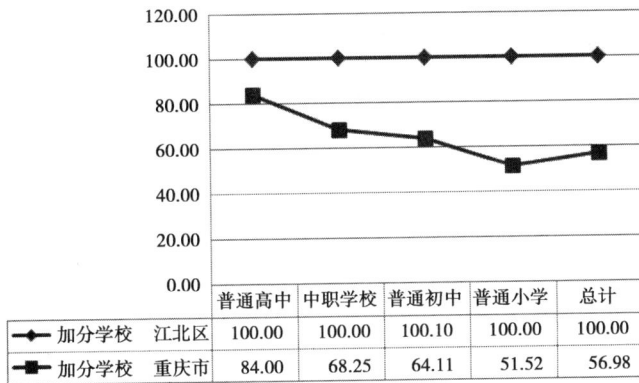

| | | 普通高中 | 中职学校 | 普通初中 | 普通小学 | 总计 |
|---|---|---|---|---|---|---|
| 加分学校 | 江北区 | 100.00 | 100.00 | 100.10 | 100.00 | 100.00 |
| 加分学校 | 重庆市 | 84.00 | 68.25 | 64.11 | 51.52 | 56.98 |

图 3-6-3 2015 年江北区与重庆市加分学校比例对比图(单位:%)

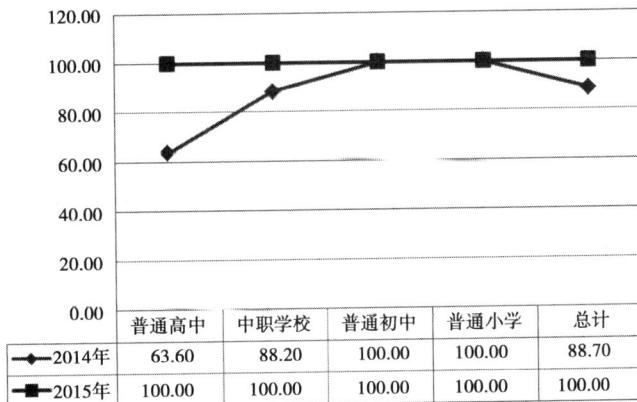

| | 普通高中 | 中职学校 | 普通初中 | 普通小学 | 总计 |
|---|---|---|---|---|---|
| 2014年 | 63.60 | 88.20 | 100.00 | 100.00 | 88.70 |
| 2015年 | 100.00 | 100.00 | 100.00 | 100.00 | 100.00 |

图 3-6-4 江北区 2014 年和 2015 年加分学校比例对比图(单位:%)

## 二、主要亮点

### （一）体育工作制度健全

江北区各学校全面落实体育课程,规范执行教学计划,开足、开齐体育课程,全区53所中小学体育课开足率、保障1小时体育锻炼时间的学校比例,以及组织大课间体育活动的学校比例均为100%。

江北区开展阳光体育活动,保障中小学生每天1小时校园体育活动,切实制订了科学合理的阳光体育活动方案和"2＋2"项目活动方案。2015年,江北区举办了区中小学生田径、足球、篮球、游泳、网球、铁人三项等竞赛活动,进一步完善学生运动会竞技平台等13个体育项目训练基地。同时,江北区参加各类体育赛事,并取得良好的成绩。

### （二）校园足球工作得到有力推进

2015年,江北区教委依托多家专业机构在校园足球方面开展深度合作,通过公益合作和购买服务的方式,开展了校园足球师资培训、校园足球队伍建设、青少年足球训练、大型赛事组织等项目合作,快速突破了校园足球专业人员不足,技术指导不力的瓶颈。同时江北区还成功举办了区校园足球联赛,并积极参加各级校园足球联赛。

江北区还致力于校园体育文化的打造,不仅在学校环境建设中充分体现足球发展理念,还建立足球俱乐部、运动队等团体,并以各种媒体的形式加强校园足球文化的宣传。

### （三）体育教师队伍建设比较完善

2015年,江北区专职体育教师的比例为86.52%,远高于重庆市平均水平;体育教师缺额比例为6.81%,远低于重庆市平均水平(见表3-6-1),表明江北区专职体育教师相对充足。

2015年,江北区参与县级以上培训的体育教师比例为80.06%,远高于重庆市平均水平;受县级以上表彰的体育教师比例为19.10%,也高于重庆市平均水平(见表3-6-1)。以上数据表明,江北区体育教师队伍的建设较为完善。

表 3-6-1　2015 年江北区体育教师队伍信息　　　单位:%

| 学校类别 | 专职 | | 缺额 | | 县级以上培训 | | 受县级以上表彰 | |
|---|---|---|---|---|---|---|---|---|
| | 江北区 | 重庆市 | 江北区 | 重庆市 | 江北区 | 重庆市 | 江北区 | 重庆市 |
| 小学 | 79.74 | 51.82 | 12.57 | 19.82 | 73.86 | 54.90 | 19.61 | 13.61 |
| 初中 | 100.00 | 87.22 | 0.00 | 7.26 | 76.92 | 72.54 | 38.46 | 24.86 |
| 高中 | 91.30 | 97.88 | 0.00 | 4.34 | 91.30 | 65.30 | 30.43 | 27.48 |
| 九年一贯制学校 | 70.00 | 65.51 | 0.00 | 15.59 | 60.00 | 51.64 | 2.50 | 14.90 |
| 完全中学 | 97.03 | 95.27 | 3.81 | 7.82 | 96.04 | 76.48 | 14.85 | 27.78 |
| 合　计 | 86.52 | 67.05 | 6.81 | 15.44 | 80.06 | 61.42 | 19.10 | 18.29 |

(四)生均体育经费投入较大

江北区 2015 年生均体育经费的投入为 168.11 元,比重庆市平均水平高 10.25 元。其中,生均专用器材经费和生均体育工作经费方面的投入均高于重庆市平均水平(如图 3-6-5 所示)。与 2014 年相比,江北区 2015 年生均体育场地经费增加了 75.49 元;生均专用器材经费增加了 14.56 元;生均体育工作经费增加了 25.62 元(如图 3-6-6所示)。以上数据表明,江北区 2015 年生均体育经费投入较大。

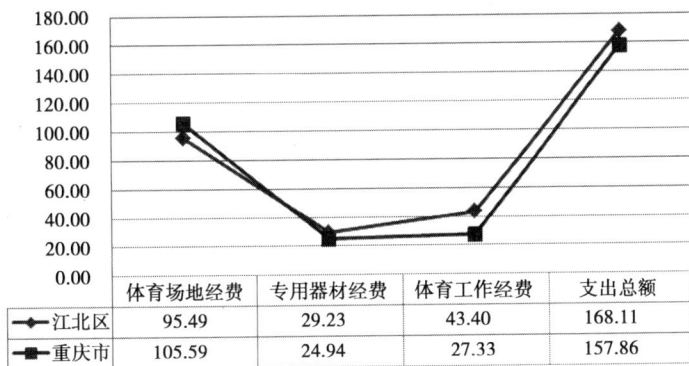

| | 体育场地经费 | 专用器材经费 | 体育工作经费 | 支出总额 |
|---|---|---|---|---|
| 江北区 | 95.49 | 29.23 | 43.40 | 168.11 |
| 重庆市 | 105.59 | 24.94 | 27.33 | 157.86 |

图 3-6-5　2015 年江北区与重庆市生均体育经费支出情况对比图(单位:元)

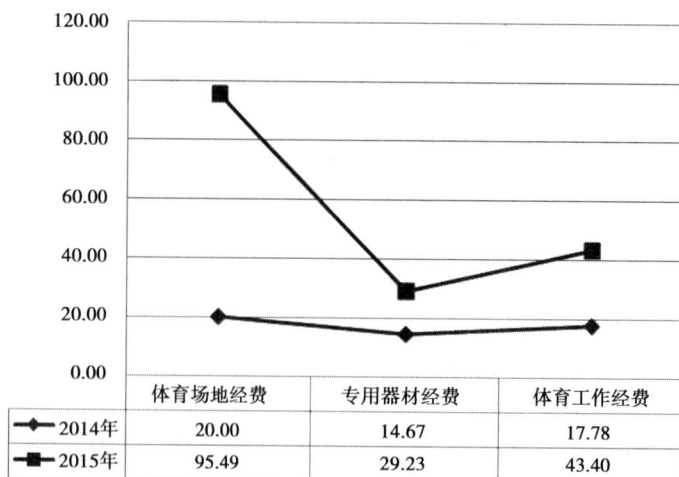

| | 体育场地经费 | 专用器材经费 | 体育工作经费 |
|---|---|---|---|
| 2014年 | 20.00 | 14.67 | 17.78 |
| 2015年 | 95.49 | 29.23 | 43.40 |

图 3-6-6　江北区 2014 年和 2015 年生均体育经费支出情况对比图(单位:元)

## 三、主要问题

（一）学校体质测试室的配备需加强

2015 年,江北区中小学校有田径场 44 块(200 米田径场 33 块,300 米田径场 4 块,300~400 米田径场 2 块,400 米田径场 5 块),篮球场 107 块,排球场 35 块,体育馆 9 个,游泳池 8 个,体育器材达标学校数 53 所,其平均数量均高于重庆市平均水平(见表 3-6-2)。

但是,全区没有一间学生体质测试室,其平均数量远远低于重庆市平均水平(见表 3-6-2)。因此,江北区中小学校学生体质测试室的配备亟待加强。

表 3-6-2　江北区 2015 年学校场地器材信息(场地器材总量/学校个数)

| 类　别 | | 小　学 | 初　中 | 高　中 | 九年一贯制学校 | 完全中学 | 合　计 |
|---|---|---|---|---|---|---|---|
| 田径场/块 | 江北区 | 0.70 | 1.00 | 1.00 | 0.83 | 1.29 | 0.83 |
| | 重庆市 | 0.53 | 0.84 | 1.09 | 0.74 | 1.06 | 0.64 |
| 篮球场/块 | 江北区 | 1.12 | 3.00 | 3.00 | 2.33 | 5.00 | 2.02 |
| | 重庆市 | 1.54 | 2.51 | 4.96 | 2.37 | 4.57 | 2.02 |
| 排球场/块 | 江北区 | 0.39 | 0.80 | 2.50 | 1.00 | 1.00 | 0.66 |
| | 重庆市 | 0.41 | 0.76 | 2.34 | 0.59 | 1.41 | 0.58 |

续表

| 类　别 | | 小　学 | 初　中 | 高　中 | 九年一贯制学校 | 完全中学 | 合　计 |
|---|---|---|---|---|---|---|---|
| 体育馆/个 | 江北区 | 0.09 | 0.00 | 0.50 | 0.00 | 0.71 | 0.17 |
| | 重庆市 | 0.04 | 0.04 | 0.30 | 0.06 | 0.25 | 0.06 |
| 游泳池/个 | 江北区 | 0.09 | 0.20 | 0.00 | 0.17 | 0.43 | 0.15 |
| | 重庆市 | 0.01 | 0.01 | 0.20 | 0.01 | 0.07 | 0.02 |
| 学生体质测试室/间 | 江北区 | 0.00 | 0.00 | 0.00 | 0.00 | 0.00 | 0.00 |
| | 重庆市 | 0.48 | 0.52 | 0.84 | 0.53 | 0.75 | 0.51 |
| 体育器材达标数/个 | 江北区 | 1.00 | 1.00 | 1.00 | 1.00 | 1.00 | 1.00 |
| | 重庆市 | 0.69 | 0.75 | 0.93 | 0.82 | 0.87 | 0.72 |

注:2014年上报的学生体质监测室17个,而2015年上报的学生体质测试室为0个,需要在上报数据时对数据变化作出说明。

## (二)改变学生体质健康达标率负增长趋势

2015年,江北区认真开展了学生体质健康标准测试工作,并如实上报了监测数据,上报率达100%。根据上报数据,全区学生体质健康达到合格以上等级的学生比例为96.52%,高于《国家学生体质健康标准》95%的要求,但与2014年相比下降了1.71个百分点;达到良好以上等级的学生比例为47.91%,高于《国家学生体质健康标准》40%的要求,但与2014年相比下降了2.39个百分点(如图3-6-7所示)。因此,江北区各学校仍需进一步加强对学生体质健康的要求,保持学生体质健康的正增长。

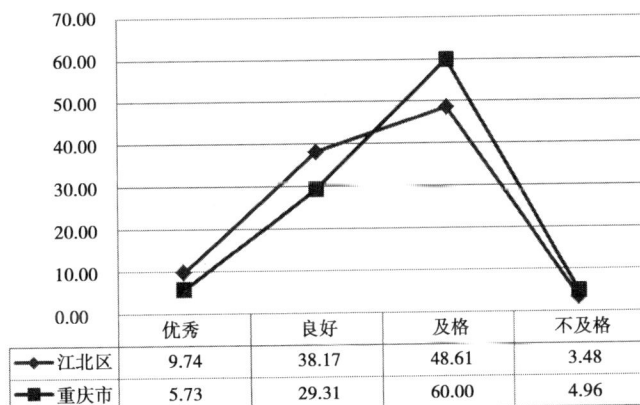

| | 优秀 | 良好 | 及格 | 不及格 |
|---|---|---|---|---|
| 江北区 | 9.74 | 38.17 | 48.61 | 3.48 |
| 重庆市 | 5.73 | 29.31 | 60.00 | 4.96 |

图3-6-7　2015年江北区与重庆市体质健康测试情况对比图(单位:%)

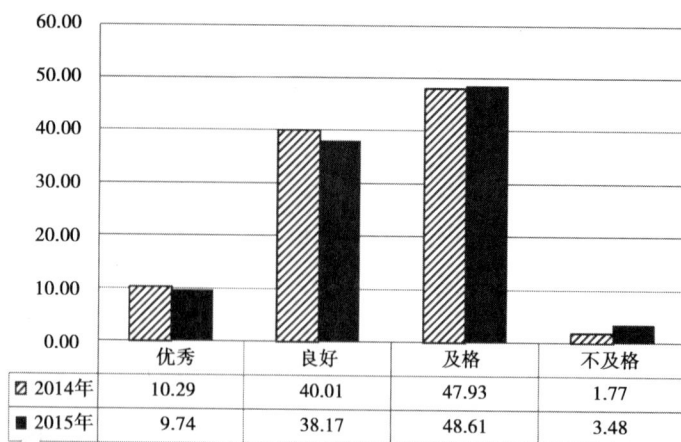

| | 优秀 | 良好 | 及格 | 不及格 |
|---|---|---|---|---|
| 2014年 | 10.29 | 40.01 | 47.93 | 1.77 |
| 2015年 | 9.74 | 38.17 | 48.61 | 3.48 |

图 3-6-8 江北区 2014 年和 2015 年学生体质健康等级比例对比图（单位:%）

（三）加强所报数据的管理与核对

江北区 2014 年上报的学生体质监测室 17 间,而 2015 年上报的学生体质测试室为 0 间(详见表 3-6-2),两年相比,体育场地数量存在较大差距。因此,需对本区各学校体育场地数量的变化做及时更新,并在以后上报自评报告时对数据进行认真核对。

# 第七章　沙坪坝区

## 一、基本概况

2015 年,沙坪坝区有中小学校 107 所,比 2014 年增加 3 所,增长 2.88%;有在校学生 95 742 人,比 2014 年增加 516 人,增长 5.42%;有专任教师 6 418 人,比 2014 年减少 304 人,下降 4.97%。

2015 年,全区有参加学校体育工作评估的独立法人资格学校 83 所。其中,优秀等级学校数 83 所,占参评学校的 100%,比 2014 年增长 2.2 个百分点(如图 3-7-2 所示),比全市平均水平高 40.85 个百分点(如图 3-7-1 所示)。全区 2015 年学校体育工作评审结果总体情况优良。

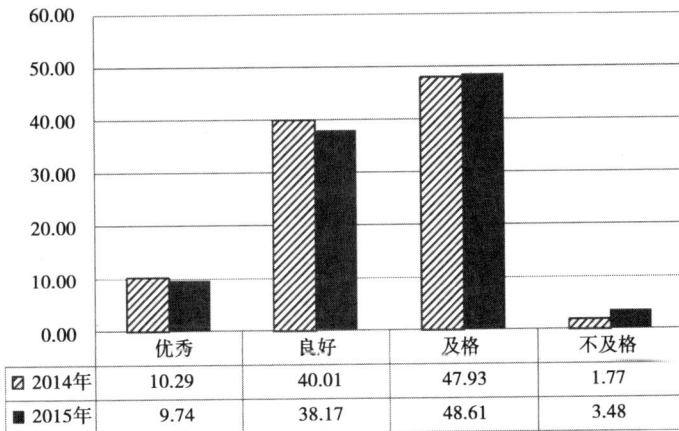

| | 优秀 | 良好 | 及格 | 不及格 |
|---|---|---|---|---|
| 2014年 | 10.29 | 40.01 | 47.93 | 1.77 |
| 2015年 | 9.74 | 38.17 | 48.61 | 3.48 |

图 3-7-1　2015 年沙坪坝区与重庆市学校评审结果比例对比图(单位:%)

2015 年,沙坪坝区各类学校体育加分学校比例均达 100%,远高于重庆市平均水平(如图 3-7-3 所示)。

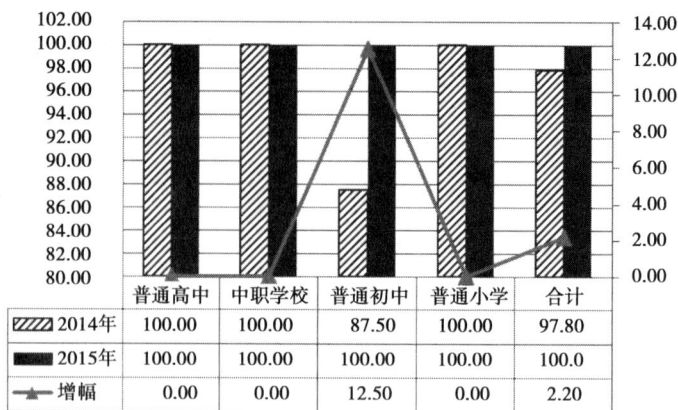

| | 普通高中 | 中职学校 | 普通初中 | 普通小学 | 合计 |
|---|---|---|---|---|---|
| 2014年 | 100.00 | 100.00 | 87.50 | 100.00 | 97.80 |
| 2015年 | 100.00 | 100.00 | 100.00 | 100.00 | 100.0 |
| 增幅 | 0.00 | 0.00 | 12.50 | 0.00 | 2.20 |

图 3-7-2　沙坪坝区 2014 年和 2015 年优秀等级学校比例对比图(单位:%)

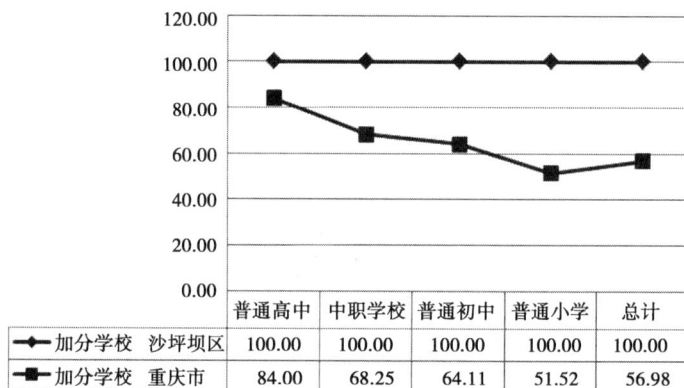

| | | 普通高中 | 中职学校 | 普通初中 | 普通小学 | 总计 |
|---|---|---|---|---|---|---|
| 加分学校 | 沙坪坝区 | 100.00 | 100.00 | 100.00 | 100.00 | 100.00 |
| 加分学校 | 重庆市 | 84.00 | 68.25 | 64.11 | 51.52 | 56.98 |

图 3-7-3　2015 年沙坪坝区与重庆市加分学校比例对比图(单位:%)

## 二、主要亮点

### (一)常规工作开展扎实

2015 年,沙坪坝区举办了区中小学春季长跑比赛、中小学运动会、校园足球联赛、体质健康比赛以及 12 项锦标赛事。同时,沙坪坝区组织参加全国市区级体育比赛参赛学生人数近 1 万人次,组织区内中小学各类比赛 17 场次。另外,沙坪坝区积极开展学生阳光体育运动,开齐、开足体育健康课,保证学生在校每天至少有 1 小时的运动时间,将学生课外体育活动纳入学校教学计划,并形成制度。而且抓好青少年校园足球工作,落实青少年校园足球课程与教学体系,要求全区校园足球学校每周一节足球课;落实校园足球保障体系,对所有足球运动员保险和场地器材设施的更新维护;对校园足球学校的动态管理和评价考核。

（二）体育活动成绩突出

沙坪坝区作为重庆市唯一区县获教育部认定命名"2015 年全国青少年校园足球试点县（区）"，区内 13 所学校获教育部认定命名"2015 年全国青少年校园足球特色学校"。同时，重庆一中、重庆七中、育英小学、土主小学、凤鸣山中学等学校学生荣获世界级、国家级、市级、区级各类体育赛事奖项若干，这些成绩凸显了沙坪坝区体育工作开展的扎实有效。

（三）学生体质健康促进工作较为扎实

2015 年，沙坪坝区认真开展了学生体质健康标准测试工作，并如实上报了检测数据，上报率达 100%。根据上报数据，全区学生体质健康达到合格以上等级的学生比例为 96.48%，高于《国家学生体质健康标准》95% 的要求，与 2014 年相比增长了 0.08 个百分点；达到良好以上等级的学生比例为 46.00%，高于《国家学生体质健康标准》40% 的要求，与 2014 年相比增长了 3.56 个百分点（如图 3-7-4、图 3-7-5 所示）。以上数据表明，沙坪坝区学生体质有一定程度的增强。

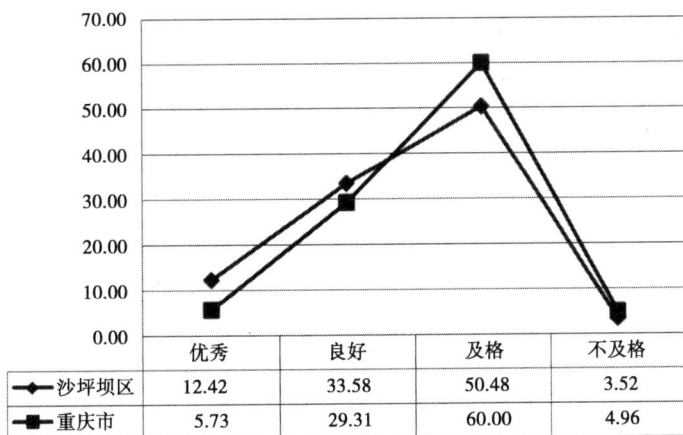

| | 优秀 | 良好 | 及格 | 不及格 |
| --- | --- | --- | --- | --- |
| 沙坪坝区 | 12.42 | 33.58 | 50.48 | 3.52 |
| 重庆市 | 5.73 | 29.31 | 60.00 | 4.96 |

图 3-7-4 2015 年沙坪坝区与重庆市学生体质健康测试情况对比图（单位：%）

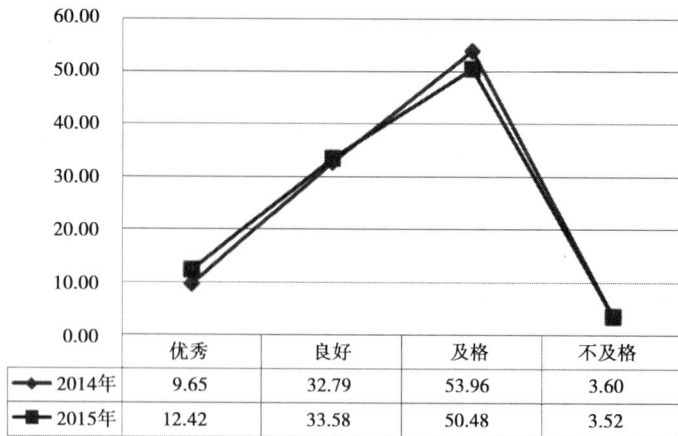

| | 优秀 | 良好 | 及格 | 不及格 |
|---|---|---|---|---|
| 2014年 | 9.65 | 32.79 | 53.96 | 3.60 |
| 2015年 | 12.42 | 33.58 | 50.48 | 3.52 |

图 3-7-5　沙坪坝区 2014 年和 2015 年学生体质健康测试情况对比图（单位:%）

## 三、存在的主要问题

（一）体育教师的培训力度有待加强

2015 年,沙坪坝区专职体育教师比例为 89.92%,高于重庆市平均水平;体育教师缺额比例为 0.00%,远远低于重庆市平均水平;受县级以上表彰的体育教师比例为 18.52%,略高于重庆市平均水平。但是沙坪坝区参加县级以上培训的体育教师比例为 39.92%,远低于重庆市平均水平(见表 3-7-1)。以上数据表明,沙坪坝区体育教师配备充足,但是体育教师的培训力度还有待加强。

表 3-7-1　2015 年沙坪坝区体育教师队伍信息　　　　　单位:%

| 学校类别 | 专　职 | | 缺　额 | | 县级以上培训 | | 受县级以上表彰 | |
|---|---|---|---|---|---|---|---|---|
| | 沙坪坝区 | 重庆市 | 沙坪坝区 | 重庆市 | 沙坪坝区 | 重庆市 | 沙坪坝区 | 重庆市 |
| 小学 | 86.43 | 51.82 | 0.00 | 19.82 | 45.74 | 54.90 | 23.26 | 13.61 |
| 初中 | 94.74 | 87.22 | 0.00 | 7.26 | 33.33 | 72.54 | 14.04 | 24.86 |
| 高中 | 100.00 | 97.88 | 0.00 | 4.34 | 28.23 | 65.30 | 12.90 | 27.48 |
| 九年一贯制学校 | 71.43 | 65.51 | 0.00 | 15.59 | 28.57 | 51.64 | 14.29 | 14.90 |
| 完全中学 | 91.67 | 95.27 | 0.00 | 7.82 | 100.00 | 76.48 | 8.33 | 27.78 |
| 合　计 | 89.92 | 67.05 | 0.00 | 15.44 | 39.92 | 61.42 | 18.52 | 18.29 |

（二）体育场地数量需进一步增加

2015年,沙坪坝区中小学校有游泳池5个,学生体质测试室86间,体育器材达标学校数91所,其平均数量高于重庆市平均水平(见表3-7-2)。

但是,田径场、篮球场、排球场、体育馆的平均数量与重庆市平均水平存在一定差距。其中,田径场36块(200米田径场22块,300米田径场9块,400米田径场5块),校均数量为0.43块,低于重庆市平均水平0.64块;篮球场134块,校均数量为1.61块,低于重庆市每校平均数量2.02块;排球场29块,校均数量为0.35块,低于重庆市每校平均数量0.58块;体育馆3个,校均数量为0.04个,低于重庆市每校平均数量0.06个。以上数据表明,沙坪坝区在体育场馆的建设方面需进一步加强。

表3-7-2　2015年沙坪坝区体育场地器材信息(场地器材总量/学校个数)

| 类　别 | | 小　学 | 初　中 | 高　中 | 九年一贯制学校 | 完全中学 | 合　计 |
|---|---|---|---|---|---|---|---|
| 田径场/块 | 沙坪坝区 | 0.14 | 1.00 | 1.09 | 1.00 | 1.00 | 0.43 |
| | 重庆市 | 0.53 | 0.84 | 1.09 | 0.74 | 1.06 | 0.64 |
| 篮球场/块 | 沙坪坝区 | 1.23 | 1.83 | 2.91 | 3.67 | 0.00 | 1.61 |
| | 重庆市 | 1.54 | 2.51 | 4.96 | 2.37 | 4.57 | 2.02 |
| 排球场/块 | 沙坪坝区 | 0.09 | 0.50 | 0.91 | 0.67 | 6.00 | 0.35 |
| | 重庆市 | 0.41 | 0.76 | 2.34 | 0.59 | 1.41 | 0.58 |
| 体育馆/个 | 沙坪坝区 | 0.00 | 0.00 | 0.27 | 0.00 | 0.00 | 0.04 |
| | 重庆市 | 0.04 | 0.04 | 0.30 | 0.06 | 0.25 | 0.06 |
| 游泳池/个 | 沙坪坝区 | 0.04 | 0.00 | 0.27 | 0.00 | 0.00 | 0.06 |
| | 重庆市 | 0.01 | 0.01 | 0.20 | 0.01 | 0.07 | 0.02 |
| 学生体质测试室/间 | 沙坪坝区 | 1.00 | 1.00 | 1.00 | 2.00 | 1.00 | 1.04 |
| | 重庆市 | 0.48 | 0.52 | 0.84 | 0.53 | 0.75 | 0.51 |
| 体育器材达标数/个 | 沙坪坝区 | 1.00 | 1.00 | 1.36 | 2.00 | 2.00 | 1.10 |
| | 重庆市 | 0.69 | 0.75 | 0.93 | 0.82 | 0.87 | 0.72 |

注:沙坪坝区共有中小学校83所,而体育器材达标学校数上报的91所。其中,沙坪坝区有高中11所,而体育器材达标学校数上报的15所;有九年一贯制学校3所,而体育器材达标学校数上报的6所;有完全中学1所,而体育器材达标学校数上报的2所。请注意核对上报数据。

（三）生均体育经费投入的比例需增加

2015 年,沙坪坝区生均体育经费投入为 194.58 元,虽然高于重庆市平均水平,但是在生均体育场地经费方面的投入远低于重庆市平均水平(如图 3-7-6 所示)。与 2014 年相比,沙坪坝区 2015 年生均体育场地经费减少了 13.84 元;生均专用器材经费减少了 22.12 元;生均体育工作经费减少了 9.03 元(如图 3-7-7 所示)。结合体育场馆设施的不足,表明沙坪坝区需加强体育场地经费的投入,加强体育场地的建设。

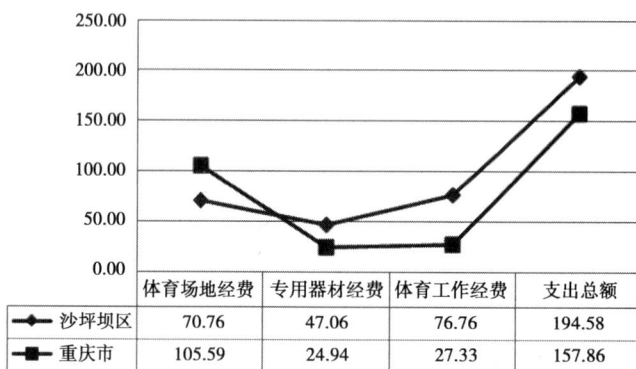

| | 体育场地经费 | 专用器材经费 | 体育工作经费 | 支出总额 |
|---|---|---|---|---|
| 沙坪坝区 | 70.76 | 47.06 | 76.76 | 194.58 |
| 重庆市 | 105.59 | 24.94 | 27.33 | 157.86 |

图 3-7-6　2015 年沙坪坝区与重庆市生均体育经费支出情况对比图(单位:元)

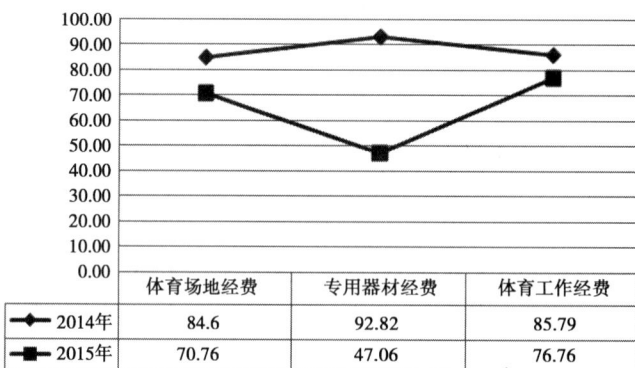

| | 体育场地经费 | 专用器材经费 | 体育工作经费 |
|---|---|---|---|
| 2014年 | 84.6 | 92.82 | 85.79 |
| 2015年 | 70.76 | 47.06 | 76.76 |

图 3-7-7　沙坪坝区 2014 年和 2015 年生均体育经费支出情况对比图(单位:元)

（四）加强所报数据的管理与核对

2015 年,沙坪坝区共有中小学 83 所,而体育器材达标学校数上报的 91 所。其中,沙坪坝区有高中 11 所,而体育器材达标学校数上报的 15 所;有九年一贯制学校 3 所,而体育器材达标学校数上报的 6 所;有完全中学 1 所,而体育器材达标学校数上报的 2 所(见表 3-7-2)。两组数据存在矛盾。因此,需对本区各学校体育场地数量的变化做及时更新,并在以后上报自评报告时对数据进行认真核对。

# 第八章　九龙坡区

## 一、基本概况

2015 年,九龙坡区有中小学校 96 所,比 2014 年增加 1 所,增长 1.05%;有在校学生 126 222 人,比 2014 年增加 6 588 人,增长 5.51%;有专任教师 8 257 人,比 2014 年增加 273 人,增长 3.42%。

2015 年,全区有参加学校体育工作评估的独立法人资格学校 80 所。其中,优秀等级学校 76 所,占 95.00%,与 2014 年持平,比全市平均水平高 35.85 个百分点;良好等级学校 4 所,占 5.00%,与 2014 年持平,比全市平均水平低 21.67 个百分点;无不合格学校,全区 2015 年学校体育工作评审结果总体情况优良(如图 3-8-1 所示)。

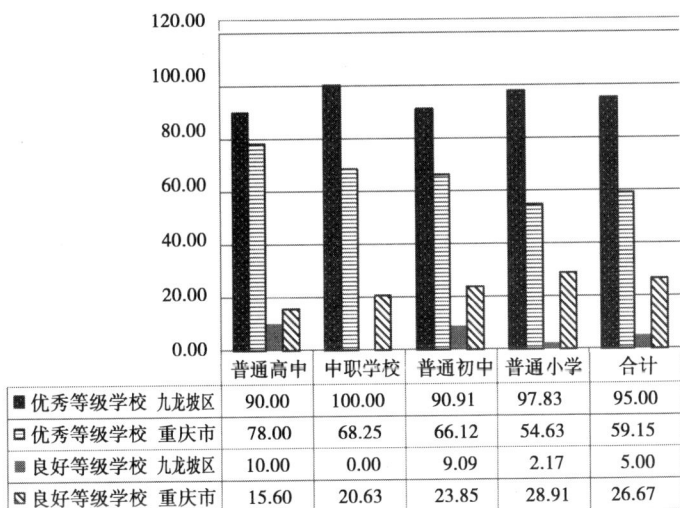

| | 普通高中 | 中职学校 | 普通初中 | 普通小学 | 合计 |
|---|---|---|---|---|---|
| ■ 优秀等级学校　九龙坡区 | 90.00 | 100.00 | 90.91 | 97.83 | 95.00 |
| □ 优秀等级学校　重庆市 | 78.00 | 68.25 | 66.12 | 54.63 | 59.15 |
| ▤ 良好等级学校　九龙坡区 | 10.00 | 0.00 | 9.09 | 2.17 | 5.00 |
| ▨ 良好等级学校　重庆市 | 15.60 | 20.63 | 23.85 | 28.91 | 26.67 |

图 3-8-1　2015 年九龙坡区学校评审结果比例对比图(单位:%)

2015 年,九龙坡区体育加分学校比例为 90%,高于全市平均水平(如图 3-8-2 所示），与2014年比下降了2个百分点（如图3-8-3所示）。

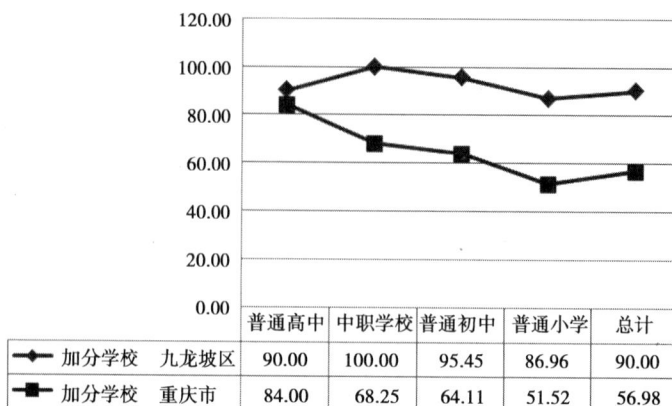

| | | 普通高中 | 中职学校 | 普通初中 | 普通小学 | 总计 |
|---|---|---|---|---|---|---|
| ◆ 加分学校 | 九龙坡区 | 90.00 | 100.00 | 95.45 | 86.96 | 90.00 |
| ■ 加分学校 | 重庆市 | 84.00 | 68.25 | 64.11 | 51.52 | 56.98 |

图3-8-2　2015年九龙坡区与重庆市加分学校比例对比图（单位:%）

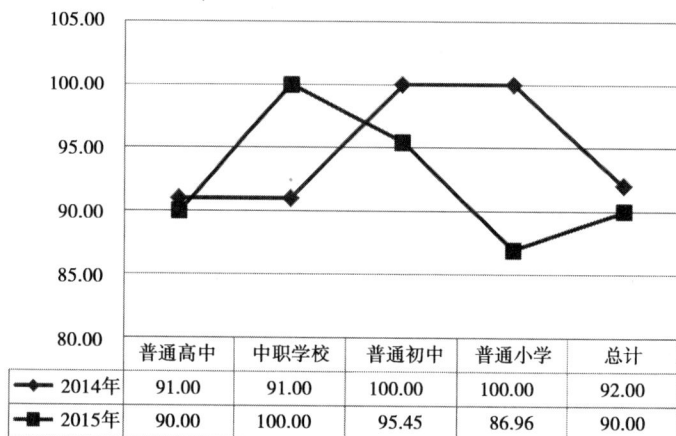

| | 普通高中 | 中职学校 | 普通初中 | 普通小学 | 总计 |
|---|---|---|---|---|---|
| ◆ 2014年 | 91.00 | 91.00 | 100.00 | 100.00 | 92.00 |
| ■ 2015年 | 90.00 | 100.00 | 95.45 | 86.96 | 90.00 |

图3-8-3　2014年和2015年九龙坡区加分学校比例对比图（单位:%）

## 二、主要亮点

（一）自评信度较高

通过"专家评分÷区县自评"对比分析，九龙坡区2015年的学校体育工作自评准确性较高。抽查学校总体自评准确性为95.50%，高于全市学校自评准确性平均水平（94.02%）。其中，九龙坡铝城小学（厂校A、B区）、杨家坪中学、人和小学、田坝小学、华岩小学、铁路中学的自评准确性均高于90%（见表3-8-1）。

表 3-8-1　2015 年九龙坡区体育工作评估审核结果

| 学校名称 | 自评得分 | 核实得分 | 自评准确性/% |
|---|---|---|---|
| 九龙坡铝城小学(厂校 A、B 区) | 107.0 | 100.0 | 93.46 |
| 杨家坪中学 | 109.0 | 98.5 | 90.37 |
| 人和小学 | 98.8 | 91.3 | 92.41 |
| 田坝小学 | 105.0 | 103.0 | 98.10 |
| 华岩小学 | 102.8 | 102.8 | 100.00 |
| 铁路中学 | 100.0 | 99.0 | 99.00 |

(二)组织管理落实到位

各学校高度重视学校体育工作,成立了专门的体育工作专项评估领导小组,有体育工作的专管干部,指导和协调学校体育工作。各学校牢固树立"健康第一""以人为本"的指导思想,把加强青少年体育工作摆上重要议事日程,并制订了有力的实施措施。各学校均制订了符合本校实际和特点的学校体育工作细则,明确职责、落实分工,定期研究工作方法,定期督导体育教育教学工作,周例会向全体教职工公布考核工作情况。学校还建立健全了体育办公室管理制度、体育教师管理制度、体育保管室管理制度、体育器材借还制度和体育活动安全制度等,并规范上墙。

(三)教育教学扎实有效

各学校严格执行国家体育课程计划,认真落实《体育与健康课程标准(新)》,严格依据新课程标准组织体育与健康课程教育教学,圆满完成教育教学任务,努力提高教育教学质量,注重培养学生良好的体育学习习惯、科学的锻炼方法和终身锻炼的体育意识。按照课程设置要求,区内各中小学体育课都按课程计划每周开足 3 ~ 4 课时,并保证课程计划的实施,开课率达 100%。而且,九龙坡区各学段体育课开足率、保障 1 小时体育锻炼时间的学校比例以及组织大课间体育活动的学校比例均为 100%。

(四)体育场地器材配备较为完备

2015 年,九龙坡区中小学校有田径场 66 块(200 米田径场 47 块,300 米田径场 11 块,300 ~ 400 米田径场 1 块,400 米田径场 7 块),篮球场 154.5 块,排球场 65 块,体育馆 15 个,游泳池 3 个,学生体质测试室 50 个,体育器材达标学校数 76 所。全区中小学校体育场地器材除篮球场的配备数量略低于全市平均水平外,其余场地器材的配备均高于全市平均水平(见表 3-8-2)。

表 3-8-2　2015 年九龙坡区体育场地器材信息(场地器材总量/学校个数)

| 类　　别 | | 小　学 | 初　中 | 九年一贯制学校 | 完全中学 | 合　计 |
|---|---|---|---|---|---|---|
| 田径场(块) | 九龙坡区 | 0.72 | 0.88 | 1.00 | 1.08 | 0.83 |
| | 重庆市 | 0.53 | 0.84 | 0.74 | 1.06 | 0.64 |
| 篮球场(块) | 九龙坡区 | 1.25 | 2.29 | 1.80 | 4.08 | 1.93 |
| | 重庆市 | 1.54 | 2.51 | 2.37 | 4.57 | 2.02 |
| 排球场(块) | 九龙坡区 | 0.65 | 0.59 | 0.60 | 1.83 | 0.81 |
| | 重庆市 | 0.41 | 0.76 | 0.59 | 1.41 | 0.58 |
| 体育馆(个) | 九龙坡区 | 0.15 | 0.06 | 0.40 | 0.42 | 0.19 |
| | 重庆市 | 0.04 | 0.04 | 0.06 | 0.25 | 0.06 |
| 游泳池(个) | 九龙坡区 | 0.07 | 0.00 | 0.00 | 0.00 | 0.04 |
| | 重庆市 | 0.01 | 0.01 | 0.01 | 0.07 | 0.02 |
| 学生体质测试室(个) | 九龙坡区 | 0.59 | 0.41 | 0.60 | 1.08 | 0.63 |
| | 重庆市 | 0.48 | 0.52 | 0.53 | 0.75 | 0.51 |
| 体育器材达标数(个) | 九龙坡区 | 0.98 | 0.88 | 0.80 | 1.00 | 0.95 |
| | 重庆市 | 0.69 | 0.75 | 0.82 | 0.87 | 0.72 |

注:2015 年九龙坡区小学有 400 米田径场 1 块,完全中学有 400 米田径场 6 块,合计应该是 7 块,但是上报的 400 米田径场合计为 6 块;体育器材达标学校数小学 45 所,初中 15 所,九年一贯制学校 4 所,完全中学 12 所,合计应该是 76 所,但是上报的合计为 74 所。请注意核对上报数据。

(五)生均体育经费投入较大

　　2015 年,九龙坡区生均体育经费投入为 229.02 元,比重庆市平均水平高 71.16 元。其中,生均体育场地经费、生均专用器材经费以及生均体育工作经费方面的投入均高于全市平均水平(如图 3-8-4 所示)。与 2014 年相比,除生均体育场地略微减少外,生均专用器材经费增加 52.98 元,生均体育工作经费增加 19.07 元。以上数据表明,九龙坡区 2015 年生均体育经费投入较大。

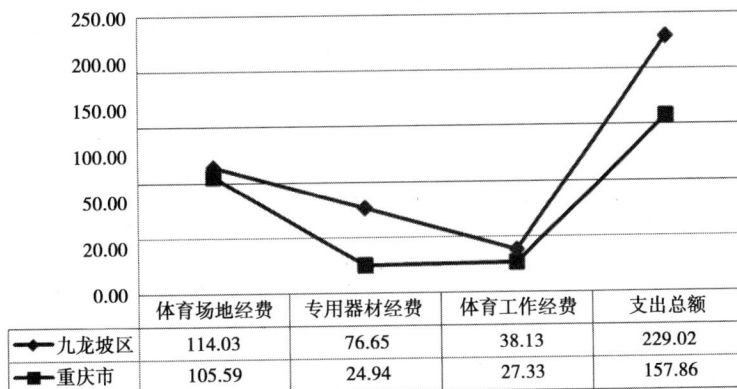

| | 体育场地经费 | 专用器材经费 | 体育工作经费 | 支出总额 |
|---|---|---|---|---|
| 九龙坡区 | 114.03 | 76.65 | 38.13 | 229.02 |
| 重庆市 | 105.59 | 24.94 | 27.33 | 157.86 |

图 3-8-4　2015 年九龙坡区与重庆市生均体育经费支出情况对比图(单位:元)

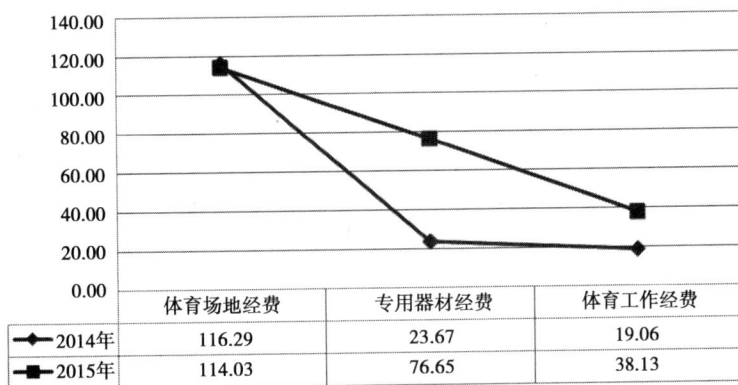

| | 体育场地经费 | 专用器材经费 | 体育工作经费 |
|---|---|---|---|
| 2014年 | 116.29 | 23.67 | 19.06 |
| 2015年 | 114.03 | 76.65 | 38.13 |

图 3-8-5　九龙坡区 2014 年和 2015 年生均体育经费支出情况对比图(单位:元)

# 三、主要问题

## (一)学生体质健康监测数据信度有待提高

本次现场抽查九龙坡区学校共 6 所,将抽查情况与学生体质健康检测原始数据进行对比,原始数据基本准确可信的有 4 所,分别是杨家坪中学、人和小学、华岩小学和铁路中学,占抽查学校数的 66.67%;其余 2 所学校数据有较多明显差异或完全错误情况,他们是九龙坡铝城小学(厂校 A、B 区)和田坝小学。全区抽查原始数据可信度为 56.67%,低于全市抽查原始数据可信度(70.24%)。区教委应提高对学生体质健康测试的认识,切实加强对测试工作的组织和管理,并且进一步完善对学校体质健康测试工作的抽查制度,真正将学生体质健康测试工作落到实处。

### （二）体育教师队伍建设需进一步加强

在专职体育教师配备方面,九龙坡区初中的专职体育教师配备不足,且缺额比例大于重庆市平均水平(见表3-8-3)。

在体育教师培训方面,九龙坡区参与县级以上培训的体育教师比例为51.02%,低于重庆市平均水平。各类型学校参与县级以上培训的体育教师比例均低于重庆市相应类型学校平均水平。以上数据表明,九龙坡区应增加初中学校体育教师数量,加大各类型学校体育教师培训力度。

表3-8-3  2015年九龙坡区体育教师队伍信息  单位:%

| 学校类别 | 专职 | | 缺额 | | 县级以上培训 | | 受县级以上表彰 | |
|---|---|---|---|---|---|---|---|---|
| | 九龙坡区 | 重庆市 | 九龙坡区 | 重庆市 | 九龙坡区 | 重庆市 | 九龙坡区 | 重庆市 |
| 小学 | 68.18 | 51.82 | 16.19 | 19.82 | 53.13 | 54.90 | 18.75 | 13.61 |
| 初中 | 85.15 | 87.22 | 9.82 | 7.26 | 57.43 | 72.54 | 30.69 | 24.86 |
| 九年一贯制学校 | 78.57 | 65.51 | 13.85 | 15.59 | 35.71 | 51.64 | 21.43 | 14.90 |
| 完全中学 | 98.31 | 95.27 | 1.67 | 7.82 | 50.28 | 76.48 | 32.77 | 27.78 |
| 合计 | 79.30 | 67.05 | 11.71 | 15.44 | 51.02 | 61.42 | 24.34 | 18.29 |

### （三）学生体质健康促进工作需要加强

2015年,九龙坡区虽然认真组织开展了学生体质健康标准测试工作,并如实上报了监测数据,上报率达100%。但是,根据上报数据,全区学生体质健康达到合格以上等级的学生比例为92.91%,未达到《国家学生体质健康标准》95%的要求,与2014年相比下降了1.39个百分点;达到良好以上等级的学生比例为32.43%,与2014年相比增长了2.08个百分点,仍低于《国家学生体质健康标准》40%的要求(如图3-8-6、图3-8-7所示)。以上数据表明,九龙坡区需要加强学生体质健康的促进工作。

### （四）加强对上报数据的管理与核对

2015年,九龙坡区小学有400米田径场1块,完全中学有400米田径场6块,合计应该为7块,但是上报的400米田径场合计为6块;体育器材达标学校数:小学45所,初中15所,九年一贯制学校4所,完全中学12所,合计应该为76所。但是上报的合计为74所(见表3-8-2),数据计算存在错误。因此,需对本区各学校体育场地数量的变化做及时更新,并在以后上报自评报告时对数据进行认真核对。

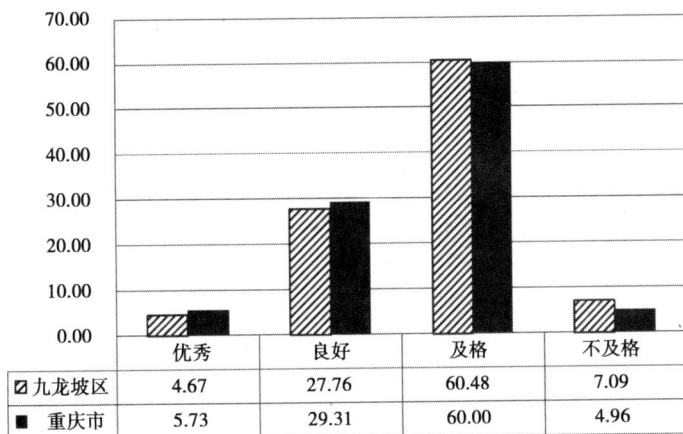

| | 优秀 | 良好 | 及格 | 不及格 |
|---|---|---|---|---|
| 九龙坡区 | 4.67 | 27.76 | 60.48 | 7.09 |
| 重庆市 | 5.73 | 29.31 | 60.00 | 4.96 |

图 3-8-6　2015 年九龙坡区与重庆市学生体质健康测试情况对比图（单位：%）

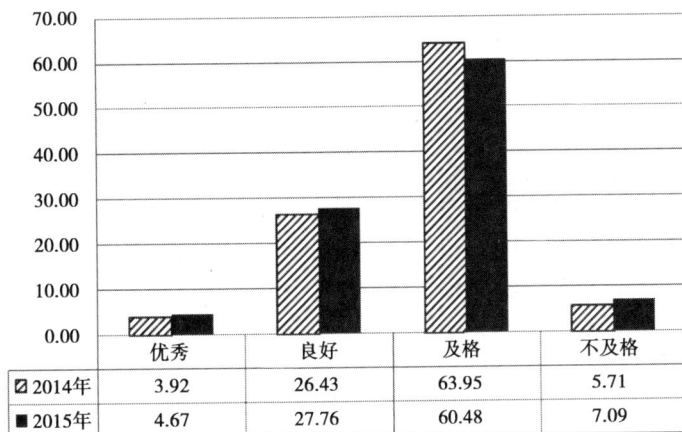

| | 优秀 | 良好 | 及格 | 不及格 |
|---|---|---|---|---|
| 2014年 | 3.92 | 26.43 | 63.95 | 5.71 |
| 2015年 | 4.67 | 27.76 | 60.48 | 7.09 |

图 3-8-7　九龙坡区 2014 年和 2015 年学生体质健康等级比例对比图（单位：%）

# 第九章  南岸区

## 一、基本概况

2015 年，南岸区有中小学校 79 所，比 2014 年增加 3 所，增长 3.95%；有在校学生 84 446 人，比 2014 年增加 4 861 人，增长 6.11%；有专任教师 5 007 人，比 2014 年增加 295 人，增长 6.26%。

2015 年，全区有参加学校体育工作评估的独立法人资格学校 67 所。其中，优秀等级学校 19 所，占 28.36%，比全市平均水平低 30.79 个百分点，与 2014 年相比下降了 45.83 个百分点；良好等级学校 41 所，占 61.19%，比全市平均水平高 34.52 个百分点，与 2014 年相比增长了 35.38 个百分点（如图 3-9-1、图 3-9-2 所示）；无不合格学校。全区 2015 年学校体育工作评审结果总体情况良好。

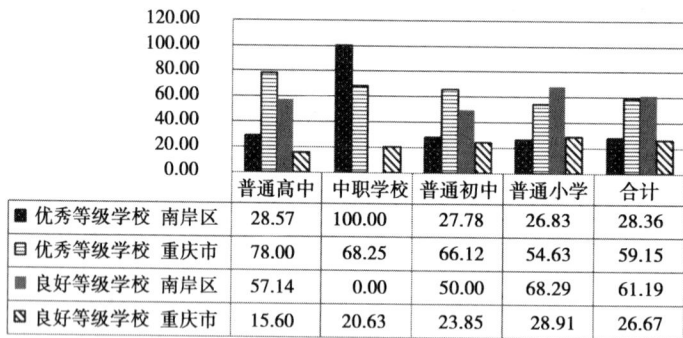

| | 普通高中 | 中职学校 | 普通初中 | 普通小学 | 合计 |
|---|---|---|---|---|---|
| ■ 优秀等级学校 南岸区 | 28.57 | 100.00 | 27.78 | 26.83 | 28.36 |
| ▢ 优秀等级学校 重庆市 | 78.00 | 68.25 | 66.12 | 54.63 | 59.15 |
| ▨ 良好等级学校 南岸区 | 57.14 | 0.00 | 50.00 | 68.29 | 61.19 |
| ▧ 良好等级学校 重庆市 | 15.60 | 20.63 | 23.85 | 28.91 | 26.67 |

图 3-9-1  2015 年南岸区与重庆市学校评审结果比例对比图（单位:%）

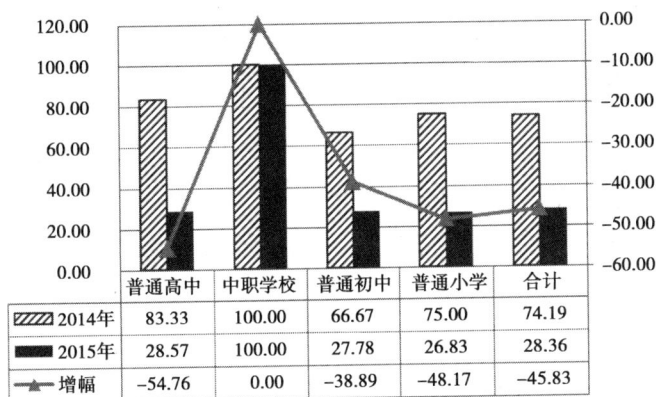

| | 普通高中 | 中职学校 | 普通初中 | 普通小学 | 合计 |
|---|---|---|---|---|---|
| 2014年 | 83.33 | 100.00 | 66.67 | 75.00 | 74.19 |
| 2015年 | 28.57 | 100.00 | 27.78 | 26.83 | 28.36 |
| 增幅 | −54.76 | 0.00 | −38.89 | −48.17 | −45.83 |

图 3-9-2　南岸区 2014 年和 2015 年优秀等级学校比例对比图(单位:%)

2015 年,南岸区体育加分学校比例为 80.60%,比全市平均水平高 23.62 个百分点(如图 3-9-3 所示),与 2014 年相比下降了 8.11 个百分点(如图 3-9-4 所示)。

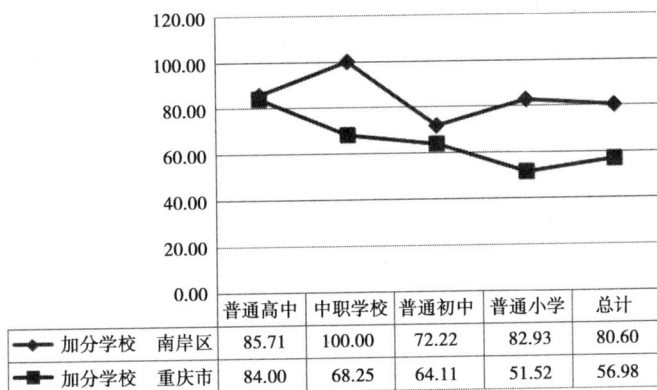

| | | 普通高中 | 中职学校 | 普通初中 | 普通小学 | 总计 |
|---|---|---|---|---|---|---|
| 加分学校 | 南岸区 | 85.71 | 100.00 | 72.22 | 82.93 | 80.60 |
| 加分学校 | 重庆市 | 84.00 | 68.25 | 64.11 | 51.52 | 56.98 |

图 3-9-3　2015 年南岸区与重庆市加分学校比例对比图(单位:%)

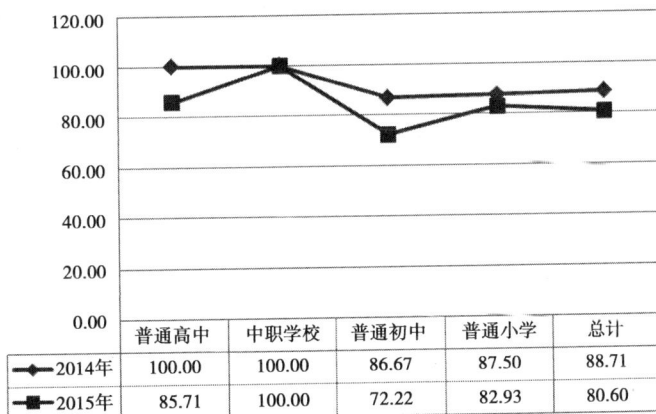

| | 普通高中 | 中职学校 | 普通初中 | 普通小学 | 总计 |
|---|---|---|---|---|---|
| 2014年 | 100.00 | 100.00 | 86.67 | 87.50 | 88.71 |
| 2015年 | 85.71 | 100.00 | 72.22 | 82.93 | 80.60 |

图 3-9-4　南岸区 2014 年和 2015 年加分学校比例对比图(单位:%)

## 二、主要亮点

### （一）组织管理到位

南岸区成立了体育工作领导小组，并由相关领导负责分管学校体育工作，区教师进修学院配备 2 名体育教研员负责学校体育工作。领导小组对体育工作高度重视，布置学校体育工作，要求学校将此项工作当作一项重要工作来抓。另外，区教委制订了相应的常规体育管理制度，如《学校体育工作管理办法的实施细则》《学校体育工作专项评估细则》等。

### （二）体育校本课程有特色

南岸区以新颁布的《重庆市中小学体育课程教学指导纲要及评价标准》为依据，积极开展体育教学工作、评估体育教学质量、进行体育教学管理和督导。因地制宜制订并落实体育课程的实施方案，在地方课程和校本课程中科学安排体育课时。各校立足本校实际，开发了特色鲜明的体育校本课程，促进特色项目，有运动队，有活动，有课程。

### （三）体育教师培训力度大

南岸区采用了走出去请进来的方法对教师进行了分类、分层、分期培训。一方面，对区内所有体育教师进行了新课程标准的通识培训和学科培训，提高了思想认识，更新了教学理念，增强了使命感、紧迫感和责任感。另一方面，通过提高培训，加速培养了一批思想过硬、师德高尚、业务精湛、教有特色、研有成果的体育名师、骨干教师、学科带头人。

2015 年，南岸区中小学校参与县级以上培训的体育教师比例达 100%（见表 3-9-1），表明南岸区教委高度重视体育教师业务水平的提高。

表 3-9-1    2015 年南岸区体育教师队伍信息          单位:%

| 学校类别 | 专 职 | | 缺 额 | | 县级以上培训 | | 受县级以上表彰 | |
| --- | --- | --- | --- | --- | --- | --- | --- | --- |
| | 南岸区 | 重庆市 | 南岸区 | 重庆市 | 南岸区 | 重庆市 | 南岸区 | 重庆市 |
| 小学 | 86.70 | 51.82 | 0.00 | 19.82 | 100.00 | 54.90 | 2.75 | 13.61 |
| 初中 | 98.08 | 87.22 | 0.00 | 7.26 | 100.00 | 72.54 | 9.62 | 24.86 |
| 九年一贯制学校 | 91.67 | 65.51 | 0.00 | 15.59 | 100.00 | 51.64 | 0.00 | 14.90 |
| 完全中学 | 96.63 | 95.27 | 0.00 | 7.82 | 100.00 | 76.48 | 1.12 | 27.78 |
| 合 计 | 90.89 | 67.05 | 0.00 | 15.44 | 100.00 | 61.42 | 3.04 | 18.29 |

## 三、主要问题

（一）体育教师需加强自身素质的提升

2015 年,南岸区受县级以上表彰的体育教师比例为 3.04%,远低于全市平均水平（如图 3-9-5 所示）。因此,南岸区需要加强对体育教师的培养和激励,以提升其专业素质。

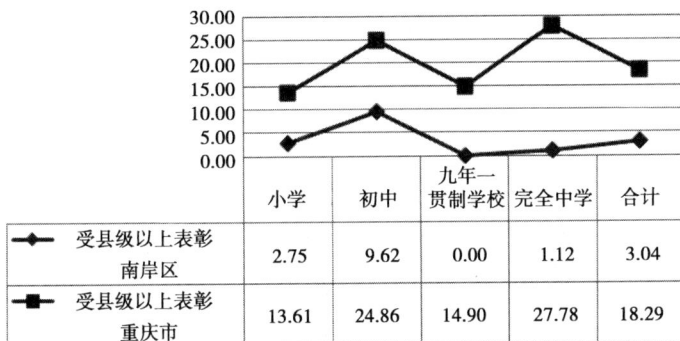

| | 小学 | 初中 | 九年一贯制学校 | 完全中学 | 合计 |
|---|---|---|---|---|---|
| 受县级以上表彰 南岸区 | 2.75 | 9.62 | 0.00 | 1.12 | 3.04 |
| 受县级以上表彰 重庆市 | 13.61 | 24.86 | 14.90 | 27.78 | 18.29 |

图 3-9-5　2015 年南岸区与重庆市体育教师受县级以上表彰比例对比图（单位:%）

（二）体育场地的数量需要增加

2015 年,南岸区中小学校虽有田径场 67 块（200 米田径场 36 块,300 米田径场 23 块,300~400 米田径场 1 块,400 米田径场 7 块）,体育馆 10 个,游泳池 3 个,学生体质测试室 66 间,体育器材达标学校 66 所,其平均数量均高于全市平均水平（见表 3-9-2）。

但是,篮球场、排球场的平均数量与全市平均水平存在一定差距。其中,篮球场 91 块,校均数量为 1.38 块,低于全市平均水平 2.02 块;排球场 30 块,校均数量为 0.45 块,低于全市平均水平 0.58 块（见表 3-9-2）。因此,南岸区应加强体育场馆的建设,尤其是篮球场和排球场地的建设。

表3-9-2　2015年南岸区体育场地器材信息（场地器材总量/学校个数）

| 类　　别 | | 小　学 | 初　中 | 九年一贯制学校 | 完全中学 | 合　计 |
|---|---|---|---|---|---|---|
| 田径场/块 | 南岸区 | 1.00 | 1.00 | 1.00 | 1.14 | 1.02 |
| | 重庆市 | 0.53 | 0.84 | 0.74 | 1.06 | 0.64 |
| 篮球场/块 | 南岸区 | 0.88 | 2.00 | 1.83 | 2.86 | 1.38 |
| | 重庆市 | 1.54 | 2.51 | 2.37 | 4.57 | 2.02 |
| 排球场/块 | 南岸区 | 0.39 | 0.50 | 0.33 | 0.86 | 0.45 |
| | 重庆市 | 0.41 | 0.76 | 0.59 | 1.41 | 0.58 |
| 体育馆/个 | 南岸区 | 0.10 | 0.08 | 0.17 | 0.57 | 0.15 |
| | 重庆市 | 0.04 | 0.04 | 0.06 | 0.25 | 0.06 |
| 游泳池/个 | 南岸区 | 0.00 | 0.00 | 0.00 | 0.43 | 0.05 |
| | 重庆市 | 0.01 | 0.01 | 0.01 | 0.07 | 0.02 |
| 学生体质测试室/间 | 南岸区 | 1.00 | 1.00 | 1.00 | 1.14 | 1.00 |
| | 重庆市 | 0.48 | 0.52 | 0.53 | 0.75 | 0.51 |
| 体育器材达标数/个 | 南岸区 | 1.00 | 1.00 | 1.00 | 1.14 | 1.00 |
| | 重庆市 | 0.69 | 0.75 | 0.82 | 0.87 | 0.72 |

注:2014年南岸区上报的篮球场112块、排球场62块,而2015年上报的篮球场91块、排球场30块,需要在上报数据时对数据变化作出说明。

（三）生均体育经费投入需加强

2015年,南岸区生均体育经费投入为138.58元,低于全市平均水平(如图3-9-6所示)。与2014年相比,生均体育场地经费和生均专用器材经费的投入均有所减少(如图3-9-7所示)。这表明南岸区应加强体育经费的投入。

（四）学生体质健康促进工作有待加强

2015年,南岸区虽然认真组织开展了学生体质健康标准测试工作,并如实上报了测试数据,上报率达100%。但根据上报数据,全区学生体质健康达到合格以上等级的学生比例为93.22%,未达到《国家学生体质健康标准》95%的要求,与2014年相比下降了0.97个百分点;达到良好以上等级的学生比例为37.77%,与2014年相比增长了4.60个百分点,仍未达到《国家学生体质健康标准》40%的要求(如图3-9-8、图3-9-9所示)。以上数据表明,南岸区需要加强学生体质健康促进工作的开展。

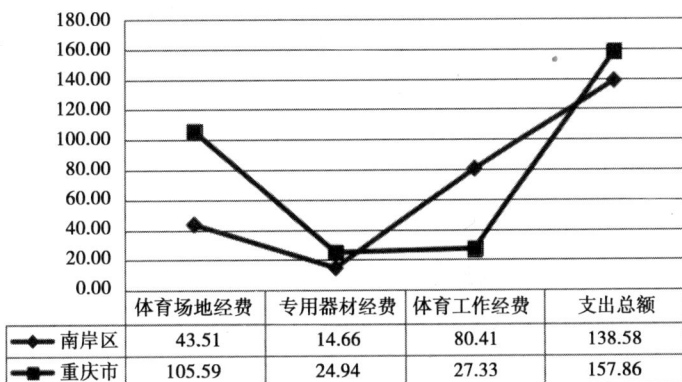

| | 体育场地经费 | 专用器材经费 | 体育工作经费 | 支出总额 |
|---|---|---|---|---|
| 南岸区 | 43.51 | 14.66 | 80.41 | 138.58 |
| 重庆市 | 105.59 | 24.94 | 27.33 | 157.86 |

图 3-9-6　2015 年南岸区与重庆市生均体育经费支出情况对比图(单位:元)

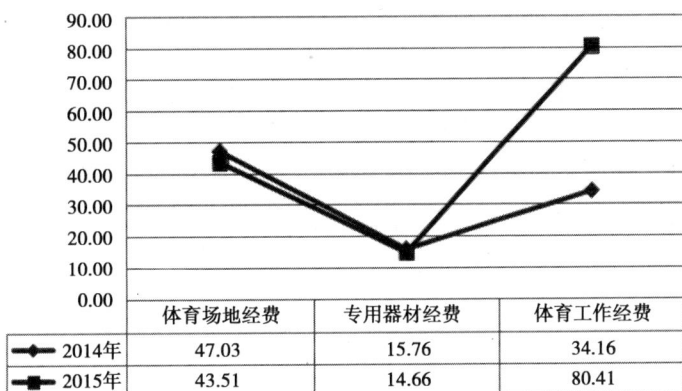

| | 体育场地经费 | 专用器材经费 | 体育工作经费 |
|---|---|---|---|
| 2014年 | 47.03 | 15.76 | 34.16 |
| 2015年 | 43.51 | 14.66 | 80.41 |

图 3-9-7　南岸区 2014 年和 2015 年生均体育经费支出情况对比图(单位:元)

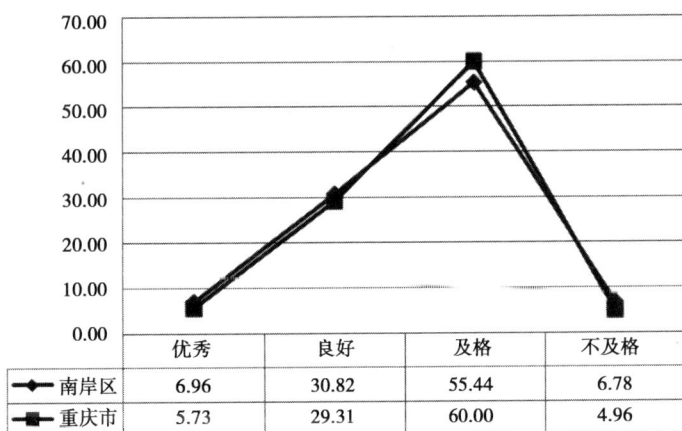

| | 优秀 | 良好 | 及格 | 不及格 |
|---|---|---|---|---|
| 南岸区 | 6.96 | 30.82 | 55.44 | 6.78 |
| 重庆市 | 5.73 | 29.31 | 60.00 | 4.96 |

图 3-9-8　2015 年南岸区与重庆市学生体质健康测试情况对比图(单位:%)

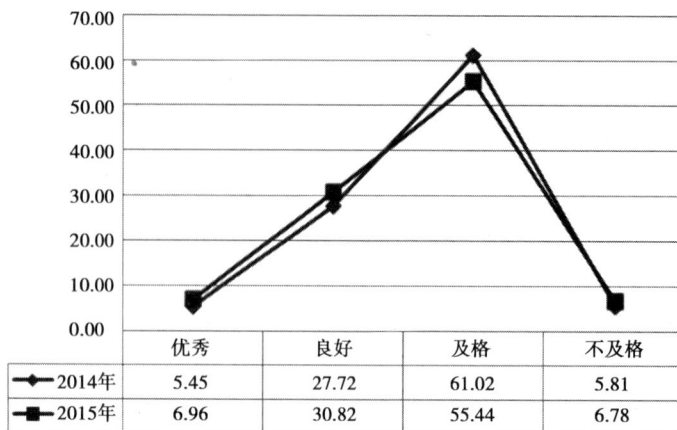

| | 优秀 | 良好 | 及格 | 不及格 |
|---|---|---|---|---|
| 2014年 | 5.45 | 27.72 | 61.02 | 5.81 |
| 2015年 | 6.96 | 30.82 | 55.44 | 6.78 |

图 3-9-9　南岸区 2014 年和 2015 年学生体质健康等级比例对比图(单位:%)

(五)加强上报数据的管理与核对

2014 年,南岸区上报的篮球场 112 块、排球场 62 块,而 2015 年上报的篮球场 91 块、排球场 30 块(见表 3-9-2),两年体育场地数量存在差距。因此,需对本区各学校体育场地数量的变化作及时更新,并在以后上报自评报告时对数据进行认真核对。

# 第十章 北碚区

## 一、基本概况

2015 年,北碚区有中小学校 83 所,比 2014 年减少 5 所,下降 6.41%;有在校学生 58 060 人,比 2014 年增加 335 人,增长 0.58%;有专任教师 4 396 人,比 2014 年增加 147 人,增长 3.46%。

2015 年,全区有参加学校体育工作评估的独立法人资格学校 72 所。其中,优秀等级学校 69 所,占参评学校的 95.83%,比全市平均水平高 36.68 个百分点,比 2014 年下降了 1.67 个百分点;良好等级学校 3 所,占参评学校的 4.17%,比全市平均水平低 22.4 个百分点,比 2014 年增长了 1.67 个百分点;无不合格学校(如图 3-10-1 所示)。全区 2015 年学校体育工作评审结果总体情况优良。

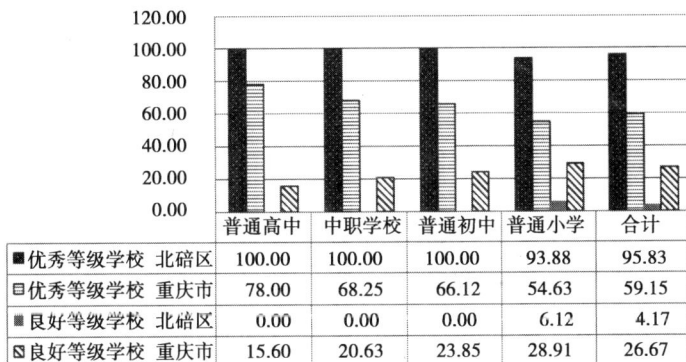

| | | 普通高中 | 中职学校 | 普通初中 | 普通小学 | 合计 |
|---|---|---|---|---|---|---|
| ■优秀等级学校 | 北碚区 | 100.00 | 100.00 | 100.00 | 93.88 | 95.83 |
| ▤优秀等级学校 | 重庆市 | 78.00 | 68.25 | 66.12 | 54.63 | 59.15 |
| ▥良好等级学校 | 北碚区 | 0.00 | 0.00 | 0.00 | 6.12 | 4.17 |
| ▨良好等级学校 | 重庆市 | 15.60 | 20.63 | 23.85 | 28.91 | 26.67 |

图 3-10-1 2015 年北碚区与重庆市学校评审结果比例对比图(单位:%)

2015 年,北碚区体育加分学校比例为 88.89%,高于全市平均水平(如图 3-10-2 所示);与 2014 年相比下降了 11.11 个百分点(如图 3-10-3 所示)。

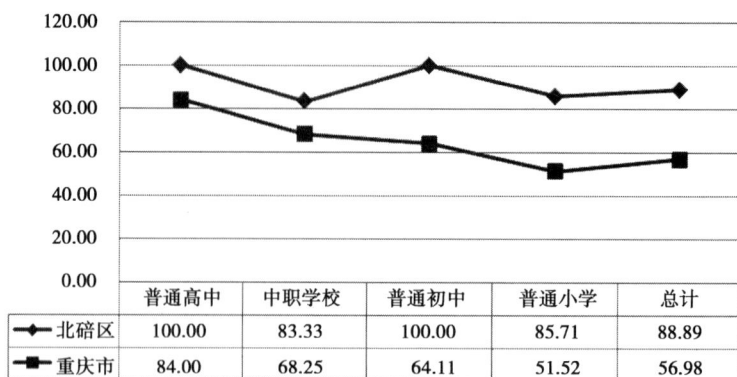

| | 普通高中 | 中职学校 | 普通初中 | 普通小学 | 总计 |
|---|---|---|---|---|---|
| 北碚区 | 100.00 | 83.33 | 100.00 | 85.71 | 88.89 |
| 重庆市 | 84.00 | 68.25 | 64.11 | 51.52 | 56.98 |

图 3-10-2　2015 年北碚区与重庆市加分学校比例对比图（单位:%）

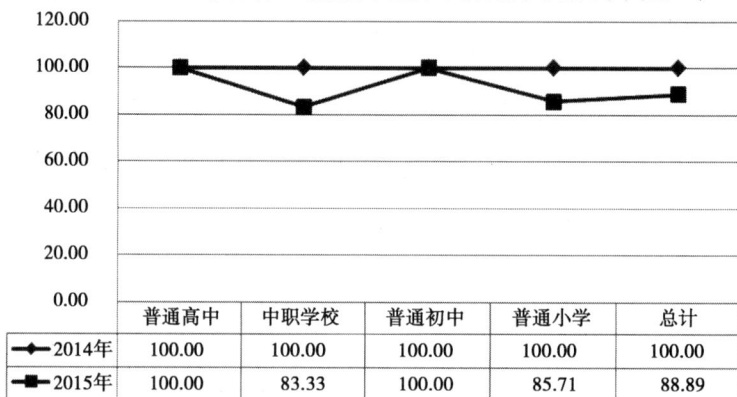

| | 普通高中 | 中职学校 | 普通初中 | 普通小学 | 总计 |
|---|---|---|---|---|---|
| 2014年 | 100.00 | 100.00 | 100.00 | 100.00 | 100.00 |
| 2015年 | 100.00 | 83.33 | 100.00 | 85.71 | 88.89 |

图 3-10-3　北碚区 2014 年和 2015 年加分学校比例对比图（单位:%）

## 二、主要亮点

### （一）组织管理到位

北碚区成立体育工作专项评估领导小组,并实行分级负责制度。领导小组由教委主要领导任组长、分管主任任副组长,综合教育科、基础教育科等主要负责人为成员。各校均成立了学校体育工作专项评估领导小组,由校长任组长、分管副校长任副组长,教务处、德育处、体育教研组等主要负责人为成员。指导各学校体育工作的全面开展,明确职责、落实分工,定期研究工作,同时强化两级督导和考核。各校将学校体育工作纳入学校年度整体工作计划,制订具体计划,认真组织实施,定期组织督导、考核。学校严格落实市教委下发的体育与健康课时计划,按要求做好过程性督导,加强课程实施巡查,督察体育课程实施情况,切实减轻学生过重课业负担。区教委将学校体育工作纳入学校实施素质教育督导评估暨绩效考核中,将学校推进体育运动、落实《国家学生体育健康标准》等工作作为考核指标。

另外,北碚区加强了体育工作宣传。各校利用网络、报纸等各种媒体宣传体育工作,在全校公布学校体育活动开展情况和学生体质健康监测等工作推进情况,让家长适时了解学生在校期间的体育健康活动和体检健康状况。

### (二)体育教育教学工作成绩突出

北碚区各中小学校在严格执行课程计划和认真贯彻落实了《学校体育工作条例》和《学生体质健康标准》的同时,还开展了形式多样的体育活动,使得体育活动常规化。各校每年定期召开春、秋季运动会和形式多样、丰富多彩的单项体育比赛,如田径、篮球、足球、乒乓球、羽毛球、拔河等比赛。另外,北碚区各校还积极创建区级"一校一品"的体育特色学校,做到了校校有项目、有特色。全区各校根据自身场地、设施的条件,体育教师特长,组建了田径队、篮球队、排球队、足球队等校运动队,制订了训练计划,坚持常年科学训练,取得丰硕的成果。例如,在今年北京世界田径锦标赛上江北中学输送的李雪代表中国参加了 $4 \times 400$ 米女子接力比赛;西班牙世界中学生运动会上获冠军的钟珍、明扬扬等。

### (三)生均体育经费投入较大

北碚区根据《国家体育卫生条件基本标准》的要求,加大体育经费投入,以保障体育基础设施配备齐全,为学生创设良好的体育环境。2015 年北碚区生均体育经费投入总额为 320.08 元,远远高于重庆市平均水平。其中,生均体育场馆经费、生均专用器材经费以及生均体育工作经费均高于重庆市平均水平(如图 3-10-4 所示)。

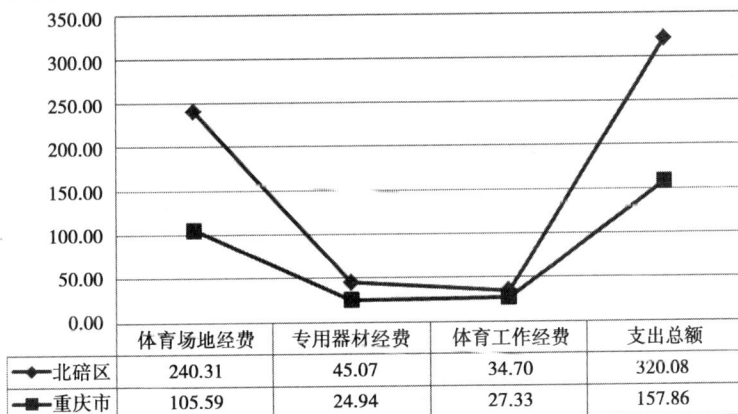

|  | 体育场地经费 | 专用器材经费 | 体育工作经费 | 支出总额 |
| --- | --- | --- | --- | --- |
| 北碚区 | 240.31 | 45.07 | 34.70 | 320.08 |
| 重庆市 | 105.59 | 24.94 | 27.33 | 157.86 |

图 3-10-4　2015 年北碚区与重庆市生均体育经费投入对比图(单位:元)

与2014年相比,除生均场地经费略微减少以外,生均专用器材经费增加了0.63元,生均体育工作经费增加了10.71元(如图3-10-5所示)。以上数据表明,北碚区生均体育经费较充足,且有一定增幅。

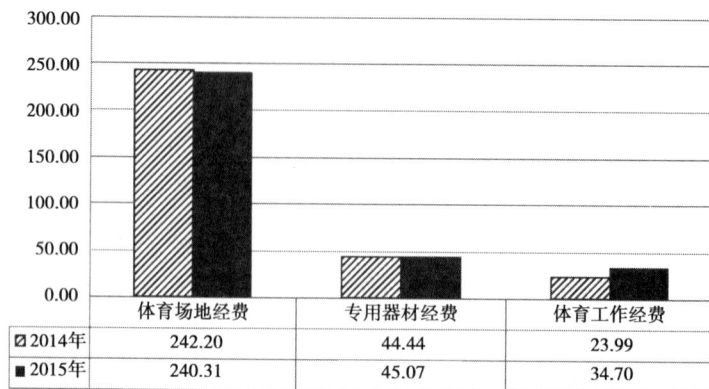

| | 体育场地经费 | 专用器材经费 | 体育工作经费 |
|---|---|---|---|
| ☑2014年 | 242.20 | 44.44 | 23.99 |
| ■2015年 | 240.31 | 45.07 | 34.70 |

图3-10-5　北碚区2014年与2015年生均体育经费投入对比图(单位:元)

### (四)学生体质健康工作扎实

2015年,北碚区认真开展了学生体质健康标准测试工作,并如实上报了测试数据,上报率达100%。根据上报数据,全区学生体质健康达到合格以上等级的学生比例为97.12%,达到《国家学生体质健康标准》95%的要求,与2014年相比增长了1.86个百分点;达到良好以上等级的学生比例为39.46%,略低于《国家学生体质健康标准》40%的要求。与2014年相比增长了4.84个百分点(如图3-10-6、图3-10-7所示)。以上数据表明,北碚区学生体质健康有所增强。

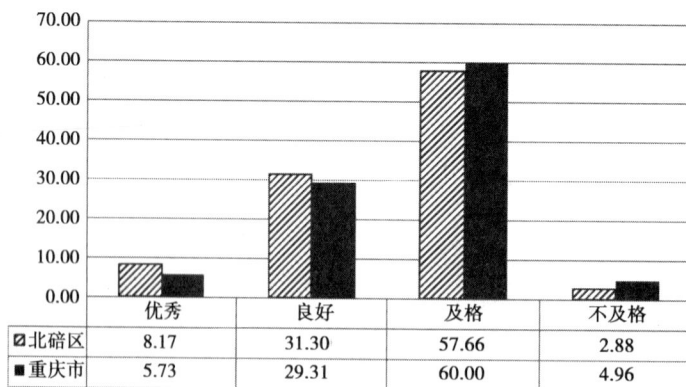

| | 优秀 | 良好 | 及格 | 不及格 |
|---|---|---|---|---|
| ☑北碚区 | 8.17 | 31.30 | 57.66 | 2.88 |
| ■重庆市 | 5.73 | 29.31 | 60.00 | 4.96 |

图3-10-6　2015年北碚区与重庆市学生体质健康测试情况对比图(单位:%)

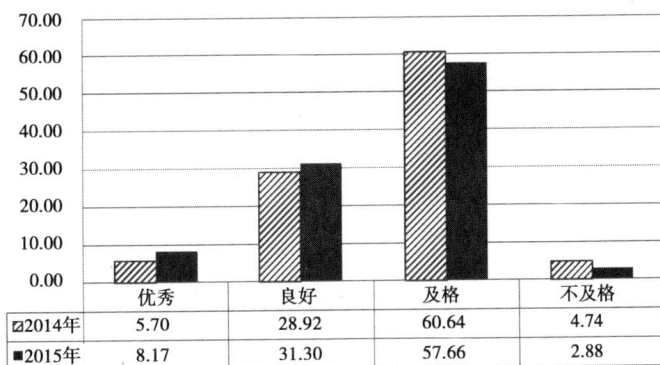

| | 优秀 | 良好 | 及格 | 不及格 |
|---|---|---|---|---|
| 2014年 | 5.70 | 28.92 | 60.64 | 4.74 |
| 2015年 | 8.17 | 31.30 | 57.66 | 2.88 |

图 3-10-7　北碚区 2014 年和 2015 年学生体质健康等级比例对比图(单位:%)

（五）体育教师队伍建设比较完善

2015 年,北碚区专职体育教师的比例为 75.91%,远高于重庆市平均水平;体育教师缺额比例为 1.12%,远远低于重庆市平均水平(见表 3-10-1),表明北碚区专职体育教师相对充足。

2015 年,北碚区参与县级以上培训的体育教师比例为 74.55%,高于重庆市平均水平;受县级以上表彰的体育教师比例为 19.09%,略高于重庆市平均水平(见表 3-10-1)。以上数据表明,北碚区体育教师队伍的建设较为完善。

表 3-10-1　2015 年北碚区体育教师队伍基本信息　　　　单位:%

| 学校类别 | 专职 | | 缺额 | | 县级以上培训 | | 受县级以上表彰 | |
|---|---|---|---|---|---|---|---|---|
| | 北碚区 | 重庆市 | 北碚区 | 重庆市 | 北碚区 | 重庆市 | 北碚区 | 重庆市 |
| 小学 | 64.81 | 51.82 | 1.27 | 19.82 | 69.96 | 54.90 | 13.30 | 13.61 |
| 初中 | 94.12 | 87.22 | 0.00 | 7.26 | 100.00 | 72.54 | 8.82 | 24.86 |
| 九年一贯制学校 | 75.00 | 65.51 | 0.00 | 15.59 | 37.50 | 51.64 | 0.00 | 14.90 |
| 完全中学 | 87.88 | 95.27 | 1.20 | 7.82 | 77.58 | 76.48 | 30.30 | 27.78 |
| 合计 | 75.91 | 67.05 | 1.12 | 15.44 | 74.55 | 61.42 | 19.09 | 18.29 |

注:2015 年北碚区参加县级以上培训的体育教师 328 人(小学 163 人 + 初中 34 人 + 九年一贯制学校 3 人 + 完全中学 128 人),但是上报的合计为 333 人,请注意核对上报数据。

## 三、主要问题

（一）体育场馆数量需要进一步增加

2015 年,北碚区中小学校有田径场 69 块(300 ~ 400 米田径场 64 块,400 米田径场 5 块),排球场 46 块,体育馆 9 个,游泳池 4 个,学生体质测试室 53 间,体育器材达标学校数 72 所,其平均数量均高于全市平均水平。

但是,篮球场校均数量低于全市平均水平。全市篮球场校均数量为 2.02 块,北碚区有篮球场 135 块,校均数量为 1.88 块。另外,初中和九年一贯制学校的场地器材较为缺乏(详见表 3-10-2)。这说明,不同类型学校的场地器材情况存在差异,需重视薄弱学校体育场地条件的改善,尤其注意全面普及,防止重点投入造成不平衡。

表 3-10-2　2015 年北碚区体育场地器材信息(场地器材总量/学校个数)

| 类　别 | | 小　学 | 初　中 | 九年一贯制学校 | 完全中学 | 合　计 |
|---|---|---|---|---|---|---|
| 田径场/块 | 北碚区 | 0.98 | 0.86 | 1.00 | 0.93 | 0.96 |
| | 重庆市 | 0.53 | 0.84 | 0.74 | 1.06 | 0.64 |
| 篮球场/块 | 北碚区 | 1.22 | 1.86 | 4.00 | 3.87 | 1.88 |
| | 重庆市 | 1.54 | 2.51 | 2.37 | 4.57 | 2.02 |
| 排球场/块 | 北碚区 | 0.45 | 0.43 | 0.00 | 1.27 | 0.64 |
| | 重庆市 | 0.41 | 0.76 | 0.59 | 1.41 | 0.58 |
| 体育馆/个 | 北碚区 | 0.04 | 0.14 | 0.00 | 0.40 | 0.13 |
| | 重庆市 | 0.04 | 0.04 | 0.06 | 0.25 | 0.06 |
| 游泳池/个 | 北碚区 | 0.04 | 0.00 | 0.00 | 0.13 | 0.06 |
| | 重庆市 | 0.01 | 0.01 | 0.01 | 0.07 | 0.02 |
| 学生体质测试室/间 | 北碚区 | 0.69 | 0.57 | 0.00 | 1.00 | 0.75 |
| | 重庆市 | 0.48 | 0.52 | 0.53 | 0.75 | 0.51 |
| 体育器材达标数/个 | 北碚区 | 1.00 | 1.00 | 1.00 | 1.00 | 1.00 |
| | 重庆市 | 0.69 | 0.75 | 0.82 | 0.87 | 0.72 |

注:2015 年北碚区有学生体质测试室 53 间(小学 34 间 + 初中 4 间 + 完全中学 15 间),但是上报的合计为 54 间,请注意核对上报数据。

（二）加强上报数据的管理与核对

2015 年,北碚区参加县级以上培训的体育教师为 328 人(小学 163 人 + 初中 34 人 + 九年一贯制学校 3 人 + 完全中学 128 人),但实际上报的合计数为 333 人(见表 3-10-1)。另外,学生体质测试室 53 间(小学 34 间 + 初中 4 间 + 完全中学 15 间),但实际上报的合计数为 54 间(见表 3-10-2),数量存在差距。因此,需对本区各学校体育场地数量的变化作及时更新,并在以后上报自评报告时对数据进行认真核对。

# 第十一章 渝北区

## 一、基本概况

2015 年,渝北区有中小学校 135 所,比 2014 年减少 23 所,下降 20.53%;有在校学生 109 345 人,比 2014 年减少 23 799 人,下降 17.87%;有专任教师 7 212 人,比 2014 年减少 1 534 人,下降 17.64%。

2015 年,全区有参加学校体育工作评估的独立法人资格学校 98 所。其中,优秀等级学校 45 所,占参评学校的 45.92%,比 2014 年降低了 14.28 个百分点,比全市平均水平低 13.23 个百分点;良好等级学校 40 所,占参评学校的 40.82%,比 2014 年增长了 8.42 个百分点,比全市平均水平高 14.15 个百分点(如图 3-11-1 所示);无不合格等级学校。全区 2015 年学校体育工作评审结果总体情况良好。

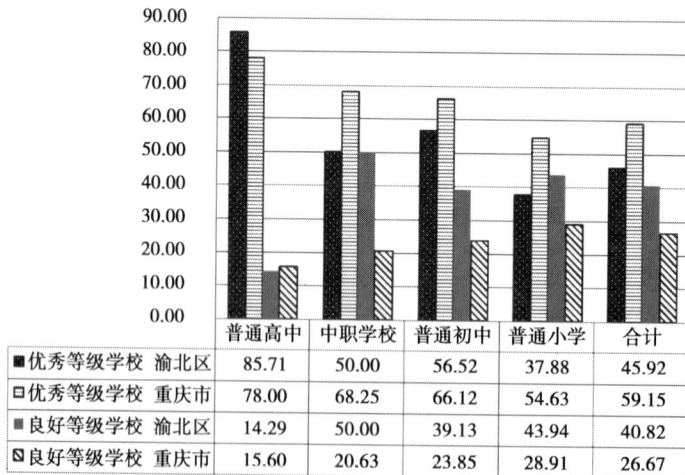

| | 普通高中 | 中职学校 | 普通初中 | 普通小学 | 合计 |
|---|---|---|---|---|---|
| ■优秀等级学校 渝北区 | 85.71 | 50.00 | 56.52 | 37.88 | 45.92 |
| □优秀等级学校 重庆市 | 78.00 | 68.25 | 66.12 | 54.63 | 59.15 |
| ■良好等级学校 渝北区 | 14.29 | 50.00 | 39.13 | 43.94 | 40.82 |
| ▨良好等级学校 重庆市 | 15.60 | 20.63 | 23.85 | 28.91 | 26.67 |

图 3-11-1　2015 年渝北区和重庆市学校评审结果比例对比图(单位:%)

2015 年,渝北区体育加分学校比例为 75.51%,比全市平均水平高 18.53 个百分点。其中,各类型加分学校比例均高于全市相应类型学校平均水平(如图 3-11-2 所示)。

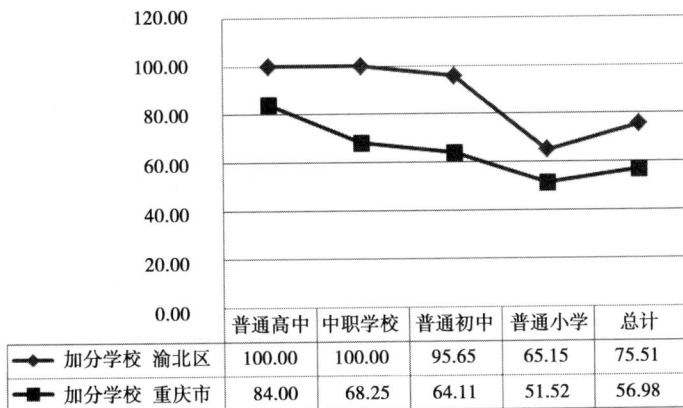

| | 普通高中 | 中职学校 | 普通初中 | 普通小学 | 总计 |
|---|---|---|---|---|---|
| 加分学校 渝北区 | 100.00 | 100.00 | 95.65 | 65.15 | 75.51 |
| 加分学校 重庆市 | 84.00 | 68.25 | 64.11 | 51.52 | 56.98 |

图 3-11-2　2015 年渝北区与重庆市加分学校比例对比图(单位:%)

## 二、主要亮点

### (一)组织管理有保障

渝北区委教育工委常务副书记负责分管学校体育工作,成立了体卫艺科具体负责学校体育工作,并在区教研室配备了 1 名体育教研员具体指导学校体育工作。学校每学期都将体育工作纳入党政工作的议事日程,制订出翔实的、切合实际的校园体育活动安排。为了使体育工作开展得扎实有效,学校成立了德体处,定期组织开展体育活动。同时渝北区成立以区教委一把手为队长的体考队伍,把考生安全管理作为重中之重来抓,提前认真研究交通、饮食、疾病预防,制订了预案,明确了人员、责任和任务,规范布置考场、医务点、饮水点,积极开展考风考纪教育,组织全区考生有序地参加了考试,杜绝了安全事件的发生。

### (二)教育教学有实效

区内各中小学校严格执行国家课程标准,全区体育课开课率达 100%。教研室定期组织体育教师学习现代教育理论,学习新课程标准等课改方面的资料,开展教学观摩、课例研究、教师基本功竞赛等活动。同时,各校均分别制订了适合晴天和雨天的"大课间"活动方案和"2 +2"活动方案,认真组织学生开展了丰富多彩的大课间体育活动,确保了学生每天锻炼 1 小时。全区组织大课间活动和落实每天 1 小时体育锻炼的学校数达100%。全区各校每年举办1~2次校运会,区教委今年举办了一届综合性体育运动会,设置了体操、田径、篮球、乒乓球、武术、"三跳"6大项比赛项目和一届校园足球联赛。

(三)经费投入有提高

2015年,渝北区生均体育经费支出为144.14元,虽然低于全市平均水平(如图3-11-3所示)。但是,从纵向比较来看,生均体育场地经费、生均专用器材经费和生均体育工作经费投入均比2014年有较大提高(如图3-11-4所示)。

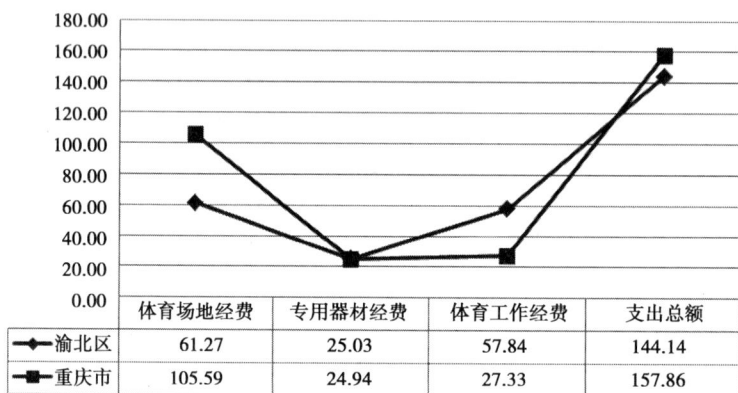

| | 体育场地经费 | 专用器材经费 | 体育工作经费 | 支出总额 |
|---|---|---|---|---|
| 渝北区 | 61.27 | 25.03 | 57.84 | 144.14 |
| 重庆市 | 105.59 | 24.94 | 27.33 | 157.86 |

图3-11-3　2015年渝北区和重庆市生均体育经费支出情况对比图(单位:元)

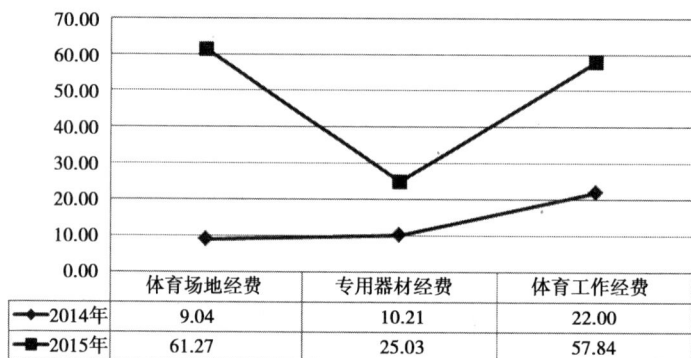

| | 体育场地经费 | 专用器材经费 | 体育工作经费 |
|---|---|---|---|
| 2014年 | 9.04 | 10.21 | 22.00 |
| 2015年 | 61.27 | 25.03 | 57.84 |

图3-11-4　渝北区2014年和2015年生均体育经费支出情况对比图(单位:元)

(四)队伍建设有措施

师资队伍建设方面,渝北区按照《国家学校体育卫生条例试行基本标准》加大力度引进、培养教师,扩充体育教师队伍,取得了一定的成绩。2015年,全区体育专职教师比例为100%,远远高于全市平均水平;体育教师缺额比例为13.26%,低于全市平均水平;参加县级以上培训的教师比例为100%,远高于全市平均水平;受县级以上表彰的体育教师比例为 19.66%,略高于重庆市平均水平(见表 3-11-1)。以上数据表明,渝北区体育教师队伍建设比较完善。

表 3-11-1　2015 年渝北区体育教师队伍信息　　　　　　单位:%

| 学校类别 | 专　职 | | 缺　额 | | 县级以上培训 | | 受县级以上表彰 | |
|---|---|---|---|---|---|---|---|---|
| | 渝北区 | 重庆市 | 渝北区 | 重庆市 | 渝北区 | 重庆市 | 渝北区 | 重庆市 |
| 小学 | 100.00 | 51.82 | 10.88 | 19.82 | 100.00 | 54.90 | 13.36 | 13.61 |
| 初中 | 100.00 | 87.22 | 0.00 | 7.26 | 100.00 | 72.54 | 24.39 | 24.86 |
| 九年一贯制学校 | 100.00 | 65.51 | 60.00 | 15.59 | 100.00 | 51.64 | 30.00 | 14.90 |
| 完全中学 | 100.00 | 95.27 | 21.62 | 7.82 | 100.00 | 76.48 | 39.66 | 27.78 |
| 合　计 | 100.00 | 67.05 | 13.26 | 15.44 | 100.00 | 61.42 | 19.66 | 18.29 |

## 三、存在的主要问题

### (一)部分学校场地器材数量需进一步增加

2015 年,渝北区中小学校有田径场 98 块(200 米田径场 63 块,300 米田径场 17 块,300～400 米田径场 9 块,400 米田径场 9 块),篮球场 324 块,排球场 210 块,体育馆 53 个,学生体质测试室 98 间,体育器材达标学校 98 所,其平均数量虽然均高于全市平均水平(见表 3-11-2)。但是,全区没有 1 个游泳池,校均游泳池数量为 0 个,低于全市每校平均数量 0.02 个。以上数据表明,渝北区需加强学校部分体育场地的建设。

表 3-11-2　2015 年渝北区体育场地器材信息　(场地器材总量/学校个数)

| 类　别 | | 小　学 | 初　中 | 九年一贯制学校 | 完全中学 | 合　计 |
|---|---|---|---|---|---|---|
| 田径场(块) | 渝北区 | 1.00 | 1.00 | 1.00 | 1.00 | 1.00 |
| | 重庆市 | 0.53 | 0.84 | 0.74 | 1.06 | 0.64 |
| 篮球场/块 | 渝北区 | 3.00 | 4.12 | 3.33 | 4.00 | 3.31 |
| | 重庆市 | 1.54 | 2.51 | 2.37 | 4.57 | 2.02 |
| 排球场/块 | 渝北区 | 2.00 | 2.06 | 2.50 | 3.11 | 2.14 |
| | 重庆市 | 0.41 | 0.76 | 0.59 | 1.41 | 0.58 |

续表

| 类　别 | | 小　学 | 初　中 | 九年一贯制学校 | 完全中学 | 合　计 |
|---|---|---|---|---|---|---|
| 体育馆/个 | 渝北区 | 0.45 | 0.71 | 0.67 | 0.78 | 0.54 |
| | 重庆市 | 0.04 | 0.04 | 0.06 | 0.25 | 0.06 |
| 游泳池/个 | 渝北区 | 0.00 | 0.00 | 0.00 | 0.00 | 0.00 |
| | 重庆市 | 0.01 | 0.01 | 0.01 | 0.07 | 0.02 |
| 学生体质测试室/间 | 渝北区 | 1.00 | 1.00 | 1.00 | 1.00 | 1.00 |
| | 重庆市 | 0.48 | 0.52 | 0.53 | 0.75 | 0.51 |
| 体育器材达标数/个 | 渝北区 | 1.00 | 1.00 | 1.00 | 1.00 | 1.00 |
| | 重庆市 | 0.69 | 0.75 | 0.82 | 0.87 | 0.72 |

（二）学生体质健康促进工作有待加强

2015年，渝北区认真开展了学生体质健康标准测试工作，并如实上报了监测数据，上报率达100%。根据上报数据，全区学生体质健康达到合格以上等级的学生比例为97.59%，虽高于《国家学生体质健康标准》95%的要求，但与2014年相比下降了0.30个百分点；达到良好以上等级的学生比例为39.16%，略低于《国家学生体质健康标准》40%的要求；与2014年相比下降了1.22个百分点（如图3-11-5、图3-11-6所示）。因此，需要加强学生体质健康促进工作的开展。

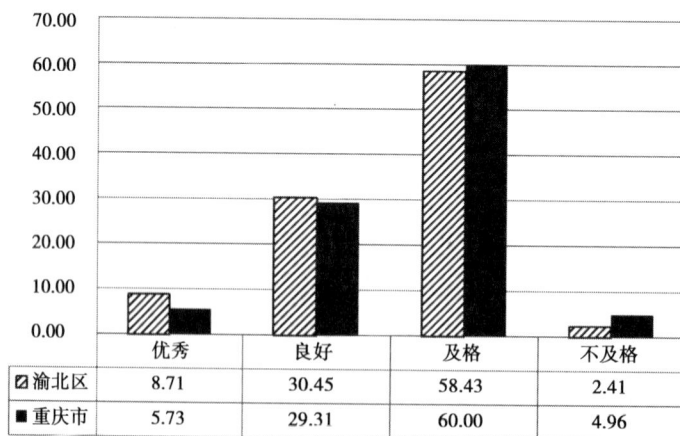

| | 优秀 | 良好 | 及格 | 不及格 |
|---|---|---|---|---|
| 渝北区 | 8.71 | 30.45 | 58.43 | 2.41 |
| 重庆市 | 5.73 | 29.31 | 60.00 | 4.96 |

图3-11-5　2015年渝北区和重庆市学生体质健康等级比例对比图（单位:%）

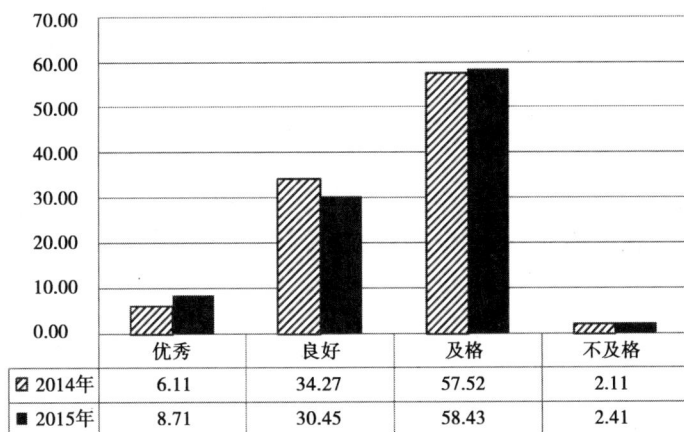

| | 优秀 | 良好 | 及格 | 不及格 |
|---|---|---|---|---|
| ◿ 2014年 | 6.11 | 34.27 | 57.52 | 2.11 |
| ■ 2015年 | 8.71 | 30.45 | 58.43 | 2.41 |

图 3-11-6 渝北区 2014 年和 2015 年学生体质健康等级比例对比图（单位：%）

# 第十二章 巴南区

## 一、基本概况

2015 年,巴南区有中小学校 128 所,比 2014 年增加 2 所,增长 1.59%;有在校学生 85 058 人,比 2014 年增加 2 476 人,增长 2.99%;有专任教师 5 751 人,比 2014 年增加 176 人,增长 3.16%。

2015 年,全区有参加学校体育工作评估的独立法人资格学校 96 所。其中,优秀等级学校 80 所,占参评学校的 83.33%,比 2014 年下降了 6.37 个百分点,比全市平均水平高 24.18 个百分点;良好等级学校 14 所,占参评学校的 14.58%,比 2014 年增长了 5.28 个百分点,比全市平均水平低 12.09 个百分点(如图 3-12-1 所示);无不合格等级学校。全区 2015 年学校体育工作评审结果总体情况优良。

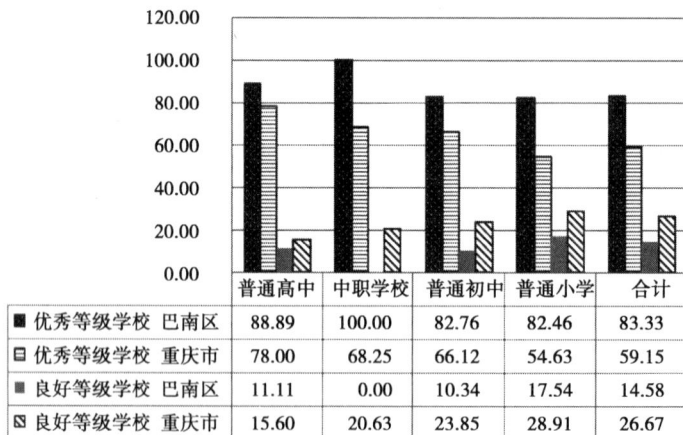

| | 普通高中 | 中职学校 | 普通初中 | 普通小学 | 合计 |
|---|---|---|---|---|---|
| ■ 优秀等级学校 巴南区 | 88.89 | 100.00 | 82.76 | 82.46 | 83.33 |
| □ 优秀等级学校 重庆市 | 78.00 | 68.25 | 66.12 | 54.63 | 59.15 |
| ■ 良好等级学校 巴南区 | 11.11 | 0.00 | 10.34 | 17.54 | 14.58 |
| ▨ 良好等级学校 重庆市 | 15.60 | 20.63 | 23.85 | 28.91 | 26.67 |

图 3-12-1　2015 年巴南区与重庆市学校评审结果对比图(单位:%)

2015 年,巴南区体育加分学校比例为 79.17%,比全市平均水平高 22.19 个百分点(如图 3-12-2 所示),比 2014 年增长了 8.07 个百分点(如图 3-12-3 所示)。

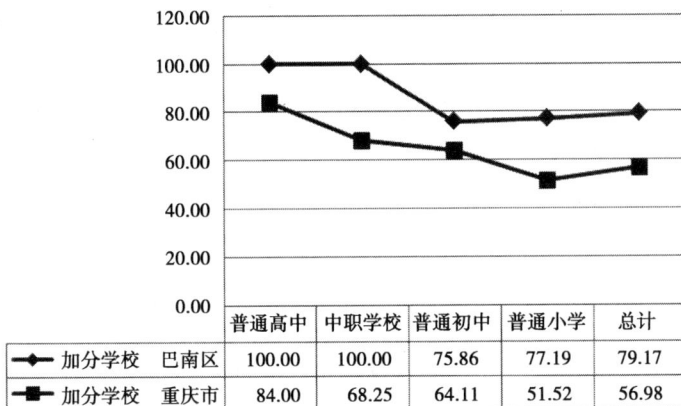

| | | 普通高中 | 中职学校 | 普通初中 | 普通小学 | 总计 |
|---|---|---|---|---|---|---|
| ◆ 加分学校 | 巴南区 | 100.00 | 100.00 | 75.86 | 77.19 | 79.17 |
| ■ 加分学校 | 重庆市 | 84.00 | 68.25 | 64.11 | 51.52 | 56.98 |

图 3-12-2　2015 年巴南区与重庆市加分学校比例对比图(单位:%)

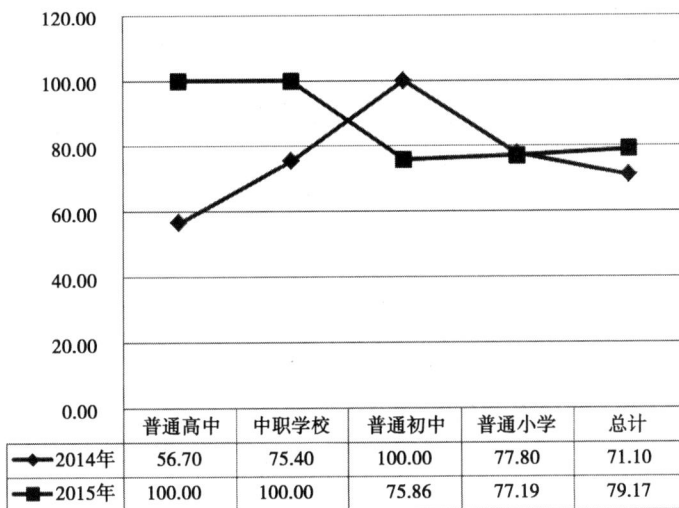

| | 普通高中 | 中职学校 | 普通初中 | 普通小学 | 总计 |
|---|---|---|---|---|---|
| ◆ 2014年 | 56.70 | 75.40 | 100.00 | 77.80 | 71.10 |
| ■ 2015年 | 100.00 | 100.00 | 75.86 | 77.19 | 79.17 |

图 3-12-3　巴南区 2014 年和 2015 年加分学校比例对比图(单位:%)

## 二、主要亮点

(一)组织管理到位

巴南区为加强对学校体育工作的领导,制订了《巴南区学校体育工作三年行动计划(2013—2016 年)》,并成立体育工作领导小组,以落实了分管领导全面抓,责任科室具体抓,相关科室通力合作的工作格局。各中小学校也成立体育工作领导小组,并建立校园意外伤害事故的应急管理机制,制订和实施体育安全管理工作方案,明确职责,落实分工,确保了学校体育工作正常有序开展。

同时,巴南区政府教育督导室建立了学校体育工作专项督导制度,健全目标考核机制,制订学校体育工作督导评估办法等一系列考核工作。各中小学校从参加教研组活动到上课、课间操,到体育特长生的训练个方面对体育教师进行过程监督和考核,促进体育教师不断提高自身职业素养和专业水平。

（二）教育教学有序

全区各中小学校认真执行《重庆市中小学体育教学指导纲要》,做好了备课、上课、训练、辅导、考核等各个教学环节工作,以提高体育课堂教学质量,切实提高学生健康水平。同时,各中小学校在大课间体育活动和校园活动改革上狠下功夫,并充分发挥学校特色体育在促进学生阳光体育运动中的引领、示范作用,从内容、形式、管理等诸多方面大胆尝试,将民族和地方特色融入其中。

另外,巴南区注重体育后备人才基地建设专门出台了《关于推进我区中小学体育项目后备人才培养的实施意见》(巴南教委发〔2013〕34号)和《重庆市巴南区体育运动学校布局项目年度评估实施办法(试行)》的通知(巴南体发〔2014〕10号)等相关文件,以加强巴南区体育团体的建设,促进了我区体育竞技水平不断提高。

（三）设施配备较完善

2015年,巴南区中小学校有田径场66块(200米田径场58块,300米田径场3块,300~400米田径场1块,400米田径场4块),篮球场206块,排球场61块,体育馆13个,游泳池6个,学生体质测试室37间,体育器材达标学校96所。全区除学生体质测试室的配备比例(0.39间)低于全市平均水平0.51间外,其余体育场馆及器材的平均数量均高于全市平均水平(见表3-12-1)。这表明巴南区2015年中小学校体育场地与器材配备处于较好水平。

表3-12-1　2015年巴南区体育场地器材信息(场地器材总量/学校个数)

| 类　　别 | | 小　学 | 初　中 | 高　中 | 九年一贯制学校 | 完全中学 | 合　计 |
|---|---|---|---|---|---|---|---|
| 田径场/块 | 巴南区 | 0.60 | 0.63 | 1.50 | 0.80 | 1.13 | 0.69 |
| | 重庆市 | 0.53 | 0.84 | 1.09 | 0.74 | 1.06 | 0.64 |
| 篮球场/块 | 巴南区 | 1.51 | 2.37 | 8.50 | 2.20 | 4.50 | 2.15 |
| | 重庆市 | 1.54 | 2.51 | 4.96 | 2.37 | 4.57 | 2.02 |

续表

| 类 别 | | 小 学 | 初 中 | 高 中 | 九年一贯制学校 | 完全中学 | 合 计 |
|---|---|---|---|---|---|---|---|
| 排球场/块 | 巴南区 | 0.44 | 0.79 | 1.50 | 0.80 | 1.25 | 0.64 |
| | 重庆市 | 0.41 | 0.76 | 2.34 | 0.59 | 1.41 | 0.58 |
| 体育馆/个 | 巴南区 | 0.14 | 0.16 | 1.00 | 0.00 | 0.00 | 0.14 |
| | 重庆市 | 0.04 | 0.04 | 0.30 | 0.06 | 0.25 | 0.06 |
| 游泳池/个 | 巴南区 | 0.05 | 0.05 | 1.00 | 0.00 | 0.00 | 0.06 |
| | 重庆市 | 0.01 | 0.01 | 0.20 | 0.01 | 0.07 | 0.02 |
| 学生体质测试室/间 | 巴南区 | 0.32 | 0.37 | 1.00 | 0.10 | 1.13 | 0.39 |
| | 重庆市 | 0.48 | 0.52 | 0.84 | 0.53 | 0.75 | 0.51 |
| 体育器材达标数/个 | 巴南区 | 1.00 | 1.00 | 1.00 | 1.00 | 1.00 | 1.00 |
| | 重庆市 | 0.69 | 0.75 | 0.93 | 0.82 | 0.87 | 0.72 |

## 三、主要问题

### (一)体育教师队伍建设有待加强

2015 年,巴南区初中、九年一贯制学校、完全中学的专职教师比例低于全市相应类型学校平均水平,且初中及完全中学的体育教师缺额比例高于全市相应类型学校平均水平,尤其是完全中学的体育教师缺额比例达 34.26%,比全市平均水平高 26.44个百分点(见表 3-12-2)。这表明巴南区应加大对初中和完全中学体育专职教师的引进和培养,以满足教育教学的需要。

2015 年,巴南区参加县级以上培训的体育教师比例为 64.04%,略高于全市平均水平(61.42%),但初中及九年一贯制学校参加县级以上培训的体育教师比例低于全市平均水平,且两类学校受县级以上表彰的体育教师比例也低于全市平均水平(见表3-12-2)。这表明巴南区需要加强初级中学与九年一贯制学校体育教师专业素质的提升。

表 3-12-2　2015 年巴南区体育教师队伍信息　　　　　　单位:%

| 学校类别 | 专 职 | | 缺 额 | | 县级以上培训 | | 受县级以上表彰 | |
|---|---|---|---|---|---|---|---|---|
| | 巴南区 | 重庆市 | 巴南区 | 重庆市 | 巴南区 | 重庆市 | 巴南区 | 重庆市 |
| 小学 | 57.24 | 51.82 | 10.00 | 19.82 | 64.31 | 54.90 | 16.84 | 13.61 |
| 初中 | 77.78 | 87.22 | 10.89 | 7.26 | 66.67 | 72.54 | 23.33 | 24.86 |
| 高中 | 100.00 | 97.88 | 0.00 | 4.34 | 77.27 | 65.30 | 100.00 | 27.48 |
| 九年一贯制学校 | 58.46 | 65.51 | 9.72 | 15.59 | 41.54 | 51.64 | 10.77 | 14.90 |
| 完全中学 | 87.32 | 95.27 | 34.26 | 7.82 | 76.06 | 76.48 | 47.89 | 27.78 |
| 合　计 | 66.42 | 67.05 | 13.90 | 15.44 | 64.04 | 61.42 | 24.59 | 18.29 |

## (二)生均体育经费投入需加强

2015 年,巴南区生均体育经费投入为 136.01 元,低于全市平均水平,与本区 2014 年比,生均体育场地经费、生均专用器材经费、生均体育工作经费的投入略有提高,但均低于全市平均水平(如图 3-12-4、图 3-12-5 所示)。这表明巴南区应加强体育经费的投入。

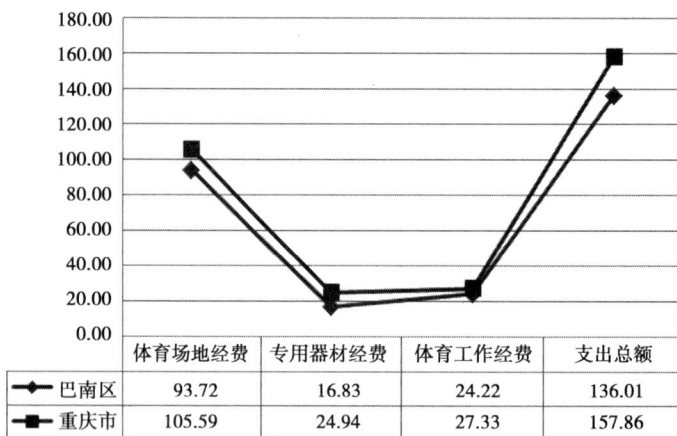

| | 体育场地经费 | 专用器材经费 | 体育工作经费 | 支出总额 |
|---|---|---|---|---|
| 巴南区 | 93.72 | 16.83 | 24.22 | 136.01 |
| 重庆市 | 105.59 | 24.94 | 27.33 | 157.86 |

图 3-12-4　2015 年巴南区与重庆市生均体育经费支出情况对比图(单位:元)

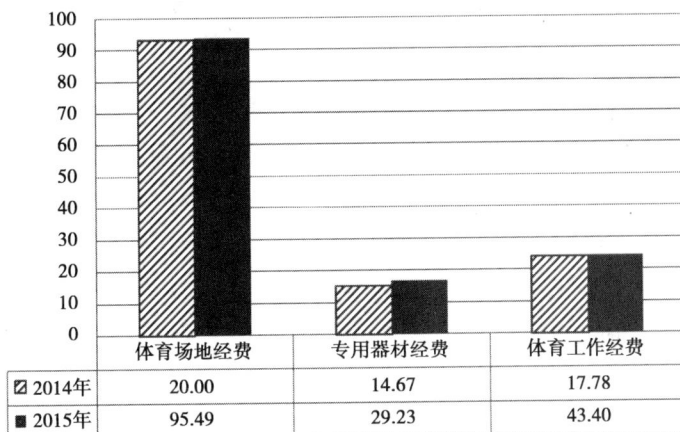

| | 体育场地经费 | 专用器材经费 | 体育工作经费 |
|---|---|---|---|
| 2014年 | 20.00 | 14.67 | 17.78 |
| 2015年 | 95.49 | 29.23 | 43.40 |

图 3-12-5 巴南区 2014 年和 2015 年生均体育经费支出情况对比图(单位:元)

（三）学生体质促进工作需进一步加强

2015 年,巴南区认真组织开展了学生体质健康标准测试工作,并如实上报了测试数据,上报率达 100%。根据上报数据,全区学生体质健康达到合格以上等级的学生比例为 95.18%,略高于《国家学生体质健康标准》95%的要求,与 2014 年相比下降了 0.6 个百分点;达到良好以上等级的学生比例为 33.76%,与 2014 年相比增长了 3.33 个百分点,但仍低于《国家学生体质健康标准》40%的要求(如图 3-12-6、图 3-12-7 所示)。因此,巴南区学生体质健康促进工作有待进一步加强。

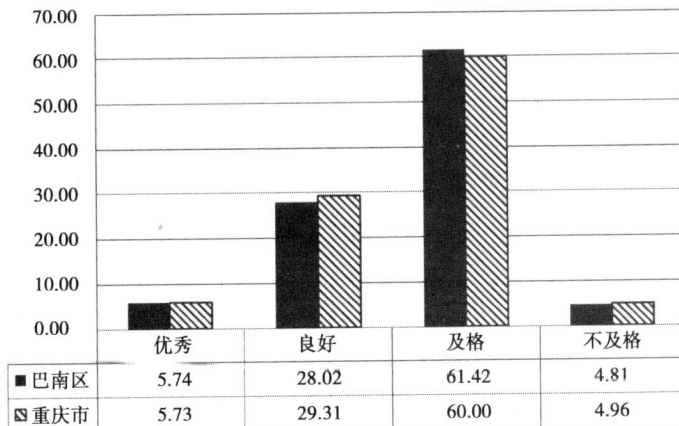

| | 优秀 | 良好 | 及格 | 不及格 |
|---|---|---|---|---|
| 巴南区 | 5.74 | 28.02 | 61.42 | 4.81 |
| 重庆市 | 5.73 | 29.31 | 60.00 | 4.96 |

图 3-12-6 2015 年巴南区与重庆市学生体质健康测试情况对比图(单位:%)

| | 优秀 | 良好 | 及格 | 不及格 |
|---|---|---|---|---|
| 2014年 | 5.13 | 25.30 | 65.36 | 4.21 |
| 2015年 | 5.74 | 28.02 | 61.42 | 4.81 |

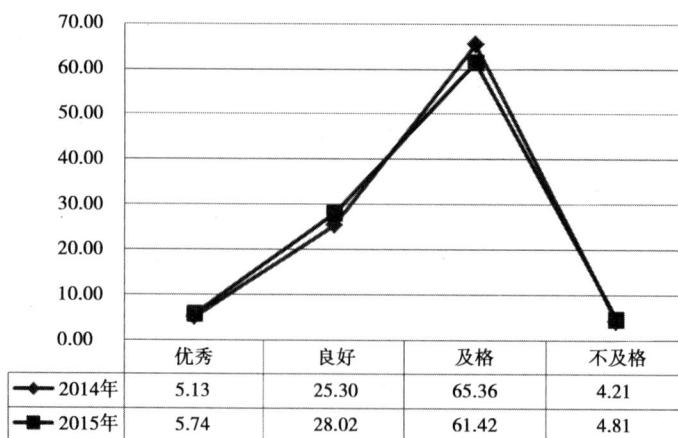

图 3-12-7　巴南区 2014 年和 2015 年学生体质健康等级比例对比图(单位:%)

## 第十三章　长寿区

### 一、基本概况

2015 年,长寿区有中小学校 115 所,与 2014 年持平;有在校学生 74 527 人,比 2014 年减少 3 165 人,下降 7.45%;有专任教师 5 995 人,比 2014 年增加 37 人,增长 0.62%。

2015 年,全区有参加学校体育工作评估的独立法人资格学校 98 所。其中,优秀等级学校 94 所,占参评学校的 95.92%,比 2014 年增长 46.92 个百分点,比全市平均水平高 36.77 个百分点;良好等级学校 4 所,占参评学校的 4.08%,比 2014 年下降 29.92 个百分点,比全市平均水平低 22.59 个百分点(如图 3-13-1 所示);无不合格学校。全区 2015 年学校体育工作评审结果总体情况优良。

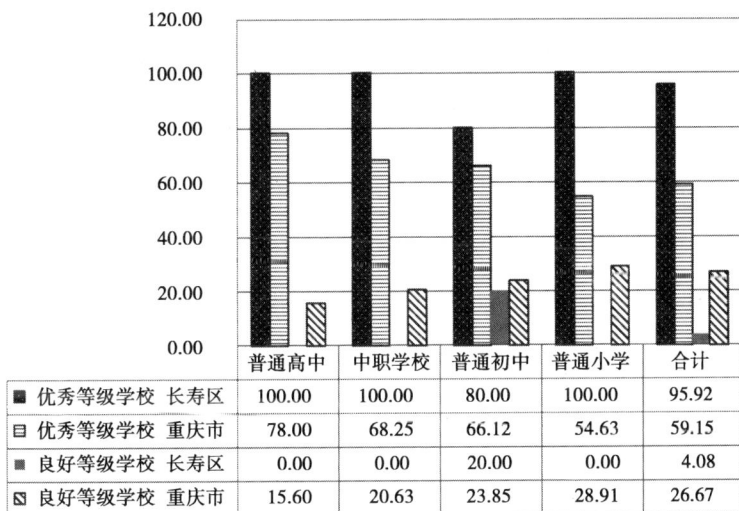

| | 普通高中 | 中职学校 | 普通初中 | 普通小学 | 合计 |
|---|---|---|---|---|---|
| ■ 优秀等级学校 长寿区 | 100.00 | 100.00 | 80.00 | 100.00 | 95.92 |
| ▤ 优秀等级学校 重庆市 | 78.00 | 68.25 | 66.12 | 54.63 | 59.15 |
| ■ 良好等级学校 长寿区 | 0.00 | 0.00 | 20.00 | 0.00 | 4.08 |
| ▨ 良好等级学校 重庆市 | 15.60 | 20.63 | 23.85 | 28.91 | 26.67 |

图 3-13-1　2015 年长寿区与重庆市学校评审结果比例对比图(单位:%)

## 二、主要亮点

### （一）学生体质健康检测可信度较高

本次评估现场抽查长寿区6所学校，将抽查情况与学生体质健康检测原始数据对比，原始数据基本准确可信的有6所，为长寿区晏家实验小学、长寿一中、石堰中学、八颗镇教管中心、长寿湖中学、长寿区第一实验小学，占抽查学校数的100%。全区抽查原始数据可信率为91.67%，远高于全市可信率70.24%。

### （二）组织管理落实到位

长寿区成立了由区教委主任为组长，区教委副主任为副组长，各科室负责人为成员的体育工作领导小组，分工明确，责任到位。同时，印发了《重庆市长寿区教育委员会关于做好2015年学校体育工作评估和年度报告的通知》，指导学校做好体育工作专项评估相关工作。

### （三）教育教学扎实有效

长寿区各学段体育课开足率、保障1小时体育锻炼时间的学校比例以及组织大课间体育活动的学校比例均为100%。长寿区重视学校体育特色建设，目前全区有9所体育特色学校和30多所体育特色项目学校，通过抓特色促普及，学校成立了田径、游泳、射击、射箭、摔跤、柔道、跆拳道、散打、举重、羽毛球、网球、乒乓球、篮球、排球、足球、艺术体操、体育舞蹈、中国象棋18个项目的运动队98支，教练员86名，注册登记的在训队员900名。同时，各学校结合实际，自行研发跳绳、滚铁环、踢毽子等传统体育项目的校本课程。

### （四）体育竞技蓬勃开展

2015年，重庆市中小学校参加全国体育单项比赛5次，获得3个全国团体第三名，取得全国16金12银6铜的好成绩。8人获得国家一级运动员，17人获得国家二级运动员称号。参加了32个市级体育单项锦标比赛，获得团体第一名10个，第二名8个，第三名5个，获得市级115金103银93铜。10月，参加城市发展新区片区联赛，高中初中女子足球队双双获得冠军，小学女子队获得第五名，小学男子队获得第六名的好成绩。初中女子足球队获得全市总决赛第七名，高中女子足球队获得全市总决赛第四名。摔跤、田径、柔道、拳击、跆拳道5个项目确认为市体育后备人才基地。

### (五)体育教师队伍建设比较完善

2015年,长寿区专职体育教师的比例为72.02%,高于重庆市平均水平;体育教师缺额比例为11.08%,低于重庆市平均水平(见表3-13-1),表明长寿区专职体育教师相对充足。

2015年,长寿区参与县级以上培训的体育教师比例为91.36%,远高于重庆市平均水平;受县级以上表彰的体育教师比例为26.34%,高于重庆市平均水平。以上数据表明,长寿区体育教师队伍的建设较为完善。

表3-13-1　2015年长寿区体育教师队伍信息　　　　　单位:%

| 学校类别 | 专职 | | 缺额 | | 县级以上培训 | | 受县级以上表彰 | |
|---|---|---|---|---|---|---|---|---|
| | 长寿区 | 重庆市 | 长寿区 | 重庆市 | 长寿区 | 重庆市 | 长寿区 | 重庆市 |
| 小学 | 63.14 | 51.82 | 12.92 | 19.82 | 100.00 | 54.90 | 28.81 | 13.61 |
| 初中 | 86.76 | 87.22 | 20.93 | 7.26 | 100.00 | 72.54 | 23.53 | 24.86 |
| 九年一贯制学校 | 59.62 | 65.51 | 11.86 | 15.59 | 19.23 | 51.64 | 7.69 | 14.90 |
| 完全中学 | 85.38 | 95.27 | 3.70 | 7.82 | 100.00 | 76.48 | 30.77 | 27.78 |
| 合计 | 72.02 | 67.05 | 11.80 | 15.44 | 91.36 | 61.42 | 26.34 | 18.29 |

注:2015年长寿区参加县级以上培训的体育教师444人(小学236人+初中68人+九年一贯制学校10人+完全中学130人),但是上报的合计为486人;受县级以上表彰的体育教师128人(小学68人+初中16人+九年一贯制学校4人+完全中学40人),但是上报的合计为134人。请注意核对上报数据。

### (六)生均体育经费投入较大

2015年,长寿区生均体育经费支出远高于全市平均水平,其中,生均体育场地经费所占比重最大(如图3-13-2所示)。与2014年本区生均体育经费各方面的投入相比,生均体育场地经费、生均专用器材经费和生均体育工作经费投入均比2014年有较大提高(如图3-13-3所示)。这说明长寿区加大了体育经费投入,成绩明显。

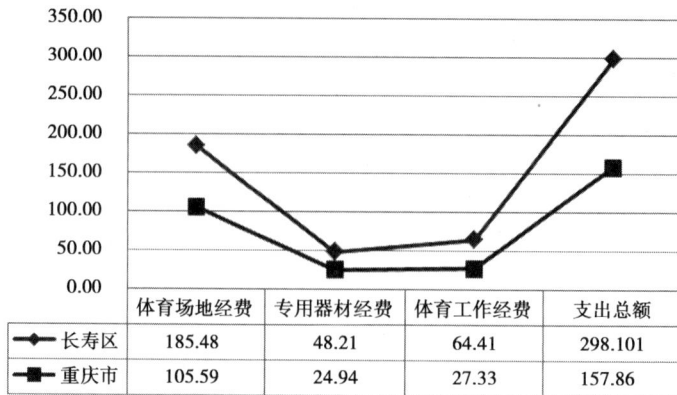

| | 体育场地经费 | 专用器材经费 | 体育工作经费 | 支出总额 |
|---|---|---|---|---|
| 长寿区 | 185.48 | 48.21 | 64.41 | 298.101 |
| 重庆市 | 105.59 | 24.94 | 27.33 | 157.86 |

图 3-13-2　2015 年长寿区与重庆市生均体育经费支出情况对比图(单位:元)

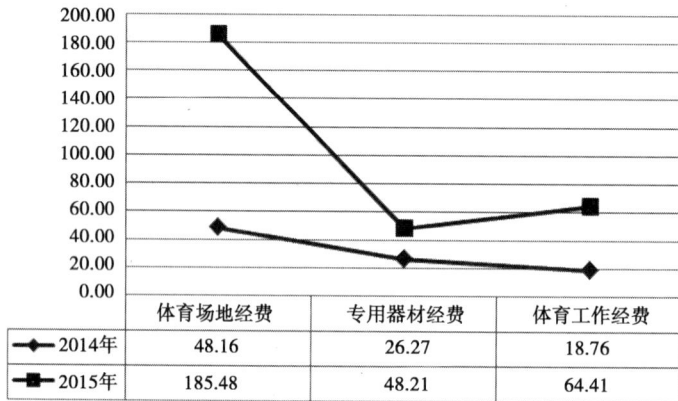

| | 体育场地经费 | 专用器材经费 | 体育工作经费 |
|---|---|---|---|
| 2014年 | 48.16 | 26.27 | 18.76 |
| 2015年 | 185.48 | 48.21 | 64.41 |

图 3-13-3　长寿区 2014 年和 2015 年生均体育经费支出情况对比图(单位:元)

# 三、存在的问题

## (一)自评准确性有待提高

以"专家评分÷自评分"比较学校自评准确性,见表 3-13-2。抽查学校总体自评准确性为 86.43%,低于全市 94.02% 的平均准确性。其中,自评准确性为 100% 的(自评过低)有 1 所;自评准确性低于 90% 的(自评过高)学校有 3 所,为石堰中学、八颗镇教管中心、长寿湖中学,占 50%。

表 3-13-2　2015 年长寿区体育工作评估审核结果

| 学校名称 | 自评得分 | 核实得分 | 自评准确性/% |
|---|---|---|---|
| 长寿区晏家实验小学 | 94.5 | 95.2 | 100.74 |
| 长寿一中 | 96.0 | 87.8 | 91.46 |
| 石堰中学 | 97.0 | 72.7 | 74.95 |
| 八颗镇教管中心 | 93.5 | 71.8 | 76.79 |
| 长寿湖中学 | 102.0 | 84.0 | 82.35 |
| 长寿区第一实验小学 | 106.0 | 97.6 | 92.08 |

（二）体育活动的创新性与趣味性需提升

长寿区加分学校的比例与 2014 年一样均为 0（如图 3-13-4 所示）。一方面，表明该区体育评审结果较为客观、真实；另一方面，也表明该区中小学校在创新体育活动内容、方式和载体，增强体育活动的趣味性和吸引力，学生运动会项目设计、单项体育比赛数量、体育代表队训练等方面需做更大努力以提升体育活动的创新性和趣味性。

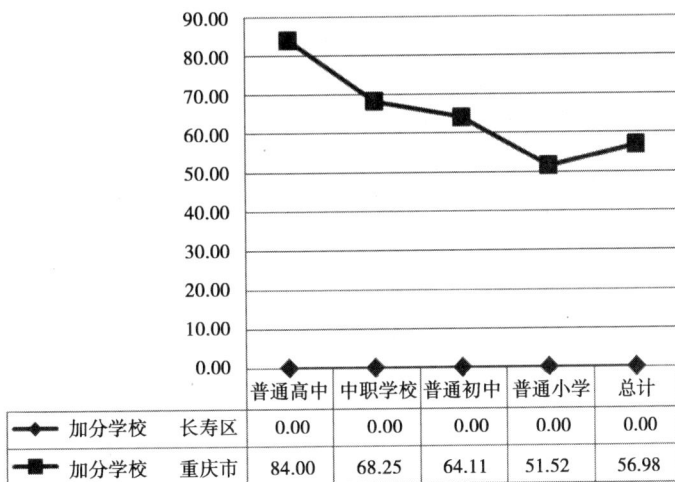

| | 普通高中 | 中职学校 | 普通初中 | 普通小学 | 总计 |
|---|---|---|---|---|---|
| 加分学校　长寿区 | 0.00 | 0.00 | 0.00 | 0.00 | 0.00 |
| 加分学校　重庆市 | 84.00 | 68.25 | 64.11 | 51.52 | 56.98 |

图 3-13-4　2015 年长寿区与重庆市各类学校加分比例对比图（单位：%）

（三）体育场地与器材需要加强

2015 年，长寿区中小学校有游泳池 2 个，体育器材达标学校 80 所，其平均数量均高于全市平均水平。

但是，田径场、篮球场、排球场、体育馆、学生体质测试室的平均数量与全市平均水平存在一定差距。其中，田径场 36 块（200 米田径场 27 块，300 米田径场 4 块，400 米田径场 5 块），校均数量为 0.37 块，低于全市平均水平 0.64 块；篮球场 149 块，校均数量为 1.52 块，低于全市平均水平 2.02 块；排球场 19 块，校均数量为 0.19 块，低于全市平均水平 0.58块；体育馆 1 个，校均数量为 0.01 个，低于全市平均水平 0.06 个；没有 1 间学生体质测试室，校均数量为 0 间，低于全市平均水平 0.51 间（见表 3-13-3 所示）。以上数据表明，长寿区应加强体育场馆的建设。

表 3-13-3　2015 年长寿区体育场地器材信息（场地器材总量/学校个数）

| 类　别 | | 小　学 | 初　中 | 九年一贯制学校 | 完全中学 | 合　计 |
|---|---|---|---|---|---|---|
| 田径场/块 | 长寿区 | 0.21 | 0.92 | 0.29 | 0.80 | 0.37 |
| | 重庆市 | 0.53 | 0.84 | 0.74 | 1.06 | 0.64 |
| 篮球场/块 | 长寿区 | 1.06 | 1.85 | 2.29 | 3.70 | 1.52 |
| | 重庆市 | 1.54 | 2.51 | 2.37 | 4.57 | 2.02 |
| 排球场/块 | 长寿区 | 0.03 | 0.38 | 0.57 | 0.80 | 0.19 |
| | 重庆市 | 0.41 | 0.76 | 0.59 | 1.41 | 0.58 |
| 体育馆/个 | 长寿区 | 0.00 | 0.00 | 0.00 | 0.10 | 0.01 |
| | 重庆市 | 0.04 | 0.04 | 0.06 | 0.25 | 0.06 |
| 游泳池/个 | 长寿区 | 0.01 | 0.00 | 0.00 | 0.10 | 0.02 |
| | 重庆市 | 0.01 | 0.01 | 0.01 | 0.07 | 0.02 |
| 学生体质测试室/间 | 长寿区 | 0.00 | 0.00 | 0.00 | 0.00 | 0.00 |
| | 重庆市 | 0.48 | 0.52 | 0.53 | 0.75 | 0.51 |
| 体育器材达标数/个 | 长寿区 | 0.81 | 0.85 | 0.57 | 1.00 | 0.82 |
| | 重庆市 | 0.69 | 0.75 | 0.82 | 0.87 | 0.72 |

注：2015 年长寿区的篮球场有 149 块（小学 72 块＋初中 24 块＋九年一贯制学校 16 块＋完全中学 37 块），但是上报的篮球场合计为 150 块。请注意核对上报数据。

### （四）学生体质健康水平待提高

2015 年，长寿区认真组织开展了学生体质健康标准测试工作，并如实上报了测试数据，上报率达100%。根据上报数据，全区学生体质健康达到合格以上等级的学生比例为94.19%，低于《国家学生体质健康标准》95%的要求，与 2014 年相比下降了3.62个百分点；达到良好以上等级的学生比例为29.67%，低于《国家学生体质健康标准》40%的要求，与 2014 年相比下降了 5.56 个百分点（如图 3-13-5、图 3-13-6 所示）。

因此,长寿区学生体质健康促进工作有待进一步加强。

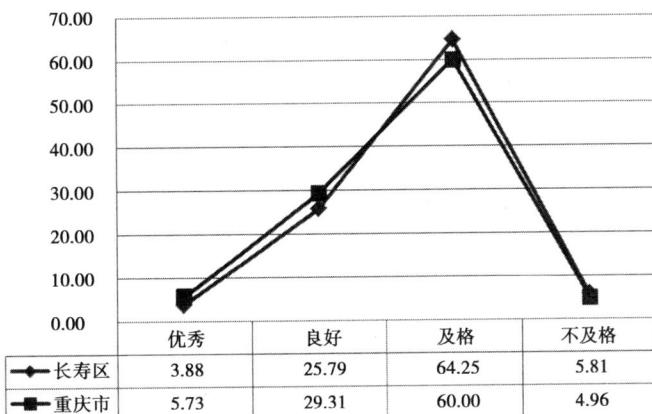

| | 优秀 | 良好 | 及格 | 不及格 |
|---|---|---|---|---|
| 长寿区 | 3.88 | 25.79 | 64.25 | 5.81 |
| 重庆市 | 5.73 | 29.31 | 60.00 | 4.96 |

图 3-13-5  2015 年长寿区与重庆市学生体质健康测试情况对比图(单位:%)

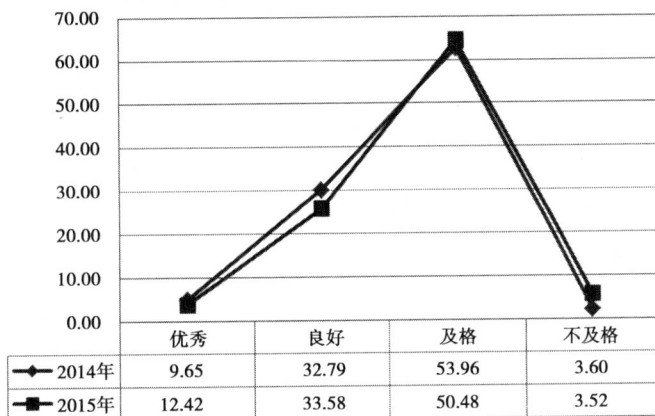

| | 优秀 | 良好 | 及格 | 不及格 |
|---|---|---|---|---|
| 2014年 | 9.65 | 32.79 | 53.96 | 3.60 |
| 2015年 | 12.42 | 33.58 | 50.48 | 3.52 |

图 3-13-6  长寿区 2014 年和 2015 年学生体质健康等级比例对比图(单位:%)

(五)加强上报数据的管理与核对

2015 年,长寿区参加县级以上培训的体育教师 444 人(小学 236 人 + 初中 68 人 + 九年一贯制学校 10 人 + 完全中学 130 人),但实际上报的合计数为 486 人;受县级以上表彰的体育教师 128 人(小学 68 人 + 初中 16 人 + 九年一贯制学校 4 人 + 完全中学 40 人),但实际上报的合计数为 134 人(见表 3-13-1);有篮球场 149 块(小学 72 块 + 初中 24 块 + 九年一贯制学校 16 块 + 完全中学 37 块),但实际上报的合计数为 150 块(见表 3-13-3)。这些问题充分说明,长寿区需对本区各学校体育场地数量的变化做及时更新,并在以后上报自评报告时对数据进行认真核对。

# 第十四章 江津区

## 一、基本概况

2015 年,江津区有中小学 242 所,比 2014 年减少 20 所,下降 7.63%;有在校学生 143 839 人,比 2014 年增加 625 人,增长 0.44%;有专任教师 8 845 人,比 2014 年增加 164 人,增长 1.89%。

2015 年,全区有参加学校体育工作评估的独立法人资格学校 143 所。其中,优秀等级学校 111 所,占参评学校的 77.62%,比 2014 年下降了 4.08 个百分点,比全市平均水平高 18.47 个百分点;良好等级学校 32 所,占参评学校的 22.38%,比 2014 年增长 4.08 个百分点,比全市平均水平低 4.29 个百分点(如图 3-14-1、图 3-14-2 所示);无不合格学校,全区 2015 年学校体育工作评审结果总体情况良好。

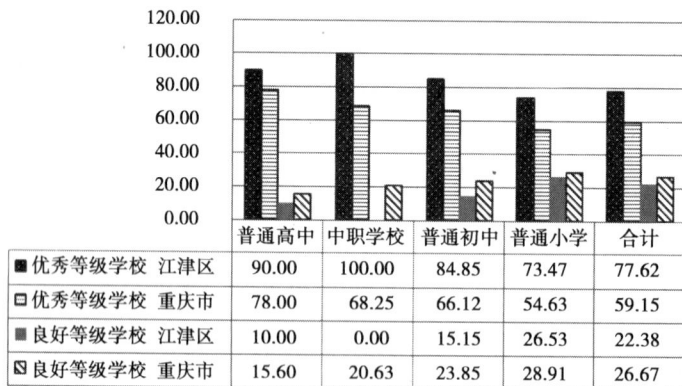

| | 普通高中 | 中职学校 | 普通初中 | 普通小学 | 合计 |
|---|---|---|---|---|---|
| ■优秀等级学校 江津区 | 90.00 | 100.00 | 84.85 | 73.47 | 77.62 |
| □优秀等级学校 重庆市 | 78.00 | 68.25 | 66.12 | 54.63 | 59.15 |
| ■良好等级学校 江津区 | 10.00 | 0.00 | 15.15 | 26.53 | 22.38 |
| ◨良好等级学校 重庆市 | 15.60 | 20.63 | 23.85 | 28.91 | 26.67 |

图 3-14-1　2015 年江津区与重庆市学校评审结果比例对比图(单位:%)

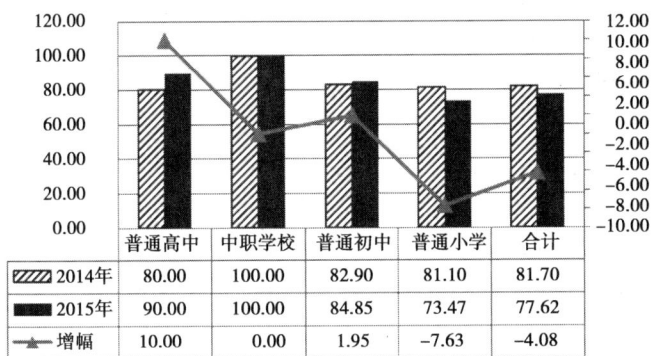

| | 普通高中 | 中职学校 | 普通初中 | 普通小学 | 合计 |
|---|---|---|---|---|---|
| 2014年 | 80.00 | 100.00 | 82.90 | 81.10 | 81.70 |
| 2015年 | 90.00 | 100.00 | 84.85 | 73.47 | 77.62 |
| 增幅 | 10.00 | 0.00 | 1.95 | -7.63 | -4.08 |

图 3-14-2　江津区 2014 年和 2015 年优秀等级学校比例对比图（单位：%）

2015 年，江津区体育工作加分学校比例为 65.03%，高于全市平均水平（如图 3-14-3所示），与 2014 年相比下降了 6.67 个百分点（如图 3-14-4 所示）。

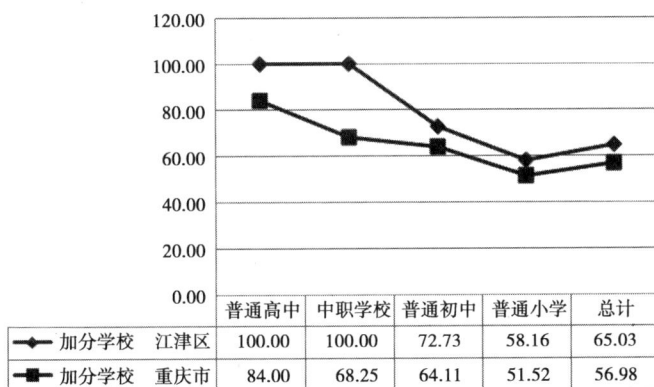

| | | 普通高中 | 中职学校 | 普通初中 | 普通小学 | 总计 |
|---|---|---|---|---|---|---|
| 加分学校 | 江津区 | 100.00 | 100.00 | 72.73 | 58.16 | 65.03 |
| 加分学校 | 重庆市 | 84.00 | 68.25 | 64.11 | 51.52 | 56.98 |

图 3-14-3　2015 年江津区与重庆市加分学校比例对比图（单位：%）

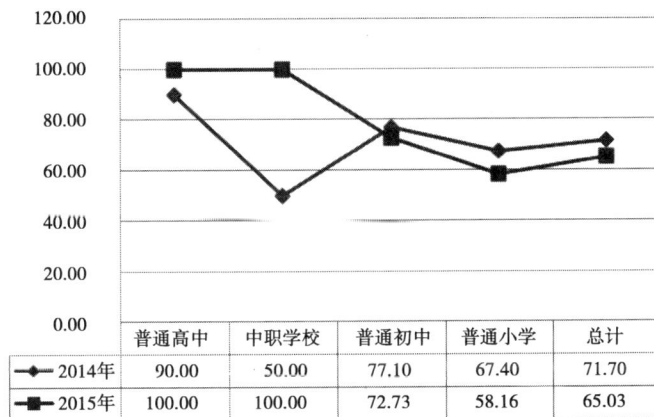

| | 普通高中 | 中职学校 | 普通初中 | 普通小学 | 总计 |
|---|---|---|---|---|---|
| 2014年 | 90.00 | 50.00 | 77.10 | 67.40 | 71.70 |
| 2015年 | 100.00 | 100.00 | 72.73 | 58.16 | 65.03 |

图 3-14-4　江津区 2014 年和 2015 年加分学校比例对比图（单位：%）

## 二、主要亮点

（1）自评准确性较高

以"专家评分÷自评分"比较学校自评准确性（见表3-14-1），江津区总体自评准确性为95.64%，高于全市学校自评准确性平均水平94.02%。其中，双福小学的自评准确性低于90%（自评过高），油溪小学、先锋中学、西湖中学、龙华小学和实验中学的自评准确性均高于90%。

表3-14-1　2015年江津区体育工作评估审核结果

| 学校名称 | 自评得分 | 核实得分 | 自评准确性/% |
| --- | --- | --- | --- |
| 双福小学 | 103.0 | 92.5 | 89.81 |
| 油溪小学 | 104.0 | 98.0 | 94.23 |
| 先锋中学 | 92.8 | 90.8 | 97.84 |
| 西湖中学 | 91.0 | 89.0 | 97.80 |
| 龙华小学 | 99.5 | 96.5 | 96.98 |
| 实验中学 | 95.0 | 93.0 | 97.89 |

（二）组织管理到位

江津区教委高度重视体育工作，定期召开会议布置体育工作，要求学校将此项工作当作一项重要工作来抓。区教委配备了体育专干一名，区教科所配备了初中、小学各一名体育教研员。各学校成立了体育教育工作领导小组，都有一名校级领导和一个部门具体分管体育工作，分工明确、职责到人。学校每学期都把体育教育纳入正常工作计划，并利用校务会、行政会、备课会等研讨体育工作，总结先进经验，解决存在的实际问题，使学校体育工作不断加强和改进。

为使体育工作扎实有效地开展，各校都制订了相应的常规体育管理制度，如《体育器材管理制度》《课间活动管理制度》《体育教学事故应急处理制度》《体育课考勤制度》等。

（三）教育教学活动注重提高质量

各校体育教研组根据《教研室体育工作计划》和《学校工作计划》，结合体育课标要求和学生实际制订出学校《体育教学计划》。按照课程设置要求，区内各中小学校每周都开足体育课时，并保证课程计划的实施，开课率达100%。在课堂教学中，各校体育老师精心备课,使学生全面掌握新课程所规定的各项健康常识及体育技能,以改革教学方法和组织形式为基本途径,不断优化课堂教学,努力提高体育教学质量,学校校长和分管校长每学期坚持听体育课4~6节。每年学校都组织体育教师认真开展学生体质健康测试,并按要求公布结果、上传数据和纳入学生综合素质档案。

（四）生均体育经费投入有所增长

2015年,江津区生均体育经费投入为134.42元,虽低于全市生均体育经费的平均值157.86元,但与2014年相比,全区生均体育经费的各方面投入均有所增长。其中,生均体育场地经费增长47.87元,生均专用器材经费增长10.29元,生均体育工作经费增长5.30元(如图3-14-5、图3-14-6所示)。以上数据表明,江津区在2015年生均体育经费投入的增长为体育工作的推进提供了保障。

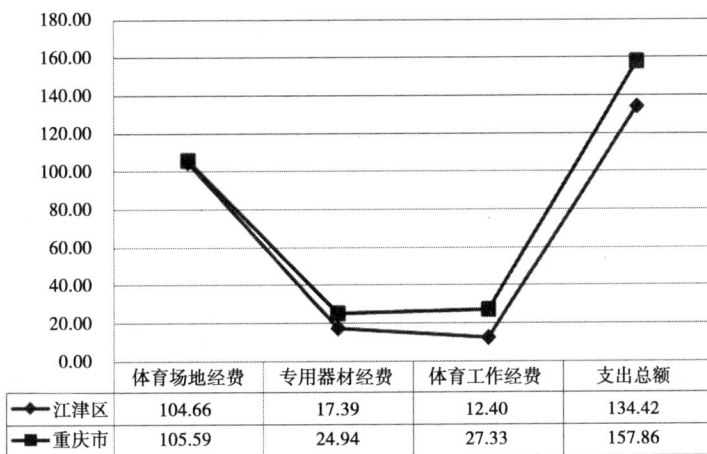

| | 体育场地经费 | 专用器材经费 | 体育工作经费 | 支出总额 |
|---|---|---|---|---|
| 江津区 | 104.66 | 17.39 | 12.40 | 134.42 |
| 重庆市 | 105.59 | 24.94 | 27.33 | 157.86 |

图3-14-5　2015年江津区与重庆市生均体育经费支出情况对比图(单位:元)

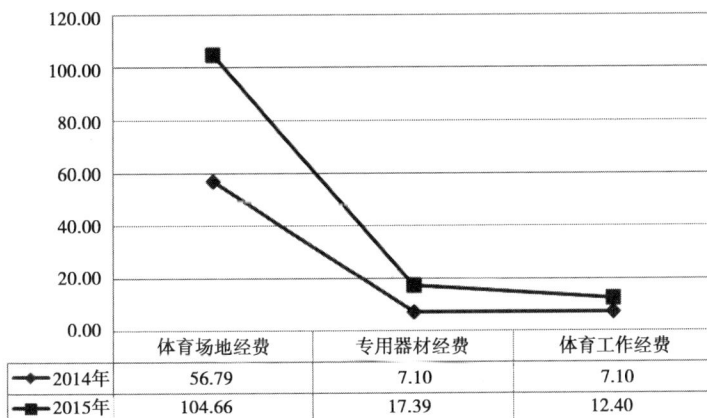

| | 体育场地经费 | 专用器材经费 | 体育工作经费 |
|---|---|---|---|
| 2014年 | 56.79 | 7.10 | 7.10 |
| 2015年 | 104.66 | 17.39 | 12.40 |

图3-14-6　江津区2014年和2015年生均体育经费支出情况对比图(单位:元)

## 三、主要问题

### （一）体质健康监测可信度有待提高

本次现场抽查江津区学校共6所，将抽查情况与学生体质健康检测原始数据进行对比，原始数据基本准确可信的有3所，分别是双福小学、油溪小学、实验中学，占抽查学校数的50%；其余3所学校数据有较明显差异或完全错误情况，它们是先锋中学、龙华小学和西湖中学。全区抽查原始数据可信率为40%，远低于全市抽查原始数据可信率（70.24%）。区教委应提高对学生体质健康测试的认识，切实加强对测试工作的组织和管理，并且进一步完善对学校体质健康测试工作的抽查制度，真正将学生体质健康测试工作落到实处。

### （二）体育教师队伍的建设需要加强

在体育教师数量方面，江津区专职体育教师的比例为63.28%，低于全市平均水平。其中，小学及初中学校的专职体育教师比例均低于全市平均水平（见表3-14-2），表明江津区专职体育教师略显不足。

在体育教师专业素质方面，江津区体育教师参与县级以上培训的比例为49.35%，低于全市平均水平。其中，小学与初中学校的体育教师参与县级以上培训的比例均低于全市平均水平。同时受县级以上表彰的体育教师比例为13.81%，低于全市平均水平，且各学校类型的体育教师受县级以上表彰的比例均低于全市相应类型学校平均值，尤其是九年一贯制学校和完全中学。以上数据表明，江津区需进一步加强体育教师队伍的建设：一方面要补充专职体育教师数量；另一方面要加大培训力度，以提升体育教师专业素质水平。

表3-14-2　　2015年江津区体育教师队伍信息　　　　　　单位:%

| 学校类别 | 专职 | | 缺额 | | 县级以上培训 | | 受县级以上表彰 | |
|---|---|---|---|---|---|---|---|---|
| | 江津区 | 重庆市 | 江津区 | 重庆市 | 江津区 | 重庆市 | 江津区 | 重庆市 |
| 小学 | 47.71 | 51.82 | 14.46 | 19.82 | 35.79 | 54.90 | 11.13 | 13.61 |
| 初中 | 80.00 | 87.22 | 7.26 | 7.26 | 70.43 | 72.54 | 20.87 | 24.86 |
| 高中 | 99.29 | 97.88 | 3.45 | 4.34 | 71.43 | 65.30 | 24.29 | 27.48 |
| 九年一贯制学校 | 65.67 | 65.51 | 15.19 | 15.59 | 52.24 | 51.64 | 1.49 | 14.90 |
| 完全中学 | 95.45 | 95.27 | 31.25 | 7.82 | 100.00 | 76.48 | 9.09 | 27.78 |
| 合　计 | 63.28 | 67.05 | 12.50 | 15.44 | 49.35 | 61.42 | 13.81 | 18.29 |

（三）体育场地的数量需要进一步增加

2015 年，江津区中小学校有篮球场 341 块，排球场 224 块，学生体质测试室 96 间，体育器材达标学校 106 所，其平均数量均高于全市平均水平。

但是，田径场、体育馆、游泳池的平均数量与全市平均水平存在一定差距。其中，田径场 87 块（200 米田径场 69 块，300 米田径场 11 块，400 米田径场 7 块），校均数量为 0.61 块，低于全市每校平均数量 0.64 块；体育馆 6 个，校均数量为 0.04 个，低于全市每校平均数量 0.06 个；游泳池 1 个，校均数量为 0.01 个，低于全市每校平均数量的 0.02 个（具体情况见表 3-14-3）。以上数据表明，江津区学校的部分场地数量略显不足，仍需进一步增加。

表 3-14-3　2015 年江津区体育场地器材信息（场地器材总量/学校个数）

| 类　别 | | 小　学 | 初中 | 高　中 | 九年一贯制学校 | 完全中学 | 合　计 |
|---|---|---|---|---|---|---|---|
| 田径场/块 | 江津区 | 0.51 | 0.68 | 1.20 | 0.71 | 1.00 | 0.61 |
| | 重庆市 | 0.53 | 0.84 | 1.09 | 0.74 | 1.06 | 0.64 |
| 篮球场/块 | 江津区 | 1.72 | 3.42 | 5.00 | 2.57 | 10.50 | 2.38 |
| | 重庆市 | 1.54 | 2.51 | 4.96 | 2.37 | 4.57 | 2.02 |
| 排球场/块 | 江津区 | 1.14 | 2.11 | 3.60 | 1.36 | 8.50 | 1.57 |
| | 重庆市 | 0.41 | 0.76 | 2.34 | 0.59 | 1.41 | 0.58 |
| 体育馆/个 | 江津区 | 0.03 | 0.05 | 0.20 | 0.00 | 0.00 | 0.04 |
| | 重庆市 | 0.04 | 0.04 | 0.30 | 0.06 | 0.25 | 0.06 |
| 游泳池/个 | 江津区 | 0.00 | 0.00 | 0.10 | 0.00 | 0.00 | 0.01 |
| | 重庆市 | 0.01 | 0.01 | 0.20 | 0.01 | 0.07 | 0.02 |
| 学生体质测试室/间 | 江津区 | 0.58 | 0.89 | 0.80 | 0.71 | 2.00 | 0.67 |
| | 重庆市 | 0.48 | 0.52 | 0.84 | 0.53 | 0.75 | 0.51 |
| 体育器材达标数/个 | 江津区 | 0.74 | 0.74 | 0.80 | 0.64 | 1.00 | 0.74 |
| | 重庆市 | 0.69 | 0.75 | 0.93 | 0.82 | 0.87 | 0.72 |

注：2015 年江津区上报的排球场 224 块，而 2014 年上报的排球场 360 块，需要在上报数据时对数据变化作出说明。

### (四)学生体质健康促进工作需加强

2015 年,江津区认真组织开展了学生体质健康标准测试工作,并如实上报了测试数据,上报率达 100%。根据上报数据,全区学生体质健康达到合格以上等级的学生比例为 97.54%,高于《国家学生体质健康标准》95% 的要求,与 2014 年相比增长了 1.50 个百分点。但学生体质健康达到良好以上等级的学生比例为 37.23%,低于《国家学生体质健康标准》40% 的要求,且与 2014 年相比下降了 1.88 个百分点(如图 3-14-7、图 3-14-8 所示)。因此,江津区学生体质健康促进工作有待进一步加强。

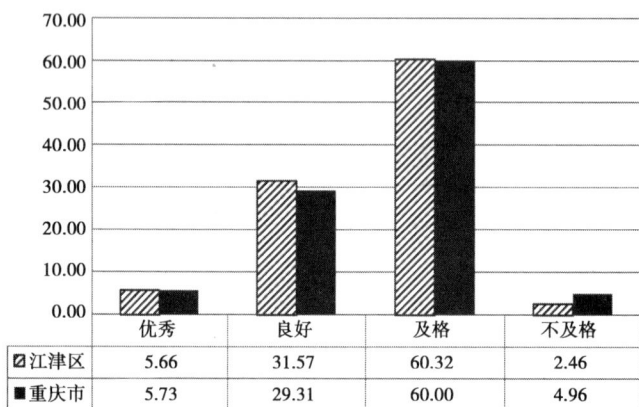

| | 优秀 | 良好 | 及格 | 不及格 |
|---|---|---|---|---|
| 江津区 | 5.66 | 31.57 | 60.32 | 2.46 |
| 重庆市 | 5.73 | 29.31 | 60.00 | 4.96 |

图 3-14-7　2015 年江津区与重庆市学生体质健康测试情况对比图(单位:%)

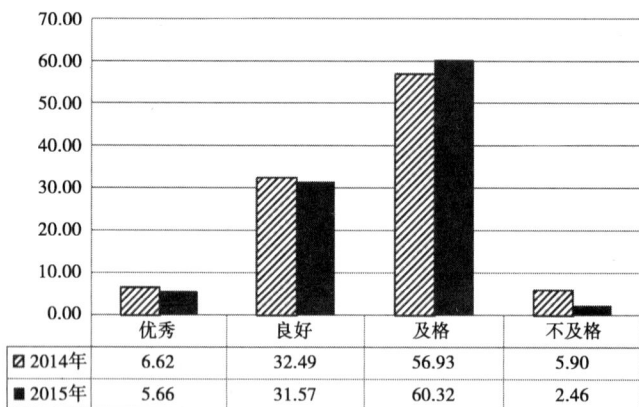

| | 优秀 | 良好 | 及格 | 不及格 |
|---|---|---|---|---|
| 2014年 | 6.62 | 32.49 | 56.93 | 5.90 |
| 2015年 | 5.66 | 31.57 | 60.32 | 2.46 |

图 3-14-8　江津区 2014 年和 2015 年学生体质健康等级比例对比图(单位:%)

# 第十五章 合川区

## 一、基本概况

2015 年,合川区有中小学校 237 所,与 2014 年持平;有在校学生 124 440 人,比 2014 年减少 973 人,下降 0.78%;有专任教师 7 857 人,比 2014 年增加 234 人,增长 0.43%。

2015 年,全区有参加学校体育工作评估的独立法人资格学校 149 所。其中,优秀等级学校 35 所,占参评学校的 23.49%,比 2014 年增长 5.99 个百分点,比全市平均水平低 35.66 个百分点;良好等级学校 46 所,占 30.87%,比 2014 年下降 2.26 个百分点,比全市平均水平高 4.2 个百分点;合格等级学校 67 所,不合格学校 1 所(如图 3-15-1、图 3-15-2 所示),全区 2015 年学校体育工作评审结果总体情况一般。

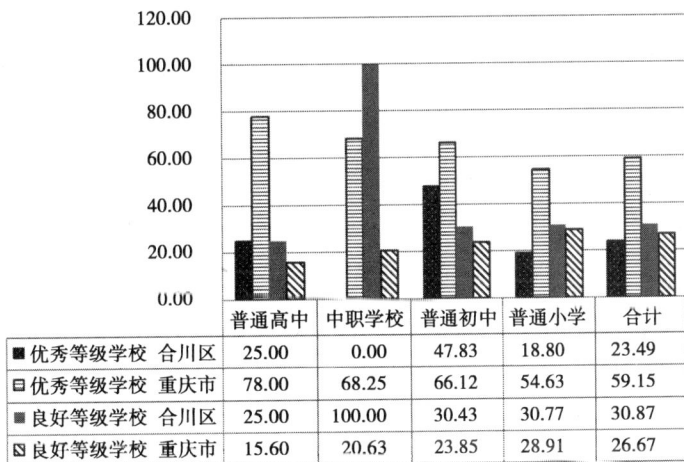

| | 普通高中 | 中职学校 | 普通初中 | 普通小学 | 合计 |
|---|---|---|---|---|---|
| ■ 优秀等级学校 合川区 | 25.00 | 0.00 | 47.83 | 18.80 | 23.49 |
| ▤ 优秀等级学校 重庆市 | 78.00 | 68.25 | 66.12 | 54.63 | 59.15 |
| ■ 良好等级学校 合川区 | 25.00 | 100.00 | 30.43 | 30.77 | 30.87 |
| ▨ 良好等级学校 重庆市 | 15.60 | 20.63 | 23.85 | 28.91 | 26.67 |

图 3-15-1 2015 年合川区与重庆市学校评审结果比例对比图(单位:%)

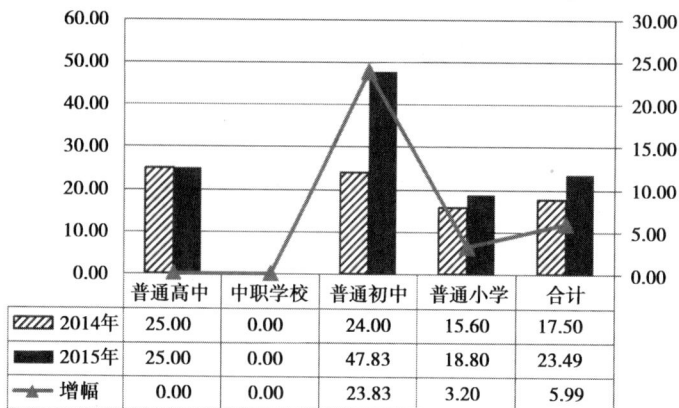

| | 普通高中 | 中职学校 | 普通初中 | 普通小学 | 合计 |
|---|---|---|---|---|---|
| 2014年 | 25.00 | 0.00 | 24.00 | 15.60 | 17.50 |
| 2015年 | 25.00 | 0.00 | 47.83 | 18.80 | 23.49 |
| 增幅 | 0.00 | 0.00 | 23.83 | 3.20 | 5.99 |

图 3-15-2　合川区 2014 年和 2015 年优秀等级学校比例对比图(单位:%)

## 二、主要亮点

在组织管理方面,合川区各学校普遍成立了以校长为组长,分管教学的副校长为副组长,教导主任、总务主任、体艺骨干教师等为成员的学校体育工作领导小组,把体育工作纳入学校重要议事日程,写入工作计划,并设学校体艺办公室具体落实,保证学校体育工作顺利开展。

在教育教学方面,合川区各学段学校体育课开足率、保障每天 1 小时体育锻炼时间的学校比例以及组织大课间体育活动的学校比例均为 100%;深入实施了"体育、艺术、科技 2 +2"项目,要求学生至少掌握 2 项以上科学健身的体育项目;各校成立了体育活动兴趣小组,组织有运动天赋和体育特长的学生坚持常年系统训练,形成学校体育特色;坚持每年春期举办全区中小学生篮球赛、乒乓球赛、跳绳比赛、跆拳道比赛,秋期举行全区中小学生田径运动会、羽毛球比赛等。

在学生体质方面,合川区各学校建立了《国家学生体质健康标准》测试报告制度,小学生的测试成绩记入成长记录或学生素质报告书,初中及以上学生记入学生档案(含电子档案)。测试成绩达到良好及以上者,才能参加三好学生等评选。普通高中、中等职业学校学生毕业时,测试成绩达不到 50 分者按肄业处理。各学校还建立了《国家学生体质健康标准》通报制度,定期向社会和家长通报实施情况和测试结果,同时加强数据分析,逐步实现贯彻实施《国家学生体质健康标准》工作的规范化、制度化和科学化。

### 三、主要问题

**（一）体育活动的创新性与趣味性需提升**

合川区不同类型学校的加分比例均低于全市平均水平。其中，小学和中职学校的体育加分比例为0，普通初中和高中的体育加分比例也远低于全市平均水平（如图3-15-3所示）。一方面，说明合川区体育评审结果较为客观、真实；另一方面，也说明合川区需要进一步重视创新体育活动内容、方式和载体，增强体育活动的趣味性和吸引力，特别是要加强学生运动会项目设计、单项体育比赛数量、体育代表队训练等方面工作。

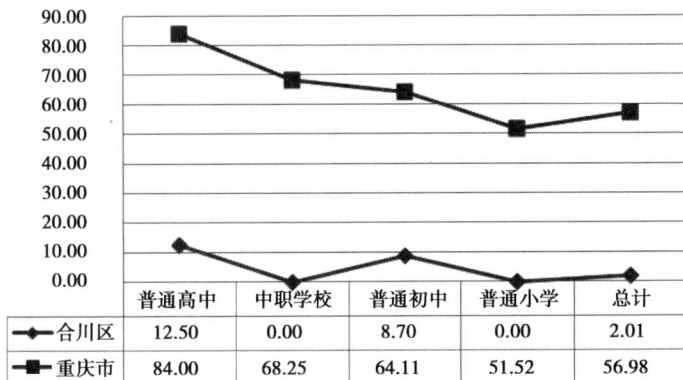

| | 普通高中 | 中职学校 | 普通初中 | 普通小学 | 总计 |
|---|---|---|---|---|---|
| 合川区 | 12.50 | 0.00 | 8.70 | 0.00 | 2.01 |
| 重庆市 | 84.00 | 68.25 | 64.11 | 51.52 | 56.98 |

图 3-15-3　2015 年合川区与重庆市各类学校加分比例对比图（单位:%）

**（二）体育教师队伍的建设有待完善**

2015 年,合川区体育专职教师的比例为 54.23%,低于全市平均水平。其中,小学专职体育教师的比例仅占 34.08%,情况十分严峻(见表 3-15-1)。体育教师缺额比为 23.64%,高于全市平均水平。其中,小学体育教师缺额比达 30.57%,完全中学体育教师缺额比达 17.95%。这些说明合川区需要增加体育教师的数量,尤其要加大对农村学校及小学体育专职教师的引进和培养,以满足教育教学的需要。

2015 年,全区参加区(县)级以上培训的体育教师比为 48.04%,低于全市平均水平。其中,九年一贯制学校和小学参加区(县)级以上培训的体育教师比分别为 0% 和 36.82%,低于全市平均水平。全区受区(县)级以上表彰的体育教师比为 11.63%,低于全市平均水平。其中,九年一贯制学校的情况尤为严重,受区(县)级以上表彰的教师比为 0%。这些说明合川区体育教师的继续教育与专业能力发展还有很大的提升空间,需要给予体育教师队伍建设更多的关注、支持和帮助,尽快改善农村学校及薄弱学校的师资情况,提升体育教师的整体素质。

表 3-15-1　2015 年合川区体育教师队伍信息　　　　　　　单位:%

| 学校类别 | 专 职 | | 缺 额 | | 县级以上培训 | | 受县级以上表彰 | |
|---|---|---|---|---|---|---|---|---|
| | 合川区 | 重庆市 | 合川区 | 重庆市 | 合川区 | 重庆市 | 合川区 | 重庆市 |
| 小学 | 34.08 | 51.82 | 30.57 | 19.82 | 36.82 | 54.90 | 5.97 | 13.61 |
| 初中 | 79.37 | 87.22 | 0.00 | 7.26 | 73.02 | 72.54 | 12.70 | 24.86 |
| 九年一贯制学校 | 66.67 | 65.51 | 0.00 | 15.59 | 0.00 | 51.64 | 0.00 | 14.90 |
| 完全中学 | 92.19 | 95.27 | 17.95 | 7.82 | 60.94 | 76.48 | 28.91 | 27.78 |
| 合 计 | 54.23 | 67.05 | 23.64 | 15.44 | 48.04 | 61.42 | 11.63 | 18.29 |

### (三)体育场地与器材需要加强

2015 年,合川区中小学的体育场地设施平均数量与全市平均水平存在一定差距。其中,田径场 62 块(200 米田径场 54 块,300 米田径场 2 块,300～400 米田径场 1 块,400 米田径场 5 块),校均数量为 0.42 块,低于全市平均水平 0.64 块;篮球场 246 块,有排球场 30 块,游泳池 1 个,学生体质测试室 59 间,体育器材达标学校 47 所,全区没有 1 个体育馆。校均篮球场、排球场、体育馆、游泳池、学生体质监测室及体育器材达标学校比均低于全市平均水平(具体情况见表 3-15-2)。这些表明合川区需要加大中小学校体育场地的建设与体育器材的配备。

表 3-15-2　2015 年合川区体育场地器材信息(场地器材总量/学校个数)

| 类 别 | | 小 学 | 初 中 | 九年一贯制学校 | 完全中学 | 合 计 |
|---|---|---|---|---|---|---|
| 田径场/块 | 合川区 | 0.32 | 0.74 | 1.00 | 0.75 | 0.42 |
| | 重庆市 | 0.53 | 0.84 | 0.74 | 1.06 | 0.64 |
| 篮球场/块 | 合川区 | 1.17 | 2.39 | 5.00 | 6.13 | 1.65 |
| | 重庆市 | 1.54 | 2.51 | 2.37 | 4.57 | 2.02 |
| 排球场/块 | 合川区 | 0.13 | 0.35 | 0.00 | 0.88 | 0.20 |
| | 重庆市 | 0.41 | 0.76 | 0.59 | 1.41 | 0.58 |

续表

| 类　别 | | 小　学 | 初　中 | 九年一贯制学校 | 完全中学 | 合　计 |
|---|---|---|---|---|---|---|
| 体育馆/个 | 合川区 | 0.00 | 0.00 | 0.00 | 0.00 | 0.00 |
| | 重庆市 | 0.04 | 0.04 | 0.06 | 0.25 | 0.06 |
| 游泳池/个 | 合川区 | 0.00 | 0.00 | 0.00 | 0.13 | 0.01 |
| | 重庆市 | 0.01 | 0.01 | 0.01 | 0.07 | 0.02 |
| 学生体质测试室/间 | 合川区 | 0.33 | 0.39 | 0.00 | 1.38 | 0.40 |
| | 重庆市 | 0.48 | 0.52 | 0.53 | 0.75 | 0.51 |
| 体育器材达标数/个 | 合川区 | 0.27 | 0.39 | 1.00 | 0.63 | 0.32 |
| | 重庆市 | 0.69 | 0.75 | 0.82 | 0.87 | 0.72 |

注:合川区2014年上报的排球场136块,2015年上报的排球场只有30块,需要对上报数据的变更作出说明。

（四）生均体育经费投入需要加强

2015年,合川区中小学生均体育经费总额为83.63元,低于全市水平。其中,生均体育场地经费、生均专用器材经费和生均体育工作经费均低于全市水平（如图3-15-4所示）。与2014年相比,生均体育场地经费减少37.09元（如图3-15-5所示）。这表明合川区应加强体育经费的投入,切实保证体育教育教学工作的顺利开展。

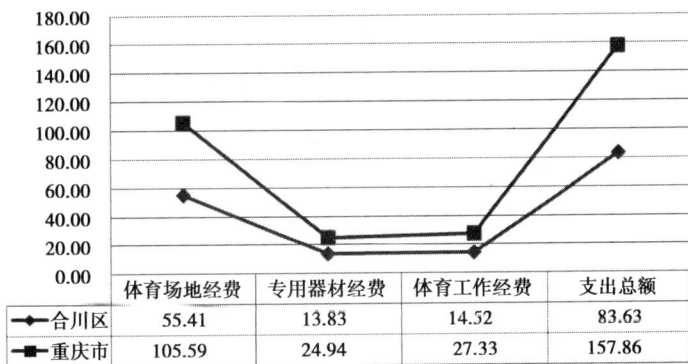

| | 体育场地经费 | 专用器材经费 | 体育工作经费 | 支出总额 |
|---|---|---|---|---|
| 合川区 | 55.41 | 13.83 | 14.52 | 83.63 |
| 重庆市 | 105.59 | 24.94 | 27.33 | 157.86 |

图3-15-4　2015年合川区与重庆市生均体育经费支出情况对比图（单位:元）

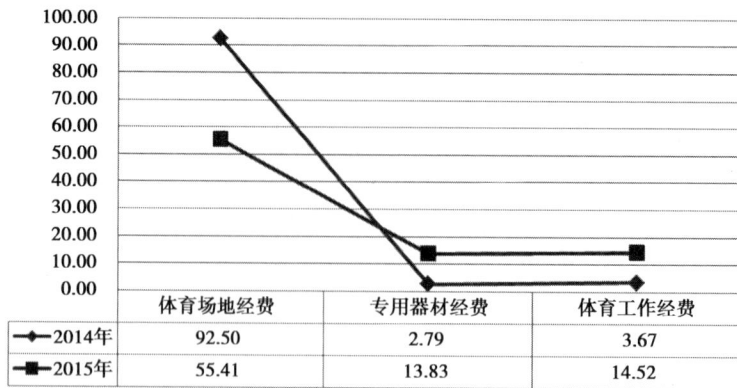

图 3-15-5　合川区 2014 年和 2015 年生均体育经费支出情况对比图(单位:元)

### (五)学生体质健康促进工作有待加强

2015 年,合川区认真开展了学生体质健康测试工作,并如实上报了监测数据,上报率达 99.35%,比 2014 年增加 1.24 个百分点,但是仍未达到 100% 的要求,上报率需进一步提高。从已上报数据看,全区学生体质健康达到合格以上等级的学生比为 91.27%,低于《国家学生体质健康标准》95% 要求,比 2014 年下降了 2.83 个百分点;达到良好以上等级的学生比为 25.05%,低于《国家学生体质健康标准》40% 的要求,比 2014 年下降了 2.06 个百分点(如图 3-15-6、图 3-15-7 所示)。这些表明合川区需要在以后的工作中进一步提升学生体质健康水平。

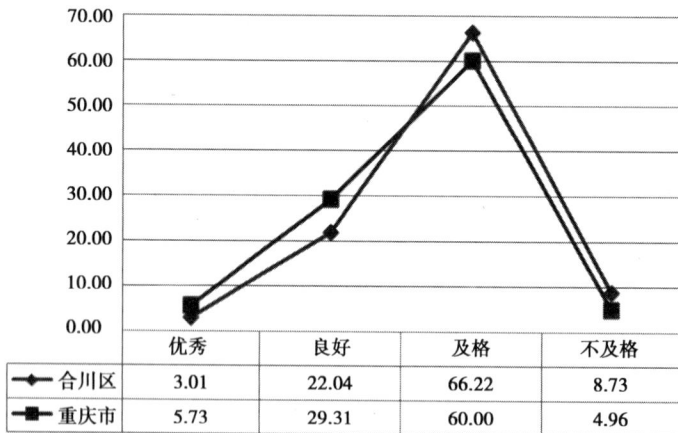

图 3-15-6　2015 年合川区与重庆市学生体质健康测试情况对比图(单位:%)

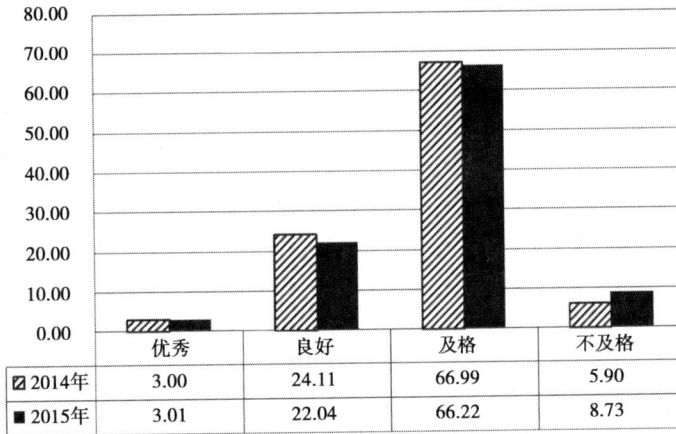

| | 优秀 | 良好 | 及格 | 不及格 |
|---|---|---|---|---|
| 2014年 | 3.00 | 24.11 | 66.99 | 5.90 |
| 2015年 | 3.01 | 22.04 | 66.22 | 8.73 |

图 3-15-7 合川区 2014 年和 2015 年学生体质健康等级比例对比图（单位:%）

（六）加强所报数据的管理与核对

2015 年,合川区上报的排球场 30 块,而 2014 年上报的排球场 136 块。两年相比,排球场地数量存在一定差距。因此,需对本区各学校体育场地数量的变化情况做及时更新,并在以后上报自评报告时对数据进行认真核对。

# 第十六章 永川区

## 一、基本概况

2015 年,永川区有中小学校 226 所,比 2014 年减少 5 所,下降 2.16%;有在校学生 132 115 人,比 2014 年增加 3 492 人,增长 2.71%;有专任教师 7 749 人,比 2014 年增加 219 人,增长 2.91%。

2015 年,全区有参加学校体育工作评估的独立法人资格学校 125 所。其中,优秀等级学校 49 所,占参评学校的 39.20%,比 2014 年增长 6.2 个百分点,比全市平均水平低 19.95 个百分点;良好等级学校 39 所,占参评学校的 31.20%,比 2014 年下降 6.8 个百分点,比全市平均水平高 4.53 个百分点;合格等级学校 35 所,不合格学校 2 所(如图 3-16-1、图 3-16-2 所示),全区 2015 年学校体育工作评审结果总体情况一般。全区 2015 年体育加分学校的比例为 51.20%,略低于全市平均水平(如图 3-16-3 所示),与 2014 年相比,增加了 6.80 个百分点(如图 3-16-4 所示)。

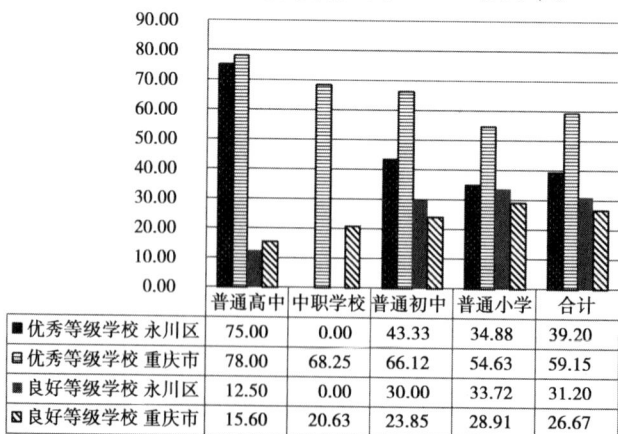

| | 普通高中 | 中职学校 | 普通初中 | 普通小学 | 合计 |
|---|---|---|---|---|---|
| ■优秀等级学校 永川区 | 75.00 | 0.00 | 43.33 | 34.88 | 39.20 |
| ▥优秀等级学校 重庆市 | 78.00 | 68.25 | 66.12 | 54.63 | 59.15 |
| ■良好等级学校 永川区 | 12.50 | 0.00 | 30.00 | 33.72 | 31.20 |
| ◺良好等级学校 重庆市 | 15.60 | 20.63 | 23.85 | 28.91 | 26.67 |

图 3-16-1 2015 年永川区与重庆市学校评审结果比例对比图(单位:%)

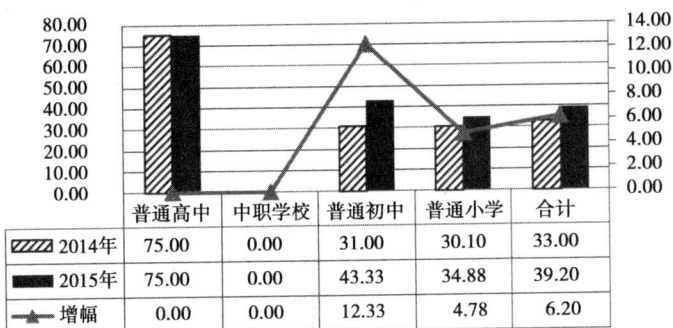

| | 普通高中 | 中职学校 | 普通初中 | 普通小学 | 合计 |
|---|---|---|---|---|---|
| 2014年 | 75.00 | 0.00 | 31.00 | 30.10 | 33.00 |
| 2015年 | 75.00 | 0.00 | 43.33 | 34.88 | 39.20 |
| 增幅 | 0.00 | 0.00 | 12.33 | 4.78 | 6.20 |

图 3-16-2　永川区 2014 年和 2015 年优秀等级学校比例对比图(单位:%)

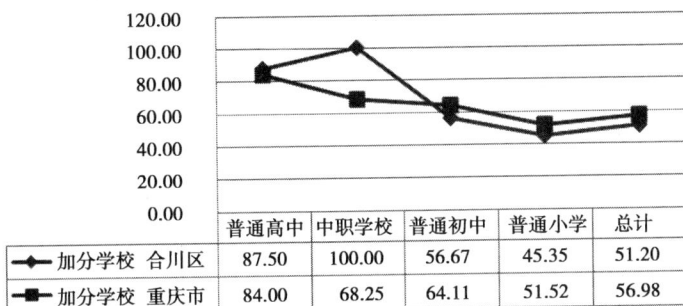

| | 普通高中 | 中职学校 | 普通初中 | 普通小学 | 总计 |
|---|---|---|---|---|---|
| 加分学校　合川区 | 87.50 | 100.00 | 56.67 | 45.35 | 51.20 |
| 加分学校　重庆市 | 84.00 | 68.25 | 64.11 | 51.52 | 56.98 |

图 3-16-3　2015 年永川区与重庆市加分学校比例对比图(单位:%)

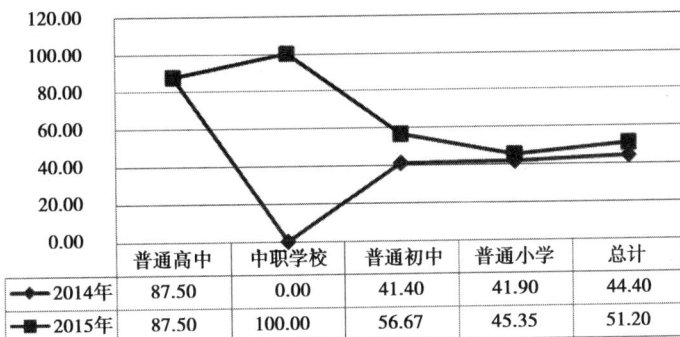

| | 普通高中 | 中职学校 | 普通初中 | 普通小学 | 总计 |
|---|---|---|---|---|---|
| 2014年 | 87.50 | 0.00 | 41.40 | 41.90 | 44.40 |
| 2015年 | 87.50 | 100.00 | 56.67 | 45.35 | 51.20 |

图 3-16 4　永川区 2014 年和 2015 年加分学校比例对比图(单位:%)

## 二、主要亮点

### (一)组织管理比较到位

永川区成立了以区教委主任为组长,分管领导为副组长,基教科、计财科、人事科、教科所等科室负责人为成员的体艺工作领导小组,定期研究部署全区学校体育教育工作,把"每天锻炼一小时"、阳光体育运动、"2 + 2"项目、"1 + 5"行动计划等纳入教育工作要点。在基教科明确专人主抓体卫艺工作,各学校实行校长负总责、分管教学副校长具体抓的机制,形成了上下联动抓落实的工作格局。全区各中小学将体育列入工作职责,明确了一名副校长分管体育工作。按重庆市教委课程计划排齐了体育课。99%的学校安排了大课间体育活动,保证学生在校期间体育锻炼时间每天不少于1小时。

（二）教育教学有实效

永川区教委将体育与健康教学纳入教学常规管理,各校教学计划、单元计划、课时计划齐全。将体育与健康课堂教学纳入"卓越课堂"建设中,并通过实施校本教研、领雁工程、片区教研、名师工作室教研等活动,提高课堂教学效益。严格执行体育课考勤和考核登记制度,并将结果放入学生档案。各校制订了阳光体育运动工作方案、基本要求并认真落实,将校园体育活动时间和内容纳入教学计划,列入课表,多数得到实施。

（三）学生体质健康促进工作扎实

2015 年,全区认真开展了学生体质健康标准测试,并如实上报了测试数据,上报率达100%。根据上报数据,全区学生体质健康达到合格以上等级的学生比例为97.18%,比2014 年虽然下降了2.61 个百分点,但高于《国家学生体质健康标准》95%的要求;达到良好以上等级的学生比例为42.54%,高于《国家学生体质健康标准》40%的要求,比2014 年增长了0.42 个百分点(如图3-16-5、图3-16-6 所示)。以上数据表明,永川区学生体质健康促进工作较为扎实。

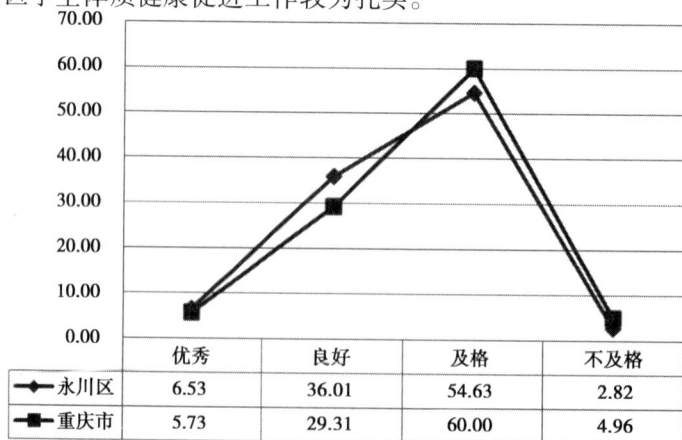

| | 优秀 | 良好 | 及格 | 不及格 |
|---|---|---|---|---|
| 永川区 | 6.53 | 36.01 | 54.63 | 2.82 |
| 重庆市 | 5.73 | 29.31 | 60.00 | 4.96 |

图 3-16-5  2015 年永川区与重庆市学生体质健康测试情况对比图(单位:%)

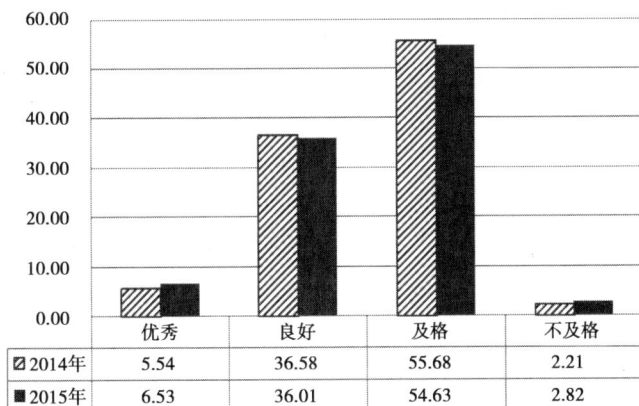

| | 优秀 | 良好 | 及格 | 不及格 |
|---|---|---|---|---|
| 2014年 | 5.54 | 36.58 | 55.68 | 2.21 |
| 2015年 | 6.53 | 36.01 | 54.63 | 2.82 |

图 3-16-6　永川区 2014 年和 2015 年学生体质健康等级比例对比图(单位:%)

## 三、主要问题

(一)体育教师队伍建设需进一步加强

2015 年,永川区体育教师的缺额比为 14.87%,低于全市平均水平。其中,小学、高中及九年一贯制学校的体育教师缺额比均高于全市相应学校的平均水平(见表 3-16-1)。全区体育教师参与县级以上培训的比例为 55.74%,低于全市平均水平。除高中外,其余学校类型的体育教师参与县级以上培训的比例均低于全市平均水平。受县级以上表彰体育教师比例为 17.64%,低于全市平均水平(18.29%)(见表 3-16-1)。以上数据表明,永川区一方面需要补充体育教师缺额;另一方面需要不断提升体育教师的专业素质水平,进一步加强体育教师的队伍建设。

表 3-16-1　2015 年永川区体育教师队伍信息　　　　单位:%

| 学校类别 | 专　职 | | 缺　额 | | 区(县)级以上培训 | | 受区(县)级以上表彰 | |
|---|---|---|---|---|---|---|---|---|
| | 永川区 | 重庆市 | 永川区 | 重庆市 | 永川区 | 重庆市 | 永川区 | 重庆市 |
| 小学 | 52.62 | 51.82 | 21.26 | 19.82 | 48.48 | 54.90 | 12.67 | 13.61 |
| 初中 | 82.52 | 87.22 | 4.63 | 7.26 | 63.11 | 72.54 | 20.39 | 24.86 |
| 高中 | 100.00 | 97.88 | 16.67 | 4.34 | 100.00 | 65.30 | 0.00 | 27.48 |
| 九年一贯制学校 | 33.33 | 65.51 | 25.00 | 15.59 | 33.33 | 51.64 | 33.33 | 14.90 |
| 十二年一贯制学校 | 100.00 | 90.38 | 0.00 | 20.00 | 20.00 | 53.85 | 0.00 | 17.31 |
| 完全中学 | 100.00 | 95.27 | 0.00 | 7.82 | 73.50 | 76.48 | 32.48 | 27.78 |
| 合　计 | 68.05 | 67.05 | 14.87 | 15.44 | 55.74 | 61.42 | 17.64 | 18.29 |

（二）体育场地的数量需要增加

2015年，永川区中小学校的体育馆（全区有9个）、体育器材达标学校（全区有97所学校达标）的平均数量虽然高于全市平均水平。但全区的田径场、篮球场、排球场、游泳池、学生体质测试室的平均数量与全市平均水平有一定差距。其中，田径场31块（200米田径场15块，300米田径场10块，400米田径场6块），校均数量为0.25块，低于全市平均水平0.64块；篮球场204块，校均数量为1.63块，低于全市平均水平2.02块；排球场45块，校均数量为0.36块，低于全市平均水平0.58块；有游泳池1个，学生体质测试室44间，均低于全市平均水平（具体情况见表3-16-2）。表明永川区需要加大中小学校体育场地的建设。

表3-16-2　2015年永川区体育场地器材信息（场地器材总量/学校个数）

| 类　别 | | 小　学 | 初　中 | 高　中 | 九年一贯制学校 | 十二年一贯制学校 | 完全中学 | 合　计 |
|---|---|---|---|---|---|---|---|---|
| 田径场/块 | 永川区 | 0.07 | 0.48 | 1.00 | 0.00 | 1.00 | 1.29 | 0.25 |
| | 重庆市 | 0.53 | 0.84 | 1.09 | 0.74 | 1.25 | 1.06 | 0.64 |
| 篮球场/块 | 永川区 | 1.23 | 1.90 | 2.00 | 1.00 | 0.00 | 5.71 | 1.63 |
| | 重庆市 | 1.54 | 2.51 | 4.96 | 2.37 | 5.00 | 4.57 | 2.02 |
| 排球场/块 | 永川区 | 0.26 | 0.34 | 2.00 | 0.00 | 0.00 | 1.57 | 0.36 |
| | 重庆市 | 0.41 | 0.76 | 2.34 | 0.59 | 2.50 | 1.41 | 0.58 |
| 体育馆/个 | 永川区 | 0.03 | 0.00 | 0.00 | 0.00 | 1.00 | 0.71 | 0.07 |
| | 重庆市 | 0.04 | 0.04 | 0.30 | 0.06 | 0.50 | 0.25 | 0.06 |
| 游泳池/个 | 永川区 | 0.00 | 0.00 | 0.00 | 0.00 | 0.00 | 0.14 | 0.01 |
| | 重庆市 | 0.01 | 0.01 | 0.20 | 0.01 | 0.00 | 0.07 | 0.02 |
| 学生体质测试室/间 | 永川区 | 0.17 | 0.28 | 1.00 | 1.00 | 1.00 | 2.57 | 0.35 |
| | 重庆市 | 0.48 | 0.52 | 0.84 | 0.53 | 1.50 | 0.75 | 0.51 |
| 体育器材达标数/个 | 永川区 | 0.76 | 0.76 | 1.00 | 1.00 | 1.00 | 1.00 | 0.78 |
| | 重庆市 | 0.69 | 0.75 | 0.93 | 0.82 | 0.75 | 0.87 | 0.72 |

（三）生均体育经费投入需要加强

2015 年,全区生均体育经费投入为 45.17 元,远低于全市平均水平。其中,生均体育场地经费、生均专用器材经费、生均体育工作经费均低于全市平均水平(如图 3-16-7 所示)。与本区 2014 年相比,2015 年生均体育经费的各方面投入均有所减少。其中,生均体育场地经费减少 33.31 元,生均专用器材经费减少 2.73 元,生均体育工作经费减少 0.82 元(如图 3-16-8 所示)。表明永川区应加强体育经费的投入,切实保证体育教育教学工作的顺利开展。

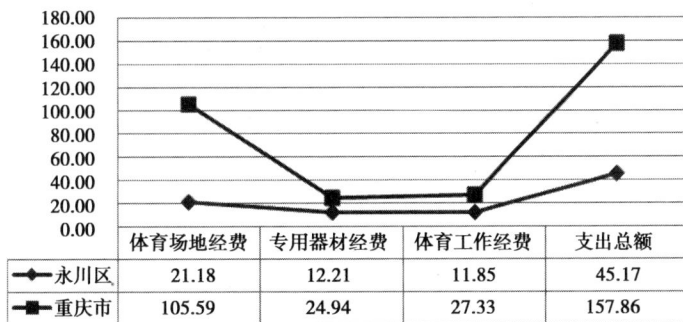

| | 体育场地经费 | 专用器材经费 | 体育工作经费 | 支出总额 |
|---|---|---|---|---|
| 永川区 | 21.18 | 12.21 | 11.85 | 45.17 |
| 重庆市 | 105.59 | 24.94 | 27.33 | 157.86 |

图 3-16-7　2015 年永川区与重庆市生均体育经费支出情况对比图(单位:元)

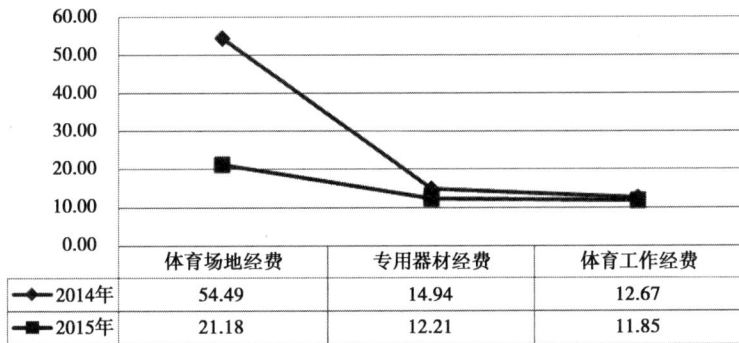

| | 体育场地经费 | 专用器材经费 | 体育工作经费 |
|---|---|---|---|
| 2014年 | 54.49 | 14.94 | 12.67 |
| 2015年 | 21.18 | 12.21 | 11.85 |

图 3-16-8　永川区 2014 年和 2015 年生均体育经费支出情况对比图(单位:元)

（四）体育活动尚未落实到位

2015 年,永川区学校体育活动落实情况未达到 100%。其中,小学的体育课开足比例、落实每天 1 小时体育锻炼的学校比例以及组织大课间体育活动的学校比例均为 97.67%(见表 3-16-3)。以上数据表明,永川区体育活动落实情况尚未达到相关要求,需要加强这方面工作。

表 3-16-3　2015 年永川区体育活动落实情况

| 学校类别 | 学校/所 | 体育课开足数 | 落实每天1小时体育锻炼数 | 组织大课间体育活动数 |
|---|---|---|---|---|
| 小学 | 86 | 97.67 | 97.67 | 97.67 |
| 初中 | 29 | 100.00 | 100.00 | 100.00 |
| 高中 | 1 | 100.00 | 100.00 | 100.00 |
| 九年一贯制学校 | 1 | 100.00 | 100.00 | 100.00 |
| 十二年一贯制学校 | 1 | 100.00 | 100.00 | 100.00 |
| 完全中学 | 7 | 100.00 | 100.00 | 100.00 |
| 合　计 | 125 | 98.40 | 98.40 | 98.40 |

# 第十七章 南川区

## 一、基本概况

2015 年，南川区有中小学校 122 所，比 2014 年减少 22 所，下降 15.28%；有在校学生 72 853 人，比 2014 年增加 310 人，增长 0.43%；有专任教师 4 422 人，与 2014 年持平。

2015 年，全区有参加学校体育工作评估的独立法人资格学校 63 所。其中，优秀等级学校 51 所，占参评学校的 80.95%，比 2014 年增长了 6.95 个百分点，比全市平均水平高 21.8 个百分点；良好等级学校 12 所，占参评学校的 19.05%，比 2014 年下降了 3.95 个百分点，比全市平均水平低 7.62 个百分点（如图 3-17-1、图 3-17-2 所示）。全区 2015 年学校体育工作评审结果总体情况优良，特别是 2015 年全区体育工作加分学校的比例（82.54%）高于全市平均水平，比 2014 年增长了 5.94 个百分点（如图 3-17-3 所示）。

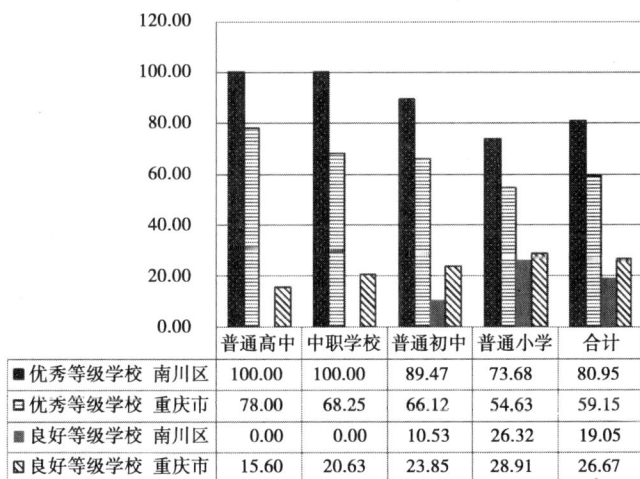

| | | 普通高中 | 中职学校 | 普通初中 | 普通小学 | 合计 |
|---|---|---|---|---|---|---|
| 优秀等级学校 | 南川区 | 100.00 | 100.00 | 89.47 | 73.68 | 80.95 |
| 优秀等级学校 | 重庆市 | 78.00 | 68.25 | 66.12 | 54.63 | 59.15 |
| 良好等级学校 | 南川区 | 0.00 | 0.00 | 10.53 | 26.32 | 19.05 |
| 良好等级学校 | 重庆市 | 15.60 | 20.63 | 23.85 | 28.91 | 26.67 |

图 3-17-1 2015 年南川区与重庆市学校评审结果比例对比图（单位:%）

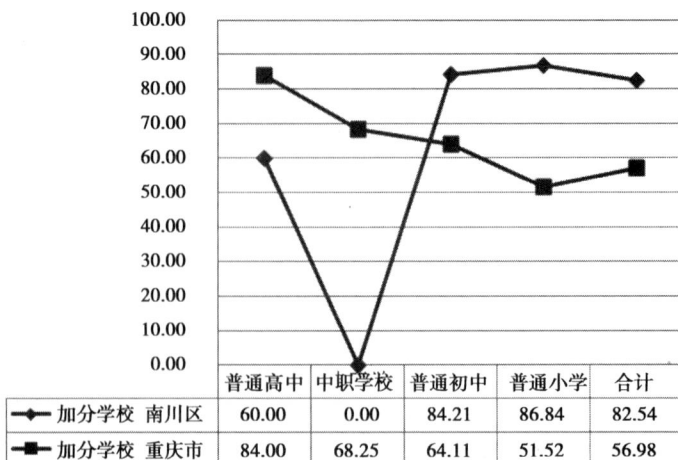

| | 普通高中 | 中职学校 | 普通初中 | 普通小学 | 合计 |
|---|---|---|---|---|---|
| 加分学校 南川区 | 60.00 | 0.00 | 84.21 | 86.84 | 82.54 |
| 加分学校 重庆市 | 84.00 | 68.25 | 64.11 | 51.52 | 56.98 |

图 3-17-2  2015 年南川区与重庆市加分学校比例对比图(单位:%)

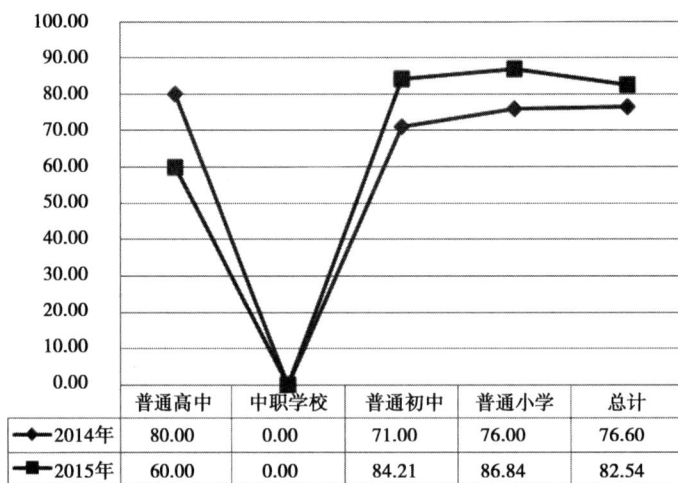

| | 普通高中 | 中职学校 | 普通初中 | 普通小学 | 总计 |
|---|---|---|---|---|---|
| 2014年 | 80.00 | 0.00 | 71.00 | 76.00 | 76.60 |
| 2015年 | 60.00 | 0.00 | 84.21 | 86.84 | 82.54 |

图 3-17-3  南川区 2014 年和 2015 年加分学校比例对比图(单位:%)

## 二、主要亮点

### (一)组织管理到位

南川区高度重视学校体育工作,成立了以区教委主要领导为组长的学校体育工作领导小组,对学校体育工作专项评估进行了安排部署,把全面贯彻《学校体育工作条例》等工作要求纳入到各级各类学校年初教育工作计划。同时,区教委结合实际,拟定完善了《重庆市南川区关于进一步加强学校体育工作的实施方案》,出台了《重庆市南川区学校体育工作三年行动计划(2013—2015)》,制定了《重庆市南川区校园足球考核办法》,下发了《关于印发进一步加强课程建设推进课堂改革的实施意见(试行)的通知》,要求各级各类学校严格执行教学计划,在"开足开齐上好"上下功夫,在确保体育课、早操、眼保健操正常开展的基础上,认真开展好"2+2项目活动""阳光体育活动"和"三合一大课间活动",保证学生每天在校一小时的体育活动时间。

(二)着力打造体育特色学校

南川区采取"划分区域,各段统筹"的原则,统一规划体育特色学校的项目和数量,体育特色学校实行项目申报制,学校从办学思路、场地、师资、师生参与面、校园文化、教育成果等方面达到入选条件后,通过申请、同意、实施、验收、授牌等程序予以确认,特色学校实施动态管理,复评不合格取消资格,为体育名生成长成才提供肥沃"土壤"。2015年,验收合格体育特色学校7所。体育特色学校的创建,推动了南川区学校体育工作的顺利开展。

(三)学生体质健康工作推进良好

2015年,南川区认真开展了学生体质健康标准测试工作,并如实上报了监测数据,上报率达100%。根据上报数据,全区学生体质健康达到合格以上等级的学生比例为98.90%,高于《国家学生体质健康标准》95%的要求,比2014年增长了0.04个百分点;达到良好以上等级的学生比例为38.75%,虽低于《国家学生体质健康标准》40%的要求,但比2014年增长了1.61个百分点(如图3-17-4、图3-17-5所示)。以上数据表明,南川区学生体质健康工作推进良好。

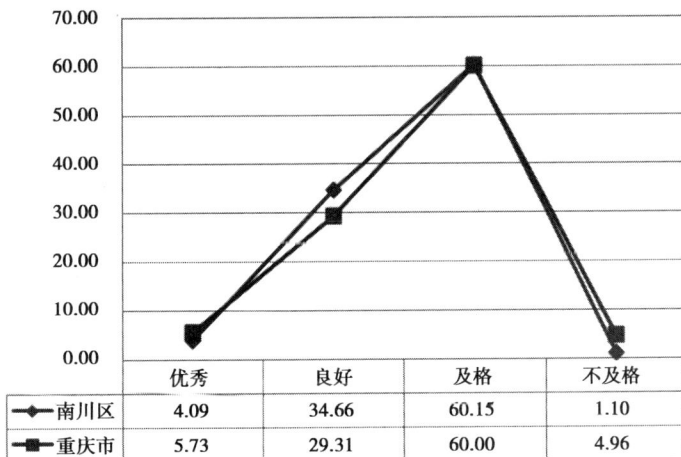

| | 优秀 | 良好 | 及格 | 不及格 |
|---|---|---|---|---|
| 南川区 | 4.09 | 34.66 | 60.15 | 1.10 |
| 重庆市 | 5.73 | 29.31 | 60.00 | 4.96 |

图3-17-4　2015年南川区与重庆市学生体质健康测试情况对比图(单位:%)

| | 优秀 | 良好 | 及格 | 不及格 |
|---|---|---|---|---|
| 2014年 | 3.91 | 33.23 | 61.72 | 1.14 |
| 2015年 | 4.09 | 34.66 | 60.15 | 1.10 |

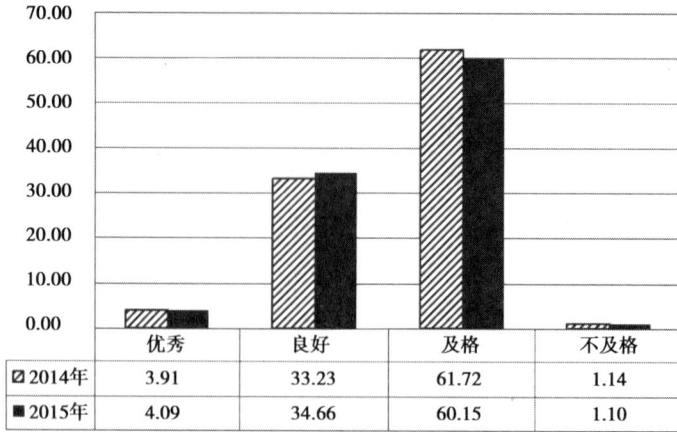

图 3-17-5　南川区 2014 年和 2015 年学生体质健康等级比例对比图(单位:%)

## 三、主要问题

### (一)体育教师队伍建设需进一步加强

2015 年,全区专职体育教师的比例为 49.04%,低于全市平均水平。其中,小学及九年一贯制学校的专职体育教师比例均低于全市平均水平(见表3-17-1),表明南川区专职体育教师配备不足。全区体育教师参与县级以上培训的比例为 36.83%,低于全市平均水平。除初中外,其余类型学校的体育教师参与县级以上培训的比例均低于全市平均水平。受县级以上表彰体育教师比例为 10.06%,低于全市平均水平(18.29%),且各学校类型的体育教师受县级以上表彰的比例均低于全市各类型学校平均值(见表3-17-1)。表明南川区一方面要补充体育教师缺额,另一方面要不断提升体育教师专业素质水平,进一步加强体育教师的队伍建设。

表 3-17-1　2015 年南川区体育教师队伍信息　　　　　　单位:%

| 学校类别 | 专　　职 | | 缺　　额 | | 县级以上培训 | | 受县级以上表彰 | |
|---|---|---|---|---|---|---|---|---|
| | 南川区 | 重庆市 | 南川区 | 重庆市 | 南川区 | 重庆市 | 南川区 | 重庆市 |
| 小学 | 36.13 | 51.82 | 18.64 | 19.82 | 28.39 | 54.90 | 6.13 | 13.61 |
| 初中 | 90.00 | 87.22 | 9.09 | 7.26 | 75.00 | 72.54 | 15.00 | 24.86 |
| 九年一贯制学校 | 45.31 | 65.51 | 16.88 | 15.59 | 35.94 | 51.64 | 7.81 | 14.90 |
| 完全中学 | 95.89 | 95.27 | 2.67 | 7.82 | 63.01 | 76.48 | 27.40 | 27.78 |
| 合计 | 49.04 | 67.05 | 15.86 | 15.44 | 36.83 | 61.42 | 10.06 | 18.29 |

（二）体育场馆的数量需要增加

2015 年,南川区中小学校有田径场 45 块(200 米田径场 38 块,300 米田径场 1 块,300～400 米田径场 1 块,400 米田径场 5 块),篮球场 137 块,体育器材达标学校 53 所,其平均数量虽高于全市平均水平。但排球场、体育馆、游泳池、学生体质测试室的平均数量与全市平均水平有一定差距。其中,排球场 26 块,校均数量为 0.41 块,低于全市每校平均数量 0.58 块;体育馆 1 个,校均数量为 0.02 个,低于全市每校平均数量 0.06 个;没有 1 个游泳池,校均数量为 0 个,低于全市每校平均数量 0.02 个;学生体质测试室 17 间,校均数量为 0.27 间,低于全市每校平均数量 0.51 间(具体情况见表 3-17-2)。表明南川区需要加强学校部分体育场地的建设。

表 3-17-2　2015 年南川区体育场地器材信息(场地器材总量/学校个数)

| 类　别 | | 小　学 | 初　中 | 九年一贯制学校 | 完全中学 | 合　计 |
|---|---|---|---|---|---|---|
| 田径场/块 | 南川区 | 0.79 | 0.50 | 0.54 | 0.83 | 0.71 |
| | 重庆市 | 0.53 | 0.84 | 0.74 | 1.06 | 0.64 |
| 篮球场/块 | 南川区 | 1.74 | 2.00 | 2.15 | 5.17 | 2.17 |
| | 重庆市 | 1.54 | 2.51 | 2.37 | 4.57 | 2.02 |
| 排球场/块 | 南川区 | 0.08 | 0.83 | 0.62 | 1.67 | 0.41 |
| | 重庆市 | 0.41 | 0.76 | 0.59 | 1.41 | 0.58 |
| 体育馆/个 | 南川区 | 0.03 | 0.00 | 0.00 | 0.00 | 0.02 |
| | 重庆市 | 0.04 | 0.04 | 0.06 | 0.25 | 0.06 |
| 游泳池/个 | 南川区 | 0.00 | 0.00 | 0.00 | 0.00 | 0.00 |
| | 重庆市 | 0.01 | 0.01 | 0.01 | 0.07 | 0.02 |
| 学生体质测试室/间 | 南川区 | 0.00 | 0.67 | 0.62 | 0.83 | 0.27 |
| | 重庆市 | 0.48 | 0.52 | 0.53 | 0.75 | 0.51 |
| 体育器材达标数/个 | 南川区 | 0.71 | 2.33 | 0.69 | 0.50 | 0.84 |
| | 重庆市 | 0.69 | 0.75 | 0.82 | 0.87 | 0.72 |

（三）生均体育经费投入需要加强

2015 年,南川区生均体育经费投入为 83.54 元,低于全市生均体育经费的平均值 157.86 元。其中生均体育场地经费、生均专用器材经费、生均体育工作经费均低于全市平均水平,尤其是生均体育场地经费的差值比较大(如图 3-17-6 所示)。与 2014 年相比,全区 2015 年生均体育经费的部分投入有所下降。其中,生均体育场地经费下降99.42 元,生均专用器材经费下降 1.15 元(如图 3-17-7 所示)。说明南川区应加强体育经费的投入,切实保证体育教育教学工作的顺利开展。

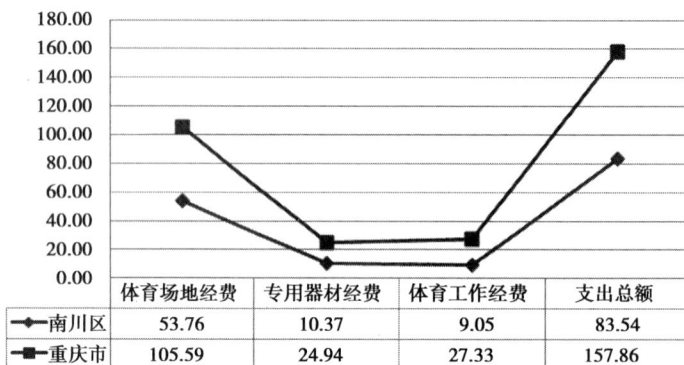

| | 体育场地经费 | 专用器材经费 | 体育工作经费 | 支出总额 |
|---|---|---|---|---|
| 南川区 | 53.76 | 10.37 | 9.05 | 83.54 |
| 重庆市 | 105.59 | 24.94 | 27.33 | 157.86 |

图 3-17-6  2015 年南川区与重庆市生均体育经费支出情况对比图(单位:元)

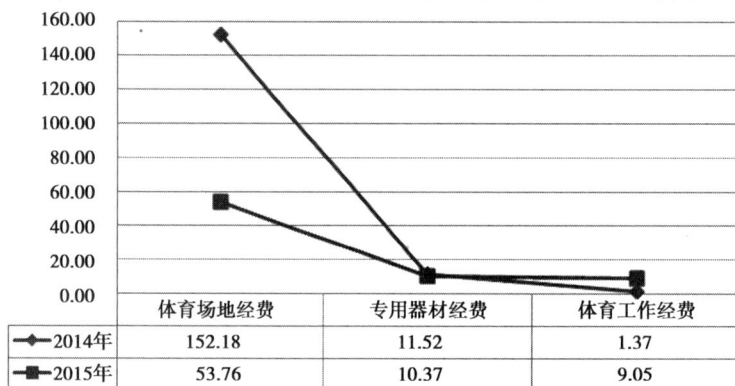

| | 体育场地经费 | 专用器材经费 | 体育工作经费 |
|---|---|---|---|
| 2014年 | 152.18 | 11.52 | 1.37 |
| 2015年 | 53.76 | 10.37 | 9.05 |

图 3-17-7  南川区 2014 年和 2015 年生均体育经费支出情况对比图(单位:元)

# 第十八章　綦江区

## 一、基本概况

2015 年,綦江区有中小学校 225 所,比 2014 年减少 60 所,下降 20.15%;有在校学生 86 679 人,比 2014 年减少 26 121 人,下降 23.16%;有专任教师 6 713 人,比 2014 年减少 1 896 人,下降 22.02%。

2015 年,全区有参加学校体育工作评估的独立法人资格学校 101 所。其中,优秀等级学校 90 所,占参评学校的 89.11%,比 2014 年增长了 54.51 个百分点,比全市平均水平高 29.96 个百分点;良好等级学校 11 所,占参评学校的 10.89%,比 2014 年降低了 26.61 个百分点,比全市平均水平低 15.78 个百分点(如图 3-18-1、图 3-18-2 所示)。全区 2015 年学校体育工作评审结果总体情况优良,特别是 2015 年全区体育工作加分学校的比例为 73.27%,虽然比 2014 年下降了 14.23 个百分点,但高于全市平均水平(如图 3-18-3 所示)。

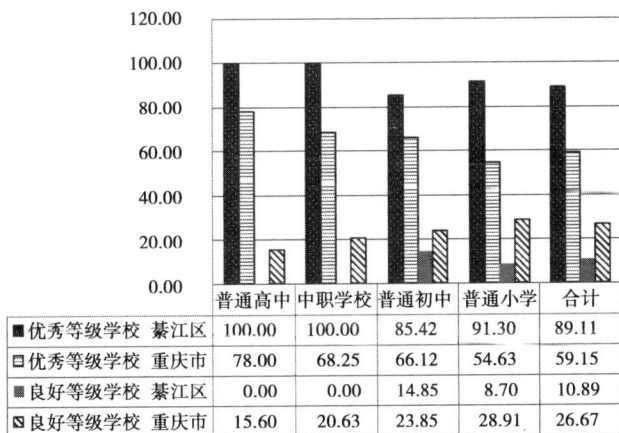

| | | 普通高中 | 中职学校 | 普通初中 | 普通小学 | 合计 |
|---|---|---|---|---|---|---|
| ■优秀等级学校 | 綦江区 | 100.00 | 100.00 | 85.42 | 91.30 | 89.11 |
| □优秀等级学校 | 重庆市 | 78.00 | 68.25 | 66.12 | 54.63 | 59.15 |
| ■良好等级学校 | 綦江区 | 0.00 | 0.00 | 14.85 | 8.70 | 10.89 |
| ▨良好等级学校 | 重庆市 | 15.60 | 20.63 | 23.85 | 28.91 | 26.67 |

图 3-18-1　2015 年綦江区与重庆市学校评审结果比例对比图(单位:%)

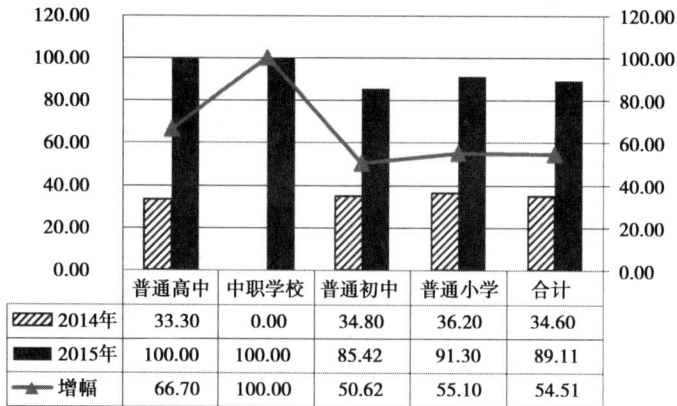

| | 普通高中 | 中职学校 | 普通初中 | 普通小学 | 合计 |
|---|---|---|---|---|---|
| 2014年 | 33.30 | 0.00 | 34.80 | 36.20 | 34.60 |
| 2015年 | 100.00 | 100.00 | 85.42 | 91.30 | 89.11 |
| 增幅 | 66.70 | 100.00 | 50.62 | 55.10 | 54.51 |

图 3-18-2　綦江区 2014 年和 2015 年优秀等级学校比例对比图（单位:%）

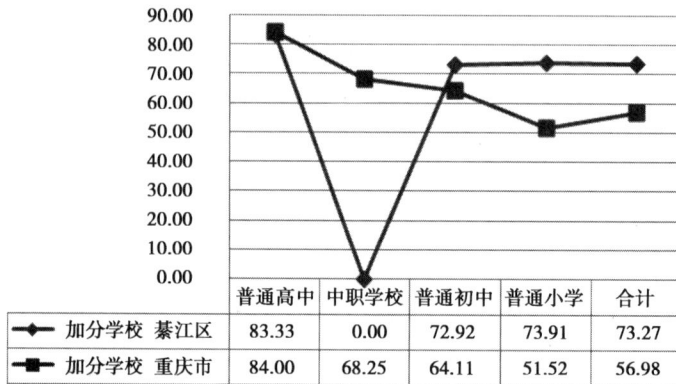

| | 普通高中 | 中职学校 | 普通初中 | 普通小学 | 合计 |
|---|---|---|---|---|---|
| 加分学校 綦江区 | 83.33 | 0.00 | 72.92 | 73.91 | 73.27 |
| 加分学校 重庆市 | 84.00 | 68.25 | 64.11 | 51.52 | 56.98 |

图 3-18-3　2015 年綦江区与重庆市各类学校加分比例对比图（单位:%）

## 二、主要亮点

### （一）自评准确性较高

2015 年,綦江区抽查学校总体自评准确性为 97.87%,高于全市准确性平均水平（94.02%）。其中綦江区镇紫学校、綦江区三江第二小学、万兴中学、三角小学、山路小学和南州中学 6 所学校的自评准确性均高于 90%,见表 3-18-1。

表 3-18-1　2015 年綦江区体育工作评估审核结果

| 学校名称 | 自评得分 | 核实得分 | 自评准确性 |
|---|---|---|---|
| 重庆市綦江区镇紫学校 | 95.3 | 90.8 | 95.28% |
| 綦江区三江第二小学 | 102.5 | 97.5 | 95.12% |
| 万兴中学 | 84.0 | 84.0 | 100.00% |
| 三角小学 | 99.2 | 97.0 | 97.78% |
| 中山路小学 | 75.0 | 75.0 | 100.00% |
| 南州中学 | 92.2 | 92.2 | 100.00% |

（二）组织管理落实到位

綦江区教委专门明确一名副主任管理体育工作,成立体卫艺科,全区各校明确一名副校长分管体育工作;区教委每年制定学校体育工作要点和行事历;各校制订了体育工作具体计划,建立了校园意外伤害事故应急管理机制,制订和实施体育安全管理工作方案;各校能较好地利用公告栏、家长会和校园网,向学生、家长、老师等通报学生的体育活动情况。

（三）教育教学工作有序开展

在教育教学方面,綦江区各学段体育课开足率、保障一小时体育锻炼时间的学校比例以及组织大课间体育活动的学校比例均为 100%。各校制定了齐全的体育与健康课程教学计划、单元计划、课时计划以及阳光体育运动工作方案和基本要求,保证了学生每天 40 分钟的大课间体育活动。区教委每年举办田径运动会、篮球乒乓球运动会、校园足球联赛,开展体育、艺术、科技"2＋X"项目等。

（四）生均体育经费投入较大

2015 年,綦江区生均体育经费投入为 185.04 元,高于全市生均体育经费的平均值 157.86 元(如图 3-18-4 所示)。与 2014 年相比,全区生均体育经费的各方面投入均有所增长。其中,生均体育场地经费增加 123.07 元,生均专用器材经费增加 10.63元,生均体育工作经费增加 7.8 元(如图 3-18-5 所示)。表明綦江区 2015 年生均体育经费投入较大。

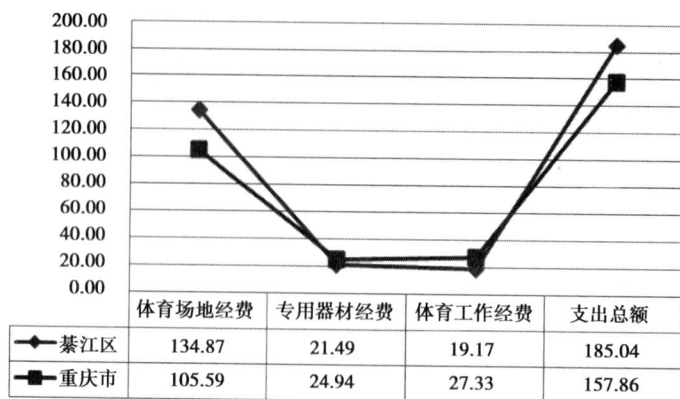

| | 体育场地经费 | 专用器材经费 | 体育工作经费 | 支出总额 |
|---|---|---|---|---|
| 綦江区 | 134.87 | 21.49 | 19.17 | 185.04 |
| 重庆市 | 105.59 | 24.94 | 27.33 | 157.86 |

图 3-18-4　2015 年綦江区与重庆市生均体育经费支出情况对比图(单位:元)

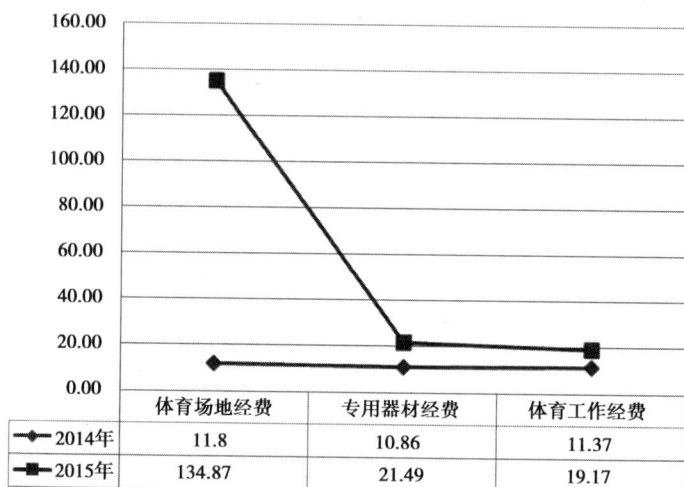

| | 体育场地经费 | 专用器材经费 | 体育工作经费 |
|---|---|---|---|
| 2014年 | 11.8 | 10.86 | 11.37 |
| 2015年 | 134.87 | 21.49 | 19.17 |

图 3-18-5　綦江区 2014 年和 2015 年生均体育经费支出情况对比图(单位:元)

## 三、主要问题

### (一)学生体质健康监测信度有待提高

本次现场抽查綦江区学校 6 所,将抽查情况与学生体质健康检测原始数据进行对比,原始数据基本准确可信的有 4 所,分别是綦江区镇紫学校、綦江区三江第二小学、万兴中学和三角小学,占抽查学校数的 66.67% ;其余 2 所学校(中山路小学和南州中学)数据有较多明显差异。全区抽查原始数据可信率为 75% ,虽然高于全市抽查原始数据可信率(70.24%),但是区教委还应提高对学生体质健康测试的认识,切实加强对测试工作的组织和管理,并且进一步完善对学校体质健康测试工作的抽查制度,真正将学生体质健康测试工作落到实处。

（二）体育教师队伍建设有待加强

2015年，綦江区专职体育教师比例为56.53%，低于全市平均水平。其中，高中、完全中学专职教师比例良好，但小学和九年一贯制学校专职教师比例分别只占39.87%和50.30%（见表3-18-2）。綦江区教师缺额情况整体优于全市平均水平，但九年一贯制学校教师缺额率高于全市平均水平，值得引起重视（见表3-18-2）。这说明綦江区师资结构在不断改善的同时，还需加大力度引进体育专职教师，尤其需要加大对小学、九年一贯制学校专职体育教师的引进，以满足教育教学的需要。

表3-18-2　2015年綦江区体育教师队伍信息　　　　　　　单位:%

| 学校类别 | 专职 | | 缺额 | | 县级以上培训 | | 受县级以上表彰 | |
|---|---|---|---|---|---|---|---|---|
| | 綦江区 | 重庆市 | 綦江区 | 重庆市 | 綦江区 | 重庆市 | 綦江区 | 重庆市 |
| 小学 | 39.87 | 51.82 | 18.56 | 19.82 | 47.78 | 54.90 | 17.41 | 13.61 |
| 初中 | 81.43 | 87.22 | 2.78 | 7.26 | 68.57 | 72.54 | 31.43 | 24.86 |
| 高中 | 100.00 | 97.88 | 7.41 | 4.34 | 76.00 | 65.30 | 44.00 | 27.48 |
| 九年一贯制学校 | 50.30 | 65.51 | 16.50 | 15.59 | 49.10 | 51.64 | 8.38 | 14.90 |
| 完全中学 | 100.00 | 95.27 | 5.88 | 7.82 | 86.25 | 76.48 | 47.50 | 27.78 |
| 合计 | 56.53 | 67.05 | 2.08 | 15.44 | 56.08 | 61.42 | 21.28 | 18.29 |

2015年，綦江区参加区（县）级以上培训的教师比例为56.08%，低于全市平均水平（见表3-18-2），应进一步加大体育师资培训力度，确保每位体育教师每年有1次以上县级以上规范化培训的机会，专门用以掌握新技能、新知识，并且应将代、兼课体育教师纳入学校体育师资队伍统一培训和管理。

2015年，綦江区受区（县）级以上表彰的教师比例为21.28%，高于全市平均水平。其中，高中、完全中学的教师成绩突出，显著领先于全市平均水平，但九年一贯制学校受区（县）级以上表彰的教师比例偏低（见表3-18-2）。这反映出綦江区师资队伍教学能力存在差异，其中九年一贯制学校的教师队伍建设需给予更多的关注、支持和帮助。

（三）体育场地与器材需要加强

2015年，綦江区中小学校有田径场84块（200米田径场71块，300米田径场2块，300~400米田径场2块，400米田径场5块），篮球场239块，学生体质测试室52间，体育器材达标学校 101 所,其平均数量虽高于全市平均水平。但排球场、体育馆、游泳池的平均数量与全市平均水平有一定差距。游泳池 0 个,其中,排球场 47 块,校均数量为 0.47 块,低于全市每校平均数量 0.58 块;体育馆 2 个,校均数量为 0.02 个,低于全市每校平均数量 0.06 个;全区没有 1 个游泳池,校均数量为 0 个,低于全市每校平均数量 0.02 个(见表 3-18-3)。表明綦江区需要加强学校部分体育场地的建设。

表 3-18-3 2015 年綦江区体育场地器材信息(场地器材总量/学校个数)

| 类 别 | | 小 学 | 初 中 | 高 中 | 九年一贯制学校 | 完全中学 | 合 计 |
|---|---|---|---|---|---|---|---|
| 田径场/块 | 綦江区 | 0.80 | 0.68 | 1.00 | 0.83 | 1.50 | 0.83 |
| | 重庆市 | 0.53 | 0.84 | 1.09 | 0.74 | 1.06 | 0.64 |
| 篮球场/块 | 綦江区 | 2.04 | 2.21 | 6.00 | 2.31 | 5.00 | 2.37 |
| | 重庆市 | 1.54 | 2.51 | 4.96 | 2.37 | 4.57 | 2.02 |
| 排球场/块 | 綦江区 | 0.26 | 0.63 | 2.00 | 0.45 | 1.33 | 0.47 |
| | 重庆市 | 0.41 | 0.76 | 2.34 | 0.59 | 1.41 | 0.58 |
| 体育馆/个 | 綦江区 | 0.00 | 0.05 | 1.00 | 0.00 | 0.00 | 0.02 |
| | 重庆市 | 0.04 | 0.04 | 0.30 | 0.06 | 0.25 | 0.06 |
| 游泳池/个 | 綦江区 | 0.00 | 0.00 | 0.00 | 0.00 | 0.00 | 0.00 |
| | 重庆市 | 0.01 | 0.01 | 0.20 | 0.01 | 0.07 | 0.02 |
| 学生体质测试室/间 | 綦江区 | 0.39 | 0.47 | 0.00 | 0.83 | 0.17 | 0.51 |
| | 重庆市 | 0.48 | 0.52 | 0.84 | 0.53 | 0.75 | 0.51 |
| 体育器材达标数/个 | 綦江区 | 1.00 | 1.00 | 1.00 | 1.00 | 1.00 | 1.00 |
| | 重庆市 | 0.69 | 0.75 | 0.93 | 0.82 | 0.87 | 0.72 |

(四)学生体质健康促进工作有待加强

2015 年,綦江区认真开展了学生体质健康测试工作,并如实上报了监测数据,上报率达 100%。根据上报数据,全区学生体质健康达到合格以上等级的学生比例为 93.97%,虽比 2014 年增长了 1.58 个百分点,但仍低于《国家学生体质健康标准》95% 的要求;达到良好以上等级的学生比例为 30.00%,虽 2014 年增长了 3.64 个百分点,但仍低于《国家学生体质健康标准》40% 的要求(如图 3-18-6、图 3-18-7 所示)。因此,綦江区学生体质健康促进工作仍有待进一步加强。

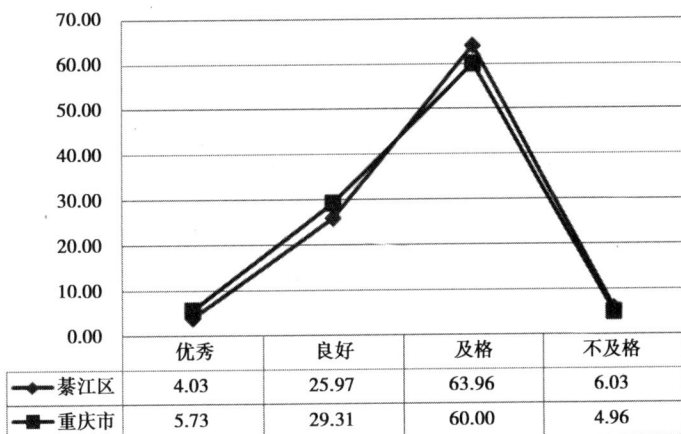

| | 优秀 | 良好 | 及格 | 不及格 |
|---|---|---|---|---|
| 綦江区 | 4.03 | 25.97 | 63.96 | 6.03 |
| 重庆市 | 5.73 | 29.31 | 60.00 | 4.96 |

图 3-18-6　2015 年綦江区与重庆市学生体质健康等级比例对比图(单位:%)

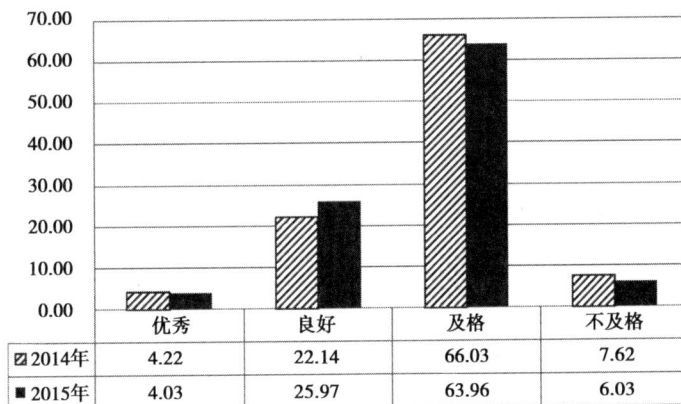

| | 优秀 | 良好 | 及格 | 不及格 |
|---|---|---|---|---|
| 2014年 | 4.22 | 22.14 | 66.03 | 7.62 |
| 2015年 | 4.03 | 25.97 | 63.96 | 6.03 |

图 3-18-7　綦江区 2014 年和 2015 年学生体质健康等级比例对比图(单位:%)

# 第十九章　大足区

## 一、基本概况

2015 年,大足区有中小学校 218 所,比 2014 年减少 4 所,下降 1.80%;有在校学生 114 418 人,比 2014 年增加 3 625 人,增长 3.27%;有专任教师 7 475 人,比 2014 年增加 53 人,增长 0.71%。

2015 年,全区有参加学校体育工作评估的独立法人资格学校 98 所。其中,优秀等级学校 84 所,占参评学校的 85.71%,比 2014 年增长 54.11 个百分点,比全市平均水平高 26.56 个百分点;良好等级学校 14 所,占参评学校的 14.29%,比 2014 年下降 54.11 个百分点,比全市平均水平低 12.38 个百分点(如图 3-19-1、图 3-19-2 所示),全区 2015 年学校体育工作评审结果总体情况优良。特别是学校体育工作加分学校的比例(73.47%)高于全市平均水平。除普通高中以外,中职学校、普通初中和普通小学的体育工作加分学校比例均高于全市平均水平(如图 3-19-3 所示)。与 2014 年相比,全区体育工作加分学校比例增长 16.37 个百分点,其中普通初中和普通小学体育工作加分学校比例均高于 2014 年(如图 3-19-4 所示)。

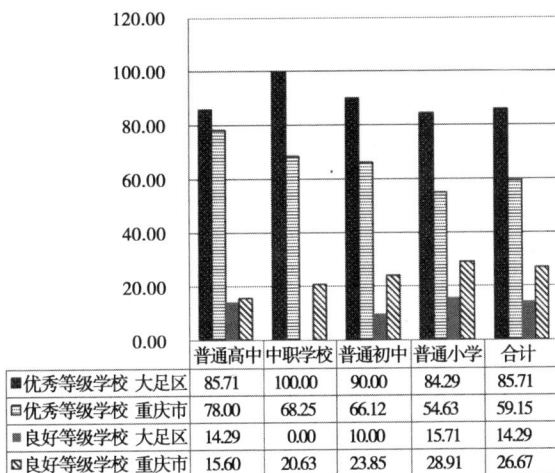

| | 普通高中 | 中职学校 | 普通初中 | 普通小学 | 合计 |
|---|---|---|---|---|---|
| ■优秀等级学校 大足区 | 85.71 | 100.00 | 90.00 | 84.29 | 85.71 |
| □优秀等级学校 重庆市 | 78.00 | 68.25 | 66.12 | 54.63 | 59.15 |
| ▪良好等级学校 大足区 | 14.29 | 0.00 | 10.00 | 15.71 | 14.29 |
| ▨良好等级学校 重庆市 | 15.60 | 20.63 | 23.85 | 28.91 | 26.67 |

图 3-19-1  2015 年大足区与重庆市学校评审结果比例对比图（单位:%）

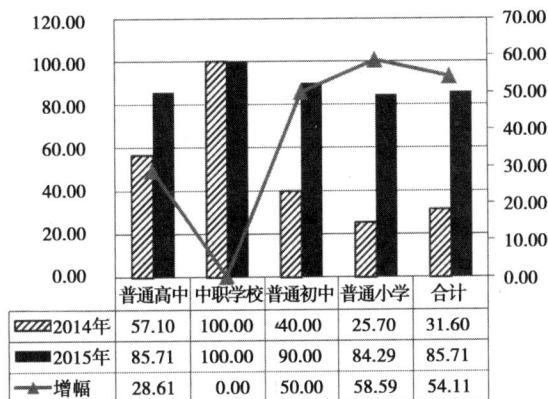

| | 普通高中 | 中职学校 | 普通初中 | 普通小学 | 合计 |
|---|---|---|---|---|---|
| ▨2014年 | 57.10 | 100.00 | 40.00 | 25.70 | 31.60 |
| ■2015年 | 85.71 | 100.00 | 90.00 | 84.29 | 85.71 |
| ▲增幅 | 28.61 | 0.00 | 50.00 | 58.59 | 54.11 |

图 3-19-2  2014 年和 2015 年大足区优秀等级学校比例对比图（单位:%）

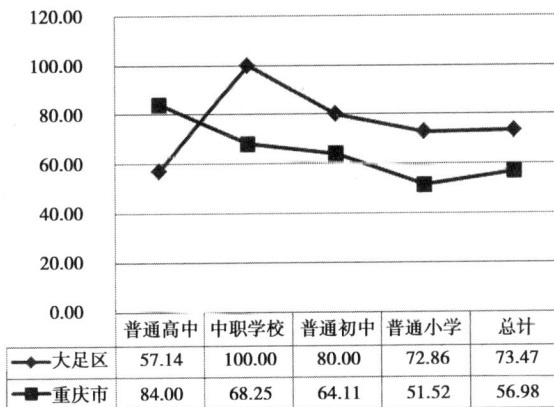

| | 普通高中 | 中职学校 | 普通初中 | 普通小学 | 总计 |
|---|---|---|---|---|---|
| ◆大足区 | 57.14 | 100.00 | 80.00 | 72.86 | 73.47 |
| ■重庆市 | 84.00 | 68.25 | 64.11 | 51.52 | 56.98 |

图 3-19-3  2015 年大足区与重庆市加分学校比例对比图（单位:%）

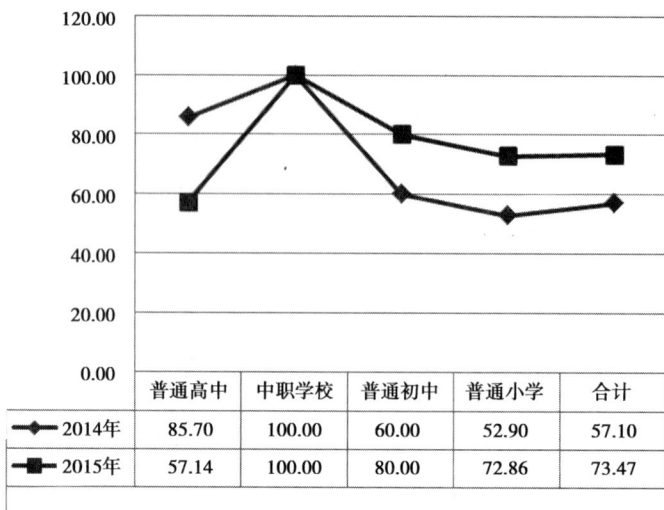

| | 普通高中 | 中职学校 | 普通初中 | 普通小学 | 合计 |
|---|---|---|---|---|---|
| 2014年 | 85.70 | 100.00 | 60.00 | 52.90 | 57.10 |
| 2015年 | 57.14 | 100.00 | 80.00 | 72.86 | 73.47 |

图 3-19-4　大足区 2014 年和 2015 年加分学校比例对比图(单位:%)

## 二、主要亮点

（一）自评准确性较高

以"专家评分÷自评分"比较学校自评准确性(见表 3-19-1)，全区 2015 年的自评准确性为 97.68%，高于全市学校自评准确性平均水平(94.02%)。其中，自评准确性高于 100% 的(自评过低)有 1 所，为龙岗明德小学;铁山中学、海棠小学、双路中学、教师进修学校附属小学、大足中学的自评准确性均高于 90%。

表 3-19-1　2015 年大足区体育工作评估审核结果

| 学校名称 | 自评得分 | 核实得分 | 自评准确性/% |
|---|---|---|---|
| 大足区铁山中学 | 100.00 | 95.00 | 95.00 |
| 大足区海棠小学 | 98.40 | 93.00 | 94.51 |
| 双路中学 | 92.00 | 90.00 | 97.83 |
| 龙岗明德小学 | 95.00 | 98.50 | 103.68 |
| 教师进修学校附属小学 | 95.00 | 92.50 | 97.37 |
| 大足中学 | 97.00 | 95.00 | 97.94 |

（二）组织管理落实到位

大足区教委建立了联席会议制度、巡查制度、督导评估制度,各校成立了由校长任组长,分管校长任副组长,政教、总务、共青团（少先队）等处室为成员的体育工作小组,统筹协调,落实责任,形成了上下联动、齐抓共管的体育工作新局面。区教委和各校制订了体育工作长期计划、年度计划,分步骤、采取强有力的措施逐步实施,并针对问题提出了具体的改进措施。各校建立了完善的校园意外应急管理机制,成立了学生意外伤害事故应急工作领导小组,实行"一把手"负责制,分管领导主要抓,领导小组下设安全应急救援工作办公室,负责安全应急管理日常工作。

（三）教育教学工作有序开展

大足区严格执行国家课程标准,保质保量、开齐开足体育课和健康教育课;积极开展"阳光体育活动",确保学生每天一小时校园体育活动时间;设立大课间检查制度,确保大课间学生体育活动质量;坚持每年开展全区春季田径运动会和高中新生入学军训活动;制定并按计划对各类应急预案进行实战演练。

（四）生均体育经费投入较大

2015 年,全区生均体育经费的投入为 251.10 元,比全市平均水平高 93.24 元。其中,生均体育场地经费和生均专用器材经费方面的投入均高于全市平均水平（如图 3-19-5 所示）。与 2014 年相比,全区生均体育场地经费增加 34.63 元,生均专用器材经费增加 77.21 元,生均体育工作经费增加 15.50 元（如图 3-19-6 所示）。以上数据表明,大足区 2015 年生均体育经费投入较大。

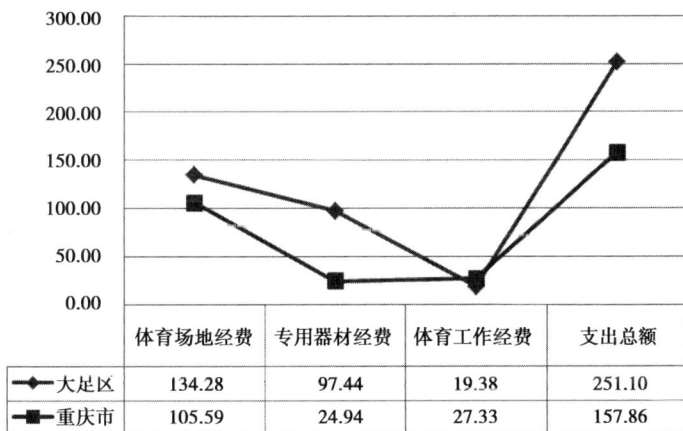

| | 体育场地经费 | 专用器材经费 | 体育工作经费 | 支出总额 |
|---|---|---|---|---|
| 大足区 | 134.28 | 97.44 | 19.38 | 251.10 |
| 重庆市 | 105.59 | 24.94 | 27.33 | 157.86 |

图 3-19-5　2015 年大足区与重庆市生均体育经费支出情况对比图（单位:元）

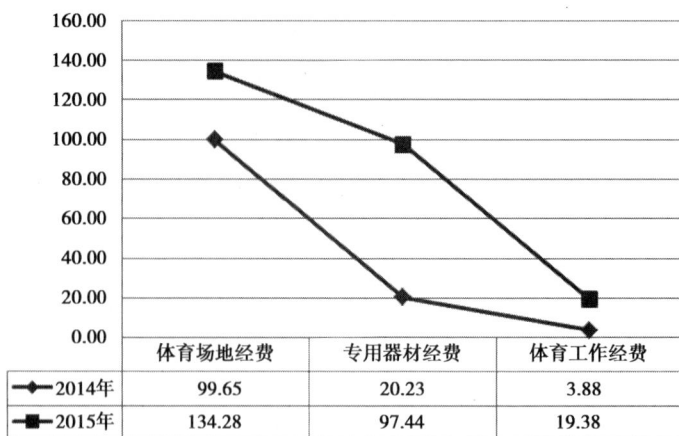

| | 体育场地经费 | 专用器材经费 | 体育工作经费 |
|---|---|---|---|
| 2014年 | 99.65 | 20.23 | 3.88 |
| 2015年 | 134.28 | 97.44 | 19.38 |

图 3-19-6　大足区 2014 年和 2015 年生均体育经费支出情况对比图(单位:元)

## 三、主要问题

（一）体质健康检测可信度有待提高

本次现场抽查大足区学校 6 所,将抽查情况与学生体质健康检测原始数据进行对比,原始数据基本准确可信的有 4 所,分别是铁山中学、海棠小学、龙岗明德小学和大足中学,占抽查学校数的 66.67%;其余 2 所学校(双路中学和教师进修学校附属小学)的数据有较多明显差异或完全错误情况。全区抽查原始数据可信率为 73.33%,虽然高于全市抽查原始数据可信率 70.24%,但是区教委还应提高对学生体质健康测试的认识,切实加强对测试工作的组织和管理,并且进一步完善对学校体质健康测试工作的抽查制度,真正将学生体质健康测试工作落到实处。

（二）体育教师队伍建设有待完善

在体育教师数量方面,2015 年全区体育专职教师比例为 67.69%,略高于全市平均水平,但是体育教师缺额比例为 15.87%,仍略高于全市平均水平。其中小学阶段缺额比例最高,达 20.79%(见表 3-19-2)。这说明大足区要加大对小学体育教师的引进和培养,以满足教育教学的需要。在体育教师专业素质方面,全区受区(县)级以上表彰的教师比例为 24.71%,高于全市平均比例。但是大足区参加县级以上培训的体育教师比例为 60.09%,低于全市平均水平。其中,完全中学参加县级以上培训的体育教师比例最低,仅为 39.02%(见表 3-19-2)。因此大足区应进一步加大对完全中学体育教师的培训力度。

表 3-19-2　2015 年大足区体育教师队伍信息　　　　　　单位:%

| 学校类别 | 专职 | | 缺额 | | 县级以上培训 | | 受县级以上表彰 | |
|---|---|---|---|---|---|---|---|---|
| | 大足区 | 重庆市 | 大足区 | 重庆市 | 大足区 | 重庆市 | 大足区 | 重庆市 |
| 小学 | 53.09 | 51.82 | 20.79 | 19.82 | 55.38 | 54.90 | 18.08 | 13.61 |
| 初中 | 92.11 | 87.22 | 3.39 | 7.26 | 81.58 | 72.54 | 31.58 | 24.86 |
| 高中 | 100.00 | 97.88 | 0.00 | 4.34 | 86.67 | 65.30 | 43.33 | 27.48 |
| 九年一贯制学校 | 80.95 | 65.51 | 12.50 | 15.59 | 85.71 | 51.64 | 47.62 | 14.90 |
| 完全中学 | 96.34 | 95.27 | 7.87 | 7.82 | 39.02 | 76.48 | 37.80 | 27.78 |
| 合计 | 67.69 | 67.05 | 15.87 | 15.44 | 60.09 | 61.42 | 24.71 | 18.29 |

(三)体育场地与器材需进一步完善

2015 年,大足区中小学校有田径场 97 块(200 米田径场 50 块,300 米田径场 11 块,300~400 米田径场 21 块,400 米田径场 15 块),篮球场 245 块,排球场 70 块,体育器材达标学校 97 所,其平均数量虽高于全市平均水平,但全区体育馆、游泳池、学生体质测试室的平均数量与全市平均水平有一定差距。其中,有体育馆 3 个,校均数量为 0.03 个,低于全市每校平均数量 0.06 个;有游泳池 1 个,校均数量为 0.01 个,低于全市每校平均数量 0.02 个;有学生体质测试室 49 间,校均数量为 0.50 间,低于全市每校平均数量 0.51 间(具体情况见表3-19-3)。表明大足区需要加强学校部分体育场地的建设。

表 3-19-3　2015 年大足区体育场地器材信息(场地器材总量/学校个数)

| 类　别 | | 小　学 | 初　中 | 高　中 | 九年一贯制学校 | 完全中学 | 合　计 |
|---|---|---|---|---|---|---|---|
| 田径场/块 | 大足区 | 0.81 | 1.71 | 1.00 | 0.33 | 1.33 | 0.99 |
| | 重庆市 | 0.53 | 0.84 | 1.09 | 0.74 | 1.06 | 0.64 |
| 篮球场/块 | 大足区 | 1.83 | 3.29 | 9.00 | 3.00 | 5.67 | 2.50 |
| | 重庆市 | 1.54 | 2.51 | 4.96 | 2.37 | 4.57 | 2.02 |
| 排球场/块 | 大足区 | 0.46 | 0.59 | 4.00 | 0.33 | 3.17 | 0.71 |
| | 重庆市 | 0.41 | 0.76 | 2.34 | 0.59 | 1.41 | 0.58 |
| 体育馆/个 | 大足区 | 0.01 | 0.00 | 0.00 | 0.00 | 0.33 | 0.03 |
| | 重庆市 | 0.04 | 0.04 | 0.30 | 0.06 | 0.25 | 0.06 |

续表

| 类 别 | | 小 学 | 初 中 | 高 中 | 九年一贯制学校 | 完全中学 | 合 计 |
|---|---|---|---|---|---|---|---|
| 游泳池/个 | 大足区 | 0.00 | 0.00 | 0.00 | 0.00 | 0.17 | 0.01 |
| | 重庆市 | 0.01 | 0.01 | 0.20 | 0.01 | 0.07 | 0.02 |
| 学生体质测试室/间 | 大足区 | 0.41 | 0.71 | 0.50 | 0.33 | 1.00 | 0.50 |
| | 重庆市 | 0.48 | 0.52 | 0.84 | 0.53 | 0.75 | 0.51 |
| 体育器材达标数/个 | 大足区 | 1.00 | 1.00 | 1.00 | 0.67 | 1.00 | 0.99 |
| | 重庆市 | 0.69 | 0.75 | 0.93 | 0.82 | 0.87 | 0.72 |

（四）学生体质健康促进工作需要进一步加强

在学生体质监测方面,作为重庆市《全国学生体质与健康调研》项目区县,大足区认真开展了学生体质健康标准测试工作,并如实上报了监测数据,上报率达98.99%,比2014年增加了10.45个百分点,但是仍未达到100%的要求,上报率需进一步提高。从已上报的数据来看,全区中小学生体质健康达到合格以上等级的学生比例为95.38%,虽略高于《国家学生体质健康标准》95%的要求,但比2014年下降了0.77个百分点;达到良好以上等级的学生比例为31.83%,虽比2014年增长了0.3个百分点,但仍低于《国家学生体质健康标准》40%的要求(如图3-19-7、图3-19-8所示)。这表明大足区仍需要加强学生体质健康促进工作。

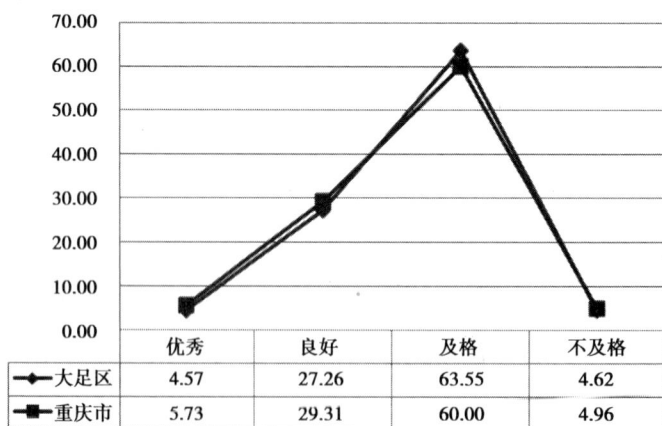

图 3-19-7　2015年大足区与重庆市学生体质健康等级比例对比图(单位:%)

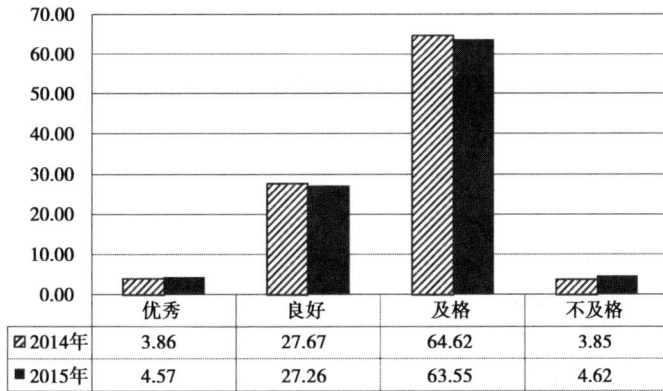

| | 优秀 | 良好 | 及格 | 不及格 |
|---|---|---|---|---|
| ▨2014年 | 3.86 | 27.67 | 64.62 | 3.85 |
| ■2015年 | 4.57 | 27.26 | 63.55 | 4.62 |

图 3-19-8　大足区 2014 年和 2015 年学生体质健康等级比例对比图（单位：%）

## 第二十章 璧山区

### 一、基本概况

2015 年,璧山区有中小学校 74 所,比 2014 年减少 3 所。下降 3.90%;有在校学生 65 371 人,比 2014 年增加 1 625 人,增长 2.55%;有专任教师 4 127 人,比 2014 年增加 15 人,增长 0.36%。

2015 年,全区有参加学校体育工作评估的独立法人资格学校 64 所。其中,优秀等级学校 60 所,占参评学校的 93.75%,比 2014 年增长 5.75 个百分点,比全市平均水平高 34.60 个百分点;良好等级学校 4 所,占参评学校的 6.25%,比 2014 年下降 5.75 个百分点,比全市平均水平低 20.42 个百分点(如图 3-20-1、图 3-20-2 所示),全区 2015 年学校体育工作评审结果总体情况优良。特别是体育工作加分学校的比例(62.50%)虽 2014 年下降了 0.5 个百分点(如图 3-20-4 所示),但高于全市平均水平(如图 3-20-3 所示)。

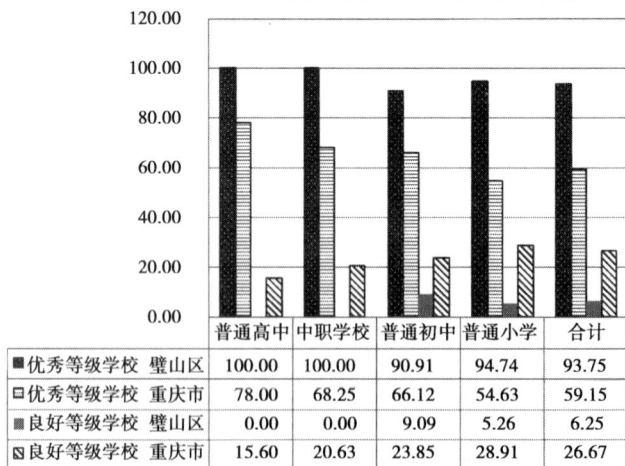

| | | 普通高中 | 中职学校 | 普通初中 | 普通小学 | 合计 |
|---|---|---|---|---|---|---|
| ■优秀等级学校 | 璧山区 | 100.00 | 100.00 | 90.91 | 94.74 | 93.75 |
| □优秀等级学校 | 重庆市 | 78.00 | 68.25 | 66.12 | 54.63 | 59.15 |
| ■良好等级学校 | 璧山区 | 0.00 | 0.00 | 9.09 | 5.26 | 6.25 |
| ▨良好等级学校 | 重庆市 | 15.60 | 20.63 | 23.85 | 28.91 | 26.67 |

图 3-20-1 2015 年璧山区与重庆市学校评审结果比例对比图(单位:%)

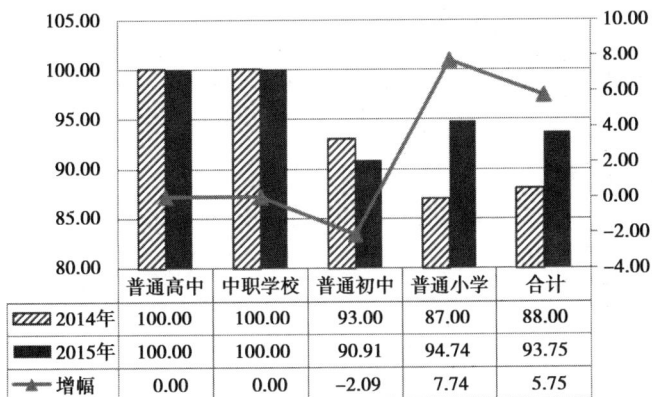

| | 普通高中 | 中职学校 | 普通初中 | 普通小学 | 合计 |
|---|---|---|---|---|---|
| 2014年 | 100.00 | 100.00 | 93.00 | 87.00 | 88.00 |
| 2015年 | 100.00 | 100.00 | 90.91 | 94.74 | 93.75 |
| 增幅 | 0.00 | 0.00 | -2.09 | 7.74 | 5.75 |

图 3-20-2 璧山区 2014 年和 2015 年优秀等级学校比例对比图(单位:%)

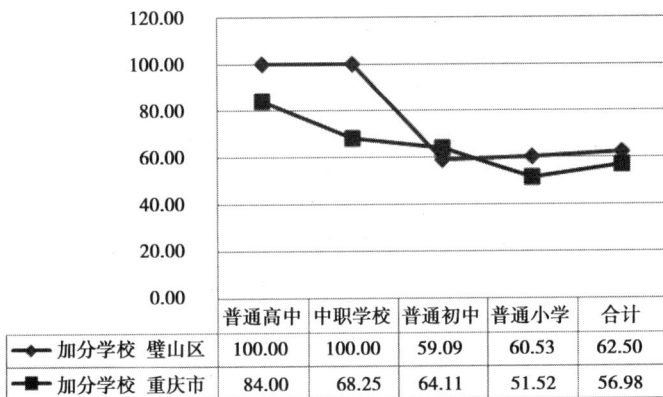

| | 普通高中 | 中职学校 | 普通初中 | 普通小学 | 合计 |
|---|---|---|---|---|---|
| 加分学校 璧山区 | 100.00 | 100.00 | 59.09 | 60.53 | 62.50 |
| 加分学校 重庆市 | 84.00 | 68.25 | 64.11 | 51.52 | 56.98 |

图 3-20-3 2015 年璧山区与重庆市加分学校比例对比图(单位:%)

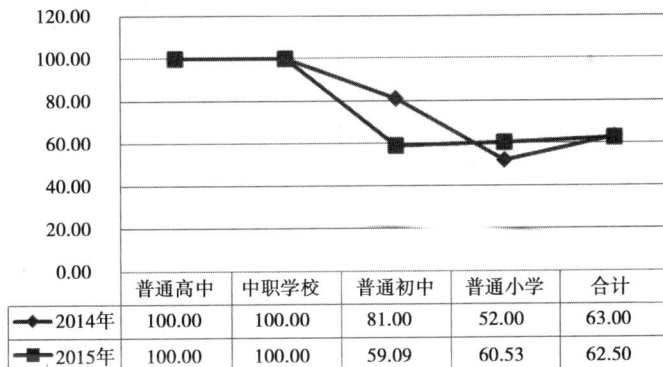

| | 普通高中 | 中职学校 | 普通初中 | 普通小学 | 合计 |
|---|---|---|---|---|---|
| 2014年 | 100.00 | 100.00 | 81.00 | 52.00 | 63.00 |
| 2015年 | 100.00 | 100.00 | 59.09 | 60.53 | 62.50 |

图 3-20-4 璧山区 2014 年和 2015 年加分学校比例对比图(单位:%)

## 二、主要亮点

### (一)组织管理到位

璧山区委、区政府高度重视体育工作,组建了由区教委副主任任组长的体育工作领导小组,定期召开联席会议,研究学校体育工作。区教委教育科科长负责分管学校体育工作,并配备体育教研员负责学校体育工作。分管领导一贯重视体育工作,经常召开分管校领导会议,布置体育工作,要求学校将此项工作当做一项重要工作来抓。同时,璧山区制订了《学校体育工作发展规划》,对学校体育工作提出了切实可行的目标和措施,每学期区内各学校在制订学校工作计划时,都把体育工作列为重中之重,制定出翔实的、切合实际的校园体育活动安排。

### (二)教育教学扎实有效

各校每学期初,体育教研组根据《教委体育工作计划》和《学校工作计划》,结合体育课标要求和学生实际制订出学校《体育教学计划》,保证每位学生都能学到一点体育知识、掌握一种锻炼技巧、得到科学有效的锻炼。按照课程设置要求,区内各中小学校体育课都按计划每周开足 2 ~ 4 课时,并保证课程计划的实施,开课率达 100%。在课堂教学中,各校体育教研组老师精心备课,使学生全面掌握新课程所规定的各项健康常识及体育技能,以改革教学方法和组织形式为基本途径,不断优化课堂教学,努力提高体育教学质量。每年学校都组织体育教师认真开展《学生体质健康标准》和学生体能素质的测试。

### (三)生均体育经费投入较大

2015 年,全区生均体育经费投入为 149.77 元,虽略低于全市生均体育经费的平均值 157.86 元,但生均体育场地经费 109.75 元高于全市平均值 105.59 元(如图 3-20-5 所示)。与 2014 年相比,全区生均体育经费的各方面投入均有所增长。其中,生均体育场地经费增长幅度最大,为 90.07 元,生均专用器材经费增长 15.68 元,生均体育工作经费 0.71 元(如图 3-20-6 所示)。

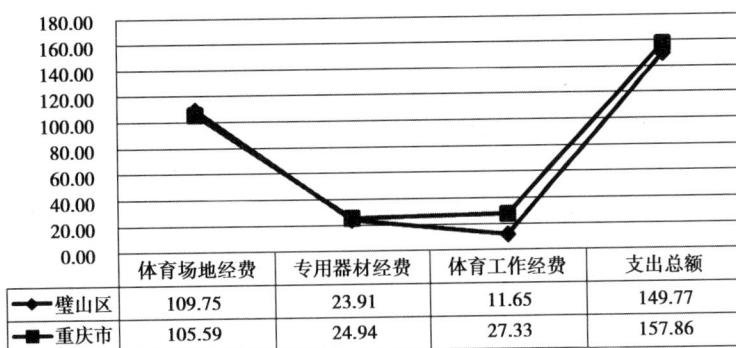

| | 体育场地经费 | 专用器材经费 | 体育工作经费 | 支出总额 |
|---|---|---|---|---|
| 璧山区 | 109.75 | 23.91 | 11.65 | 149.77 |
| 重庆市 | 105.59 | 24.94 | 27.33 | 157.86 |

图 3-20-5　2015 年璧山区与重庆市生均体育经费支出情况对比图（单位:元）

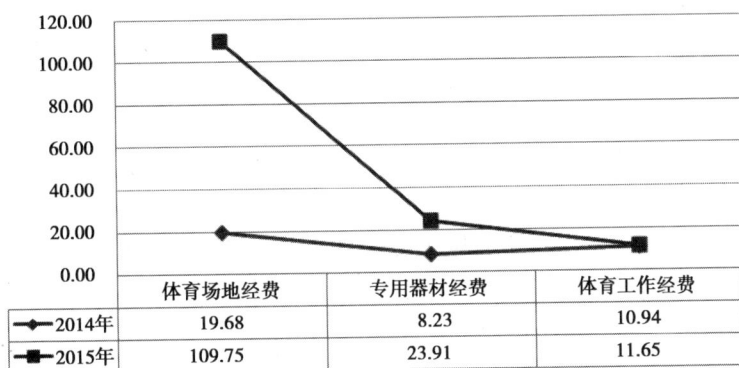

| | 体育场地经费 | 专用器材经费 | 体育工作经费 |
|---|---|---|---|
| 2014年 | 19.68 | 8.23 | 10.94 |
| 2015年 | 109.75 | 23.91 | 11.65 |

图 3-20-6　璧山区 2014 年和 2015 年生均体育经费支出情况对比图（单位:元）

## 三、主要问题

（一）体育教师队伍的建设需进一步加强

2015 年,璧山区专职体育教师的比例为 51.72% ,低于全市平均水平。其中,小学及九年一贯制学校的专职体育教师比例均低于全市平均水平(见表3-20-1),表明璧山区专职体育教师略显不足。全区参与县级以上培训的体育教师比为 40.97% ,低于全市平均水平。除初中外,其余学校类型的体育教师参与县级以上培训的比均低于全市平均水平。全区受区级以上表彰体育教师比为 18.26% ,略低于全市平均水平。其中完全中学体育教师受区级以上表彰的比低于全市水平(见表3-20-1)。以上数据表明,璧山区需进一步加强体育教师队伍的建设。

表3-20-1　2015年璧山区体育教师队伍信息　　　单位:%

| 类　别 | 专　职 | | 缺　额 | | 县级以上培训 | | 受县级以上表彰 | |
|---|---|---|---|---|---|---|---|---|
| | 璧山区 | 重庆市 | 璧山区 | 重庆市 | 璧山区 | 重庆市 | 璧山区 | 重庆市 |
| 小学 | 35.61 | 51.82 | 12.01 | 19.82 | 29.38 | 54.90 | 15.73 | 13.61 |
| 初中 | 88.73 | 87.22 | 0.00 | 7.26 | 83.10 | 72.54 | 36.62 | 24.86 |
| 九年一贯制学校 | 47.83 | 65.51 | 0.00 | 15.59 | 43.48 | 51.64 | 21.74 | 14.90 |
| 完全中学 | 98.39 | 95.27 | 0.00 | 7.82 | 54.84 | 76.48 | 9.68 | 27.78 |
| 合计 | 51.72 | 67.05 | 8.53 | 15.44 | 40.97 | 61.42 | 18.26 | 18.29 |

注:2015年璧山区体育教师缺额数为46人(小学46人,初中、九年一贯制学校和完全中学均为0人),但是上报的合计数为64人。受县级以上表彰的体育教师人数为90人(小学53人＋初中26人＋九年一贯制学校5人＋完全中学6人),但是上报的合计数为72人。请注意核对上报数据。

**（二）学校部分体育场地的数量需要增加**

2015年,璧山区中小学校有篮球场159块,体育馆9个,游泳池2个,体育器材达标学校数63所,其平均数量虽高于全市平均水平,但田径场、排球场、学生体质测试室的平均数量与全市平均水平有一定差距。其中,田径场37块(200米田径场32块,300米田径场3块,400米田径场2块),校均数量为0.58块,低于全市每校平均数量0.64块;排球场32块,校均数量为0.50块,低于全市每校平均数量0.58块;学生体质测试室32间,校均数量为0.50间,略低于全市每校平均数量0.51间(见表3-20-2)。表明璧山区需要加强学校部分体育场地的建设。

表3-20-2　2015年璧山区体育场地器材信息(场地器材总量/学校个数)

| 类　别 | | 小　学 | 初　中 | 九年一贯制学校 | 完全中学 | 合　计 |
|---|---|---|---|---|---|---|
| 田径场/块 | 璧山区 | 0.50 | 0.71 | 0.20 | 1.25 | 0.58 |
| | 重庆市 | 0.53 | 0.84 | 0.74 | 1.06 | 0.64 |
| 篮球场/块 | 璧山区 | 1.79 | 2.41 | 2.00 | 10.00 | 2.48 |
| | 重庆市 | 1.54 | 2.51 | 2.37 | 4.57 | 2.02 |
| 排球场/块 | 璧山区 | 0.42 | 0.47 | 0.00 | 2.00 | 0.50 |
| | 重庆市 | 0.41 | 0.76 | 0.59 | 1.41 | 0.58 |

| 类　别 | | 小　学 | 初　中 | 九年一贯制学校 | 完全中学 | 合　计 |
|---|---|---|---|---|---|---|
| 体育馆/个 | 璧山区 | 0.03 | 0.06 | 0.00 | 1.75 | 0.14 |
| | 重庆市 | 0.04 | 0.04 | 0.06 | 0.25 | 0.06 |
| 游泳池/个 | 璧山区 | 0.00 | 0.00 | 0.00 | 0.50 | 0.03 |
| | 重庆市 | 0.01 | 0.01 | 0.01 | 0.07 | 0.02 |
| 学生体质测试室/间 | 璧山区 | 0.47 | 0.53 | 0.20 | 1.00 | 0.50 |
| | 重庆市 | 0.48 | 0.52 | 0.53 | 0.75 | 0.51 |
| 体育器材达标数/个 | 璧山区 | 0.97 | 1.00 | 1.00 | 1.00 | 0.98 |
| | 重庆市 | 0.69 | 0.75 | 0.82 | 0.87 | 0.72 |

**（三）学生体质健康促进工作有待加强**

2015年，璧山区虽然认真开展了学生体质健康标准测试工作，并如实上报了监测数据，上报率达100%。根据上报数据，全区学生体质健康达到合格以上等级的学生比例为96.00%，虽高于《国家学生体质健康标准》95%的要求，但比2014年下降了1.30个百分点；达到良好以上等级的学生比例为30.89%，虽比2014年增长了3.55个百分点，但仍低于《国家学生体质健康标准》40%的要求（如图3-20-7、图3-20-8所示）。因此，璧山区需要加强学生体质健康促进工作的开展。

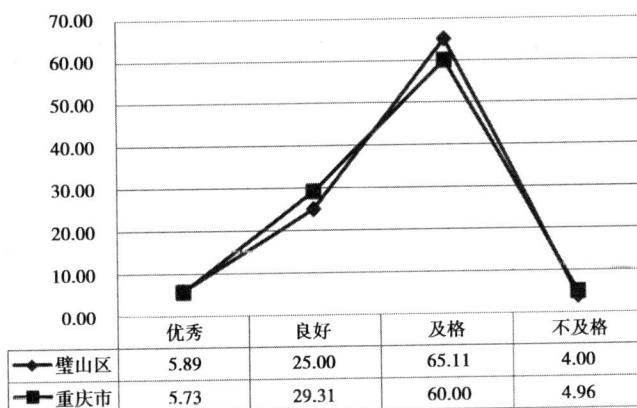

| | 优秀 | 良好 | 及格 | 不及格 |
|---|---|---|---|---|
| 璧山区 | 5.89 | 25.00 | 65.11 | 4.00 |
| 重庆市 | 5.73 | 29.31 | 60.00 | 4.96 |

图3-20-7　2015年璧山区与重庆市学生体质健康等级比例对比图（单位:%）

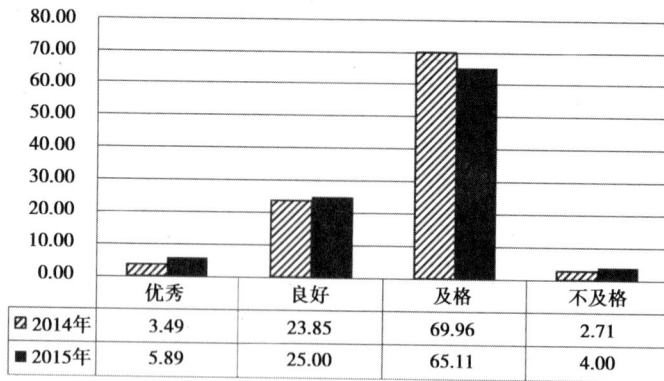

| | 优秀 | 良好 | 及格 | 不及格 |
|---|---|---|---|---|
| 2014年 | 3.49 | 23.85 | 69.96 | 2.71 |
| 2015年 | 5.89 | 25.00 | 65.11 | 4.00 |

图 3-20-8　璧山区 2014 年和 2015 年学生体质健康等级比例对比图(单位:%)

（四）加强所报数据的管理与核对

2015 年,璧山区体育教师缺额数为 46 人(小学 46 人,初中、九年一贯制学校和完全中学均为 0 人),但是上报的合计数为 64 人。受县级以上表彰的体育教师人数为 90 人(小学 53 人 + 初中 26 人 + 九年一贯制学校 5 人 + 完全中学 6 人),但是上报的合计数为 72 人。因此,需对本区各学校体育场地数量的变化情况作及时更新,并在以后上报自评报告时对数据进行认真核对。

# 第二十一章 铜梁区

## 一、基本概况

2015 年,铜梁区有中小学校 94 所,与 2014 年持平;有在校学生 88 963 人,比 2014 年增加 1 005 人,增长 1.42%;有专任教师 5 358 人,比 2014 年增加 184 人,增长 3.56%。

2015 年,全区有参加学校体育工作评估的独立法人资格学校 89 所。其中,优秀等级学校 58 所,占参评学校的 65.17%,比全市平均水平高 6.02 个百分点,比 2014 年下降 4.83 个百分点;良好等级学校 31 所,占参评学校的 34.83%,比全市平均水平高 8.16 个百分点,比 2014 年增长 4.83 个百分点(如图 3-21-1、图 3-21-2 所示);无不合格学校,全区 2015 年学校体育工作评审结果总体情况良好。特别是体育工作加分学校的比例(65.17%)高于全市平均水平(如图 3-21-3 所示),比 2014 年增长了 20.17 个百分点(如图 3-21-4 所示)。

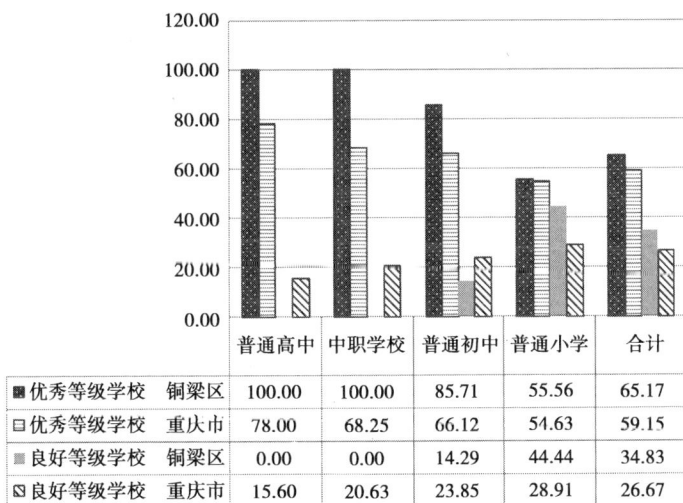

| | | 普通高中 | 中职学校 | 普通初中 | 普通小学 | 合计 |
|---|---|---|---|---|---|---|
| ■优秀等级学校 | 铜梁区 | 100.00 | 100.00 | 85.71 | 55.56 | 65.17 |
| □优秀等级学校 | 重庆市 | 78.00 | 68.25 | 66.12 | 54.63 | 59.15 |
| ▨良好等级学校 | 铜梁区 | 0.00 | 0.00 | 14.29 | 44.44 | 34.83 |
| ◺良好等级学校 | 重庆市 | 15.60 | 20.63 | 23.85 | 28.91 | 26.67 |

图 3-21-1 2015 年铜梁区与重庆市学校评审结果比例对比图(单元:%)

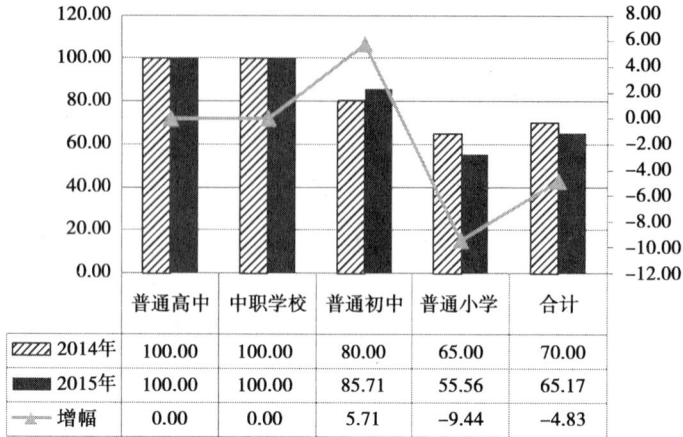

| | 普通高中 | 中职学校 | 普通初中 | 普通小学 | 合计 |
|---|---|---|---|---|---|
| 2014年 | 100.00 | 100.00 | 80.00 | 65.00 | 70.00 |
| 2015年 | 100.00 | 100.00 | 85.71 | 55.56 | 65.17 |
| 增幅 | 0.00 | 0.00 | 5.71 | -9.44 | -4.83 |

图 3-21-2　铜梁区 2014 年和 2015 年优秀等级学校比例对比图（单元:%）

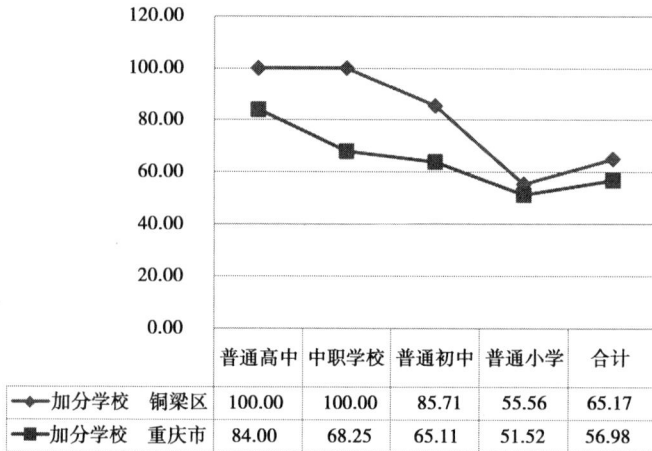

| | | 普通高中 | 中职学校 | 普通初中 | 普通小学 | 合计 |
|---|---|---|---|---|---|---|
| 加分学校 | 铜梁区 | 100.00 | 100.00 | 85.71 | 55.56 | 65.17 |
| 加分学校 | 重庆市 | 84.00 | 68.25 | 65.11 | 51.52 | 56.98 |

图 3-21-3　2015 年铜梁区与重庆市加分学校比例对比图（单元:%）

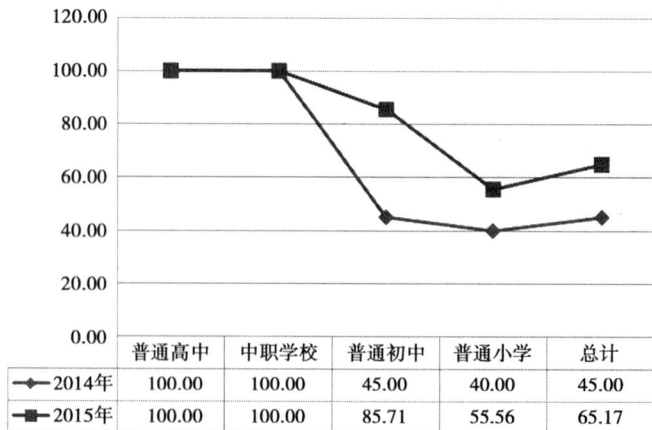

| | 普通高中 | 中职学校 | 普通初中 | 普通小学 | 总计 |
|---|---|---|---|---|---|
| 2014年 | 100.00 | 100.00 | 45.00 | 40.00 | 45.00 |
| 2015年 | 100.00 | 100.00 | 85.71 | 55.56 | 65.17 |

图 3-21-4　铜梁区 2014 年和 2015 年加分学校比例对比图（单元:%）

## 二、主要亮点

（一）组织管理到位

2015 年,铜梁区出台了《关于进一步加强学校体育和艺术教育工作的意见》。各校在执行的过程中,采取了一系列的工作措施,切实加强学校体育工作,有力地促进了区中小学生体质健康和运动能力的提高。每年,教委对学校实施考核,学校对教师纳入绩效考核。校长负总责,分管领导具体抓,各部门分工负责,层层有人管,层层有人负责,把责任落实到部门、任务落实到人,纳入年度考核目标,一级考核一级。

（二）生均体育经费投入有所增长

2015 年,铜梁区生均体育经费投入为 157.43 元,略低于重庆市生均体育经费的平均值,但生均体育场地经费、生均专用器材经费、生均体育工作经费均高于全市平均水平,尤其是生均体育工作经费的差值比较大(如图 3-21-5 所示)。与 2014 年相比,全区 2015 年生均体育经费的各方面投入有大幅度增长。其中,生均体育场地经费增长 98.93 元,生均专用器材经费增长 35.33 元,生均体育工作经费增长 40.68 元(如图 3-21-6 所示)。

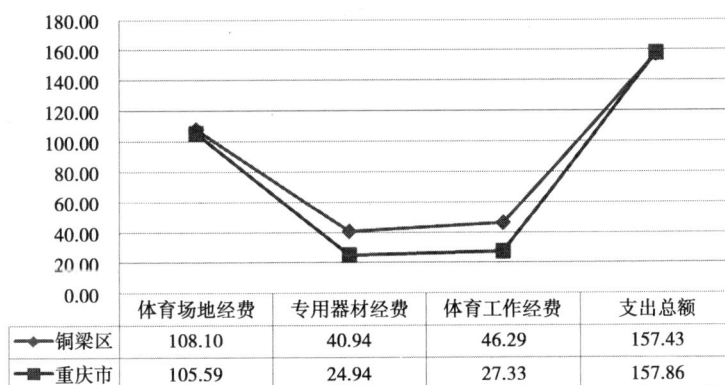

| | 体育场地经费 | 专用器材经费 | 体育工作经费 | 支出总额 |
|---|---|---|---|---|
| 铜梁区 | 108.10 | 40.94 | 46.29 | 157.43 |
| 重庆市 | 105.59 | 24.94 | 27.33 | 157.86 |

图 3-21-5　2015 年铜梁区与重庆市生均体育经费支出情况对比图(单位:元)

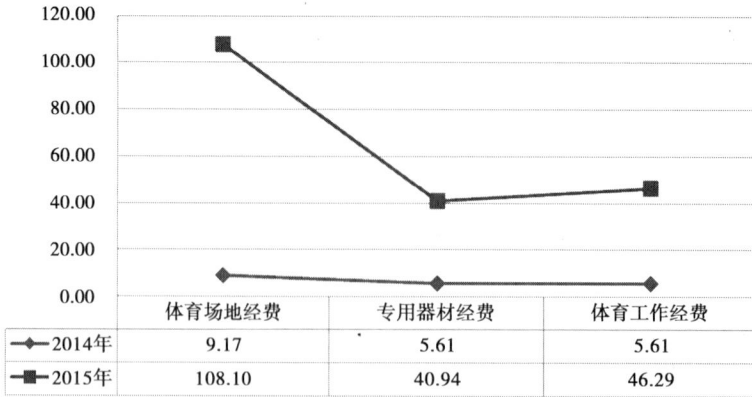

| | 体育场地经费 | 专用器材经费 | 体育工作经费 |
|---|---|---|---|
| 2014年 | 9.17 | 5.61 | 5.61 |
| 2015年 | 108.10 | 40.94 | 46.29 |

图 3-21-6　铜梁区 2014 年和 2015 年生均体育经费支出情况对比图(单位:元)

## 三、主要问题

（一）体育场地器材数量需进一步增加

2015 年,铜梁区中小学校有篮球场 233 块,排球场 96 块,游泳池 3 个,学生体质测试室 57 间,体育器材达标学校 74 所,虽平均数量均高于全市平均水平(见表 3-21-1)。但田径场、体育馆的平均数量低于全市平均水平。其中,田径场 50 块(200 米田径场 35 块,300 米田径场 6 块,300 ~ 400 米田径场 4 块,400 米田径场 5 块),校均数量为 0.56 块,低于全市每校平均数量 0.64 块,尤其是小学及完全中学田径场的数量更低;体育馆 4 个,校均数量为 0.04 个,低于全市每校平均数量 0.06 个(见表 3-21-1)。以上数据表明铜梁区需进一步加强学校体育场地的建设。

表 3-21-1　2015 年铜梁区体育场地器材信息(场地器材总量/学校个数)

| 类　别 | | 小　学 | 初　中 | 高　中 | 九年一贯制学校 | 完全中学 | 合　计 |
|---|---|---|---|---|---|---|---|
| 田径场/块 | 铜梁区 | 0.40 | 0.90 | 1.33 | 1.00 | 1.00 | 0.56 |
| | 重庆市 | 0.53 | 0.84 | 1.09 | 0.74 | 1.06 | 0.64 |
| 篮球场/块 | 铜梁区 | 1.75 | 3.60 | 9.33 | 3.00 | 10.00 | 2.62 |
| | 重庆市 | 1.54 | 2.51 | 4.96 | 2.37 | 4.57 | 2.02 |
| 排球场/块 | 铜梁区 | 0.68 | 1.60 | 6.00 | 1.00 | 1.00 | 1.08 |
| | 重庆市 | 0.41 | 0.76 | 2.34 | 0.59 | 1.41 | 0.58 |

续表

| 类　别 | | 小　学 | 初　中 | 高　中 | 九年一贯制学校 | 完全中学 | 合　计 |
|---|---|---|---|---|---|---|---|
| 体育馆/个 | 铜梁区 | 0.00 | 0.00 | 1.00 | 0.00 | 0.50 | 0.04 |
| | 重庆市 | 0.04 | 0.04 | 0.30 | 0.06 | 0.25 | 0.06 |
| 游泳池/个 | 铜梁区 | 0.00 | 0.00 | 1.00 | 0.00 | 0.00 | 0.03 |
| | 重庆市 | 0.01 | 0.01 | 0.20 | 0.01 | 0.07 | 0.02 |
| 学生体质测试室/间 | 铜梁区 | 0.57 | 0.80 | 1.33 | 0.00 | 0.50 | 0.64 |
| | 重庆市 | 0.48 | 0.52 | 0.84 | 0.53 | 0.75 | 0.51 |
| 体育器材达标数/个 | 铜梁区 | 0.81 | 0.95 | 0.33 | 1.00 | 1.00 | 0.83 |
| | 重庆市 | 0.69 | 0.75 | 0.93 | 0.82 | 0.87 | 0.72 |

（二）体育教师队伍建设需进一步加强

2015 年,全区专职体育教师比为 55.28%,低于全市平均水平。其中,小学、初中及九年一贯制学校的专职体育教师比均低于全市平均水平(见表3-21-2),表明铜梁区专职体育教师略显不足。全区体育教师参与区级以上培训的比例为49.01%,低于全市平均水平。其中,小学和初中体育教师参与区级以上培训的比例均低于全市平均水平,九年一贯制学校体育教师受区级以上表彰体育教师比例为0%,远低于全市平均水平。以上数据表明,铜梁区需进一步加强体育教师的队伍建设。

表3-21-2　2015 年铜梁区体育教师队伍信息　　　　　单位:%

| 学校类别 | 专职 | | 缺额 | | 县级以上培训 | | 受县级以上表彰 | |
|---|---|---|---|---|---|---|---|---|
| | 铜梁区 | 重庆市 | 铜梁区 | 重庆市 | 铜梁区 | 重庆市 | 铜梁区 | 重庆市 |
| 小学 | 32.69 | 51.82 | 8.31 | 19.82 | 34.07 | 54.90 | 14.84 | 13.61 |
| 初中 | 86.34 | 87.22 | 0.00 | 7.26 | 66.46 | 72.54 | 30.43 | 24.86 |
| 高中 | 96.00 | 97.88 | 0.00 | 4.34 | 82.00 | 65.30 | 42.00 | 27.48 |
| 九年一贯制学校 | 60.00 | 65.51 | 0.00 | 15.59 | 60.00 | 51.64 | 0.00 | 14.90 |
| 完全中学 | 100.00 | 95.27 | 0.00 | 7.82 | 84.62 | 76.48 | 42.31 | 27.78 |
| 合　计 | 55.28 | 67.05 | 5.16 | 15.44 | 49.01 | 61.42 | 22.28 | 18.29 |

（三）学生体质健康促进工作力度需加强

2015 年,铜梁区认真开展了学生体质健康标准测试工作,并如实上报了监测数据,上报率达100%。根据上报数据,全区学生体质健康达到合格以上等级的学生比例为95.89%,虽高于《国家学生体质健康标准》95%的要求,但比2014年下降了2.58个百分点;达到良好以上等级的学生比例为34.04%,低于《国家学生体质健康标准》40%的要求,比2014年下降了13.62个百分点(如图3-21-7、图3-21-8所示)。因此,铜梁区需要进一步加强学生体质健康促进工作的开展。

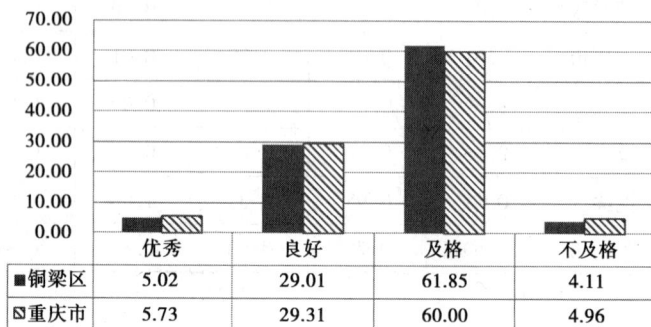

| | 优秀 | 良好 | 及格 | 不及格 |
|---|---|---|---|---|
| ■铜梁区 | 5.02 | 29.01 | 61.85 | 4.11 |
| ▨重庆市 | 5.73 | 29.31 | 60.00 | 4.96 |

图3-21-7　2015年铜梁区与重庆市学生体质健康等级比例对比图(单位:%)

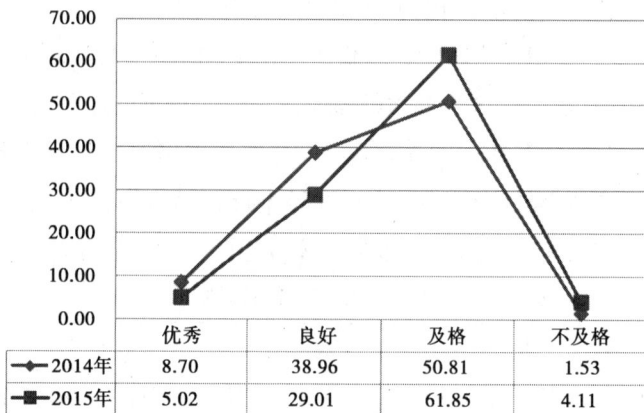

| | 优秀 | 良好 | 及格 | 不及格 |
|---|---|---|---|---|
| ◆ 2014年 | 8.70 | 38.96 | 50.81 | 1.53 |
| ■ 2015年 | 5.02 | 29.01 | 61.85 | 4.11 |

图3-21-8　铜梁区2014年和2015年学生体质健康等级比例对比图(单位:%)

# 第二十二章 潼南区

## 一、基本概况

2015 年,潼南区有中小学校 177 所,比 2014 年减少 4 所,下降 2.21%;有在校学生 84 412 人,比 2014 年减少 852 人,下降 1.00%;有专任教师 5 045 人,比 2014 年减少 74 人,下降 1.45%。

2015 年,全区有参加学校体育工作评估的独立法人资格学校 89 所。其中,优秀等级学校 14 所,占参评学校的 15.73%,比全市平均水平低 43.42 个百分点,比 2014 年下降了 0.05 个百分点;良好等级学校 22 所,占参评学校的 24.72%,比全市平均水平低 1.95 个百分点,比 2014 年下降了 0.09 个百分点(如图 3-22-1、图 3-22-2 所示);合格等级学校数 53 所,无不合格学校。全区 2015 年学校体育工作评审结果总体情况虽然一般,但体育工作加分学校的比例为 61.80%,略高于全市体育工作加分学校比例的平均水平(如图 3-22-3、图 3-22-4 所示)。

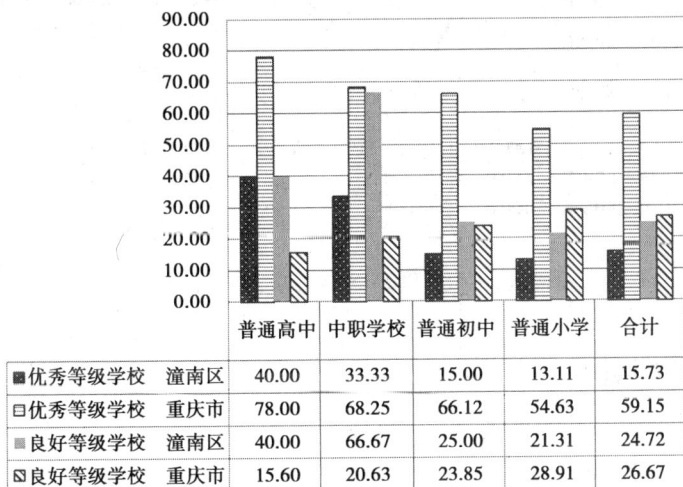

|  |  | 普通高中 | 中职学校 | 普通初中 | 普通小学 | 合计 |
|---|---|---|---|---|---|---|
| ■ 优秀等级学校 | 潼南区 | 40.00 | 33.33 | 15.00 | 13.11 | 15.73 |
| □ 优秀等级学校 | 重庆市 | 78.00 | 68.25 | 66.12 | 54.63 | 59.15 |
| ▨ 良好等级学校 | 潼南区 | 40.00 | 66.67 | 25.00 | 21.31 | 24.72 |
| ▨ 良好等级学校 | 重庆市 | 15.60 | 20.63 | 23.85 | 28.91 | 26.67 |

图 3-22-1　2015 年潼南区与重庆市学校评审结果比例对比图(单位:%)

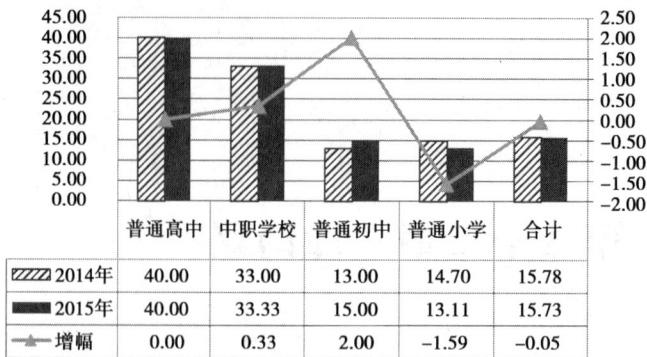

| | 普通高中 | 中职学校 | 普通初中 | 普通小学 | 合计 |
|---|---|---|---|---|---|
| 2014年 | 40.00 | 33.00 | 13.00 | 14.70 | 15.78 |
| 2015年 | 40.00 | 33.33 | 15.00 | 13.11 | 15.73 |
| 增幅 | 0.00 | 0.33 | 2.00 | -1.59 | -0.05 |

图 3-22-2    潼南区 2014 年和 2015 年优秀等级学校比例对比图（单位:%）

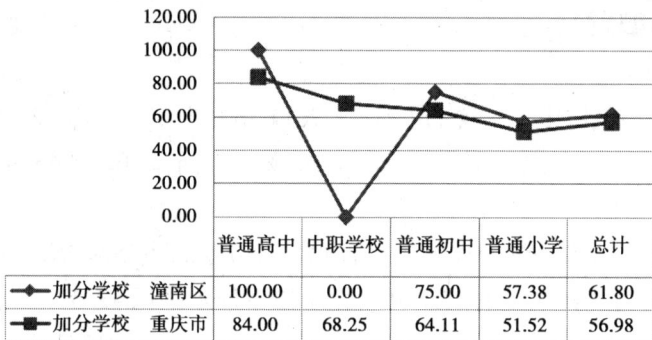

| | | 普通高中 | 中职学校 | 普通初中 | 普通小学 | 总计 |
|---|---|---|---|---|---|---|
| 加分学校 | 潼南区 | 100.00 | 0.00 | 75.00 | 57.38 | 61.80 |
| 加分学校 | 重庆市 | 84.00 | 68.25 | 64.11 | 51.52 | 56.98 |

图 3-22-3    2015 年潼南区与重庆市加分学校比例对比图（单位:%）

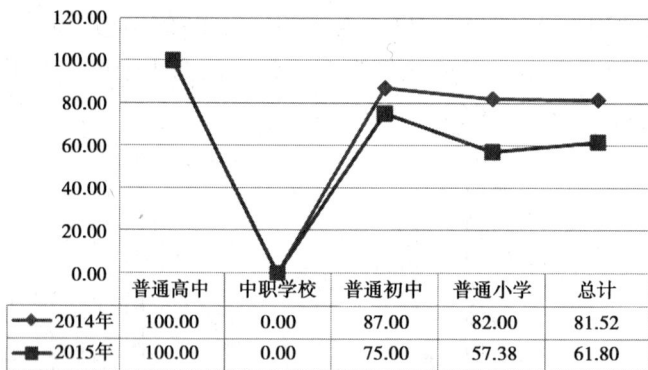

| | 普通高中 | 中职学校 | 普通初中 | 普通小学 | 总计 |
|---|---|---|---|---|---|
| 2014年 | 100.00 | 0.00 | 87.00 | 82.00 | 81.52 |
| 2015年 | 100.00 | 0.00 | 75.00 | 57.38 | 61.80 |

图 3-22-4    潼南区 2014 年和 2015 年加分学校比例对比图（单位:%）

# 二、主要亮点

## （一）组织管理到位

潼南区教委成立了学校体育工作专项评估领导小组,各片区教育办公室成立了相应机构,全面展开评估工作;各校把体育工作纳入学校整体工作计划,由各校校长负责,教务处具体落实,少先队、团委协同配合,制订了有关体育工作的一系列规章制度,坚持抓落实,保证学校体育工作的全面落实。

(二)教育教学工作扎实有效

潼南区各校坚持开足开好体育课,小学1—2年级每周4节,3—6年级每周3节,中学每周3节。潼南区各学段体育课开足率、保障1小时体育锻炼时间的学校比例以及组织大课间体育活动的学校比例均为100%。学校重视学生体质检测工作,学校平时高度重视学生"两操"管理,体育工作坚持普及与竞技相结合,体育兴趣小组的辅导老师常年坚持指导,其他教师各尽其能,各负其责,分工配合各学校建立体育运动项目的课外兴趣小组,如乒乓球队、篮球队、排球队、校园健身操队,并积极推荐优秀选手参加各级各类运动会,也取得了很好的成绩。

(三)生均体育经费投入有所增长

2015年,全区生均体育经费的投入为136.09元,虽低于全市平均水平,但与2014年相比,全区2015年各方面生均体育经费的投入都有较大幅度地增长,尤其是在专用器材经费和体育工作经费方面(如图3-22-5所示)。

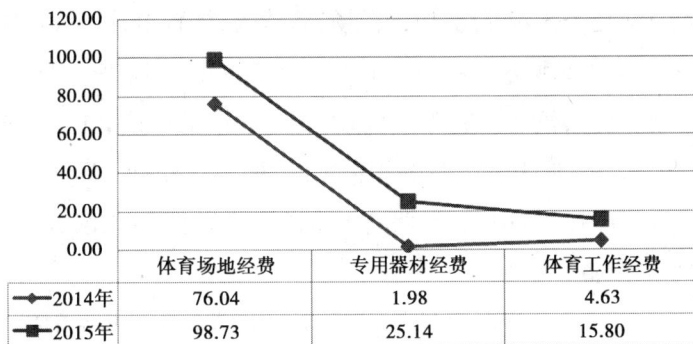

| | 体育场地经费 | 专用器材经费 | 体育工作经费 |
|---|---|---|---|
| 2014年 | 76.04 | 1.98 | 4.63 |
| 2015年 | 98.73 | 25.14 | 15.80 |

图3-22-5 潼南区2014年和2015年生均体育经费支出情况对比图(单位:元)

## 三、主要问题

(一)体育教师队伍建设有待进一步加强

在专职体育教师配备方面,2015年潼南区专职体育教师的配备比为64.27%,低于全市平均水平,尤其是小学与初中专职体育教师的配备均低于全市平均水平。全区体育教师缺额比为19.96%,高于全市平均水平(见表3-22-1)。所以,潼南区需加强专职体育教师的配备。在体育教师专业素质方面,潼南区参与区级以上培训的体育教师比例为111.24%,虽远高于全市平均水平,但受区级以上表彰的体育教师比仅为3.82%,远低于全市平均水平(见表3-22-1)。表明潼南区需要加强对体育教师的激励,以促进其专业素质的提升。

表3-22-1　2015年潼南区教师队伍信息　　　　　　　　　　　单位:%

| 学校类别 | 专职 | | 缺额 | | 县级以上培训 | | 受县级以上表彰 | |
|---|---|---|---|---|---|---|---|---|
| | 潼南区 | 重庆市 | 潼南区 | 重庆市 | 潼南区 | 重庆市 | 潼南区 | 重庆市 |
| 小学 | 50.42 | 51.82 | 30.81 | 19.82 | 132.35 | 54.90 | 1.68 | 13.61 |
| 初中 | 72.03 | 87.22 | 0.00 | 7.26 | 83.92 | 72.54 | 6.99 | 24.86 |
| 高中 | 98.44 | 97.88 | 7.25 | 4.34 | 93.75 | 65.30 | 4.69 | 27.48 |
| 合计 | 64.27 | 67.05 | 19.96 | 15.44 | 111.24 | 61.42 | 3.82 | 18.29 |

### (二)体育场地器材的配备需要完善

2015年,潼南区中小学校有排球场111块,学生体质测试室78间,其平均数量虽高于全市平均水平(见表3-22-2)。但田径场、篮球场、体育馆、游泳池、体育器材达标学校的平均水平与全市平均水平存在一定差距。其中,田径场29块(200米田径场24块,400米田径场5块),校均数量为0.33块,低于全市平均数量0.64块;篮球场153块,校均数量为1.72块,低于全市平均数量2.02块;体育器材达标学校数45所,低于全市平均水平,全区没有1个体育馆、没有1个游泳池,表明潼南区需进一步完善学校体育场地与器材的配备。

表3-22-2　2015年潼南区体育场地器材信息(场地器材总量/学校个数)

| 类　别 | | 小　学 | 初　中 | 高　中 | 合　计 |
|---|---|---|---|---|---|
| 田径场/块 | 潼南区 | 0.15 | 0.65 | 0.88 | 0.33 |
| | 重庆市 | 0.53 | 0.84 | 1.09 | 0.64 |
| 篮球场/块 | 潼南区 | 1.31 | 2.40 | 3.13 | 1.72 |
| | 重庆市 | 1.54 | 2.51 | 4.96 | 2.02 |
| 排球场/块 | 潼南区 | 1.13 | 1.35 | 1.88 | 1.25 |
| | 重庆市 | 0.41 | 0.76 | 2.34 | 0.58 |

| 类　别 | | 小　学 | 初　中 | 高　中 | 合　计 |
|---|---|---|---|---|---|
| 体育馆/个 | 潼南区 | 0.00 | 0.00 | 0.00 | 0.00 |
| | 重庆市 | 0.04 | 0.04 | 0.30 | 0.06 |
| 游泳池/个 | 潼南区 | 0.00 | 0.00 | 0.00 | 0.00 |
| | 重庆市 | 0.01 | 0.01 | 0.20 | 0.02 |
| 学生体质测试室/间 | 潼南区 | 0.82 | 1.00 | 1.00 | 0.88 |
| | 重庆市 | 0.48 | 0.52 | 0.84 | 0.51 |
| 体育器材达标数/个 | 潼南区 | 0.49 | 0.50 | 0.63 | 0.51 |
| | 重庆市 | 0.69 | 0.75 | 0.93 | 0.72 |

（三）学生体质健康工作需要加强

2015 年,潼南区认真开展了学生体质健康标准测试工作,并如实上报了监测数据,上报率达 100%。根据上报数据,全区学生体质健康达到合格以上等级的学生比例为 89.53%,未达到《国家学生体质健康标准》95% 要求,比 2014 年下降了 6.04 个百分点;达到良好以上等级的学生比例为 21.85%,也未达到《国家学生体质健康标准》40% 的要求,比 2014 年下降了 6.41 个百分点(如图 3-22-6、图 3-22-7 所示)。以上数据表明,潼南区需要加强学生体质健康的促进工作。

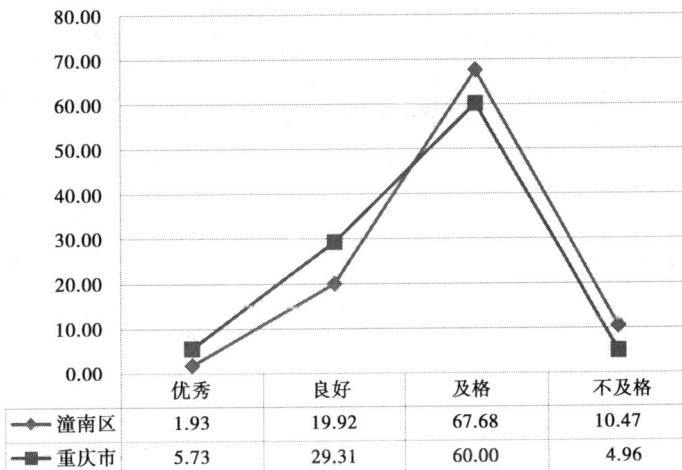

| | 优秀 | 良好 | 及格 | 不及格 |
|---|---|---|---|---|
| 潼南区 | 1.93 | 19.92 | 67.68 | 10.47 |
| 重庆市 | 5.73 | 29.31 | 60.00 | 4.96 |

图 3-22-6　2015 年潼南区与重庆市学生体质健康等级比例对比图(单位:%)

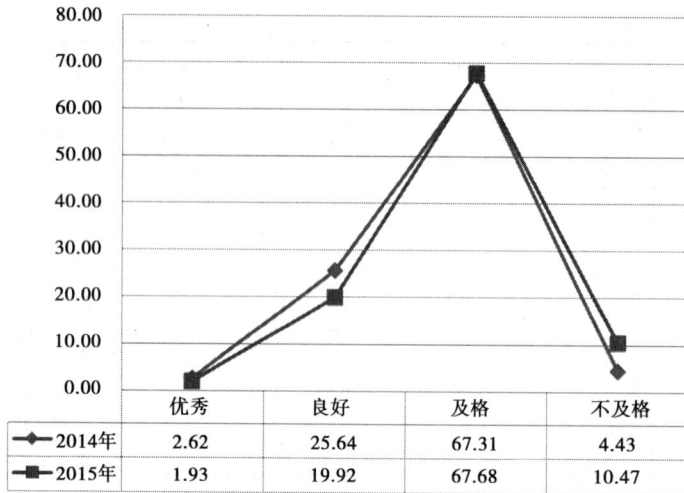

| | 优秀 | 良好 | 及格 | 不及格 |
|---|---|---|---|---|
| 2014年 | 2.62 | 25.64 | 67.31 | 4.43 |
| 2015年 | 1.93 | 19.92 | 67.68 | 10.47 |

图 3-22-7　潼南区 2014 年和 2015 年学生体质健康等级比例对比图(单位:%)

## (四)体育活动尚未落实到位

2015 年,潼南区学校体育活动落实情况未达到100%。其中,初中学校的体育课开足比例、落实每天一小时体育锻炼的学校比例以及组织大课间体育活动的学校比例均为95%(见表3-22-3)。表明潼南区体育活动落实情况尚未达到相关要求,需加强这方面的工作。

表 3-22-3　2015 年潼南区体育活动落实情况

| 学校类别 | 学校/所 | 体育课<br>开足数/% | 落实每天一小时<br>体育锻炼数/% | 组织大课间<br>体育活动数/% |
|---|---|---|---|---|
| 小学 | 61 | 100.00 | 100.00 | 100.00 |
| 初中 | 20 | 95.00 | 95.00 | 95.00 |
| 高中 | 8 | 100.00 | 100.00 | 100.00 |
| 合计 | 89 | 98.88 | 98.88 | 98.88 |

# 第二十三章　荣昌区

## 一、基本概况

2015 年,荣昌区有中小学校 182 所,与 2014 年持平;有在校学生 85 450 人,比 2014 年增加 401 人,增长 0.47%;有专任教师 5 558 人,比 2014 年增加 106 人,增长1.94%。

2015 年,全区有参加学校体育工作评估的独立法人资格学校 119 所。其中,优秀等级学校 67 所,占参评学校的 56.30%,比全市平均水平低 2.85 个百分点,比 2014 年下降 3.9 个百分点;良好等级学校 48 所,占参评学校的 40.34%,比全市平均水平高13.67个百分点,比 2014 年增长 9.94 个百分点(如图 3-23-1、图 3-23-2 所示);合格等级学校 4 所,无不合格学校,全区 2015 年学校体育工作评审结果总体情况良好。特别是全区 2015 年学校体育工作加分学校比为 35.29%,比 2014 年高 2.89 个百分点(如图 3-23-3、图 3-23-4 所示)。

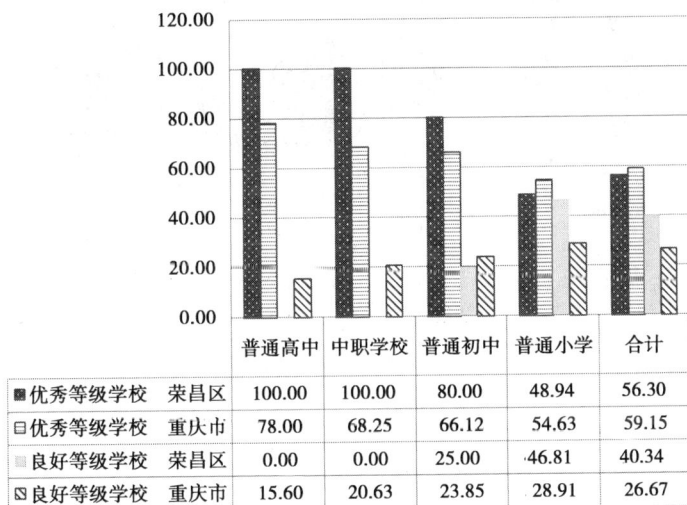

| | | 普通高中 | 中职学校 | 普通初中 | 普通小学 | 合计 |
|---|---|---|---|---|---|---|
| ■优秀等级学校 | 荣昌区 | 100.00 | 100.00 | 80.00 | 48.94 | 56.30 |
| □优秀等级学校 | 重庆市 | 78.00 | 68.25 | 66.12 | 54.63 | 59.15 |
| ▨良好等级学校 | 荣昌区 | 0.00 | 0.00 | 25.00 | 46.81 | 40.34 |
| ▨良好等级学校 | 重庆市 | 15.60 | 20.63 | 23.85 | 28.91 | 26.67 |

图 3-23-1　2015 年荣昌区与重庆市学校评审结果比例对比图(单位:%)

| | 普通高中 | 中职学校 | 普通初中 | 普通小学 | 合计 |
|---|---|---|---|---|---|
| 2014年 | 100.00 | 100.00 | 72.00 | 57.00 | 60.20 |
| 2015年 | 100.00 | 100.00 | 80.00 | 48.94 | 56.30 |
| 增幅 | 0.00 | 0.00 | 8.00 | -8.06 | -3.90 |

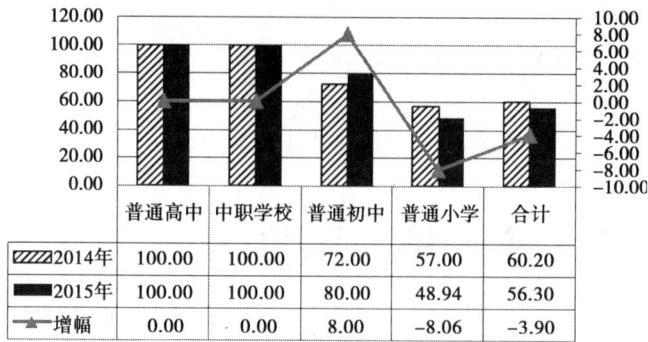

图 3-23-2　荣昌区 2014 年和 2015 年优秀等级学校比例对比图(单位:%)

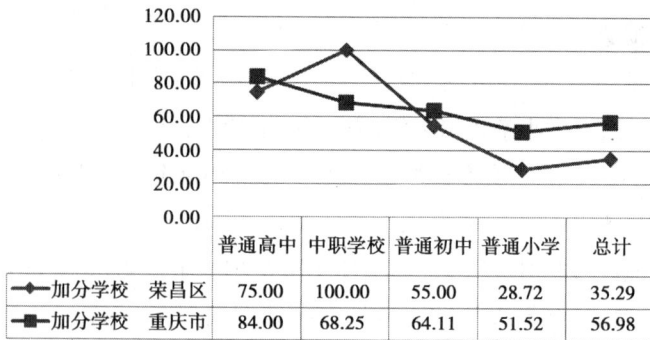

| | | 普通高中 | 中职学校 | 普通初中 | 普通小学 | 总计 |
|---|---|---|---|---|---|---|
| 加分学校 | 荣昌区 | 75.00 | 100.00 | 55.00 | 28.72 | 35.29 |
| 加分学校 | 重庆市 | 84.00 | 68.25 | 64.11 | 51.52 | 56.98 |

图 3-23-3　2015 年荣昌区与重庆市加分学校比例对比图(单位:%)

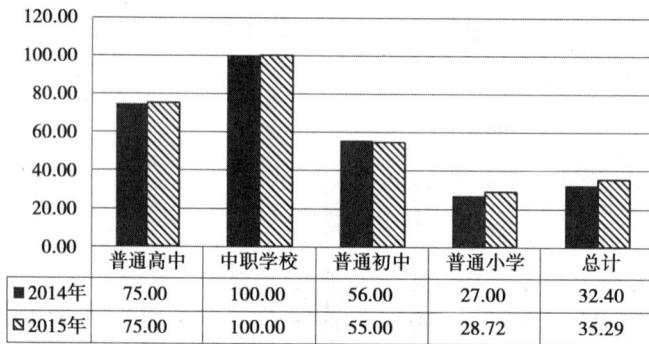

| | 普通高中 | 中职学校 | 普通初中 | 普通小学 | 总计 |
|---|---|---|---|---|---|
| 2014年 | 75.00 | 100.00 | 56.00 | 27.00 | 32.40 |
| 2015年 | 75.00 | 100.00 | 55.00 | 28.72 | 35.29 |

图 3-23-4　荣昌区 2014 年和 2015 年加分学校比例对比图(单位:%)

## 二、主要亮点

### (一)组织管理到位

2015 年,荣昌区制定并下发了《荣昌县学校体育工作计划》,明确了专项评估的目的、原则、内容、工作要求、考核办法等，建立了"教委—教管中心—学校—教师"多层次管理及工作机制，为体育工作的顺利开展提供了有效保障。

（二）学生体质健康促进工作扎实

2015年，荣昌区认真组织开展了学生体质健康标准测试，并如实上报了测试数据，上报率达100%。根据上报数据，全区学生体质健康达到合格以上等级的学生比例为98.30%，高于《国家学生体质健康标准》95%的要求，比2014年增长了0.34个百分点；达到良好以上等级的比例为39.95%，基本符合《国家学生体质健康标准》40%的要求，比2014年下降了2.61个百分点（如图3-23-5、图3-23-6所示）。以上数据表明，荣昌区学生体质健康促进工作较为扎实。

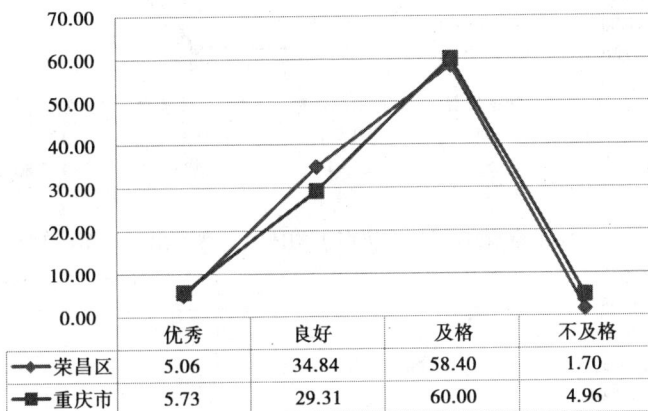

| | 优秀 | 良好 | 及格 | 不及格 |
|---|---|---|---|---|
| 荣昌区 | 5.06 | 34.84 | 58.40 | 1.70 |
| 重庆市 | 5.73 | 29.31 | 60.00 | 4.96 |

图3-23-5　2015年荣昌区与重庆市学生体质健康等级比例对比图（单位:%）

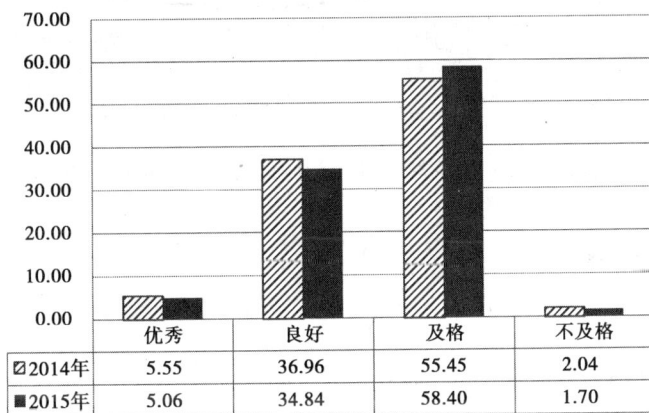

| | 优秀 | 良好 | 及格 | 不及格 |
|---|---|---|---|---|
| 2014年 | 5.55 | 36.96 | 55.45 | 2.04 |
| 2015年 | 5.06 | 34.84 | 58.40 | 1.70 |

图3-23-6　荣昌区2014年和2015年学生体质健康等级比例对比图（单位:%）

（三）生均体育经费投入有所增加

2015年,荣昌区生均体育经费投入为170.86元,高于全市生均体育经费的平均值,尤其是生均体育场地经费高于全市平均水平(如图3-23-7所示);与2014年相比,全区2015年生均体育经费的部分方面投入增长幅度较大,尤其是生均体育场地经费的投入增长了118.82元(如图3-23-8所示)。

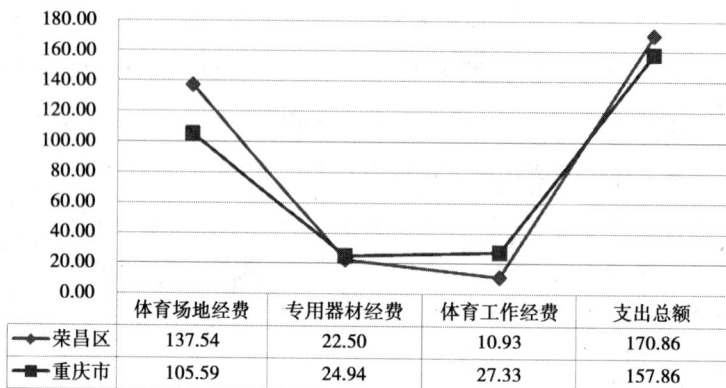

| | 体育场地经费 | 专用器材经费 | 体育工作经费 | 支出总额 |
|---|---|---|---|---|
| 荣昌区 | 137.54 | 22.50 | 10.93 | 170.86 |
| 重庆市 | 105.59 | 24.94 | 27.33 | 157.86 |

图3-23-7　2015年荣昌区与重庆市生均体育经费支出对比图(单位:元)

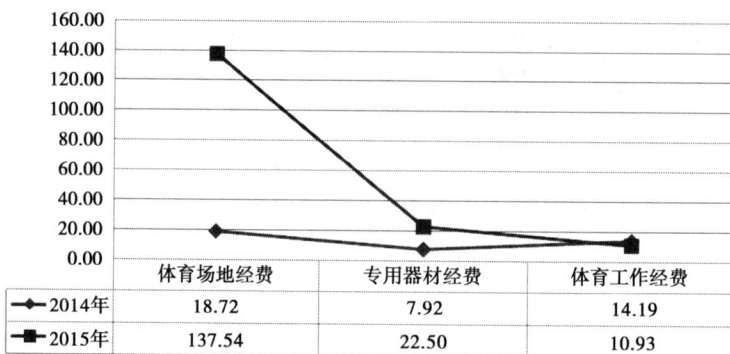

| | 体育场地经费 | 专用器材经费 | 体育工作经费 |
|---|---|---|---|
| 2014年 | 18.72 | 7.92 | 14.19 |
| 2015年 | 137.54 | 22.50 | 10.93 |

图3-23-8　荣昌区2014年和2015年生均体育经费支出情况对比图(单位:元)

## 三、主要问题

（一）队伍建设有待加强

2015年,荣昌区专职体育教师比为42.75%,低于全市平均水平,特别是小学和初中学校的专职体育教师比均低于全市平均水平(见表3-23-1),表明荣昌区专职体育教师的数量不足。全区参与区级以上培训的体育教师比为40.63%,低于全市平均水平,尤其是小学和初中体育教师参与区级以上培训的比远低于全市平均水平;受区级以上表彰的体育教师比为13.60%,低于全市平均水平,除初中外,其余学校类型体育教师受区级以上表彰的比远低于全市相应类型学校平均值。以上数据表明,荣昌区一方面要补充体育教师缺额;另一方面要不断提升体育教师专业素质水平,进一步加强体育教师队伍建设。

表3-23-1　2015年荣昌区体育教师队伍信息　　　　　单位:%

| 学校类别 | 专　职 | | 缺　额 | | 县级以上培训 | | 受县级以上表彰 | |
| --- | --- | --- | --- | --- | --- | --- | --- | --- |
| | 荣昌区 | 重庆市 | 荣昌区 | 重庆市 | 荣昌区 | 重庆市 | 荣昌区 | 重庆市 |
| 小学 | 24.15 | 51.82 | 19.45 | 19.82 | 29.66 | 54.90 | 7.84 | 13.61 |
| 初中 | 81.90 | 87.22 | 9.02 | 7.26 | 56.03 | 72.54 | 35.34 | 24.86 |
| 九年一贯制学校 | 100.00 | 65.51 | 0.00 | 15.59 | 100.00 | 51.64 | 0.00 | 14.90 |
| 完全中学 | 100.00 | 95.27 | 2.74 | 7.82 | 85.92 | 76.48 | 16.90 | 27.78 |
| 合　计 | 42.75 | 67.05 | 16.20 | 15.44 | 40.63 | 61.42 | 13.60 | 18.29 |

**(二)学校体育场馆的数量需要增加**

2015年,荣昌区中小学校有学生体质测试室88间,体育器材达标学校104所,其平均数量虽高于全市平均水平。但田径场、篮球场、排球场、体育馆、游泳池与全市平均水平相比存在一定差距。其中,田径场47块(200米田径场31块,300米田径场5块,300～400米田径场5块,400米田径场6块),校均数量为0.39块,低于全市每校平均数量的0.64块;篮球场180块,校均数量为1.51块,低于全市每校平均数量的2.02块;排球场49块,校均数量为0.41块,低于全市每校平均数量的0.58块;还有校均体育馆(全区4个)和游泳池(全区1个)数量也低于全市平均数量(见表3-23-2)。因此,荣昌区需增加学校体育场馆的数量。

表3-23-2　2015年荣昌区体育场地器材信息(场地器材总量/学校个数)

| 类　别 | | 小　学 | 初　中 | 九年一贯制学校 | 完全中学 | 合　计 |
| --- | --- | --- | --- | --- | --- | --- |
| 田径场/块 | 荣昌区 | 0.31 | 0.74 | 0.00 | 0.80 | 0.39 |
| | 重庆市 | 0.53 | 0.84 | 0.74 | 1.06 | 0.64 |
| 篮球场/块 | 荣昌区 | 1.18 | 2.42 | 1.00 | 4.40 | 1.51 |
| | 重庆市 | 1.54 | 2.51 | 2.37 | 4.57 | 2.02 |

续表

| 类　别 | | 小　学 | 初　中 | 九年一贯制学校 | 完全中学 | 合　计 |
|---|---|---|---|---|---|---|
| 排球场/块 | 荣昌区 | 0.27 | 0.95 | 0.00 | 1.20 | 0.41 |
| | 重庆市 | 0.41 | 0.76 | 0.59 | 1.41 | 0.58 |
| 体育馆/个 | 荣昌区 | 0.01 | 0.00 | 0.00 | 0.60 | 0.03 |
| | 重庆市 | 0.04 | 0.04 | 0.06 | 0.25 | 0.06 |
| 游泳池/个 | 荣昌区 | 0.00 | 0.00 | 0.00 | 0.20 | 0.01 |
| | 重庆市 | 0.01 | 0.01 | 0.01 | 0.07 | 0.02 |
| 学生体质测试室/间 | 荣昌区 | 0.74 | 0.89 | 0.00 | 0.20 | 0.74 |
| | 重庆市 | 0.48 | 0.52 | 0.53 | 0.75 | 0.51 |
| 体育器材达标数/个 | 荣昌区 | 0.87 | 1.00 | 0.00 | 0.60 | 0.87 |
| | 重庆市 | 0.69 | 0.75 | 0.82 | 0.87 | 0.72 |

# 第二十四章 梁平区

## 一、基本概况

2015年,梁平区有中小学校215所,比2014年增加2所,增长0.94%;有在校学生96 607人,比2014年减少1 047人,下降1.07%;有专任教师5 874人,比2014年增加160人,增长2.80%。

2015年,全区有参加学校体育工作评估的独立法人资格学校95所。其中,优秀等级学校28所,占参评学校的29.47%,比全市平均水平低29.68个百分点,比2014年增长8.36个百分点;良好等级学校54所,占参评学校的56.84%,比全市平均水平高29.17个百分点,比2014年下降15.79个百分点(如图3-24-1、图3-24-2所示);合格等级学校数13所,无不合格学校。全县2015年学校体育工作评审结果总体情况良好,学校体育工作加分学校比为67.37%,高于全市平均水平(如图3-24-3所示),比2014年增长1.05个百分点(如图3-24-4所示)。

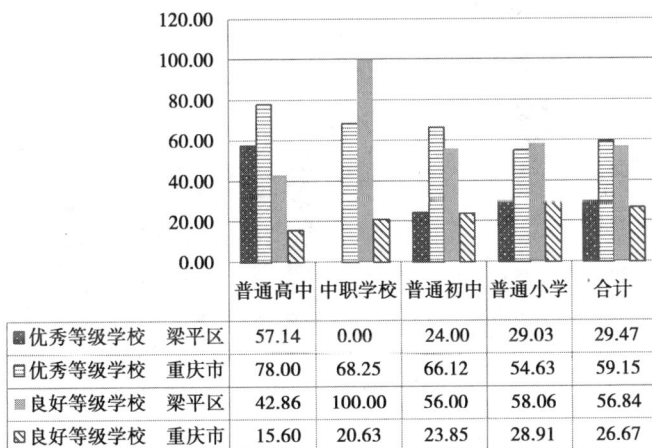

| | | 普通高中 | 中职学校 | 普通初中 | 普通小学 | 合计 |
|---|---|---|---|---|---|---|
| ■ 优秀等级学校 | 梁平区 | 57.14 | 0.00 | 24.00 | 29.03 | 29.47 |
| □ 优秀等级学校 | 重庆市 | 78.00 | 68.25 | 66.12 | 54.63 | 59.15 |
| ▥ 良好等级学校 | 梁平区 | 42.86 | 100.00 | 56.00 | 58.06 | 56.84 |
| ◇ 良好等级学校 | 重庆市 | 15.60 | 20.63 | 23.85 | 28.91 | 26.67 |

图3-24-1 2015年梁平区与重庆市学校评审结果比例对比图(单位:%)

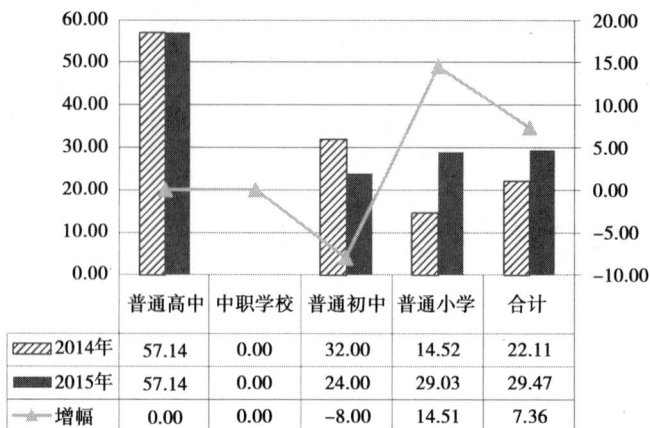

| | 普通高中 | 中职学校 | 普通初中 | 普通小学 | 合计 |
|---|---|---|---|---|---|
| ▨2014年 | 57.14 | 0.00 | 32.00 | 14.52 | 22.11 |
| ■2015年 | 57.14 | 0.00 | 24.00 | 29.03 | 29.47 |
| ⋯增幅 | 0.00 | 0.00 | −8.00 | 14.51 | 7.36 |

图 3-24-2　2014 年和 2015 年梁平区优秀等级学校比例对比图（单位:%）

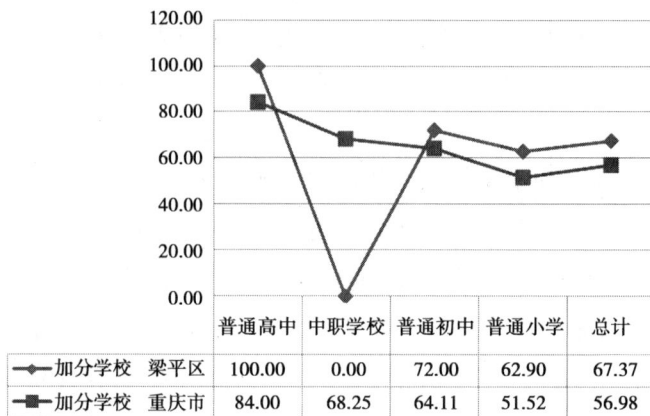

| | | 普通高中 | 中职学校 | 普通初中 | 普通小学 | 总计 |
|---|---|---|---|---|---|---|
| ◆加分学校 | 梁平区 | 100.00 | 0.00 | 72.00 | 62.90 | 67.37 |
| ■加分学校 | 重庆市 | 84.00 | 68.25 | 64.11 | 51.52 | 56.98 |

图 3-24-3　2015 年梁平区与重庆市加分学校比例对比图（单位:%）

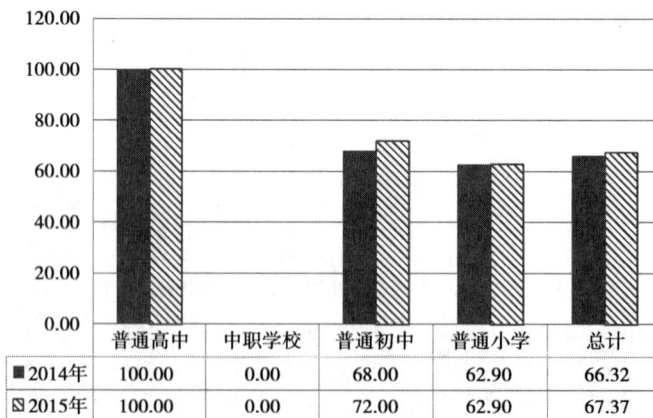

| | 普通高中 | 中职学校 | 普通初中 | 普通小学 | 总计 |
|---|---|---|---|---|---|
| ■2014年 | 100.00 | 0.00 | 68.00 | 62.90 | 66.32 |
| ▨2015年 | 100.00 | 0.00 | 72.00 | 62.90 | 67.37 |

图 3-24-4　2014 年和 2015 年梁平区加分学校比例对比图（单位:%）

## 二、主要亮点

### (一)自评准确性较高

以"专家评分÷自评分"比较学校自评准确性(见表3-24-1),2015年梁平区的学校总体自评准确性为98.98%,高于全市学校自评准确性平均水平(94.02%)。其中,福禄镇中心小学、礼让初中、双桂初中3所学校的自评准确性为100%,其余2所学校的自评准确性也比较高,均达到95%以上。

表3-24-1　2015年梁平区体育工作评估审核结果

| 学校名称 | 自评得分 | 核实得分 | 自评准确性/% |
|---|---|---|---|
| 福禄镇中心小学 | 95.5 | 95.5 | 100.00 |
| 红旗中学 | 102.0 | 101.0 | 99.02 |
| 城东小学 | 97.0 | 93.0 | 95.88 |
| 礼让初中 | 98.0 | 98.0 | 100.00 |
| 双桂初中 | 96.2 | 96.2 | 100.00 |

### (二)组织管理到位

梁平区为了进一步贯彻落实市委、市府《关于加强青少年体育增强青少年体质的意见》,全面推进健康梁平,落实"2+1"行动计划,展示我区中小学生的良好精神风貌,促进学生身心健康,提高我区中小学生的运动技术水平,培养全面发展的新型人才。2015年,梁平区举办了中小学生田径、乒乓球、篮球、足球、毽球、大课间操通信赛以及初中生排球等赛事。同时参照国家《关于加快发展青少年校园足球的实施意见》、重庆市《重庆市校园足球工作考核办法(试行)》要求,对11所校园足球特色学校进行了复查,并接受了市教委组织的县县交叉督查,合格率为100%;市教委领导对今年申报的第三批体育艺术特色学校进行了细致的检查验收。

### (三)教育教学工作扎实有效

梁平区100%的学校严格执行国家课程计划,开齐开足课程。依据课程标准,制订了学校落实体育与健康课程标准,按照素质教育的要求,制订了学校体育课程教学评价标准,定期开展教学评估检查和教学质量评比活动,推行菜单服务及点菜服务,适当增加了足球课程及学校特色项目课程,学生学习兴趣较高,使体育教学的质量有了普遍提高。严格执行作息时间的规定,落实了大课间活动制度。认真贯彻落实《教育部关于印发〈切实保证中小学生每天一小时校园体育活动的规定〉的通知》精神,保证中小学生每天一小时校园体育活动。没有体育课的当天安排体活课,大课间活动每天下午增加一次,做到大课间活动进课表和作息时间表。另外,依据《梁平区义务教育阶段学校"体育、艺术 2 + 1 项目"实施方案》、《梁平区校园足球实施意见》积极推进"体育、艺术 2 + 1 项目"的开展,学生参与率达到了 100%。

(四)生均体育经费投入较大

2015 年,梁平区生均体育经费投入为 213.47 元,高于全市生均体育经费的平均值,尤其是在生均体育场地经费方面(如图 3-24-5 所示)。与 2014 年相比,全区 2015年生均体育经费的各方面均有增长。其中,生均体育场地经费增加 132.99 元,生均专用器材经费增加 8.41 元,生均体育工作经费增加 8.42 元(如图 3-24-6 所示)。

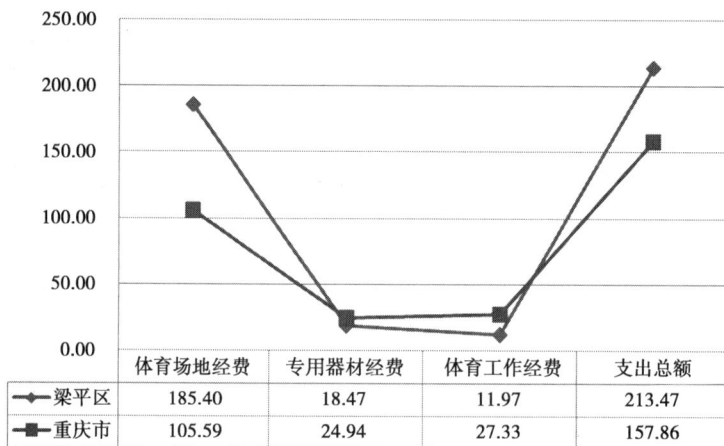

|  | 体育场地经费 | 专用器材经费 | 体育工作经费 | 支出总额 |
|---|---|---|---|---|
| 梁平区 | 185.40 | 18.47 | 11.97 | 213.47 |
| 重庆市 | 105.59 | 24.94 | 27.33 | 157.86 |

图 3-24-5　2015 年梁平区生均体育经费支出情况对比图(单位:元)

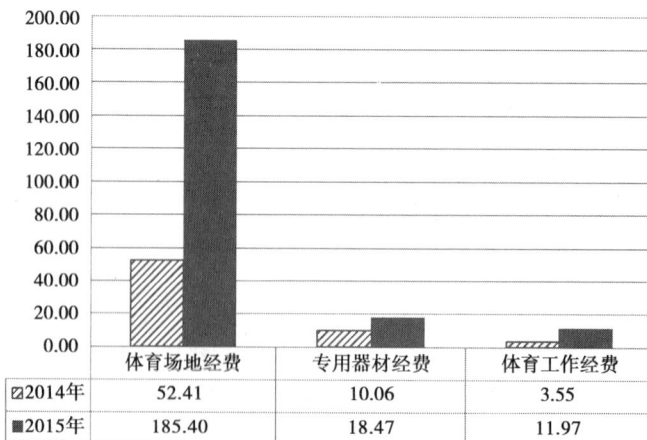

|  | 体育场地经费 | 专用器材经费 | 体育工作经费 |
|---|---|---|---|
| 2014年 | 52.41 | 10.06 | 3.55 |
| 2015年 | 185.40 | 18.47 | 11.97 |

图 3-24-6　梁平区 2014 年和 2015 年生均体育经费支出情况对比图(单位:元)

## 三、主要问题

### (一)教师队伍建设有待加强

2015年,梁平区专职体育教师的比例为60.25%,低于全市平均水平。其中,小学、初中、高中及完全中学的专职体育教师比例均低于全市平均水平(见表3-24-2)。全县体育教师参与县级以上培训的比例为55.53%,低于全市平均水平。其中,小学、初中、完全中学的体育教师参与县级以上培训的比例均低于全市平均水平(见表3-24-2)。受县级以上表彰的体育教师比例为13.73%,低于全市平均水平。除小学外,其余学校类型的体育教师受县级以上表彰的比例均低于全市相应类型学校的平均值(见表3-24-2)。以上数据表明,梁平区体育教师的数量略显不足,需加强体育教师队伍的建设。

表3-24-2　　2015年梁平区体育教师队伍信息　　　　　单位:%

| 学校类别 | 专职 | | 缺额 | | 县级以上培训 | | 受县级以上表彰 | |
|---|---|---|---|---|---|---|---|---|
| | 梁平区 | 重庆市 | 梁平区 | 重庆市 | 梁平区 | 重庆市 | 梁平区 | 重庆市 |
| 小学 | 45.71 | 51.82 | 3.96 | 19.82 | 50.16 | 54.90 | 14.92 | 13.61 |
| 初中 | 80.00 | 87.22 | 2.30 | 7.26 | 67.06 | 72.54 | 14.12 | 24.86 |
| 高中 | 94.59 | 97.88 | 11.90 | 4.34 | 75.68 | 65.30 | 8.11 | 27.48 |
| 九年一贯制学校 | 86.67 | 65.51 | 0.00 | 15.59 | 66.67 | 51.64 | 0.00 | 14.90 |
| 完全中学 | 94.44 | 95.27 | 12.20 | 7.82 | 50.00 | 76.48 | 13.89 | 27.78 |
| 合　计 | 60.25 | 67.05 | 4.87 | 15.44 | 55.53 | 61.42 | 13.73 | 18.29 |

### (二)部分体育场地的数量需要增加

2015年,梁平区中小学校有篮球场205块,排球场62块,学生体质测试室69个,体育器材达标学校数95所,其平均数量虽高于全市平均水平(见表3-24-3),但田径场、体育馆、游泳池数量与全市平均水平存在一定差距。其中,田径场57块(200米田径场49块,300米田径场4块,300~400米田径场1块,400米田径场3块),校均数量为0.60块,低于全市每校田径场的平均数量0.64块;体育馆2个,校均数量为0.02个,低于全市每校平均数量0.06个;游泳池1个,校均数量为0.01个,低于全市每校游泳池的平均数量0.02个(见表3-24-3)。以上数据表明,梁平区需加强学校部分体育场馆的建设。

表 3-24-3　　2015 年梁平区体育场地器材信息(场地器材总量/学校个数)

| 类　别 | | 小　学 | 初　中 | 高　中 | 九年一贯制学校 | 完全中学 | 合　计 |
|---|---|---|---|---|---|---|---|
| 田径场/块 | 梁平区 | 0.48 | 0.71 | 1.00 | 1.00 | 1.00 | 0.60 |
| | 重庆市 | 0.53 | 0.84 | 1.09 | 0.74 | 1.06 | 0.64 |
| 篮球场/块 | 梁平区 | 1.60 | 2.48 | 9.00 | 3.00 | 3.00 | 2.16 |
| | 重庆市 | 1.54 | 2.51 | 4.96 | 2.37 | 4.57 | 2.02 |
| 排球场/块 | 梁平区 | 0.42 | 0.95 | 2.00 | 1.00 | 1.20 | 0.65 |
| | 重庆市 | 0.41 | 0.76 | 2.34 | 0.59 | 1.41 | 0.58 |
| 体育馆/个 | 梁平区 | 0.00 | 0.00 | 0.67 | 0.00 | 0.00 | 0.02 |
| | 重庆市 | 0.04 | 0.04 | 0.30 | 0.06 | 0.25 | 0.06 |
| 游泳池/个 | 梁平区 | 0.00 | 0.00 | 0.33 | 0.00 | 0.00 | 0.01 |
| | 重庆市 | 0.01 | 0.01 | 0.20 | 0.01 | 0.07 | 0.02 |
| 学生体质测试室/间 | 梁平区 | 0.65 | 1.00 | 0.67 | 0.75 | 0.60 | 0.73 |
| | 重庆市 | 0.48 | 0.52 | 0.84 | 0.53 | 0.75 | 0.51 |
| 体育器材达标数/个 | 梁平区 | 1.00 | 1.00 | 1.00 | 1.00 | 1.00 | 1.00 |
| | 重庆市 | 0.69 | 0.75 | 0.93 | 0.82 | 0.87 | 0.72 |

(三)学生体质健康促进工作有待加强

2015 年,梁平区认真组织开展了学生体质健康标准测试工作,并如实上报了监测数据,上报率达 100%。根据上报数据,全区学生体质健康达到合格以上等级的学生比例为 96.66%,高于《国家学生体质健康标准》95% 的要求,比 2014 年增长了 0.14 个百分点;但达到良好以上等级的学生比例为 32.91%,低于《国家学生体质健康标准》40% 的要求,比 2014 年下降了 1.25 个百分点(如图 3-24-7、图 3-24-8 所示)。这表明梁平区需要加强学生体质健康的促进工作。

(四)体质健康监测可信度有待提高

本次现场抽查梁平区学校共 5 所,将抽查情况与学生体质健康检测原始数据进行对比,原始数据基本准确可信的有 3 所:城东小学、礼让初中、双桂初中,占抽查学校数的 60%。其余 2 所学校(福禄镇中心小学、红旗中学)数据有较多明显差异或完全错误情况。全区抽查原始数据可信率为 64%,低于全市抽查原始数据可信率 70.24%,区教委应提高对学生体质健康测试的认识,切实加强对测试工作的组织和管理,并进一步完善对学校体质健康测试工作的抽查制度,真正将学生体质健康测试工作落到实处。

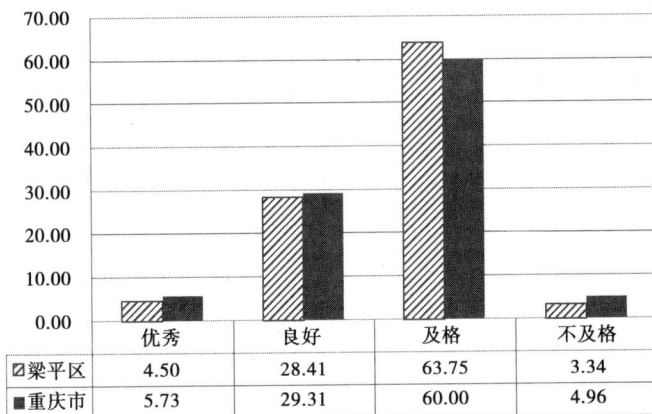

| | 优秀 | 良好 | 及格 | 不及格 |
|---|---|---|---|---|
| 梁平区 | 4.50 | 28.41 | 63.75 | 3.34 |
| 重庆市 | 5.73 | 29.31 | 60.00 | 4.96 |

图 3-24-7　2015 年梁平区与重庆市学生体质健康等级比例对比图(单位:%)

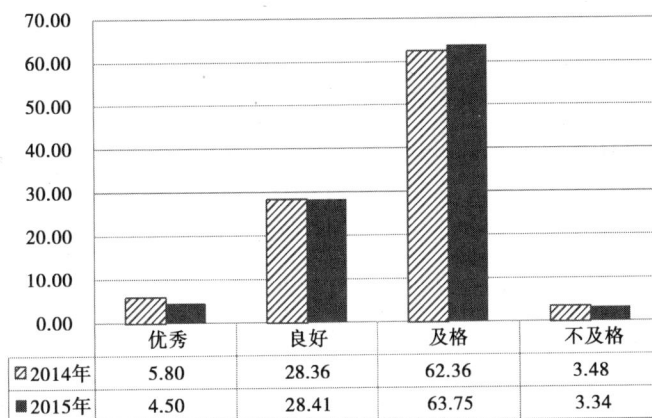

| | 优秀 | 良好 | 及格 | 不及格 |
|---|---|---|---|---|
| 2014年 | 5.80 | 28.36 | 62.36 | 3.48 |
| 2015年 | 4.50 | 28.41 | 63.75 | 3.34 |

图 3-24-8　梁平区 2014 年和 2015 年学生体质健康等级比例对比图(单位:%)

# 第二十五章　城口县

## 一、基本概况

2015 年,城口县有中小学校 148 所,比 2014 年减少 1 所,下降 0.67%;有在校学生 33 048 人,比 2014 年增加 270 人,增长 0.82%;有专任教师 2 008 人,比 2014 年增加 28 人,增长 1.41%。

2015 年,全县有参加学校体育工作评估的独立法人资格学校 37 所。其中,优秀等级学校 8 所,占参评学校的 21.62%,比全市平均水平低 37.53 个百分点,比 2014 年下降了 11.38 个百分点;良好等级学校 24 所,占参评学校的 64.86%,比全市平均水平高 38.19 个百分点,比 2014 年增长了 13.86 个百分点(如图 3-25-1、图 3-25-2 所示);合格等级学校数 5 所,无不合格学校。全县 2015 年学校体育工作评审结果总体情况一般。学校体育工作加分学校比为 64.86%,高于全市平均水平(如图 3-25-3 所示)。比 2014 年增长了 0.86 个百分点。其中,普通小学的加分学校比例有增长(如图 3-25-4 所示)。

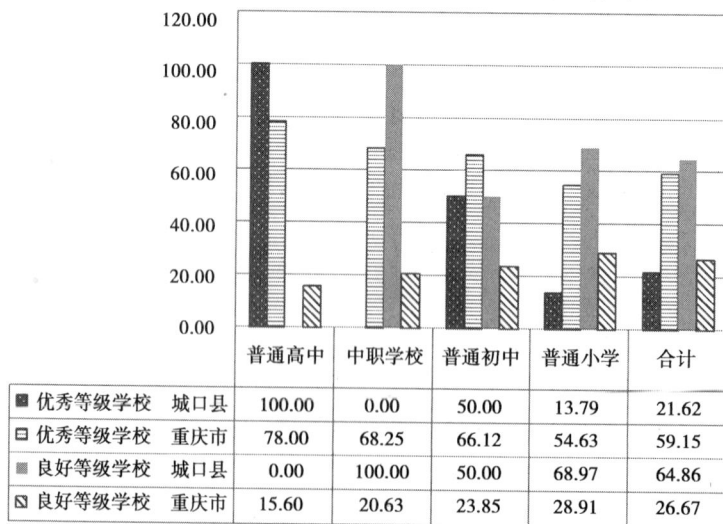

| | | 普通高中 | 中职学校 | 普通初中 | 普通小学 | 合计 |
|---|---|---|---|---|---|---|
| ■ 优秀等级学校 | 城口县 | 100.00 | 0.00 | 50.00 | 13.79 | 21.62 |
| □ 优秀等级学校 | 重庆市 | 78.00 | 68.25 | 66.12 | 54.63 | 59.15 |
| ▨ 良好等级学校 | 城口县 | 0.00 | 100.00 | 50.00 | 68.97 | 64.86 |
| ▨ 良好等级学校 | 重庆市 | 15.60 | 20.63 | 23.85 | 28.91 | 26.67 |

图 3-25-1　2015 年城口县与重庆市学校评审结果比例对比图(单位:%)

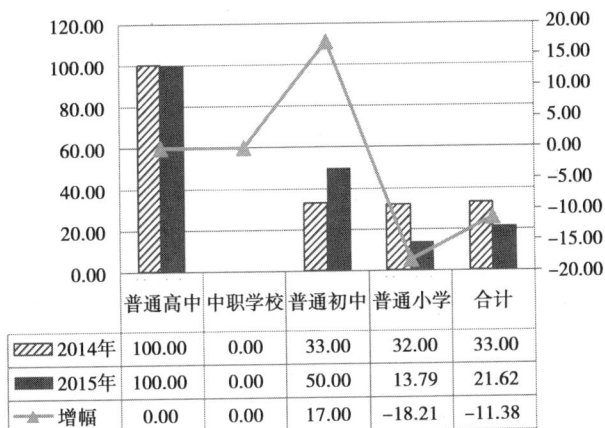

| | 普通高中 | 中职学校 | 普通初中 | 普通小学 | 合计 |
|---|---|---|---|---|---|
| 2014年 | 100.00 | 0.00 | 33.00 | 32.00 | 33.00 |
| 2015年 | 100.00 | 0.00 | 50.00 | 13.79 | 21.62 |
| 增幅 | 0.00 | 0.00 | 17.00 | −18.21 | −11.38 |

图 3-25-2　城口县 2014 年和 2015 年优秀等级学校比例对比图（单位:%）

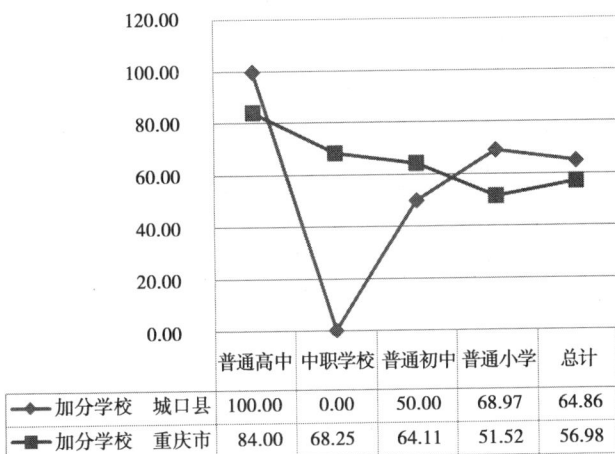

| | | 普通高中 | 中职学校 | 普通初中 | 普通小学 | 总计 |
|---|---|---|---|---|---|---|
| 加分学校 | 城口县 | 100.00 | 0.00 | 50.00 | 68.97 | 64.86 |
| 加分学校 | 重庆市 | 84.00 | 68.25 | 64.11 | 51.52 | 56.98 |

图 3-25-3　2015 年城口县与重庆市加分学校比例对比图（单位:%）

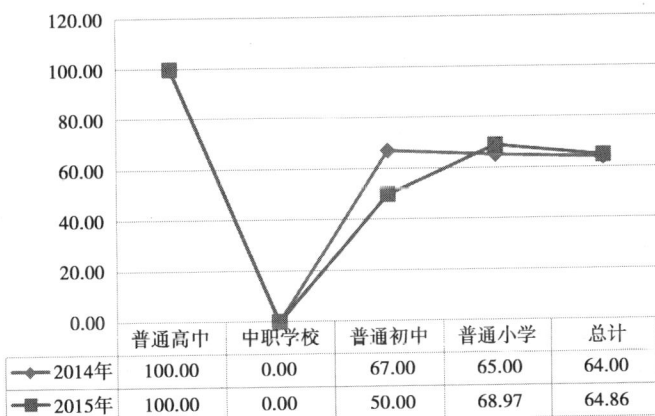

| | 普通高中 | 中职学校 | 普通初中 | 普通小学 | 总计 |
|---|---|---|---|---|---|
| 2014年 | 100.00 | 0.00 | 67.00 | 65.00 | 64.00 |
| 2015年 | 100.00 | 0.00 | 50.00 | 68.97 | 64.86 |

图 3-25-4　城口县 2014 年和 2015 年加分学校比例对比图（单位:%）

## 二、主要亮点

### (一)组织管理到位

城口县建立联席会议制度,县党委、政府树立了"健康第一"的思想,把学校体育工作摆在重要议事日程,制订了得力措施,加强青少年体育工作。建立监督检查制度,县2015年以来将学校体育工作和学生体质健康状况纳入对学校办学水平的综合督导评估,下发了《关于印发〈城口县2015年学校体育工作评估办法〉的通知》(城教体〔2015〕7号)、《关于印发〈2015年学校工作督导评估实施方案〉的通知》(城教育问〔2015〕23号);制订了学校体育考核办法,每学期开学之初和年底对全县的各学校的体育工作进行督导评估,并将此结果纳入学校年终督导考核。

### (二)教育教学活动有序开展

学校按照要求开全、开齐课时,保质保量上好体育课。小学1—2年级每周4课时,小学3—6年级和初中每周3课时,高中每周2课时。全县学校能够开展一小时体育课外活动,能列入教学计划和课程表。全县所有学校均按照规定开展大课间活动,内容包括广播体操、创编操、学生自由活动等。建立了学生体育运动会制度,全县所有学校每年均召开春、秋季运动会;所有学校均开展了阳光体育活动及班级学生体育活动和竞赛,做到人人有体育项目,班班有体育活动,校校有体育特色。

### (三)生均体育经费有所增长

2015年,城口县生均体育经费投入为242.99元,高于全市平均水平,尤其是在生均体育场地经费方面,比全市生均体育场地经费高92.17元(如图3-25-5所示)。与2014年相比,全县2015年生均体育场地经费增加了137.25元(如图3-25-6所示)。以上数据表明,城口县2015年高度重视体育场地的建设。

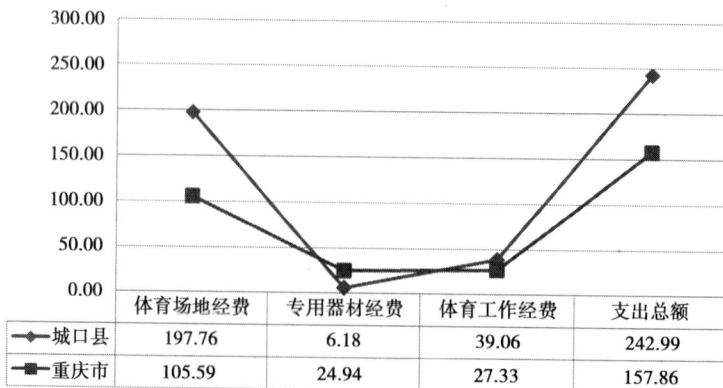

| | 体育场地经费 | 专用器材经费 | 体育工作经费 | 支出总额 |
|---|---|---|---|---|
| 城口县 | 197.76 | 6.18 | 39.06 | 242.99 |
| 重庆市 | 105.59 | 24.94 | 27.33 | 157.86 |

图3-25-5　2015年城口县与重庆市生均体育经费支出情况对比图(单位:元)

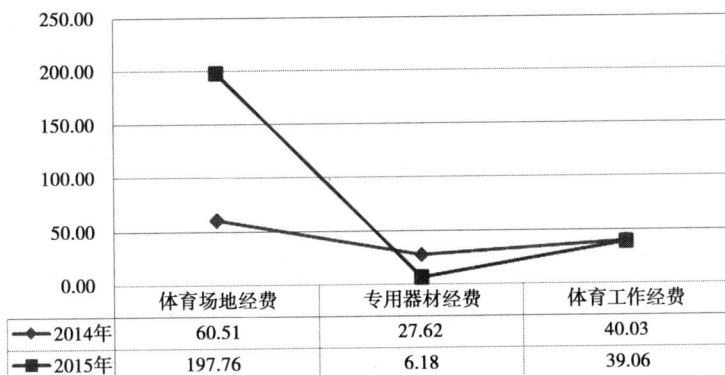

| | 体育场地经费 | 专用器材经费 | 体育工作经费 |
|---|---|---|---|
| 2014年 | 60.51 | 27.62 | 40.03 |
| 2015年 | 197.76 | 6.18 | 39.06 |

图3-25-6　城口县2014年和2015年生均体育经费支出情况对比图(单位:元)

## 三、主要问题

### (一)体育教师队伍数量需要增加

2015年,城口县体育教师缺额比为37.59%,高于全市平均水平。尤其是小学及初中体育教师的缺额比例远高于全市平均水平(见表3-25-1)。表明城口县体育教师数量存在不足。

表3-25-1　2015年城口县体育教师队伍信息　　　　　　单位:%

| 学校类别 | 专职 | | 缺额 | | 县级以上培训 | | 受县级以上表彰 | |
|---|---|---|---|---|---|---|---|---|
| | 城口县 | 重庆市 | 城口县 | 重庆市 | 城口县 | 重庆市 | 城口县 | 重庆市 |
| 小学 | 54.84 | 51.82 | 60.26 | 19.82 | 100.00 | 54.90 | 32.26 | 13.61 |
| 初中 | 100.00 | 87.22 | 10.53 | 7.26 | 100.00 | 72.54 | 23.53 | 24.86 |
| 九年一贯制学校 | 100.00 | 65.51 | 13.33 | 15.59 | 100.00 | 51.64 | 15.38 | 14.90 |
| 完全中学 | 100.00 | 95.27 | 6.90 | 7.82 | 7.41 | 76.48 | 14.81 | 27.78 |
| 合　计 | 84.09 | 67.05 | 37.59 | 15.44 | 71.59 | 61.42 | 22.73 | 18.29 |

注:2015年城口县参加县级以上培训的体育教师为63人(小学31人+初中17人+九年一贯制学校13人+完全中学2人),但是上报的合计为88人,请注意核对上报数据。

### (二)体育场地器材的数量需要增加

2015年,城口县中小学校有田径场37块(200米田径场32块,300米田径场2块,300~400米田径场2块,400米田径场1块),学生体质测试室37间,其平均数量虽高于全市平均水平(详见表3-25-2)。但篮球场、排球场、体育馆、游泳池、体育器材达标学校数量与全市平均水平存在一定差距。排球场0块,体育馆0个,游泳池0个,体育器材达标学校数21所,其中,篮球场71块,校均数量为1.92块,低于全市每校平均数量2.02块;全县没有1个排球场、没有1个体育馆、没有1个游泳池,校均数量均为0,分别低于全市每校平均数量0.58个、0.06个、0.02个;体育器材达标的学校比例为0.57个,低于全市平均水平。以上数据表明,城口县需加强学校体育场地与器材的建设。

表3-25-2　　2015年城口县体育场地器材信息表(场地器材总量/学校个数)

| 类　别 | | 小　学 | 初　中 | 九年一贯制学校 | 完全中学 | 合　计 |
|---|---|---|---|---|---|---|
| 田径场/块 | 城口县 | 1.00 | 1.00 | 1.00 | 1.00 | 1.00 |
| | 重庆市 | 0.53 | 0.84 | 0.74 | 1.06 | 0.64 |
| 篮球场/块 | 城口县 | 1.45 | 3.00 | 3.00 | 5.50 | 1.92 |
| | 重庆市 | 1.54 | 2.51 | 2.37 | 4.57 | 2.02 |
| 排球场/块 | 城口县 | 0.00 | 0.00 | 0.00 | 0.00 | 0.00 |
| | 重庆市 | 0.41 | 0.76 | 0.59 | 1.41 | 0.58 |
| 体育馆/个 | 城口县 | 0.00 | 0.00 | 0.00 | 0.00 | 0.00 |
| | 重庆市 | 0.04 | 0.04 | 0.06 | 0.25 | 0.06 |
| 游泳池/个 | 城口县 | 0.00 | 0.00 | 0.00 | 0.00 | 0.00 |
| | 重庆市 | 0.01 | 0.01 | 0.01 | 0.07 | 0.02 |
| 学生体质测试室/间 | 城口县 | 1.00 | 1.00 | 1.00 | 1.00 | 1.00 |
| | 重庆市 | 0.48 | 0.52 | 0.53 | 0.75 | 0.51 |
| 体育器材达标数/个 | 城口县 | 0.55 | 0.25 | 1.00 | 1.00 | 0.57 |
| | 重庆市 | 0.69 | 0.75 | 0.82 | 0.87 | 0.72 |

(三)学生体质健康促进工作有待加强

2015年,城口县学生体质健康标准测试数据上报率为90.24%,未达到100%的要求,且比2014年下降了5.91个百分点,上报率需进一步提高。根据上报数据,全县2015年学生体质健康达到合格以上等级的学生比例为95.53%,略高于《国家学生体质健康标准》95%的要求,比2014年下降了0.22个百分点(如图3-25-8所示);达到良好以上等级的学生比例为34.49%,低于《国家学生体质健康标准》40%要求,比2014年下降了1.79个百分点(如图3-25-7、图3-25-8所示)。以上数据表明,城口县需要加强学生体质健康的促进工作。

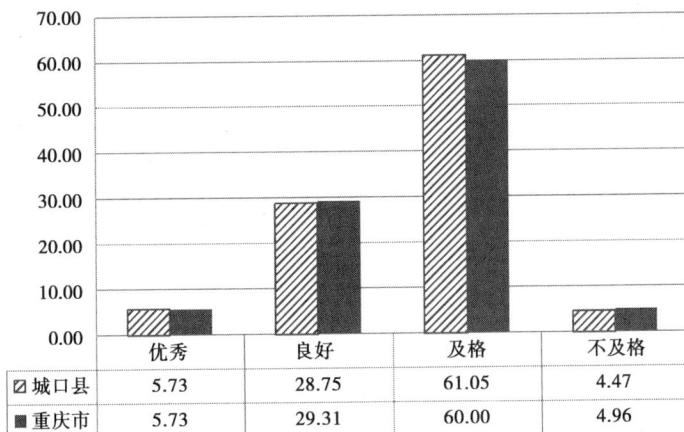

| | 优秀 | 良好 | 及格 | 不及格 |
|---|---|---|---|---|
| 城口县 | 5.73 | 28.75 | 61.05 | 4.47 |
| 重庆市 | 5.73 | 29.31 | 60.00 | 4.96 |

图 3-25-7　2015 年城口县与重庆市学生体质健康等级比例对比图(单位:%)

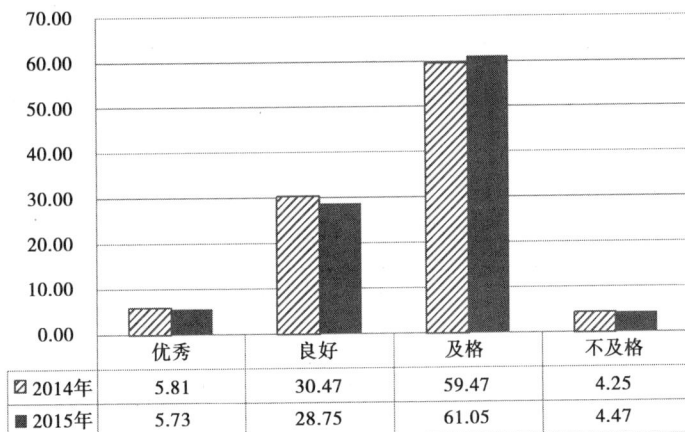

| | 优秀 | 良好 | 及格 | 不及格 |
|---|---|---|---|---|
| 2014年 | 5.81 | 30.47 | 59.47 | 4.25 |
| 2015年 | 5.73 | 28.75 | 61.05 | 4.47 |

图 3-25-8　城口县 2014 年和 2015 年学生体质健康等级比例对比图(单位:%)

(四)加强所报数据的管理与核对

2015 年,城口县参加县级以上培训的体育教师为 63 人(小学 31 人+初中 17 人+九年一贯制学校 13 人+完全中学 2 人),但上报的合计数为 88 人(见表 3-25-2),上报数据有误。因此,需对本县各学校体育场地数量的变化情况作及时更新,并在以后上报自评报告时对数据进行认真核对。

# 第二十六章　丰都县

## 一、基本概况

2015 年,丰都县有中小学校 185 所,比 2014 年减少 4 所,下降 2.12%;有在校学生 102 288 人,比 2014 年减少 2 943 人,下降 2.80%;有专任教师 5 855 人,比 2014 年减少 39 人,下降 0.66%。

2015 年,全县有参加学校体育工作评估的独立法人资格学校 169 所。其中,优秀等级学校 49 所,占参评学校的 28.99%,比全市平均水平低 30.16 个百分点,比 2014 年增长 7.89 个百分点;良好等级学校 78 所,占参评学校的 46.15%,比全市平均水平高 19.48 个百分点,比 2014 年下降 0.05 个百分点(如图 3-26-1、图 3-26-2 所示);合格等级学校 38 所,不合格等级学校 4 所。全县 2015 年学校体育工作评审结果总体情况相对一般,体育工作加分学校比为 23.08%,低于全市平均水平(如图 3-26-3 所示)但与本县 2014 年相比有所增长(如图 3-26-4 所示)。

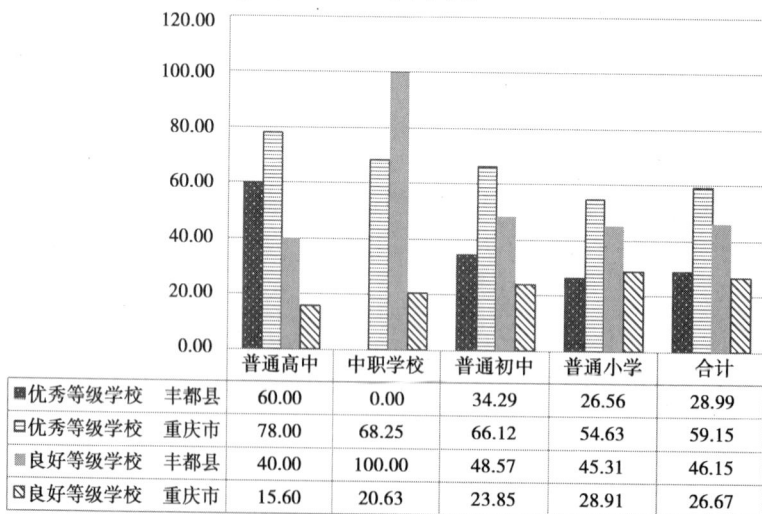

| | | 普通高中 | 中职学校 | 普通初中 | 普通小学 | 合计 |
|---|---|---|---|---|---|---|
| ■优秀等级学校 | 丰都县 | 60.00 | 0.00 | 34.29 | 26.56 | 28.99 |
| □优秀等级学校 | 重庆市 | 78.00 | 68.25 | 66.12 | 54.63 | 59.15 |
| ▨良好等级学校 | 丰都县 | 40.00 | 100.00 | 48.57 | 45.31 | 46.15 |
| ▧良好等级学校 | 重庆市 | 15.60 | 20.63 | 23.85 | 28.91 | 26.67 |

图 3-26-1　2015 年丰都县与重庆市学校评审结果比例对比图(单位:%)

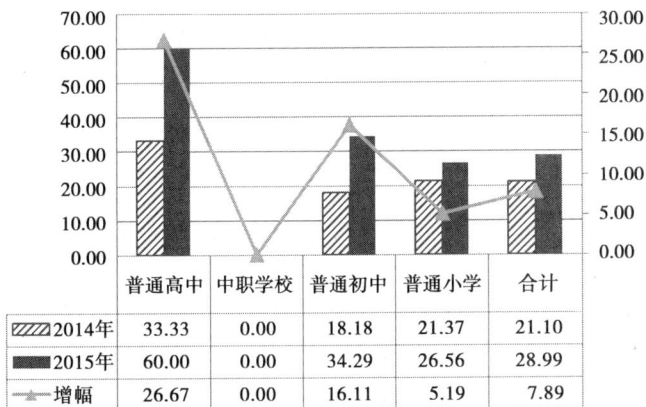

| | 普通高中 | 中职学校 | 普通初中 | 普通小学 | 合计 |
|---|---|---|---|---|---|
| 2014年 | 33.33 | 0.00 | 18.18 | 21.37 | 21.10 |
| 2015年 | 60.00 | 0.00 | 34.29 | 26.56 | 28.99 |
| 增幅 | 26.67 | 0.00 | 16.11 | 5.19 | 7.89 |

图 3-26-2　丰都县 2014 年和 2015 年优秀等级学校比例对比图(单位:%)

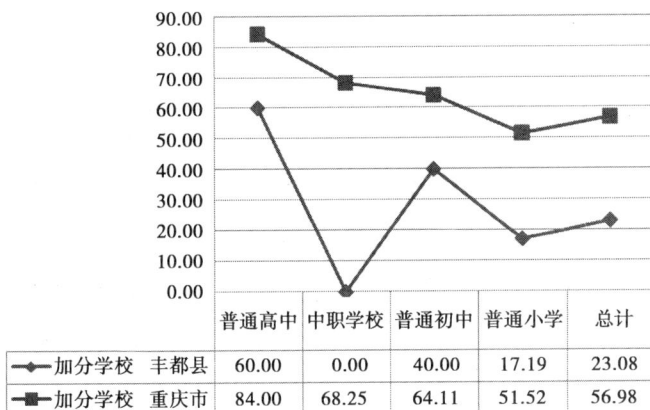

| | 普通高中 | 中职学校 | 普通初中 | 普通小学 | 总计 |
|---|---|---|---|---|---|
| 加分学校　丰都县 | 60.00 | 0.00 | 40.00 | 17.19 | 23.08 |
| 加分学校　重庆市 | 84.00 | 68.25 | 64.11 | 51.52 | 56.98 |

图 3-26-3　2015 年丰都县与重庆市加分学校比例对比图(单位:%)

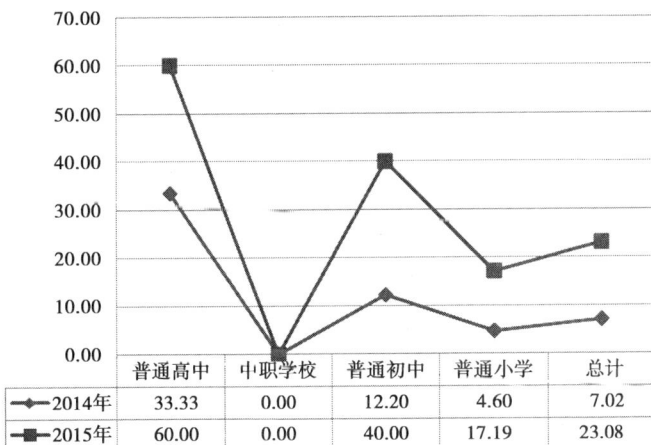

| | 普通高中 | 中职学校 | 普通初中 | 普通小学 | 总计 |
|---|---|---|---|---|---|
| 2014年 | 33.33 | 0.00 | 12.20 | 4.60 | 7.02 |
| 2015年 | 60.00 | 0.00 | 40.00 | 17.19 | 23.08 |

图 3-26-4　丰都县 2014 年和 2015 年加分学校比例对比图(单位:%)

## 二、主要亮点

### (一)组织管理到位

为扎实有效地推进全县学校体育工作,提高体育教育教学质量,丰都县教委专门成立了体育工作领导小组,领导小组由李志坚主任担任组长,由分管领导具体负责,其余工委、班子成员齐抓共管。为落实学校体育工作专管机构,县教委成立了艺体卫科,专门负责全县学校的体育、卫生、艺术和国防教育的管理工作。各乡镇(街道)教管中心和直属学校都安排有一名领导分管艺体卫工作,乡镇基层学校也落实了体育工作专管人员。

### (二)教育教学工作有序开展

丰都县教委严格要求各级各类学校必须认真贯彻执行国家的体育课程计划,开足体育课时,严禁挤占体育教学时间。采取四条措施规范学校的体育教学管理:首先是督促学校制订体育专项工作计划及行事历,保证体育工作按计划有序开展;其次是每年由县政府教育督导室牵头组织对学校体育工作开展情况进行督导检查;然后是县教委把体育工作纳入学校年终目标考核的重要内容,督促学校重视和加强体育工作;最后是对学校体育参赛获奖实施考核加分奖励,促进体育工作落实。

### (三)生均体育经费投入有所增长

2015年,丰都县生均体育经费投入为69.72元,虽低于全市生均体育经费的平均值157.86元,但与本县2014年相比,生均体育经费的各方面均有所增长。其中,生均体育场地经费增加36.19元,生均专用器材经费增加2.76元,生均体育工作经费增加0.41元(如图3-26-5、图3-26-6所示)。

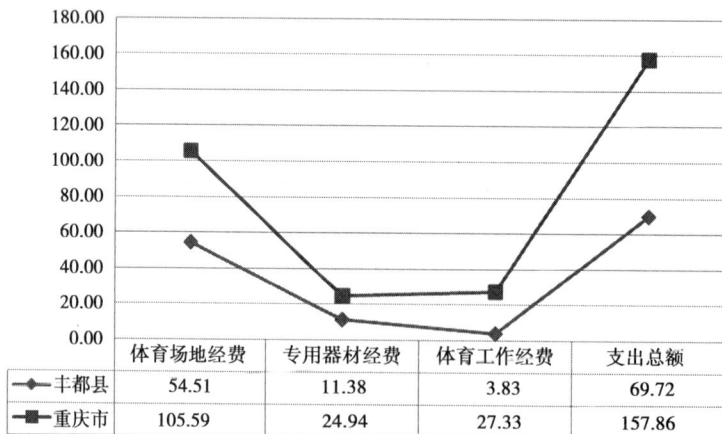

| | 体育场地经费 | 专用器材经费 | 体育工作经费 | 支出总额 |
|---|---|---|---|---|
| 丰都县 | 54.51 | 11.38 | 3.83 | 69.72 |
| 重庆市 | 105.59 | 24.94 | 27.33 | 157.86 |

图3-26-5 2015年丰都县与重庆市生均体育经费支出情况对比图(单位:元)

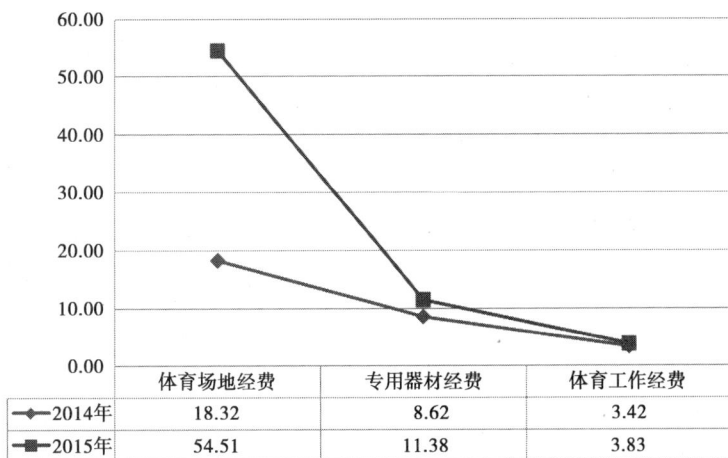

| | 体育场地经费 | 专用器材经费 | 体育工作经费 |
|---|---|---|---|
| 2014年 | 18.32 | 8.62 | 3.42 |
| 2015年 | 54.51 | 11.38 | 3.83 |

图 3-26-6　丰都县 2014 年和 2015 年生均体育经费支出情况对比图(单位:元)

## 三、主要问题

### (一)体育教师队伍建设需进一步加强

2015 年,丰都县专职体育教师比为 59.44%,低于全市平均水平,各学校类型的专职体育教师比例均低于全市平均水平;体育教师缺额比为 25.19%,略高于全市平均水平(见表3-26-1)。说明丰都县体育教师明显不足。在体育教师专业素质方面,丰都县参与县级以上培训的体育教师比例为 58.67%,低于全市平均水平。其中,小学、初中、九年一贯制学校、十二年一贯制学校的体育教师参与县级以上培训的比例均低于全市平均水平。因此,丰都县需要加强对学校体育教师的培训力度。

表 3-26-1　2015 年丰都县体育教师队伍信息　　　　　　单位:%

| 学校类别 | 专　职 | | 缺　额 | | 县级以上培训 | | 受县级以上表彰 | |
|---|---|---|---|---|---|---|---|---|
| | 丰都县 | 重庆市 | 丰都县 | 重庆市 | 丰都县 | 重庆市 | 丰都县 | 重庆市 |
| 小学 | 47.46 | 51.82 | 30.59 | 19.82 | 54.24 | 54.90 | 16.10 | 13.61 |
| 初中 | 83.17 | 87.22 | 2.88 | 7.26 | 64.36 | 72.54 | 17.82 | 24.86 |
| 高中 | 84.62 | 97.88 | 0.00 | 4.34 | 84.62 | 65.30 | 30.77 | 27.48 |
| 九年一贯制学校 | 45.45 | 65.51 | 8.33 | 15.59 | 36.36 | 51.64 | 18.18 | 14.90 |
| 十二年一贯制学校 | 42.86 | 90.38 | 58.82 | 20.00 | 28.57 | 53.85 | 14.29 | 17.31 |
| 完全中学 | 75.00 | 95.27 | 36.84 | 7.82 | 83.33 | 76.48 | 50.00 | 27.78 |
| 合　计 | 59.44 | 67.05 | 25.19 | 15.44 | 58.67 | 61.42 | 19.13 | 18.29 |

（二）体育场地器材的数量亟待增加

2015年，丰都县中小学校有排球场287块，其平均数量虽高于全市平均水平（见表3-26-2），但其他场地设施的平均数量与重庆市平均水平存在一定差距。其中，田径场79块（200米田径场72块，300米田径场2块，300～400米田径场2块，400米田径场3块），校均数量为0.47块，低于全市每校平均数量0.64块；篮球场261块，校均数量为1.54块，低于全市每校平均数量2.02块；全县没有1个体育馆，校均数量为0个，低于全市每校平均数量0.06个；游泳池1个，校均数量为0.01个，低于全市每校平均数量0.02个；学生体质测试室30间，校均数量为0.18间，低于全市每校平均数量0.51间；体育器材达标学校66所，校均数量为0.39个，低于全市平均水平。以上数据表明，丰都县亟待加强学校体育场馆及器材的配备。

表3-26-2　2015年丰都县体育场地器材信息（场地器材总量/学校个数）

| 类　别 | | 小　学 | 初　中 | 高　中 | 九年一贯制学校 | 十二年一贯制学校 | 完全中学 | 合　计 |
|---|---|---|---|---|---|---|---|---|
| 田径场/块 | 丰都县 | 0.38 | 0.73 | 1.00 | 1.00 | 0.00 | 1.00 | 0.47 |
| | 重庆市 | 0.53 | 0.84 | 1.09 | 0.74 | 1.25 | 1.06 | 0.64 |
| 篮球场/块 | 丰都县 | 1.27 | 2.03 | 8.00 | 1.00 | 0.00 | 4.50 | 1.54 |
| | 重庆市 | 1.54 | 2.51 | 4.96 | 2.37 | 5.00 | 4.57 | 2.02 |
| 排球场/块 | 丰都县 | 1.33 | 2.27 | 10.00 | 2.00 | 4.00 | 6.00 | 1.70 |
| | 重庆市 | 0.41 | 0.76 | 2.34 | 0.59 | 2.50 | 1.41 | 0.58 |
| 体育馆/个 | 丰都县 | 0.00 | 0.00 | 0.00 | 0.00 | 0.00 | 0.00 | 0.00 |
| | 重庆市 | 0.04 | 0.04 | 0.30 | 0.06 | 0.50 | 0.25 | 0.06 |
| 游泳池/个 | 丰都县 | 0.01 | 0.00 | 0.00 | 0.00 | 0.00 | 0.00 | 0.01 |
| | 重庆市 | 0.01 | 0.01 | 0.20 | 0.01 | 0.00 | 0.07 | 0.02 |
| 学生体质测试室/间 | 丰都县 | 0.06 | 0.39 | 2.00 | 1.00 | 1.00 | 1.00 | 0.18 |
| | 重庆市 | 0.48 | 0.52 | 0.84 | 0.53 | 1.50 | 0.75 | 0.51 |
| 体育器材达标数/个 | 丰都县 | 0.32 | 0.61 | 0.00 | 0.50 | 0.00 | 1.00 | 0.39 |
| | 重庆市 | 0.69 | 0.75 | 0.93 | 0.82 | 0.75 | 0.87 | 0.72 |

（三）学生体质健康促进工作需进一步加强

2015年，丰都县认真组织开展了学生体质健康标准测试工作，并如实上报了测试数据,上报率达100%。从上报数据看,全县学生体质健康达到合格以上等级的学生比例为93.60%,低于《国家学生体质健康标准》95%的要求,比2014年下降了1.12个百分点;达到良好以上等级的学生比例为32.00%,虽比2014年增长了2.52个百分点,但仍低于《国家学生体质健康标准》40%要求(如图3-26-7、图3-26-8所示)。以上数据表明,丰都县需要加强学生体质健康的促进工作。

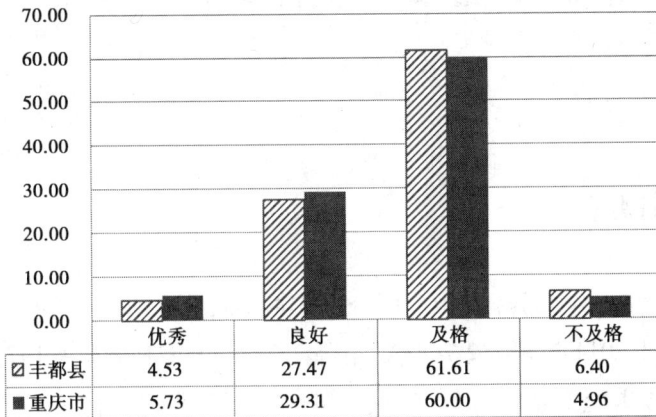

| | 优秀 | 良好 | 及格 | 不及格 |
|---|---|---|---|---|
| 丰都县 | 4.53 | 27.47 | 61.61 | 6.40 |
| 重庆市 | 5.73 | 29.31 | 60.00 | 4.96 |

图3-26-7　2015年丰都县与重庆市体质健康等级比例对比图(单位:%)

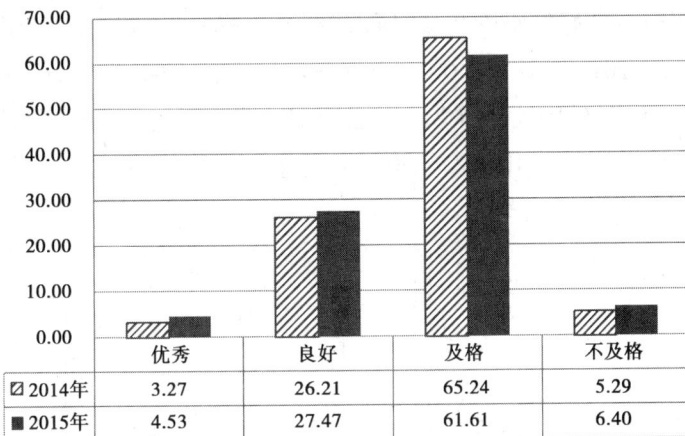

| | 优秀 | 良好 | 及格 | 不及格 |
|---|---|---|---|---|
| 2014年 | 3.27 | 26.21 | 65.24 | 5.29 |
| 2015年 | 4.53 | 27.47 | 61.61 | 6.40 |

图3-26-8　丰都县2014年和2015年学生体质健康等级比例对比图(单位:%)

# 第二十七章　垫江县

## 一、基本概况

2015 年,垫江县有中小学校 162 所,比 2014 年减少 7 所,下降 4.14%;有在校学生 120 975 人,比 2014 年减少 2 768 人,下降 2.24%;有专任教师 6 197 人,比 2014 年减少 34 人,下降 0.55%。

2015 年,全县有参加学校体育工作评估的独立法人资格学校 93 所。其中,优秀等级学校 12 所,占参评学校的 12.90%,比全市平均水平低 46.25 个百分点,比 2014 年增长了 1.9 个百分点;良好等级学校 37 所,占参评学校的 39.78%,比全市平均水平高13.11个百分点,比 2014 年下降了 0.22 个百分点(如图 3-27-1、图 3-27-2 所示);合格等级的学校 43 所,不合格等级学校 1 所。全县 2015 年学校体育工作评审结果总体情况一般,体育工作加分学校比为 100%,与 2014 年持平,高于全市平均水平(如图 3-27-3 所

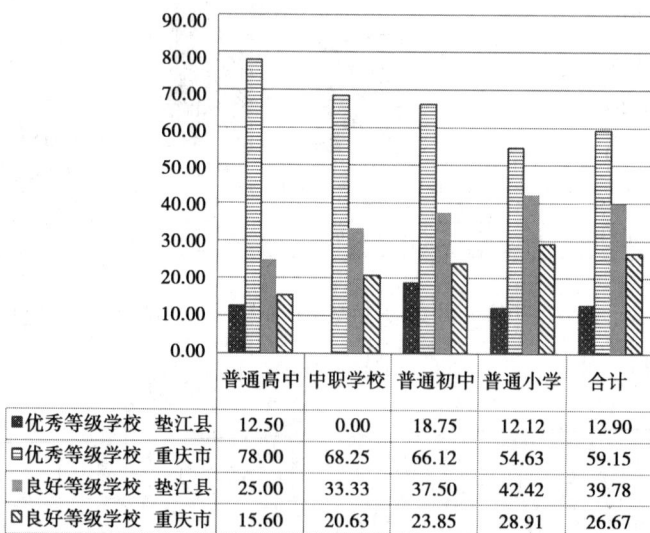

| | 普通高中 | 中职学校 | 普通初中 | 普通小学 | 合计 |
|---|---|---|---|---|---|
| 优秀等级学校 垫江县 | 12.50 | 0.00 | 18.75 | 12.12 | 12.90 |
| 优秀等级学校 重庆市 | 78.00 | 68.25 | 66.12 | 54.63 | 59.15 |
| 良好等级学校 垫江县 | 25.00 | 33.33 | 37.50 | 42.42 | 39.78 |
| 良好等级学校 重庆市 | 15.60 | 20.63 | 23.85 | 28.91 | 26.67 |

图 3-27-1　2015 年垫江县与重庆市学校评审结果比例对比图(单位:%)

示）。表明垫江县在创新体育活动内容、方式和载体,增强体育活动的趣味性和吸引力以及学生运动会项目设计、单项体育比赛数量、体育代表队训练等方面取得较好的成绩。

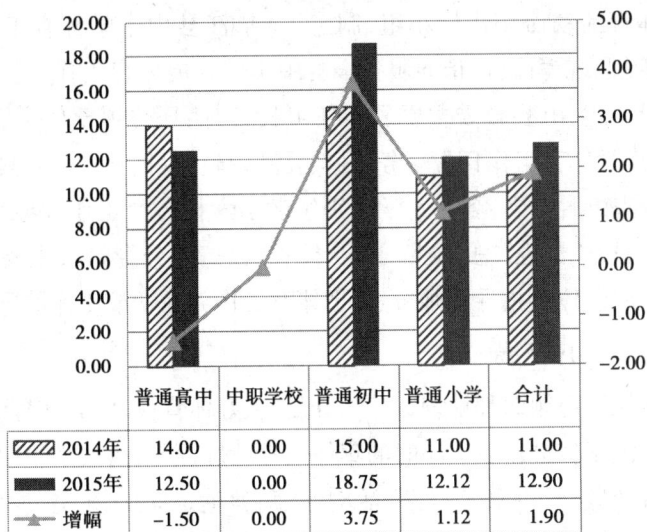

| | 普通高中 | 中职学校 | 普通初中 | 普通小学 | 合计 |
|---|---|---|---|---|---|
| 2014年 | 14.00 | 0.00 | 15.00 | 11.00 | 11.00 |
| 2015年 | 12.50 | 0.00 | 18.75 | 12.12 | 12.90 |
| 增幅 | −1.50 | 0.00 | 3.75 | 1.12 | 1.90 |

图 3-27-2　垫江县 2014 年和 2015 年优秀等级学校比例对比图（单位:%）

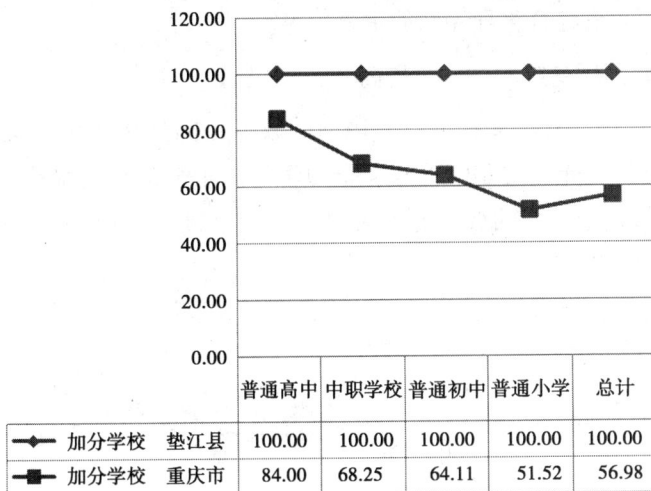

| | 普通高中 | 中职学校 | 普通初中 | 普通小学 | 总计 |
|---|---|---|---|---|---|
| 加分学校　垫江县 | 100.00 | 100.00 | 100.00 | 100.00 | 100.00 |
| 加分学校　重庆市 | 84.00 | 68.25 | 64.11 | 51.52 | 56.98 |

图 3-27-3　2015 年垫江县与重庆市加分学校比例对比图（单位:%）

## 二、主要亮点

（一）领导重视、职责明确

县委、县政府坚持把中小学体育工作摆在素质教育的首要位置,先后制定下发了《关于切实加强青少年体育工作增强青少年体质的实施意见》《关于实施〈国家学生体质健康标准的通知〉》《关于开展学生阳光体育活动的通知》《关于开展体育、艺术、科技2+2项目的通知》等文件。组建成立了垫江县中小学体育工作领导小组、垫江县青少年群众性体育活动协调领导小组，制定了《垫江县中小学体育工作联席会议制度》，全面组织管理、统筹协调、指导服务全县中小学开展体育工作。县教委成立了学校体育工作领导小组，由县教委主要领导任组长，其他县委领导任副组长，下设办公室，具体负责中小学体育工作日常事务，县教委基础教育科、县教研室具体落实学校体育教育教学、体育教研工作。各中小学分别组建了学校体育工作领导小组，由校级领导分管体育工作，形成了党(总)支部书记、校长负总责，分管校长主要抓，年级组长、班主任、中队辅导员、体育指导教师负责，把体育工作放在学校工作的重要位置。

（二）教育教学有序开展

垫江县严格执行部颁课程计划，开齐、开足、上好体育课，没有体育课的教学日，学校在下午课后组织学生进行了1小时的集体体育锻炼，严格落实学生在校一小时体育锻炼时间。积极开展"学生阳光体育"活动，鼓励学生走向操场、走进大自然、走到阳光下，在阳光下享受运动和游戏的乐趣，增强体质，愉悦身心。定期组织综合性或专项性的学生体育运动会，举办中小学生田径、篮球、乒乓球、足球、大课间活动比赛，并将各学校成绩纳入教育综合督导评估的重要内容。

（三）体育教师质量结构进一步提高

从整体来看，垫江县参加县级以上培训的教师比例为91.15%，远高于全市平均水平。其中，小学、九年一贯制学校和完全中学均高于全市平均水平（如图3-27-4所示）；受区(县)级以上表彰的教师比例为46.35%，远高于全市平均比例18.29%（如图3-27-5所示）。

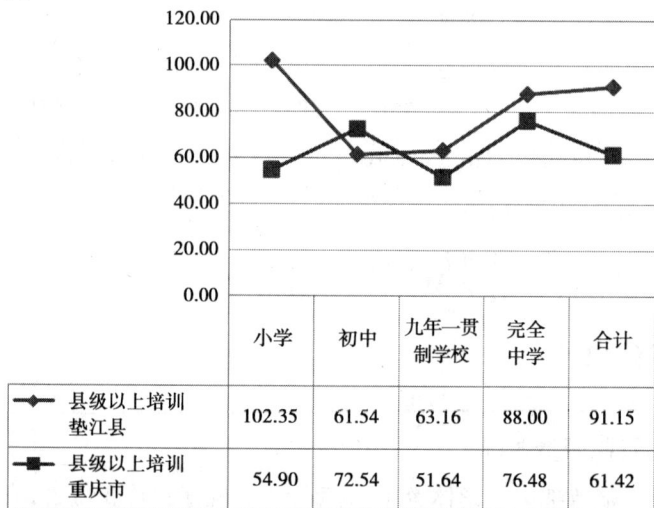

| | 小学 | 初中 | 九年一贯制学校 | 完全中学 | 合计 |
|---|---|---|---|---|---|
| 县级以上培训 垫江县 | 102.35 | 61.54 | 63.16 | 88.00 | 91.15 |
| 县级以上培训 重庆市 | 54.90 | 72.54 | 51.64 | 76.48 | 61.42 |

图3-27-4 2015年垫江县与重庆市体育教师参加县级以上培训比例对比图（单位:%）

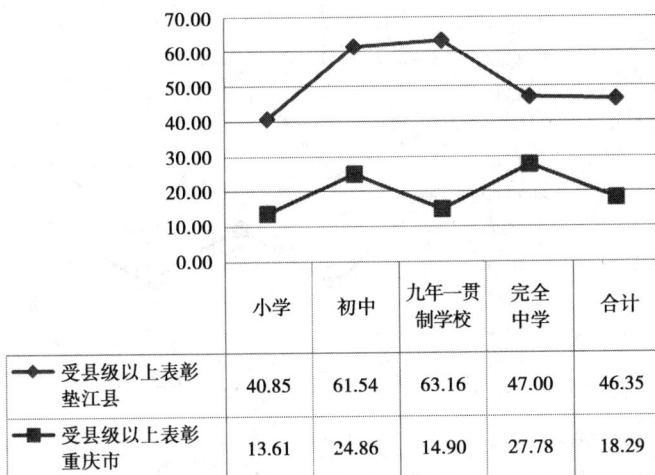

| | 小学 | 初中 | 九年一贯制学校 | 完全中学 | 合计 |
|---|---|---|---|---|---|
| 受县级以上表彰 垫江县 | 40.85 | 61.54 | 63.16 | 47.00 | 46.35 |
| 受县级以上表彰 重庆市 | 13.61 | 24.86 | 14.90 | 27.78 | 18.29 |

图 3-27-5　2015 年垫江县与重庆市体育教师受县级以上表彰比例对比图（单位:%）

## 三、主要问题

### （1）体育教师数量结构有待优化

2015 年,垫江县专职体育教师比为 77.08%,高于全市平均水平（如图 3-27-6 所示）;教师缺额比为 25.73%,高于全平均水平,其中,小学和九年一贯制学校缺额比例最大（如图 3-27-7 所示）,分别达 29.70% 和 38.71%。这表明垫江县在整体专职教师师资结构情况不断改善的同时,还需要加大对九年一贯制学校和小学体育专职教师的引进,以满足教育教学的需要。

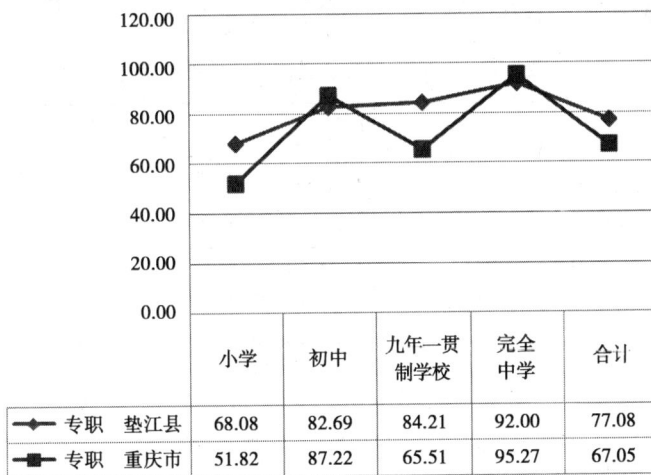

| | 小学 | 初中 | 九年一贯制学校 | 完全中学 | 合计 |
|---|---|---|---|---|---|
| 专职　垫江县 | 68.08 | 82.69 | 84.21 | 92.00 | 77.08 |
| 专职　重庆市 | 51.82 | 87.22 | 65.51 | 95.27 | 67.05 |

图 3-27-6　2015 年垫江县与重庆市体育专职教师比例对比图（单位:%）

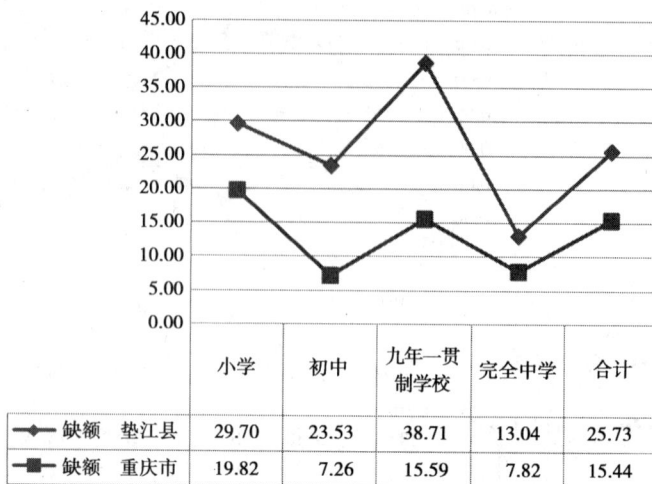

| | 小学 | 初中 | 九年一贯制学校 | 完全中学 | 合计 |
|---|---|---|---|---|---|
| 缺额 垫江县 | 29.70 | 23.53 | 38.71 | 13.04 | 25.73 |
| 缺额 重庆市 | 19.82 | 7.26 | 15.59 | 7.82 | 15.44 |

图 3-27-7　2015 年垫江县与重庆市体育缺额教师比例对比图(单位:%)

（二）体育场地器材需进一步完善

2015 年,垫江县中小学校有学生体质测试室 82 间,其平均数量高于全市平均水平(见表 3-27-1),但其他体育场地、设施、器材的平均数量与全市平均水平存在一定差距。2015 年垫江县中小学有体育馆 0 个,游泳池 0 个,其中,田径场 55 块(200 米田径场 36 块,300 米田径场 4 块,400 米田径场 15 块),校均数量为 0.59 块,低于全市每校平均数量 0.64 块;篮球场 156 块,校均数量为 1.66 块,低于全市每校平均数量 2.02 块;排球场 16 块,校均数量为 0.17 块,低于全市每校平均数量 0.58 块;体育器材达标学校 11 所,校均数量为 0.12 个,远低于全市平均水平 0.72 个;全县没有 1 个体育馆,没有 1 个游泳池。以上数据表明,垫江县需加强学校体育场地的建设与器材的配备。

表 3-27-1　2015 年垫江县体育场地器材信息(场地器材总量/学校个数)

| 类　别 | | 小　学 | 初　中 | 九年一贯制学校 | 完全中学 | 合　计 |
|---|---|---|---|---|---|---|
| 田径场/块 | 垫江县 | 0.48 | 1.00 | 0.80 | 0.64 | 0.59 |
| | 重庆市 | 0.53 | 0.84 | 0.74 | 1.06 | 0.64 |
| 篮球场/块 | 垫江县 | 1.30 | 2.67 | 2.00 | 2.55 | 1.66 |
| | 重庆市 | 1.54 | 2.51 | 2.37 | 4.57 | 2.02 |
| 排球场/块 | 垫江县 | 0.06 | 0.42 | 0.40 | 0.45 | 0.17 |
| | 重庆市 | 0.41 | 0.76 | 0.59 | 1.41 | 0.58 |

续表

| 类　别 | | 小　学 | 初　中 | 九年一贯制学校 | 完全中学 | 合　计 |
|---|---|---|---|---|---|---|
| 体育馆/个 | 垫江县 | 0.00 | 0.00 | 0.00 | 0.00 | 0.00 |
| | 重庆市 | 0.04 | 0.04 | 0.06 | 0.25 | 0.06 |
| 游泳池/个 | 垫江县 | 0.00 | 0.00 | 0.00 | 0.00 | 0.00 |
| | 重庆市 | 0.01 | 0.01 | 0.01 | 0.07 | 0.02 |
| 学生体质测试室/间 | 垫江县 | 0.89 | 1.00 | 0.80 | 0.64 | 0.87 |
| | 重庆市 | 0.48 | 0.52 | 0.53 | 0.75 | 0.51 |
| 体育器材达标数/个 | 垫江县 | 0.08 | 0.17 | 0.20 | 0.27 | 0.12 |
| | 重庆市 | 0.69 | 0.75 | 0.82 | 0.87 | 0.72 |

注:2015年垫江县上报的篮球场156块,而2014年上报的篮球场241块。需要在上报数据时对数据变化作出说明。

### (三)学校体育经费需进一步增加

2015年,垫江县生均体育经费投入为76.48元,低于全市生均体育经费的平均值(如图3-27-8所示)。与本县2014年相比,生均体育场地经费减少了83.11元,生均专用器材经费减少了2.34元(如图3-27-9所示)。

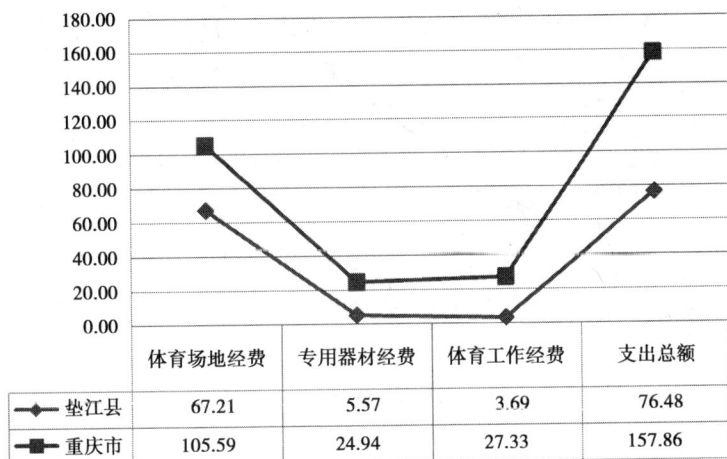

| | 体育场地经费 | 专用器材经费 | 体育工作经费 | 支出总额 |
|---|---|---|---|---|
| 垫江县 | 67.21 | 5.57 | 3.69 | 76.48 |
| 重庆市 | 105.59 | 24.94 | 27.33 | 157.86 |

图3-27-8　2015年垫江县与重庆市生均体育经费支出情况对比图(单位:元)

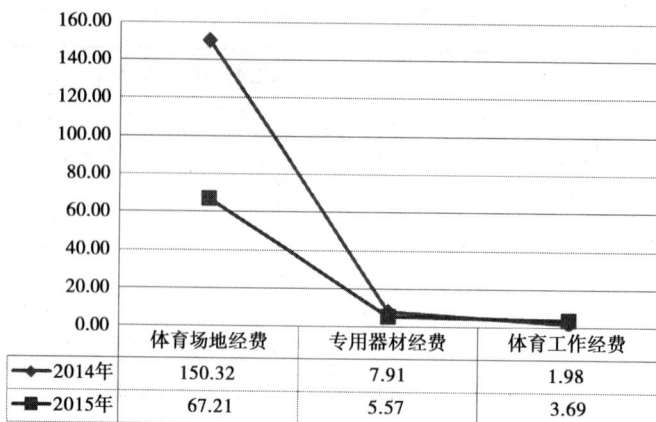

| | 体育场地经费 | 专用器材经费 | 体育工作经费 |
|---|---|---|---|
| 2014年 | 150.32 | 7.91 | 1.98 |
| 2015年 | 67.21 | 5.57 | 3.69 |

图3-27-9　2014年和2015年垫江县生均体育经费支出情况对比图(单位:元)

（四）学生体质健康促进工作有待加强

2015年,垫江县认真组织开展了学生体质健康标准测试工作,并如实上报了测试数据,上报率达100%。根据上报数据,全县学生体质健康达到合格以上等级的学生比例为92.54%,低于《国家学生体质健康标准》95%的要求,比2014年下降了3.71个百分点;达到良好以上等级的学生比例为27.72%,低于《国家学生体质健康标准》40%的要求,比2014年下降了3.91个百分点(如图3-27-10、图3-27-11所示)。因此,垫江县需要加强学生体质健康促进工作。

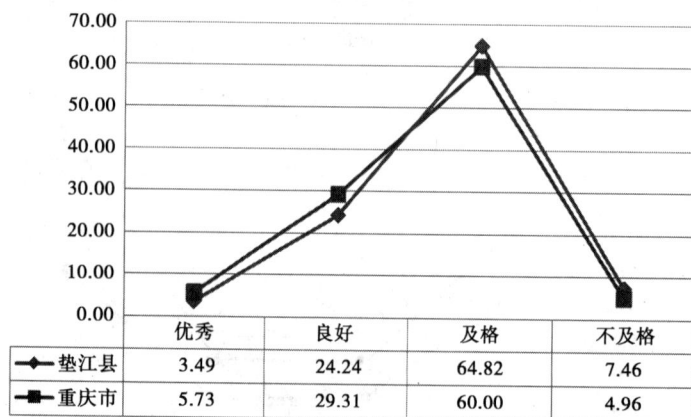

| | 优秀 | 良好 | 及格 | 不及格 |
|---|---|---|---|---|
| 垫江县 | 3.49 | 24.24 | 64.82 | 7.46 |
| 重庆市 | 5.73 | 29.31 | 60.00 | 4.96 |

图3-27-10　2015年垫江县与重庆市学生体质健康等级比例对比图(单位:%)

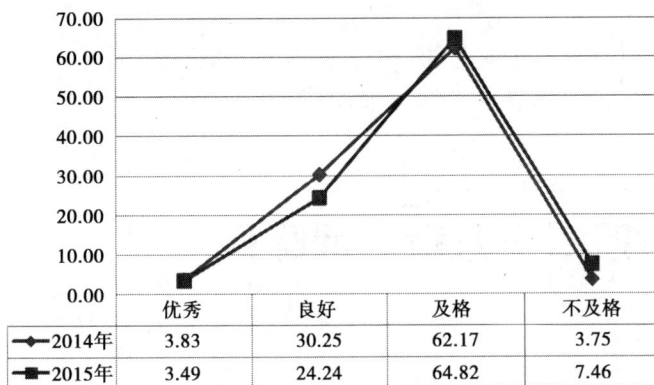

| | 优秀 | 良好 | 及格 | 不及格 |
|---|---|---|---|---|
| 2014年 | 3.83 | 30.25 | 62.17 | 3.75 |
| 2015年 | 3.49 | 24.24 | 64.82 | 7.46 |

图 3-27-11　垫江县 2014 年和 2015 年学生体质健康等级比例对比图(单位:%)

# 第二十八章 武隆区

## 一、基本概况

2015 年,武隆区有中小学校 98 所,比 2014 年减少 2 所,下降 2.00%;有在校学生 45 809 人,比 2014 年增加 232 人,增长 0.51%;有专任教师 3 046 人,比 2014 年增加 28 人,增长 0.93%。

2015 年,全区有参加学校体育工作评估的独立法人资格学校 88 所。其中,优秀等级学校 31 所,占参评学校的 35.23%,比全市平均水平低 23.92 个百分点,比 2014 年增长了 4.53 个百分点;良好等级学校 10 所,占参评学校的 11.36%,比全市平均水平低 15.31 个百分点,比 2014 年下降了 2.24 个百分点(如图 3-28-1、图 3-28-2 所示);合格等级的学校 47 所,无不合格学校。全区 2015 年学校体育工作评审结果总体情况一般,体育工作加分学校比为 45.45%,虽与 2014 年相比增长了 2.45 个百分点,但仍低于全市平均水平(如图 3-28-3、图 3-28-4 所示)。

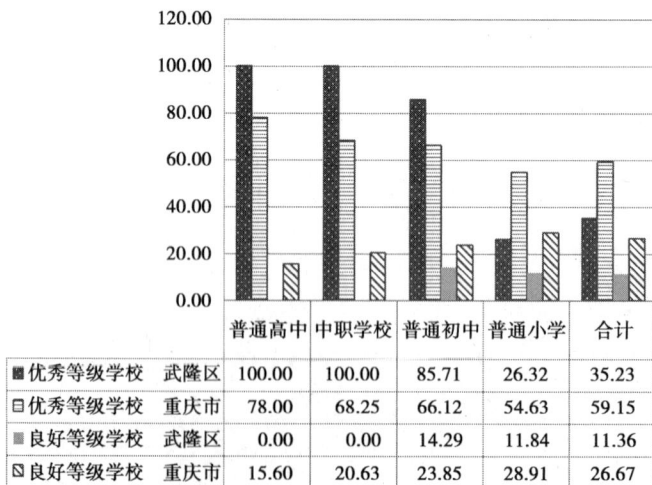

| | | 普通高中 | 中职学校 | 普通初中 | 普通小学 | 合计 |
|---|---|---|---|---|---|---|
| ■优秀等级学校 | 武隆区 | 100.00 | 100.00 | 85.71 | 26.32 | 35.23 |
| □优秀等级学校 | 重庆市 | 78.00 | 68.25 | 66.12 | 54.63 | 59.15 |
| ■良好等级学校 | 武隆区 | 0.00 | 0.00 | 14.29 | 11.84 | 11.36 |
| ▨良好等级学校 | 重庆市 | 15.60 | 20.63 | 23.85 | 28.91 | 26.67 |

图 3-28-1　2015 年武隆区与重庆市学校评审结果比例对比图(单位:%)

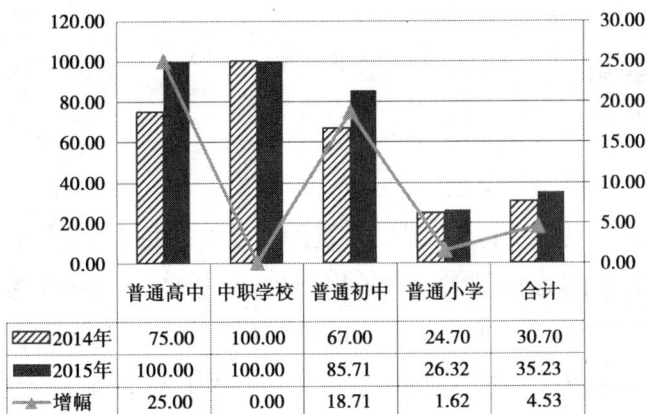

| | 普通高中 | 中职学校 | 普通初中 | 普通小学 | 合计 |
|---|---|---|---|---|---|
| 2014年 | 75.00 | 100.00 | 67.00 | 24.70 | 30.70 |
| 2015年 | 100.00 | 100.00 | 85.71 | 26.32 | 35.23 |
| 增幅 | 25.00 | 0.00 | 18.71 | 1.62 | 4.53 |

图 3-28-2　武隆区 2014 年和 2015 年优秀等级学校比例对比图（单位:%）

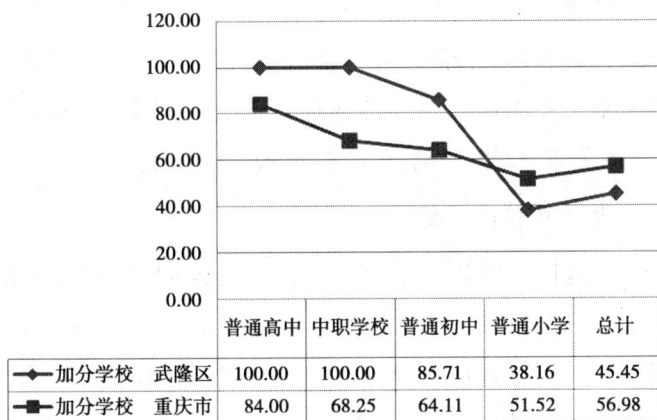

| | 普通高中 | 中职学校 | 普通初中 | 普通小学 | 总计 |
|---|---|---|---|---|---|
| 加分学校　武隆区 | 100.00 | 100.00 | 85.71 | 38.16 | 45.45 |
| 加分学校　重庆市 | 84.00 | 68.25 | 64.11 | 51.52 | 56.98 |

图 3-28-3　2015 年武隆区与重庆市加分学校比例对比图（单位:%）

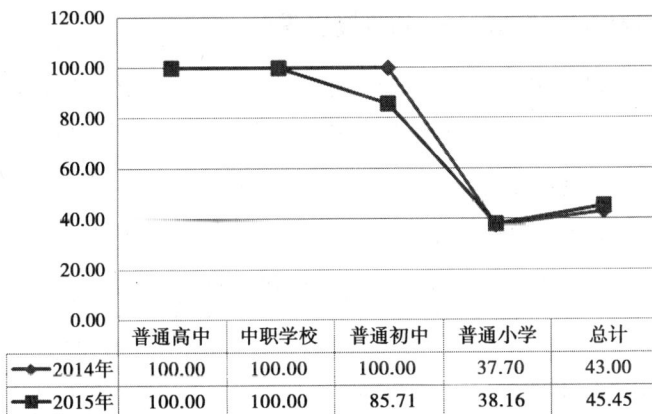

| | 普通高中 | 中职学校 | 普通初中 | 普通小学 | 总计 |
|---|---|---|---|---|---|
| 2014年 | 100.00 | 100.00 | 100.00 | 37.70 | 43.00 |
| 2015年 | 100.00 | 100.00 | 85.71 | 38.16 | 45.45 |

图 3-28-4　武隆区 2014 年和 2015 年加分学校比例对比图（单位:%）

## 二、主要亮点

### (一)组织管理到位

武隆区体育工作的组织管理到位。一是学校成立了由校级领导分管的体育工作领导小组,并将体育工作纳入学校工作计划,实施考核。区教委每年考评学校体育工作,对学生进行素质测评。二是认真执行市教委下达的课时计划,落实了体育课和健康教育课。三是学校学生基本上都购买了学生意外伤害保险,所有学校也购买了校方责任险。

### (二)学校体育教育教学活动开展有序

武隆区各学校体育教师能按照课程标准落实教学计划,组织课堂教学,完成教学任务。学校大力开展阳光体育运动,实施体育、艺术、科技"2+2"项目活动,各学校都有形式多样、各具特色的大课间活动,每期召开学生运动会。

### (三)体质健康监测可信度较高

本次现场抽查武隆区学校共6所,将抽查情况与学生体质健康检测原始数据进行对比,原始数据基本准确可信的有6所,分别是武隆长坝中学、武隆仙女山镇中心小学、双河小学、土坎中学、文复苗族土家族中心小学和江口中学,占抽查学校数的100%。全区抽查原始数据可信率为83.33%,高于全市抽查原始数据可信率70.24%。

### (四)体育教师专业素质的提升得到高度重视

2015年,武隆区专职体育教师的比例为79.17%,高于全市平均水平(见表3-28-1)。在体育教师专业素质方面,参加县级以上培训的体育教师比例为99.62%,高于全市平均水平;受县级以上表彰的体育教师比例为28.79%,高于全市平均水平。以上数据表明,武隆区高度重视体育教师专业素质的提升。

表3-28-1 2015年武隆区体育教师队伍信息　　　　　　　单位:%

| 学校类别 | 专职 | | 缺额 | | 县级以上培训 | | 受县级以上表彰 | |
|---|---|---|---|---|---|---|---|---|
| | 武隆区 | 重庆市 | 武隆区 | 重庆市 | 武隆区 | 重庆市 | 武隆区 | 重庆市 |
| 小学 | 67.92 | 51.82 | 24.29 | 19.82 | 100.00 | 54.90 | 22.01 | 13.61 |
| 初中 | 94.74 | 87.22 | 5.00 | 7.26 | 100.00 | 72.54 | 43.86 | 24.86 |

续表

| 学校类别 | 专 职 | | 缺 额 | | 县级以上培训 | | 受县级以上表彰 | |
|---|---|---|---|---|---|---|---|---|
| | 武隆区 | 重庆市 | 武隆区 | 重庆市 | 武隆区 | 重庆市 | 武隆区 | 重庆市 |
| 九年一贯制学校 | 75.00 | 65.51 | 20.00 | 15.59 | 75.00 | 51.64 | 25.00 | 14.90 |
| 完全中学 | 100.00 | 95.27 | 0.00 | 7.82 | 100.00 | 76.48 | 34.09 | 27.78 |
| 合　计 | 79.17 | 67.05 | 17.24 | 15.44 | 99.62 | 61.42 | 28.79 | 18.29 |

注:2015 年武隆区参加县级以上培训的体育教师有 263 人(小学 159 人 + 初中 57 人 + 九年一贯制学校 3 人 + 完全中学 44 人),但是上报的合计为 223 人。请注意核对上报数据。

## 三、主要问题

### (一)自评准确性有待提高

以"专家评分÷自评分"比较学校自评准确性(见表 3-28-2),2015 年武隆区学校体育工作总体自评准确性为 89.25%,低于全市学校自评准确性平均水平(94.02%)。其中,自评准确性高于 100% 的(自评过低)有 1 所,为武隆仙女山镇中心小学;自评准确性低于 90% 的(自评过高)有 4 所,为双河小学、土坎中学、文复苗族土家族中心小学和江口中学。

表 3-28-2　2015 年武隆区体育工作评估审核结果

| 学校名称 | 自评得分 | 核实得分 | 自评准确性/% |
|---|---|---|---|
| 长坝中学 | 93.4 | 92.9 | 99.46 |
| 仙女山镇中心小学 | 87.4 | 88.0 | 100.69 |
| 双河小学 | 87.8 | 77.8 | 88.61 |
| 土坎中学 | 97.8 | 82.8 | 84.66 |
| 文复苗族土家族中心小学 | 96.5 | 77.5 | 80.31 |
| 江口中学 | 101.5 | 84.7 | 83.45 |

### (二)体育场地器材的数量亟待增加

2015 年,武隆区中小学体育场地设施的平均数量均低于全市平均水平。其中,200 米田径场 20 块,校均数量为 0.23 块,低于全市每校平均数量 0.64 块;篮球场137 块,校均数量为 1.56 块,低于全市每校平均数量的 2.02 块;排球场 6 块,校均数量为0.07块,低于全市每校平均数量0.58块;体育馆1个,校均数量为0.01个,低于全市每校平均数量的0.06个;全县没有1个游泳池,校均数量为0个,低于全市每校平均数量的0.02个;学生体质测试室40间,校均数量为0.45间,低于全市每校平均数量的0.51间;体育器材达标学校数31所,校均比例为0.35所,低于全市平均水平(见表3-28-3)。以上数据表明,武隆区急需加强学校体育场馆及器材的配备。

表3-28-3 2015年武隆区体育场地器材信息(场地器材总量/学校个数)

| 类 别 | | 小 学 | 初 中 | 九年一贯制学校 | 完全中学 | 合 计 |
|---|---|---|---|---|---|---|
| 田径场/块 | 武隆区 | 0.12 | 1.00 | 0.00 | 1.00 | 0.23 |
| | 重庆市 | 0.53 | 0.84 | 0.74 | 1.06 | 0.64 |
| 篮球场/块 | 武隆区 | 1.30 | 3.00 | 2.00 | 3.75 | 1.56 |
| | 重庆市 | 1.54 | 2.51 | 2.37 | 4.57 | 2.02 |
| 排球场/块 | 武隆区 | 0.01 | 0.57 | 0.00 | 0.25 | 0.07 |
| | 重庆市 | 0.41 | 0.76 | 0.59 | 1.41 | 0.58 |
| 体育馆/个 | 武隆区 | 0.01 | 0.00 | 0.00 | 0.00 | 0.01 |
| | 重庆市 | 0.04 | 0.04 | 0.06 | 0.25 | 0.06 |
| 游泳池/个 | 武隆区 | 0.00 | 0.00 | 0.00 | 0.00 | 0.00 |
| | 重庆市 | 0.01 | 0.01 | 0.01 | 0.07 | 0.02 |
| 学生体质测试室/间 | 武隆区 | 0.37 | 1.00 | 1.00 | 1.00 | 0.45 |
| | 重庆市 | 0.48 | 0.52 | 0.53 | 0.75 | 0.51 |
| 体育器材达标数/个 | 武隆区 | 0.26 | 0.86 | 1.00 | 1.00 | 0.35 |
| | 重庆市 | 0.69 | 0.75 | 0.82 | 0.87 | 0.72 |

注:2015年武隆区有排球场6块(小学1块+初中4块+完全中学1块),但是上报的合计为8块。请注意核对上报数据。

(三)生均体育经费投入需要加强

2015年,武隆区生均体育经费投入为96.88元,低于全市生均体育经费的平均值。其中,生均体育场地经费与生均专用器材经费的投入均低于全市平均水平(如图3-28-5所示)。与2014年相比,生均体育场地经费减少了46.24元(如图3-28-6所示)。

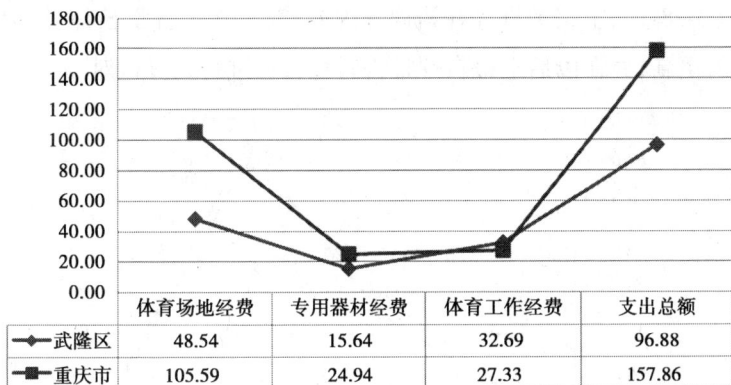

| | 体育场地经费 | 专用器材经费 | 体育工作经费 | 支出总额 |
|---|---|---|---|---|
| 武隆区 | 48.54 | 15.64 | 32.69 | 96.88 |
| 重庆市 | 105.59 | 24.94 | 27.33 | 157.86 |

图 3-28-5　2015 年武隆区与重庆市生均体育经费支出情况对比图(单位:元)

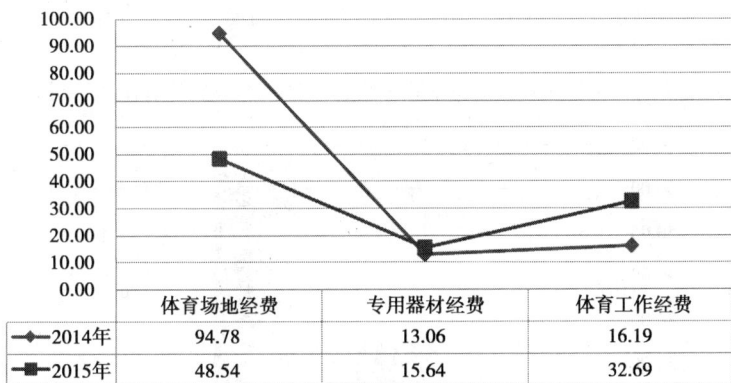

| | 体育场地经费 | 专用器材经费 | 体育工作经费 |
|---|---|---|---|
| 2014年 | 94.78 | 13.06 | 16.19 |
| 2015年 | 48.54 | 15.64 | 32.69 |

图 3-28-6　武隆区 2014 年和 2015 年生均体育经费支出情况对比图(单位:元)

(四)学生体质健康促进工作有待加强

2015 年,武隆区认真组织开展了学生体质健康标准测试,并如实上报了测试数据,上报率达 100%。根据上报数据,全区学生体质健康达到合格以上等级的学生比例为 93.64%,低于《国家学生体质健康标准》95% 的要求,比 2014 年下降了 2.85 个百分点;达到良好以上等级的学生比例为 30.11%,低于《国家学生体质健康标准》40% 的要求,比 2014 年下降了 0.49 个百分点(如图 3-28-7、图 3-28-8 所示)。以上数据表明,武隆区需要加强学生体质健康的促进工作。

(五)加强所报数据的管理与核对

2015 年,武隆区参加县级以上培训的体育教师有 263 人(小学 159 人 + 初中 57人 + 九年一贯制学校 3 人 + 完全中学 44 人),但实际上报的合计数为 223 人。2015年,全区有排球场 6 块(小学 1 块 + 初中 4 块 + 完全中学 1 块),但实际上报的合计数为8块(见表3-28-2),上报数据存在错误。因此,需对本区各学校体育场地数量的变化情况作及时更新,并在以后上报自评报告时对数据进行认真核对。

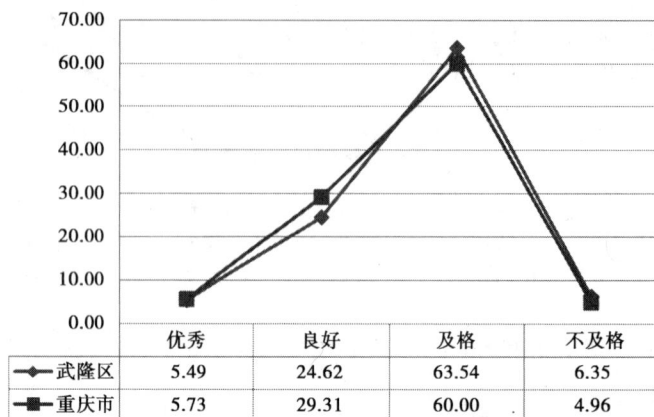

| | 优秀 | 良好 | 及格 | 不及格 |
|---|---|---|---|---|
| 武隆区 | 5.49 | 24.62 | 63.54 | 6.35 |
| 重庆市 | 5.73 | 29.31 | 60.00 | 4.96 |

图 3-28-7　2015 年武隆区与重庆市学生体质健康等级比例对比图(单位:%)

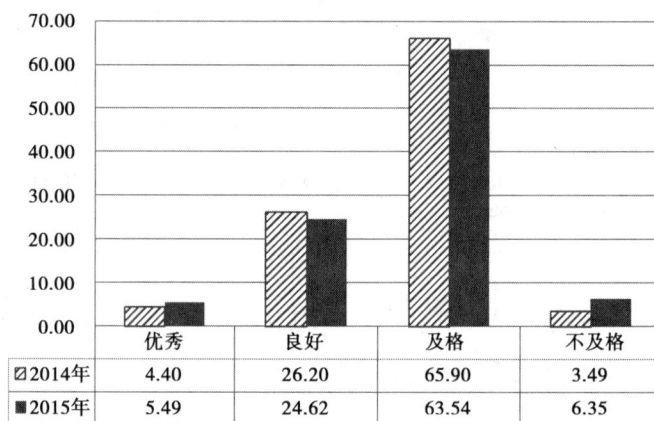

| | 优秀 | 良好 | 及格 | 不及格 |
|---|---|---|---|---|
| 2014年 | 4.40 | 26.20 | 65.90 | 3.49 |
| 2015年 | 5.49 | 24.62 | 63.54 | 6.35 |

图 3-28-8　武隆区 2014 年和 2015 年学生体质健康等级比例对比图(单位:%)

# 第二十九章　忠　县

## 一、基本概况

2015 年,忠县有中小学校 260 所,比 2014 年减少 10 所,下降 3.70%;有在校学生 111 196 人,比 2014 年增加 1 837 人,增长 1.68%;有专任教师 6 647 人,比 2014 年增加 595 人,增长 9.83%。

2015 年,全县有参加学校体育工作评估的独立法人资格学校 95 所。其中,优秀等级学校 88 所,占参评学校的 92.63%,比全市平均水平低 33.48 个百分点,比 2014 年增长了 6.63 个百分点;良好等级学校 7 所,占参评学校的 7.37%,比全市平均水平低 19.3 个百分点,比 2014 年下降了 2.03 个百分点(如图 3-29-1、图 3-29-2 所示);无不合格学校,全县 2015 年学校体育工作评审结果总体情况相对良好。全县 2015 年学校体育工作加分学校比为 76.84%,高于全市平均水平(如图 3-29-3 所示),比 2014 年增长了 0.84 个百分点。其中,普通初中与普通小学的加分学校比例均有增长(如图 3-29-4 所示)。

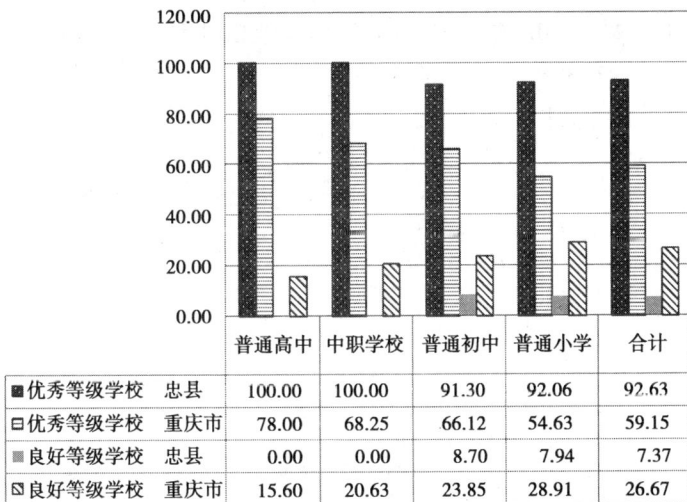

| | | 普通高中 | 中职学校 | 普通初中 | 普通小学 | 合计 |
|---|---|---|---|---|---|---|
| ■优秀等级学校 | 忠县 | 100.00 | 100.00 | 91.30 | 92.06 | 92.63 |
| □优秀等级学校 | 重庆市 | 78.00 | 68.25 | 66.12 | 54.63 | 59.15 |
| ▣良好等级学校 | 忠县 | 0.00 | 0.00 | 8.70 | 7.94 | 7.37 |
| ▨良好等级学校 | 重庆市 | 15.60 | 20.63 | 23.85 | 28.91 | 26.67 |

图 3-29-1　2015 年忠县与重庆市学校评审结果比例对比图(单位:%)

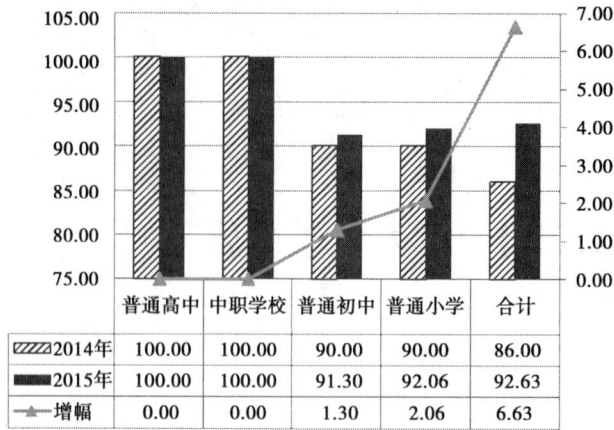

| | 普通高中 | 中职学校 | 普通初中 | 普通小学 | 合计 |
|---|---|---|---|---|---|
| 2014年 | 100.00 | 100.00 | 90.00 | 90.00 | 86.00 |
| 2015年 | 100.00 | 100.00 | 91.30 | 92.06 | 92.63 |
| 增幅 | 0.00 | 0.00 | 1.30 | 2.06 | 6.63 |

图 3-29-2　忠县 2014 年和 2015 年优秀等级学校比例对比图（单位:%）

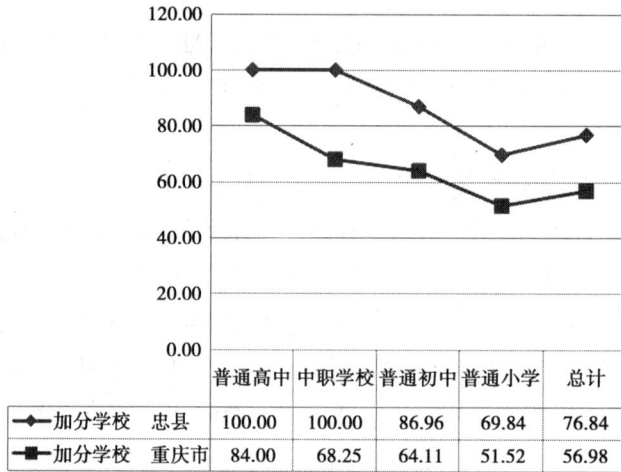

| | | 普通高中 | 中职学校 | 普通初中 | 普通小学 | 总计 |
|---|---|---|---|---|---|---|
| 加分学校 | 忠县 | 100.00 | 100.00 | 86.96 | 69.84 | 76.84 |
| 加分学校 | 重庆市 | 84.00 | 68.25 | 64.11 | 51.52 | 56.98 |

图 3-29-3　2015 年忠县与重庆市加分学校比例对比图（单位:%）

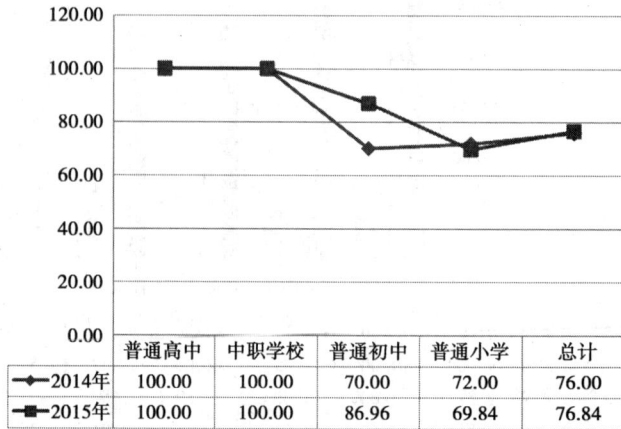

| | 普通高中 | 中职学校 | 普通初中 | 普通小学 | 总计 |
|---|---|---|---|---|---|
| 2014年 | 100.00 | 100.00 | 70.00 | 72.00 | 76.00 |
| 2015年 | 100.00 | 100.00 | 86.96 | 69.84 | 76.84 |

图 3-29-4　忠县 2014 年和 2015 年加分学校比例对比图（单位:%）

## 三、主要亮点

### (一)组织管理到位

忠县教委结合本县实际,把学校体育卫生艺术工作纳入教育发展规划,做到目标明确,措施得力,制定出台《忠县学校体育温升艺术工作发展规划》。在此基础上,体卫艺工作与全面实施素质教育相结合,建立校园意外伤害事故应急管理机制;设立学校体卫工作专项督察小组,统筹协调,落实责任。建立巡查制度,定期或不定期对学校体卫艺工作进行检查;将学校体卫艺工作和学生体质健康状况纳入对学校办学水平的综合督导,建立学校体育工作专项评估制度。

### (二)教育教学工作扎实

忠县各学校严格落实各学段要求的体育工作,并开展足球特色课程,要求学校开齐开足规定课程,鼓励学校探索校本课,并按时开展"阳光体育活动"。另外,忠县教委要求学校认真组织学生做好眼保健操和两操,并将体育传统项目融入大课间活动中;每年11月中旬还组织举办冬季长跑活动,以及权限中小学田径运动会和球类运动会。

### (三)学生体质健康促进工作取得良好效果

2015年,忠县认真组织开展了学生体质健康标准测试工作,并如实上报了测试数据,上报率达100%。根据上报数据,全县学生体质健康达95%的要求,与2014年基本持平(如图3-29-5所示);达到良好以上等级的比例为53.47%,高于《国家学生体质健康标准》40%的要求,比2014年增长了5.28个百分点(如图3-29-6所示)。这表明忠县学生体质健康促进工作取得良好效果。

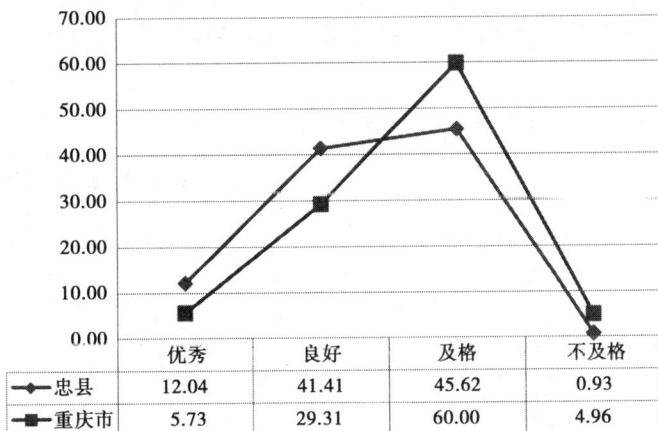

| | 优秀 | 良好 | 及格 | 不及格 |
|---|---|---|---|---|
| 忠县 | 12.04 | 41.41 | 45.62 | 0.93 |
| 重庆市 | 5.73 | 29.31 | 60.00 | 4.96 |

图3-29-5　2015年忠县与重庆市学生体质健康等级比例对比图(单位:%)

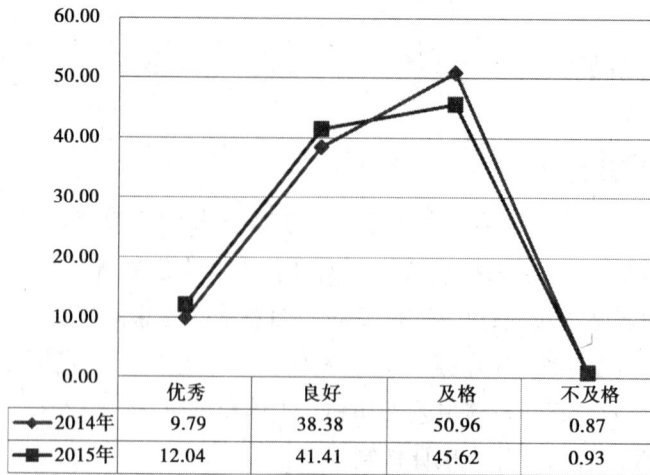

| | 优秀 | 良好 | 及格 | 不及格 |
|---|---|---|---|---|
| 2014年 | 9.79 | 38.38 | 50.96 | 0.87 |
| 2015年 | 12.04 | 41.41 | 45.62 | 0.93 |

图 3-29-6　忠县 2014 年和 2015 年学生体质健康等级比例对比图(单位:%)

## 三、主要问题

### (一)体育教师队伍建设有待加强

2015 年,忠县专职体育教师的比例为 63.91%,低于全市平均水平。其中,小学及九年一贯制学校的专职体育教师比例均低于全市平均水平(见表 3-29-1)。表明忠县体育教师略显不足。在体育教师专业素质方面,忠县体育教师参与县级以上培训的比例为 46.54%,低于全市平均水平。其中,小学、初中及九年一贯制学校的体育教师参与县级以上培训的比例均低于全市平均水平。受县级以上表彰的体育教师比例为 17.88%,略低于全市平均水平。其中,小学、初中的体育教师受县级以上表彰的比例均低于全市相应类型学校平均值。以上数据表明,忠县需进一步加强体育教师队伍的建设。

表 3-29-1　2015 年忠县体育教师队伍信息　　　　　　　　单位:%

| 学校类别 | 专职 | | 缺额 | | 县级以上培训 | | 受县级以上表彰 | |
|---|---|---|---|---|---|---|---|---|
| | 忠县 | 重庆市 | 忠县 | 重庆市 | 忠县 | 重庆市 | 忠县 | 重庆市 |
| 小学 | 46.30 | 51.82 | 15.51 | 19.82 | 34.52 | 54.90 | 12.05 | 13.61 |
| 初中 | 91.95 | 87.22 | 2.25 | 7.26 | 44.83 | 72.54 | 22.99 | 24.86 |
| 九年一贯制学校 | 52.63 | 65.51 | 13.64 | 15.59 | 36.84 | 51.64 | 21.05 | 14.90 |
| 完全中学 | 98.36 | 95.27 | 3.94 | 7.82 | 85.25 | 76.48 | 31.15 | 27.78 |
| 合　计 | 63.91 | 67.05 | 11.49 | 15.44 | 46.54 | 61.42 | 17.88 | 18.29 |

（二）部分体育场地与器材数量需要增加

2015 年,忠县中小学校有田径场 63 块(200 米田径场 56 块,300 米田径场 2 块, 300 ~ 400 米田径场 1 块,400 米田径场 4 块),篮球场 202 块,排球场 67 块,学生体质测试室 50 间,其平均数量虽高于重庆市平均水平(如表 3-29-2 所示),但体育馆、游泳池、体育器材达标学校的平均数量与全市平均水平存在差距。其中,体育馆 2 个,校均数量为 0.02 个,低于全市每校平均数量 0.06 个;游泳池 1 个,校均数量为 0.01 个,低于全市每校平均数量 0.02 个;体育器材达标学校 46 所,校均数量比例为 0.48 所,低于全市的平均水平 0.72 所。以上数据表明,忠县需加强学校部分体育场馆及器材的配备。

表 3-29-2　2015 年忠县体育场地器材信息(场地器材总量/学校个数)

| 类　别 | | 小　学 | 初　中 | 九年一贯制学校 | 完全中学 | 合　计 |
|---|---|---|---|---|---|---|
| 田径场/块 | 忠县 | 0.59 | 0.55 | 0.67 | 1.44 | 0.66 |
| | 重庆市 | 0.53 | 0.84 | 0.74 | 1.06 | 0.64 |
| 篮球场/块 | 忠县 | 1.76 | 2.10 | 1.00 | 5.11 | 2.13 |
| | 重庆市 | 1.54 | 2.51 | 2.37 | 4.57 | 2.02 |
| 排球场/块 | 忠县 | 0.37 | 0.85 | 0.67 | 2.78 | 0.71 |
| | 重庆市 | 0.41 | 0.76 | 0.59 | 1.41 | 0.58 |
| 体育馆/个 | 忠县 | 0.00 | 0.00 | 0.00 | 0.22 | 0.02 |
| | 重庆市 | 0.04 | 0.04 | 0.06 | 0.25 | 0.06 |
| 游泳池/个 | 忠县 | 0.02 | 0.00 | 0.00 | 0.00 | 0.01 |
| | 重庆市 | 0.01 | 0.01 | 0.01 | 0.07 | 0.02 |
| 学生体质测试室/间 | 忠县 | 0.41 | 0.50 | 0.33 | 1.44 | 0.53 |
| | 重庆市 | 0.48 | 0.52 | 0.53 | 0.75 | 0.51 |
| 体育器材达标数/个 | 忠县 | 0.51 | 0.30 | 0.33 | 0.78 | 0.48 |
| | 重庆市 | 0.69 | 0.75 | 0.82 | 0.87 | 0.72 |

（三）生均体育经费的投入需进一步增加

2015 年,忠县生均体育经费投入为 124.43 元,低于全市生均体育经费的平均值, 其中,各项生均体育经费的投入均低于全市平均水平;与 2014 年相比,忠县 2015 年生均体育工作经费减少了 1.35 元(如图 3-28-7、图 3-29-8 所示)。

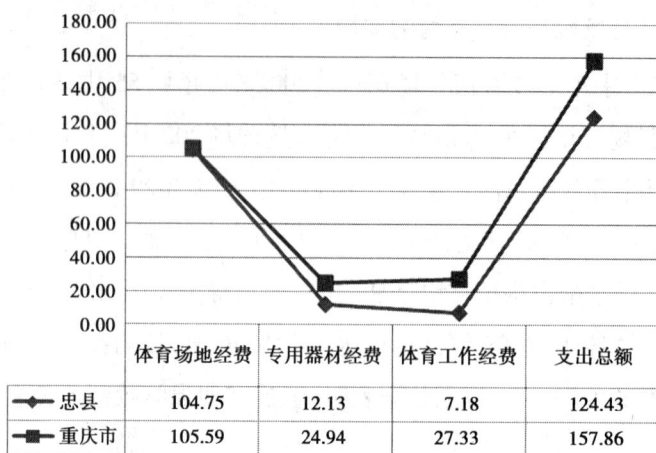

| | 体育场地经费 | 专用器材经费 | 体育工作经费 | 支出总额 |
|---|---|---|---|---|
| 忠县 | 104.75 | 12.13 | 7.18 | 124.43 |
| 重庆市 | 105.59 | 24.94 | 27.33 | 157.86 |

图 3-29-7　2015 年忠县与重庆市生均体育经费支出情况对比图(单位:元)

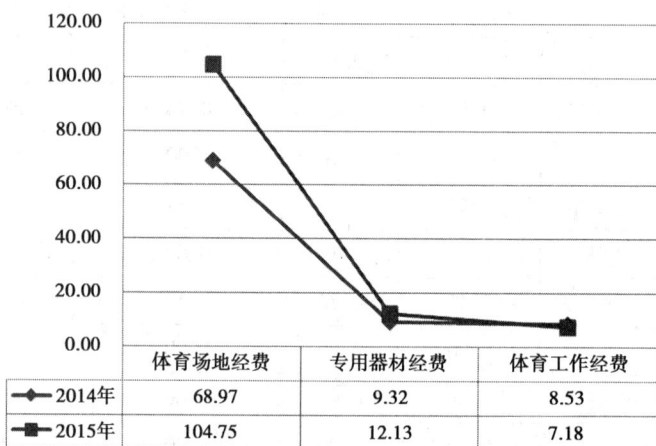

| | 体育场地经费 | 专用器材经费 | 体育工作经费 |
|---|---|---|---|
| 2014年 | 68.97 | 9.32 | 8.53 |
| 2015年 | 104.75 | 12.13 | 7.18 |

图 3-29-8　忠县 2014 年和 2015 年生均体育经费支出情况对比图(单位:元)

# 第三十章　开州区

## 一、基本概况

2015 年,开州区有中小学校 399 所,比 2014 年减少 14 所,下降 3.39%;有在校学生 193 781 人,比 2014 年减少 1 658 人,下降 0.85%;有专任教师 11 429 人,比 2014 年减少 174 人,下降 1.50%。

2015 年,全区有参加学校体育工作评估的独立法人资格学校 142 所。其中,优秀等级学校 49 所,占参评学校的 34.51%,比全市平均水平低 24.64 个百分点,比 2014 年增长了 0.51 个百分点;良好等级学校 52 所,占参评学校的 36.62%,比全市平均水平低 9.95 个百分点,比 2014 年增长 0.62 个百分点(如图 3-30-1、图 3-30-2 所示);无不合格学校,全区 2015 年学校体育工作评审结果总体情况良好。全区 2015 年体育工作加分学校的比例为 38.03%,虽低于全市平均水平(如图 3-30-3 所示),但与本区 2014 年相比略有所增长。其中,普通高中、中职学校和普通小学的加分学校比例均有增长(如图 3-30-4 所示)。

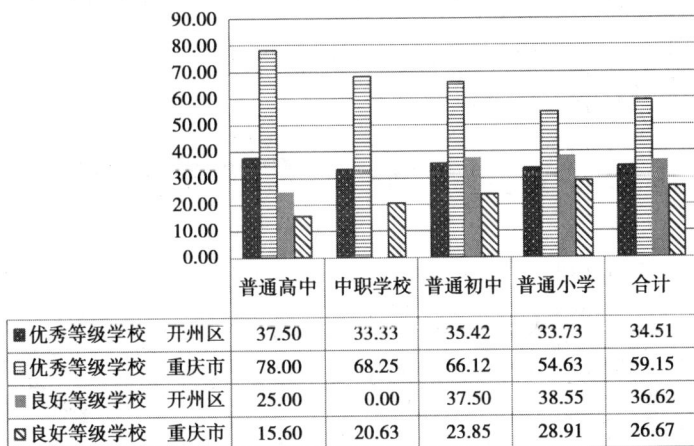

|  | | 普通高中 | 中职学校 | 普通初中 | 普通小学 | 合计 |
|---|---|---|---|---|---|---|
| 优秀等级学校 | 开州区 | 37.50 | 33.33 | 35.42 | 33.73 | 34.51 |
| 优秀等级学校 | 重庆市 | 78.00 | 68.25 | 66.12 | 54.63 | 59.15 |
| 良好等级学校 | 开州区 | 25.00 | 0.00 | 37.50 | 38.55 | 36.62 |
| 良好等级学校 | 重庆市 | 15.60 | 20.63 | 23.85 | 28.91 | 26.67 |

图 3-30-1　2015 年开州区与重庆市学校评审结果比例对比图(单位:%)

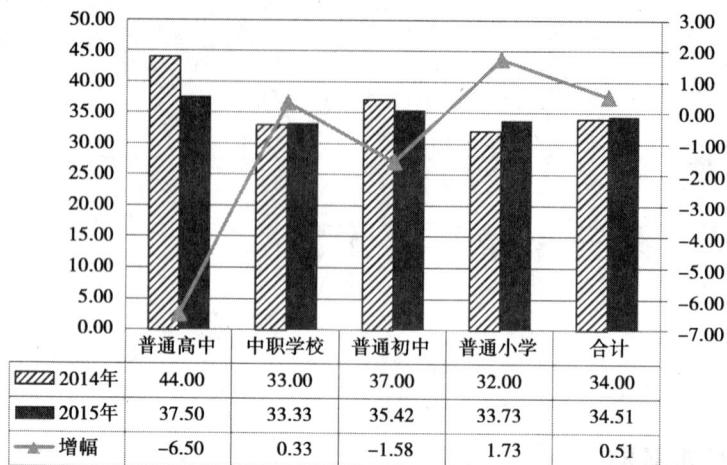

| | 普通高中 | 中职学校 | 普通初中 | 普通小学 | 合计 |
|---|---|---|---|---|---|
| 2014年 | 44.00 | 33.00 | 37.00 | 32.00 | 34.00 |
| 2015年 | 37.50 | 33.33 | 35.42 | 33.73 | 34.51 |
| 增幅 | −6.50 | 0.33 | −1.58 | 1.73 | 0.51 |

图 3-30-2　开州区 2014 年和 2015 年优秀等级学校比例对比图（单位:%）

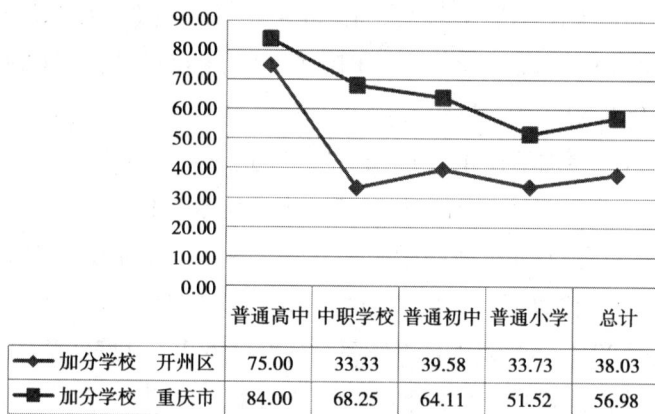

| | 普通高中 | 中职学校 | 普通初中 | 普通小学 | 总计 |
|---|---|---|---|---|---|
| 加分学校　开州区 | 75.00 | 33.33 | 39.58 | 33.73 | 38.03 |
| 加分学校　重庆市 | 84.00 | 68.25 | 64.11 | 51.52 | 56.98 |

图 3-30-3　2015 年开州区与重庆市加分学校比例对比图（单位:%）

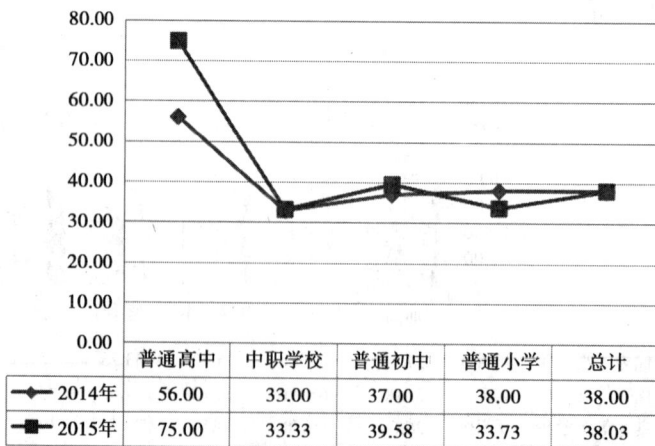

| | 普通高中 | 中职学校 | 普通初中 | 普通小学 | 总计 |
|---|---|---|---|---|---|
| 2014年 | 56.00 | 33.00 | 37.00 | 38.00 | 38.00 |
| 2015年 | 75.00 | 33.33 | 39.58 | 33.73 | 38.03 |

图 3-30-4　开州区 2014 年和 2015 年加分学校比例对比图（单位:%）

## 二、主要亮点

### (一)组织管理到位

开州区成立了区、主管部门、学校三级体育管理体系。教委成立体卫艺科,对全区体育工作进行行政管理。全区成立体育中心教研组,每年进行微调,指导全区体育工作开展。区督导室进行体育工作督导。各学校成立校长牵头,副校长具体分管,学校各行政部门领导参加,班主任、体育教师为成员的领导小组,制订年度工作计划,认真组织实施,加强安全管理,定期进行检查考核公示,学校领导深入一线听课,督促开齐课程,开足课时,切实减轻学生课业负担。

### (二)教育教学开展有序

开州区各校体育与健康课程教学计划、课时计划齐全,教师能完成教学任务情况较好。各校大力推动教学研究和课程改革,努力提高课堂效果。体育教师与学生考勤考核落实到位。全区学校结合"2+2"项目实验,"1+5"行动计划,大力开展校园体育活动,逐渐将校园体育活动时间和内容纳入计划,列入课表,制订活动方案,加强安全教育,确保学生每天锻炼1小时。每年举行田径运动会和达标运动会,适时开展小型多样的体育比赛,学生已基本掌握两项日常体育锻炼技能。

### (三)自评准确性较高

以"专家评分÷自评分"比较学校自评准确性(见表3-30-1),2015年开州区抽查学校总体自评准确性为100.36%,高于全市学校自评准确性平均水平(94.02%)。其中,自评准确性高于100%的(自评过低)有1所,为义学堂小学,其余5所学校自评准确均较高。

表 3-30-1　2015 年开州区体育工作评估审核结果

| 学校名称 | 自评得分 | 核实得分 | 自评准确性/% |
|---|---|---|---|
| 陈家中学 | 96.0 | 94.5 | 98.44 |
| 义学堂小学 | 82.6 | 89.1 | 107.87 |
| 铁桥中学 | 92.7 | 90.7 | 97.84 |
| 桃溪完小 | 78.4 | 78.4 | 100.00 |
| 津关小学 | 96.0 | 95.0 | 98.96 |
| 开州区敦好初级中学 | 105.0 | 105.0 | 100.00 |

（四）生均体育经费投入略有增长

2015 年,开州区生均体育经费投入为 133.21 元,虽低于全市生均体育经费的平均值,但与本区 2014 年相比,生均专用器材经费增加了 3.15 元,生均体育工作经费增加了 1.03 元(如图 3-30-5、图 3-30-6 所示)。

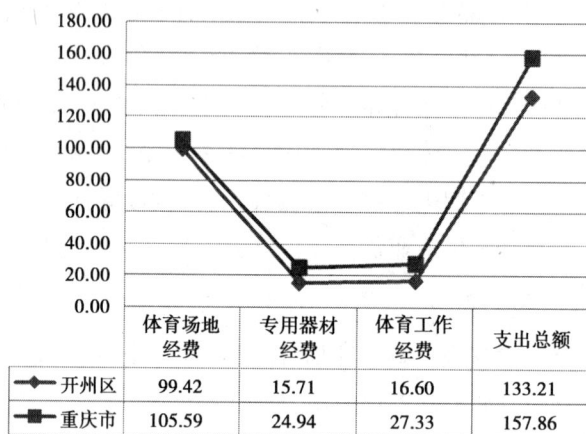

| | 体育场地经费 | 专用器材经费 | 体育工作经费 | 支出总额 |
|---|---|---|---|---|
| 开州区 | 99.42 | 15.71 | 16.60 | 133.21 |
| 重庆市 | 105.59 | 24.94 | 27.33 | 157.86 |

图 3-30-5　2015 年开州区与重庆市生均体育经费支出情况对比图(单位:元)

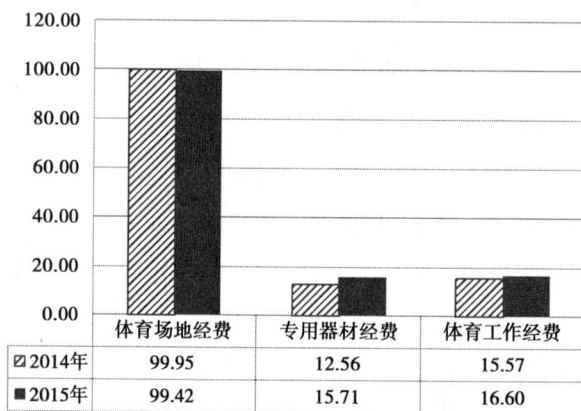

| | 体育场地经费 | 专用器材经费 | 体育工作经费 |
|---|---|---|---|
| 2014年 | 99.95 | 12.56 | 15.57 |
| 2015年 | 99.42 | 15.71 | 16.60 |

图 3-30-6　开州区 2014 年和 2015 年生均体育经费支出情况对比图(单位:%)

（五）学生体质健康促进工作扎实

2015 年,开州区认真组织开展了学生体质健康标准测试工作,加强了组织和管理,进行了测试和抽查,并如实上报了测试数据,上报率达 100%。根据上报数据,全区学生体质健康达到合格以上等级的学生比例为 95.22%,略高于《国家学生体质健康标准》95% 的要求,比 2014 年增长了 3.65 个百分点;达到良好以上等级的比例为

33.44%,虽低于《国家学生体质健康标准》40%要求,但比2014年增长了9.06个百分点(如图3-30-7、图3-30-8所示)。

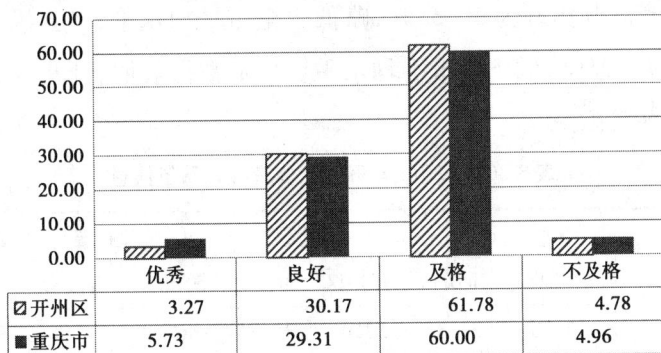

| | 优秀 | 良好 | 及格 | 不及格 |
|---|---|---|---|---|
| 开州区 | 3.27 | 30.17 | 61.78 | 4.78 |
| 重庆市 | 5.73 | 29.31 | 60.00 | 4.96 |

图3-30-7　2015年开州区与重庆市学生体质健康等级比例对比图(单位:%)

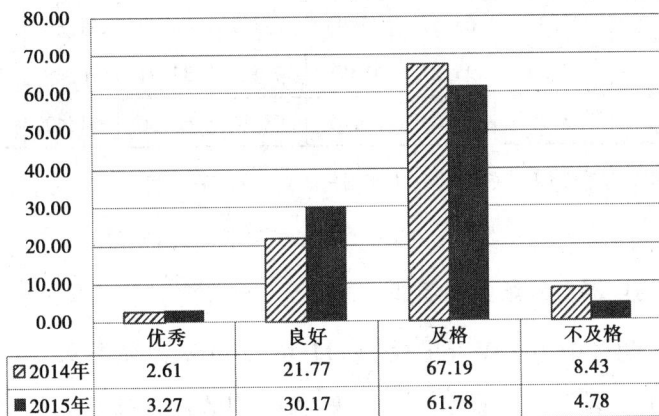

| | 优秀 | 良好 | 及格 | 不及格 |
|---|---|---|---|---|
| 2014年 | 2.61 | 21.77 | 67.19 | 8.43 |
| 2015年 | 3.27 | 30.17 | 61.78 | 4.78 |

图3-30-8　开州区2014年和2015年学生体质健康等级比例对比图(单位:%)

## 三、主要问题

(一)体质健康监测可信度有待提高

本次现场抽查开州区学校共6所,将抽查情况与学生体质健康检测原始数据进行对比,原始数据基本准确可信的有3所,分别是陈家中学、铁桥中学、敦好初级中学,占抽查学校数的50%。其余3所学校数据有较多明显差异或完全错误情况。

(二)体育教师队伍建设有待加强

2015年,开州区专职体育教师的比例为73.39%,虽高于全市平均水平,但体育教师缺额的比例为26.07%,高于全市平均水平(见表3-30-2)。以上数据表明,开州区需增加学校体育教师的数量。在体育教师专业素质方面,全区2015年受县级以上培训的体育教师比例为60.55%,略低于全市平均水平;受县级以上表彰的体育教师比例为16.21%,低于全市平均水平。以上数据表明,开州区应重视体育教师专业素质的提升。

表3-30-2  2015年开州区体育教师队伍信息                     单位:%

| 学校类别 | 专职 | | 缺额 | | 县级以上培训 | | 受县级以上表彰 | |
|---|---|---|---|---|---|---|---|---|
| | 开州区 | 重庆市 | 开州区 | 重庆市 | 开州区 | 重庆市 | 开州区 | 重庆市 |
| 小学 | 63.78 | 51.82 | 32.91 | 19.82 | 46.79 | 54.90 | 9.88 | 13.61 |
| 初中 | 83.33 | 87.22 | 18.57 | 7.26 | 78.07 | 72.54 | 20.18 | 24.86 |
| 高中 | 100.00 | 97.88 | 0.00 | 4.34 | 71.43 | 65.30 | 14.29 | 27.48 |
| 九年一贯制学校 | 33.33 | 65.51 | 37.93 | 15.59 | 94.44 | 51.64 | 50.00 | 14.90 |
| 完全中学 | 98.54 | 95.27 | 0.00 | 7.82 | 83.21 | 76.48 | 32.12 | 27.78 |
| 合　计 | 73.39 | 67.05 | 26.07 | 15.44 | 60.55 | 61.42 | 16.21 | 18.29 |

注:开州区自增特殊教育学校1所,统计时纳入九年制一贯制学校计算。

(三)体育场地器材数量亟待增加

2015年,开州区中小学校有田径场111块(200米田径场92块,300米田径场12块,400米田径场7块),篮球场403块,其平均数量均高于全市平均水平(见表3-30-3),但其他体育场地器材的平均数量与全市平均水平存在一定差距。其中,排球场37块,校均数量为0.26块,低于全市每校平均数量0.58块;体育馆6个,校均数量为0.04个,低于全市每校平均数量0.06个;全区没有1个游泳池,校均数量为0个,低于全市每校平均数量0.02个;学生体质测试室11间,校均数量为0.08间,低于全市每校平均数量的0.51间;体育器材达标学校数78所,校均比例为0.55所,低于全市平均水平(见表3-30-3)。以上数据表明,开州区需进一步加强学校体育场地及器材的配备。

表 3-30-3　2015 年开州区体育场地器材信息（场地器材总量/学校个数）

| 类　别 | | 小　学 | 初　　中 | 高　　中 | 九年一贯制学校 | 完全中学 | 合　计 |
|---|---|---|---|---|---|---|---|
| 田径场/块 | 开州区 | 0.71 | 0.93 | 1.00 | 0.50 | 1.00 | 0.78 |
| | 重庆市 | 0.53 | 0.84 | 1.09 | 0.74 | 1.06 | 0.64 |
| 篮球场/块 | 开州区 | 2.74 | 2.29 | 5.00 | 3.75 | 4.90 | 2.84 |
| | 重庆市 | 1.54 | 2.51 | 4.96 | 2.37 | 4.57 | 2.02 |
| 排球场/块 | 开州区 | 0.30 | 0.24 | 0.00 | 0.00 | 0.20 | 0.26 |
| | 重庆市 | 0.41 | 0.76 | 2.34 | 0.59 | 1.41 | 0.58 |
| 体育馆/个 | 开州区 | 0.01 | 0.05 | 1.00 | 0.00 | 0.20 | 0.04 |
| | 重庆市 | 0.04 | 0.04 | 0.30 | 0.06 | 0.25 | 0.06 |
| 游泳池/个 | 开州区 | 0.00 | 0.00 | 0.00 | 0.00 | 0.00 | 0.00 |
| | 重庆市 | 0.01 | 0.01 | 0.20 | 0.01 | 0.07 | 0.02 |
| 学生体质测试室/间 | 开州区 | 0.07 | 0.10 | 0.00 | 0.00 | 0.10 | 0.08 |
| | 重庆市 | 0.48 | 0.52 | 0.84 | 0.53 | 0.75 | 0.51 |
| 体育器材达标数/个 | 开州区 | 0.59 | 0.41 | 1.00 | 0.63 | 0.70 | 0.55 |
| | 重庆市 | 0.69 | 0.75 | 0.93 | 0.82 | 0.87 | 0.72 |

# 第三十一章　云阳县

## 一、基本概况

2015年,云阳县有中小学校353所,比2014年减少1所下降0.28%;有在校学生134 926人,比2014年减少5 444人,下降3.88%;有专任教师8 772人,比2014年增加142人,增长1.65%。

2015年,全县有参加学校体育工作评估的独立法人资格学校124所。其中,优秀等级学校47所,占参评学校的37.9%,比全市平均水平低21.25个百分点,比2014年下降了14.5个百分点;良好等级学校69所,占参评学校的55.65%,比全市平均水平高28.98个百分点,比2014年增长了15.95个百分点(如图3-31-1、图3-31-2所示);无不合格学校,全县2015年学校体育工作评审结果总体情况相对良好。全县2015年体育工作加分学校的比例为58.06%,虽比2014年下降了10.24个百分点,但仍略高于全市平均水平(如图3-31-3、图3-31-4所示)。

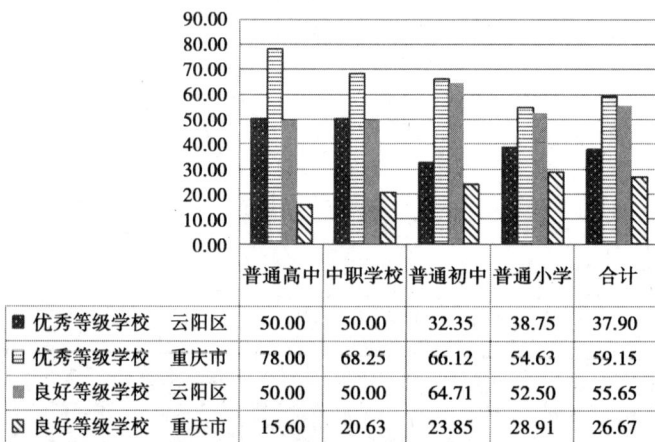

|  |  | 普通高中 | 中职学校 | 普通初中 | 普通小学 | 合计 |
|---|---|---|---|---|---|---|
| 优秀等级学校 | 云阳区 | 50.00 | 50.00 | 32.35 | 38.75 | 37.90 |
| 优秀等级学校 | 重庆市 | 78.00 | 68.25 | 66.12 | 54.63 | 59.15 |
| 良好等级学校 | 云阳区 | 50.00 | 50.00 | 64.71 | 52.50 | 55.65 |
| 良好等级学校 | 重庆市 | 15.60 | 20.63 | 23.85 | 28.91 | 26.67 |

图3-31-1　2015年云阳县与重庆市学校评审结果比例对比图(单位:%)

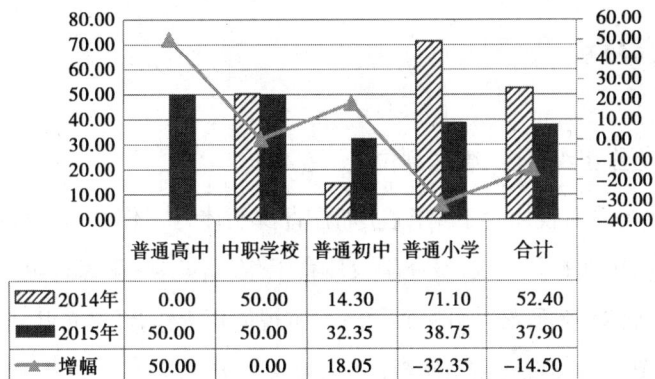

| | 普通高中 | 中职学校 | 普通初中 | 普通小学 | 合计 |
|---|---|---|---|---|---|
| 2014年 | 0.00 | 50.00 | 14.30 | 71.10 | 52.40 |
| 2015年 | 50.00 | 50.00 | 32.35 | 38.75 | 37.90 |
| 增幅 | 50.00 | 0.00 | 18.05 | -32.35 | -14.50 |

图 3-31-2　云阳县 2014 年和 2015 年优秀等级学校比例对比图（单位:%）

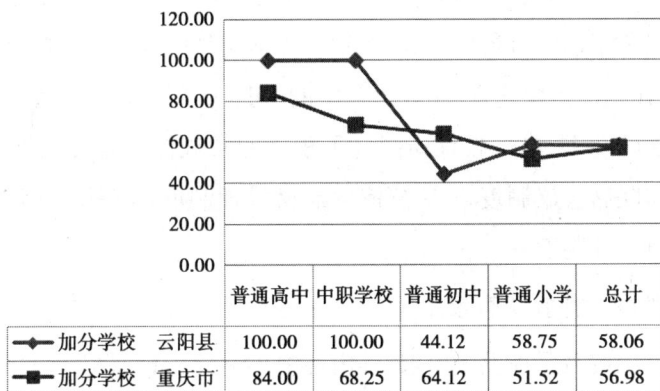

| | | 普通高中 | 中职学校 | 普通初中 | 普通小学 | 总计 |
|---|---|---|---|---|---|---|
| 加分学校 | 云阳县 | 100.00 | 100.00 | 44.12 | 58.75 | 58.06 |
| 加分学校 | 重庆市 | 84.00 | 68.25 | 64.12 | 51.52 | 56.98 |

图 3-31-3　2015 年云阳县与重庆市加分学校比例对比图（单位:%）

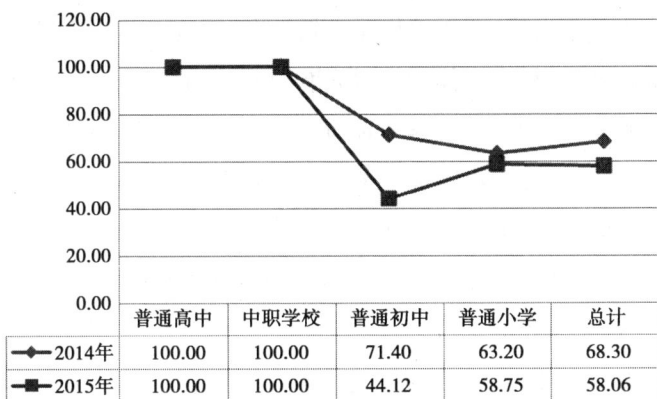

| | 普通高中 | 中职学校 | 普通初中 | 普通小学 | 总计 |
|---|---|---|---|---|---|
| 2014年 | 100.00 | 100.00 | 71.40 | 63.20 | 68.30 |
| 2015年 | 100.00 | 100.00 | 44.12 | 58.75 | 58.06 |

图 3-31-4　云阳县 2014 年和 2015 年加分学校比例对比图（单位:%）

## 二、主要亮点

### (一)体育工作组织健全,管理到位

云阳县教委高度重视体育工作,建立加强青少年体育工作联席会议制度,由县教委相关领导任组长,定期召开会议,研究学校体育卫生工作。由李保宣负责分管学校体育卫生工作,并配备体育教研员。分管领导一贯重视体育工作,经常召开分管校领导会议,布置体育工作,要求学校将此项工作当作一项重要工作来抓。各学校每学期都将体育工作纳入党政工作的议事日程,成立了体育教育工作领导小组,定期进行讨论研究。

云阳县制定了《云阳县学校体育卫生工作发展"十二五"规划》,对"十二五"学校体育卫生工作提出了切实可行的目标和措施,每学期县内各学校在制订学校工作计划时,都把体育工作列为重中之重,制订出翔实的、切合实际的校园体育活动安排。为了使体育教育开展的扎实有效,教育局制订了相应的常规体育管理制度,如《加强青少年体育卫生工作联席会议制度》《学校体育器材管理制度》《课间活动管理制度》《体育教学事故应急处理制度》。

### (二)教育教学工作扎实有效

云阳县各学校按照课程设置要求,县内各中小学校体育课都按计划每周开足3~4课时,并保证课程计划的实施,开课率达100%。在课堂教学中,各校体育教研组老师精心备课,使学生全面掌握新课程所规定的各项健康常识及体育技能,以改革教学方法和组织形式为基本途径,不断优化课堂教学,努力提高体育教学质量。每年学校都组织体育教师认真开展《学生体质健康标准》和重庆市学生体能素质的测试。

云阳县近年来认真贯彻落实《学校体育工作条例》《中共中央国务院关于加强青少年体育增强青少年体质的意见》的要求,扎实开展"学生阳光体育运动",积极开展校外体育活动,为学生发展提供平台,组织了全县中小学生田径运动会、篮球、羽毛球、足球和学生大课间活动展示表演等活动。同时加强体育尖子培训,组队参加县运会各项比赛,并取得了优异的成绩。

云阳县各校根据学校的实际情况开展一些传统体育竞技项目比赛和体育节,包括春秋季田径运动会、广播操、拔河比赛、乒乓球比赛、跳绳比赛……体育节活动都先由学校领导亲自挂帅,带领体育教研组制定出竞赛规程、比赛规则、活动安排等,然后由体育教师利用体育课和课外活动时间对比赛项目进行专门指导。每次活动都做到了

赛前有计划预案、过程有记载、赛后有总结,确保活动收到实效。

（三）自评准确性较高

以"专家评分÷自评分"比较学校自评准确性(见表3-31-1),2015年云阳县学校体育工作的自评准确性为98.24%,高于全市学校自评准确性平均水平(94.02%)。其中,自评准确性高于100%的(自评过低)有1所,为外郎乡外郎小学;自评准确性高于90%且低于100%的学校有5所,为凤鸣中学、云阳县江口东山中学、盛堡初级中学、水市小学和云阳县民德小学。

表3-31-1　2015年云阳县体育工作评估审核结果

| 学校名称 | 自评得分 | 核实得分 | 自评准确性/% |
|---|---|---|---|
| 外郎乡外郎小学 | 84.6 | 87.0 | 102.84 |
| 凤鸣中学 | 99.0 | 97.0 | 97.98 |
| 云阳县江口东山中学 | 92.5 | 88.5 | 95.68 |
| 盛堡初级中学 | 103.5 | 100.8 | 97.39 |
| 水市小学 | 97.8 | 96.8 | 98.98 |
| 云阳县民德小学 | 107.0 | 104.0 | 97.20 |

（四）生均体育经费增长幅度较大

2015年,云阳县生均体育经费投入为275.45元,高于全市生均体育经费的平均值。其中,生均体育场地经费、生均专用器材经费均高于重庆市平均水平(如图3-31-5所示)。与2014年相比,全县2015年生均体育经费的各方面投入有所增长。其中,生均体育场地经费增长幅度最大,为219.42元,生均专用器材经费增加了27.80元,生均体育工作经费增加了20.13元(如图3-31-6所示)。

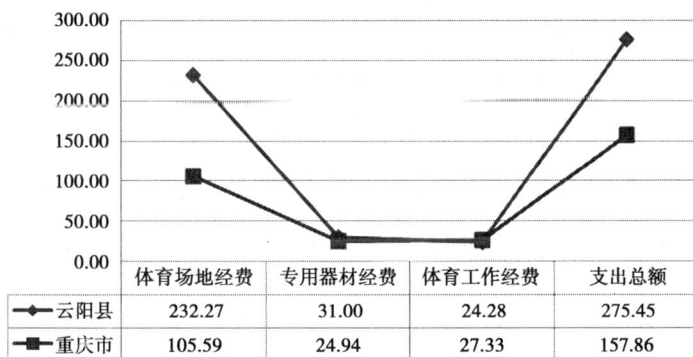

| | 体育场地经费 | 专用器材经费 | 体育工作经费 | 支出总额 |
|---|---|---|---|---|
| 云阳县 | 232.27 | 31.00 | 24.28 | 275.45 |
| 重庆市 | 105.59 | 24.94 | 27.33 | 157.86 |

图3-31-5　2015年云阳县与重庆市生均体育经费支出情况对比图(单位:元)

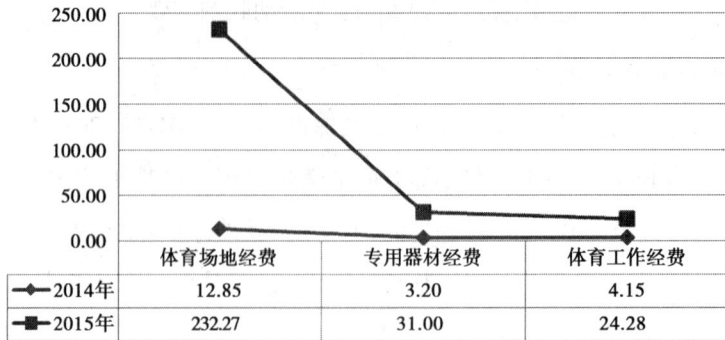

| | 体育场地经费 | 专用器材经费 | 体育工作经费 |
|---|---|---|---|
| 2014年 | 12.85 | 3.20 | 4.15 |
| 2015年 | 232.27 | 31.00 | 24.28 |

图3-31-6　云阳县2014年和2015年生均体育经费支出情况对比图(单位:元)

## 三、主要问题

### (一)体质健康监测可信度有待提高

本次现场抽查云阳县学校共6所,将抽查情况与学生体质健康检测原始数据进行对比,原始数据基本准确可信的有3所,分别是外郎乡外郎小学、凤鸣中学、云阳县江口东山中学,占抽查学校数的50%。其余3所学校数据有较多明显差异或完全错误情况,为盛堡初级中学、水市小学和云阳县民德小学。全县抽查原始数据可信率为66.67%,低于全市抽查原始数据可信率(70.24%),县教委应提高对学生体质健康测试的认识,切实加强对测试工作的组织和管理,并且进一步完善对学校体质健康测试工作的抽查制度,真正将学生体质健康测试工作落到实处。

### (二)体育教师队伍建设需要加强

2015年,云阳县专职体育教师的比例为59.04%,低于全市平均水平。其中,小学和高中的专职体育教师比例均低于全市平均水平。全县初中和九年一贯制学校体育教师的缺额比例高于全市体育教师缺额比例的平均值(见表3-31-2)。表明云阳县体育教师略显不足。在体育教师专业素质方面,全县体育教师参与县级以上培训的比例为47.07%,低于全市平均水平。其中,除九年一贯制学校外,其余学校类型的体育教师参与县级以上培训的比例均低于全市平均水平;受县级以上表彰体育教师比例为13.03%,低于全市平均水平。除初中外,全县其余学校类型的体育教师受县级以上表彰的比例均低于全市各相应类型学校平均值。以上数据表明,云阳县急需加强体育教师队伍的建设。

表 3-31-2　2015 年云阳县体育教师队伍信息　　　　单位:%

| 学校类别 | 专　职 | | 缺　额 | | 县级以上培训 | | 受县级以上表彰 | |
|---|---|---|---|---|---|---|---|---|
| | 云阳县 | 重庆市 | 云阳县 | 重庆市 | 云阳县 | 重庆市 | 云阳县 | 重庆市 |
| 小学 | 39.28 | 51.82 | 16.34 | 19.82 | 41.19 | 54.90 | 9.13 | 13.61 |
| 初中 | 91.11 | 87.22 | 8.78 | 7.26 | 65.93 | 72.54 | 27.41 | 24.86 |
| 高中 | 90.91 | 97.88 | 0.00 | 4.34 | 0.00 | 65.30 | 0.00 | 27.48 |
| 九年一贯制学校 | 80.00 | 65.51 | 28.57 | 15.59 | 53.33 | 51.64 | 10.00 | 14.90 |
| 十二年一贯制学校 | 93.75 | 90.38 | 15.79 | 20.00 | 31.25 | 53.85 | 12.50 | 17.31 |
| 完全中学 | 97.75 | 95.27 | 4.30 | 7.82 | 56.18 | 76.48 | 14.61 | 27.78 |
| 合　计 | 59.04 | 67.05 | 14.16 | 15.44 | 47.07 | 61.42 | 13.03 | 18.29 |

### (三)体育场地器材数量需要增加

2015 年,云阳县中小学校有田径场 99 块(200 米田径场 77 块,300 米田径场 7 块,300~400 米田径场 6 块,400 米田径场 9 块),篮球场 320 块,学生体质测试室 75 间,其平均数量虽高于全市平均水平(见表 3-31-3),但其余场地设施数量与全市平均水平存在差距。其中,排球场 41 块,校均数量为 0.33 块,低于全市每校平均数量 0.58 块;体育馆 1 个,校均数量为 0.01 个,低于全市每校平均数量 0.06 个;游泳池 1 个,校均数量为 0.01 个,低于全市每校平均数量 0.02 个;体育器材达标学校数 78 所,校均比例为 0.63 所,低于全市平均水平。以上数据表明,云阳县急需进一步加强学校体育场地及器材的配备。

表 3-31-3　2015 年云阳县体育场地器材信息(场地器材总量/学校个数)

| 类　别 | | 小　学 | 初　中 | 高　中 | 九年一贯制学校 | 十二年一贯制学校 | 完全中学 | 合　计 |
|---|---|---|---|---|---|---|---|---|
| 田径场/块 | 云阳县 | 0.66 | 0.89 | 1.00 | 1.17 | 2.00 | 1.38 | 0.80 |
| | 重庆市 | 0.53 | 0.84 | 1.09 | 0.74 | 1.25 | 1.06 | 0.64 |
| 篮球场/块 | 云阳县 | 1.89 | 3.36 | 4.00 | 2.67 | 12.00 | 5.38 | 2.58 |
| | 重庆市 | 1.54 | 2.51 | 4.96 | 2.37 | 5.00 | 4.57 | 2.02 |
| 排球场/块 | 云阳县 | 0.24 | 0.36 | 1.00 | 0.17 | 4.00 | 0.75 | 0.33 |
| | 重庆市 | 0.41 | 0.76 | 2.34 | 0.59 | 2.50 | 1.41 | 0.58 |

续表

| 类别 | | 小学 | 初中 | 高中 | 九年一贯制学校 | 十二年一贯制学校 | 完全中学 | 合计 |
|---|---|---|---|---|---|---|---|---|
| 体育馆/个 | 云阳县 | 0.00 | 0.00 | 1.00 | 0.00 | 0.00 | 0.00 | 0.01 |
| | 重庆市 | 0.04 | 0.04 | 0.30 | 0.06 | 0.50 | 0.25 | 0.06 |
| 游泳池/个 | 云阳县 | 0.01 | 0.00 | 0.00 | 0.00 | 0.00 | 0.00 | 0.01 |
| | 重庆市 | 0.01 | 0.01 | 0.20 | 0.01 | 0.00 | 0.07 | 0.02 |
| 学生体质测试室/间 | 云阳县 | 0.59 | 0.57 | 1.00 | 0.67 | 1.00 | 0.75 | 0.60 |
| | 重庆市 | 0.48 | 0.52 | 0.84 | 0.53 | 1.50 | 0.75 | 0.51 |
| 体育器材达标数/个 | 云阳县 | 0.63 | 0.64 | 1.00 | 0.33 | 1.00 | 0.75 | 0.63 |
| | 重庆市 | 0.69 | 0.75 | 0.93 | 0.82 | 0.75 | 0.87 | 0.72 |

（四）学生体质健康促进工作有待加强

2015年,云阳县虽然认真组织开展了学生体质健康标准测试工作,并如实上报了相关数据,上报率达99.1%,比2014年增加了24.5个百分点,但仍未达到100%的要求,上报率需进一步提高。根据上报数据,全县2015年学生体质健康达到合格以上等级的学生比例为93.34%,低于《国家学生体质健康标准》95%的要求,比2014年下降了2.43个百分点;达到良好以上等级的学生比例为35.65%,比2014年增长了0.84个百分点,但仍低于《国家学生体质健康标准》40%的要求(如图3-31-7、图3-31-8所示)。这表明云阳县学生体质健康促进工作有待加强。

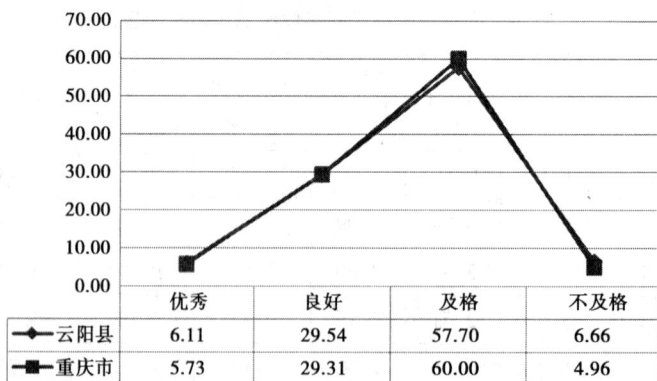

| | 优秀 | 良好 | 及格 | 不及格 |
|---|---|---|---|---|
| 云阳县 | 6.11 | 29.54 | 57.70 | 6.66 |
| 重庆市 | 5.73 | 29.31 | 60.00 | 4.96 |

图3-31-7　2015年云阳县与重庆市学生体质健康等级比例对比图(单位:%)

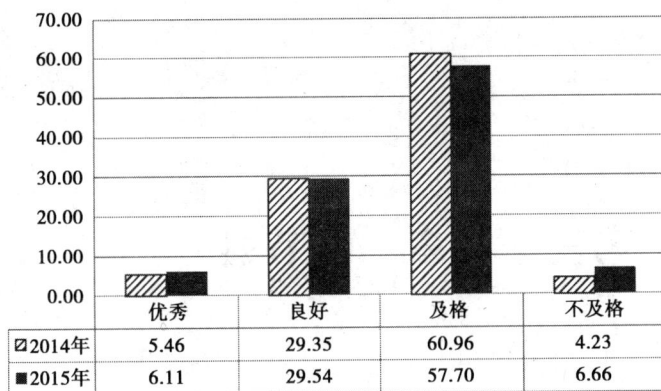

| | 优秀 | 良好 | 及格 | 不及格 |
|---|---|---|---|---|
| ▨2014年 | 5.46 | 29.35 | 60.96 | 4.23 |
| ■2015年 | 6.11 | 29.54 | 57.70 | 6.66 |

图 3-31-8　云阳县 2014 年和 2015 年学生体质健康等级比例对比图(单位:%)

# 第三十二章　奉节县

## 一、基本概况

2015 年,奉节县有中小学校 289 所,比 2014 年减少 21 所,下降 6.77%;有在校学生 112 628 人,比 2014 年减少 5 583 人,下降 4.72%;有专任教师 6 851 人,比 2014 年减少 144 人,下降 2.06%。

2015 年,全县有参加学校体育工作评估的独立法人资格学校 131 所。其中,优秀等级学校 58 所,占参评学校的 44.27%,比全市平均水平低 14.88 个百分点,比 2014 年增长了 4.58 个百分点;良好等级学校 60 所,占参评学校的 45.80%,比全市平均水平高 19.13 个百分点,比 2014 年下降了 3.82 个百分点(如图 3-32-1、图 3-32-2 所示);无不合格学校,全县 2015 年学校体育工作评审结果总体情况相对良好。体育工作加分学校的比例为 76.39%,高于全市平均水平(如图 3-32-3 所示)。与本县 2014 年相比有较大幅度的增长(如图 3-32-4 所示)。

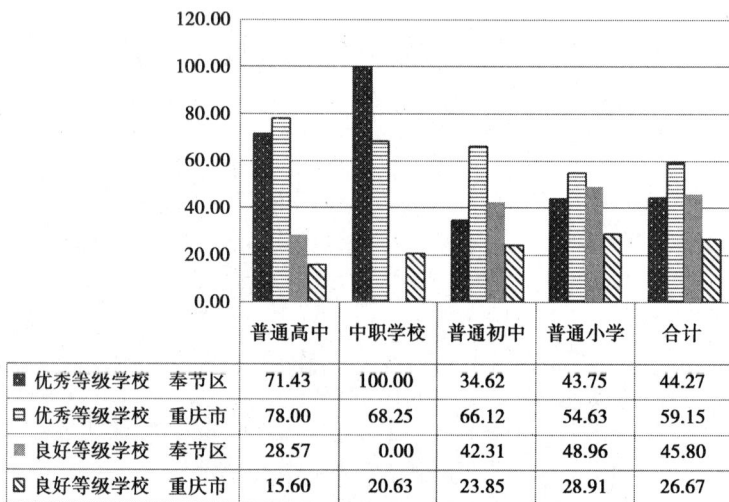

| | | 普通高中 | 中职学校 | 普通初中 | 普通小学 | 合计 |
|---|---|---|---|---|---|---|
| ■ 优秀等级学校 | 奉节区 | 71.43 | 100.00 | 34.62 | 43.75 | 44.27 |
| □ 优秀等级学校 | 重庆市 | 78.00 | 68.25 | 66.12 | 54.63 | 59.15 |
| ▨ 良好等级学校 | 奉节区 | 28.57 | 0.00 | 42.31 | 48.96 | 45.80 |
| ◪ 良好等级学校 | 重庆市 | 15.60 | 20.63 | 23.85 | 28.91 | 26.67 |

图 3-32-1　2015 年奉节县与重庆市学校评审结果比例对比图(单位:%)

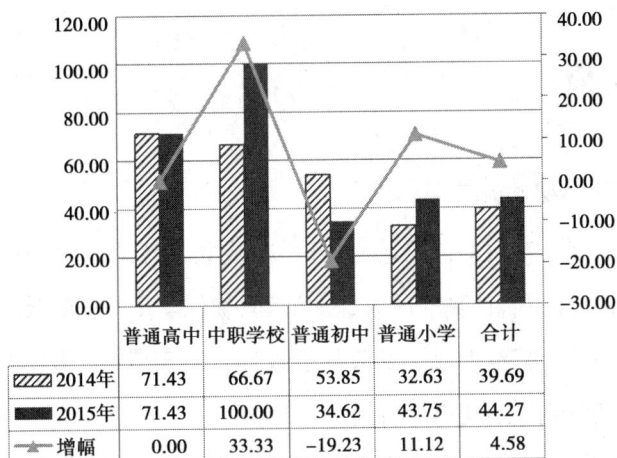

| | 普通高中 | 中职学校 | 普通初中 | 普通小学 | 合计 |
|---|---|---|---|---|---|
| 2014年 | 71.43 | 66.67 | 53.85 | 32.63 | 39.69 |
| 2015年 | 71.43 | 100.00 | 34.62 | 43.75 | 44.27 |
| 增幅 | 0.00 | 33.33 | −19.23 | 11.12 | 4.58 |

图 3-32-2　奉节县 2014 年和 2015 年优秀等级学校比例对比图（单位:%）

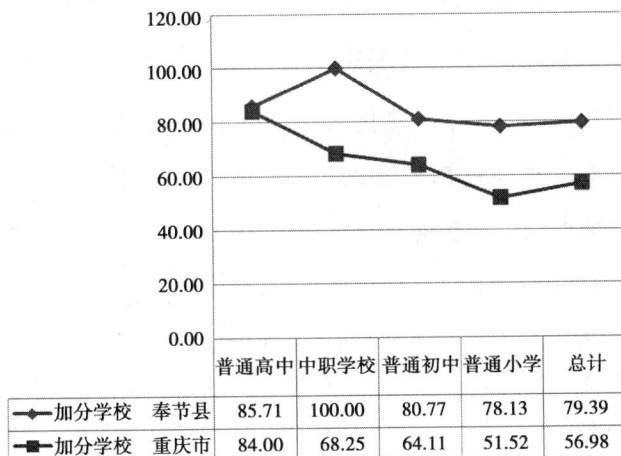

| | | 普通高中 | 中职学校 | 普通初中 | 普通小学 | 总计 |
|---|---|---|---|---|---|---|
| 加分学校 | 奉节县 | 85.71 | 100.00 | 80.77 | 78.13 | 79.39 |
| 加分学校 | 重庆市 | 84.00 | 68.25 | 64.11 | 51.52 | 56.98 |

图 3-32-3　2015 年奉节县与重庆市加分学校比例对比图（单位:%）

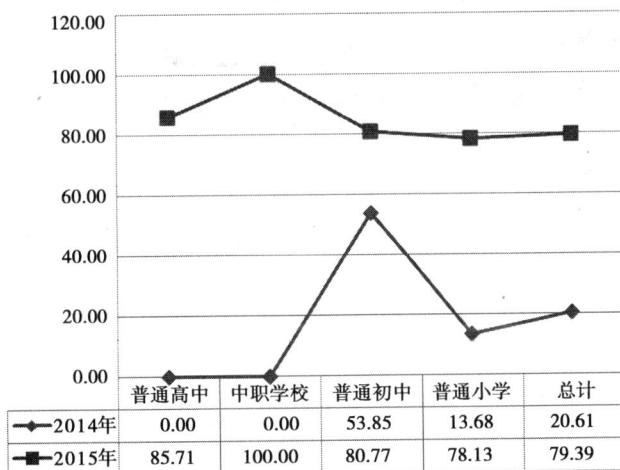

| | 普通高中 | 中职学校 | 普通初中 | 普通小学 | 总计 |
|---|---|---|---|---|---|
| 2014年 | 0.00 | 0.00 | 53.85 | 13.68 | 20.61 |
| 2015年 | 85.71 | 100.00 | 80.77 | 78.13 | 79.39 |

图 3-32-4　奉节县 2014 年和 2015 年加分学校比例对比图（单位:%）

## 二、主要亮点

### （一）教育教学活动开展有序

奉节县教委成立了专门的体卫艺科、各学校成立了体艺组，按照上级部门的有关要求开齐开足了体育课程，认真开展大课间活动，确保学生每天锻炼1小时，并积极开展学校体育竞赛活动。基本形成了奉节县学校体育赛事常规：学校天天有看点、周周有活动、月月有单项赛事、期期有综合运动会。教委每年举办中学生春季运动会、小学生春季运动会、中学生秋季运动会、小学生秋季运动会、中小学校园足球联赛及啦啦操比赛，暑假举行中小学及幼儿园教职工运动会。

### （二）生均体育场地经费投入增长较大

2015年，奉节县生均体育经费投入为259.01元，高于全市生均体育经费的平均值157.86元（如图3-32-5所示）。与2014年生均体育经费投入相比，全县2015年生均体育场地经费增长幅度巨大，由2014年的50.63元增加到210.71元（如图3-32-6所示）。

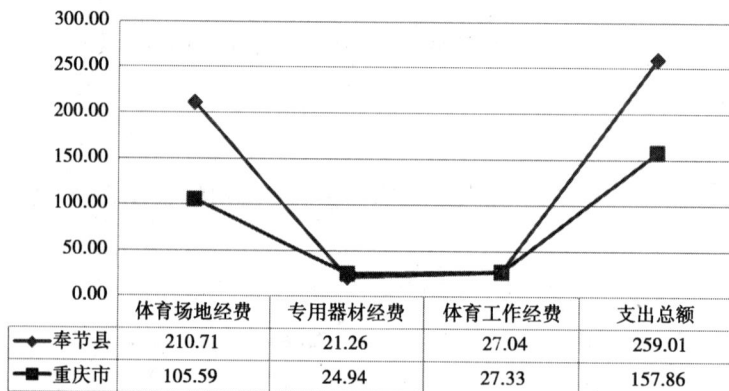

| | 体育场地经费 | 专用器材经费 | 体育工作经费 | 支出总额 |
|---|---|---|---|---|
| 奉节县 | 210.71 | 21.26 | 27.04 | 259.01 |
| 重庆市 | 105.59 | 24.94 | 27.33 | 157.86 |

图3-32-5　2015年奉节县与重庆市生均体育经费支出情况对比图（单位：元）

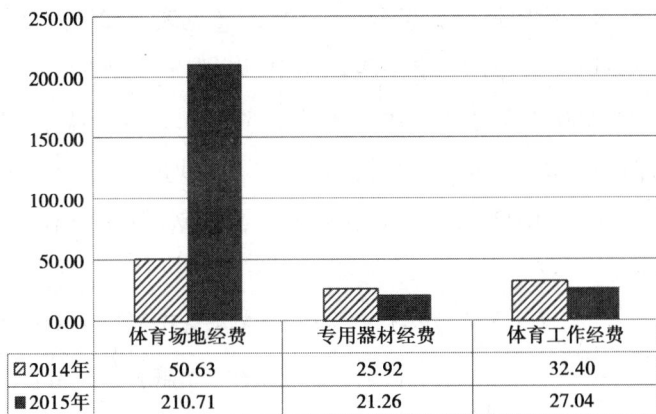

| | 体育场地经费 | 专用器材经费 | 体育工作经费 |
|---|---|---|---|
| 2014年 | 50.63 | 25.92 | 32.40 |
| 2015年 | 210.71 | 21.26 | 27.04 |

图 3-32-6  奉节县 2014 年和 2015 年生均体育经费支出情况对比图(单位:元)

## 三、主要问题

### (一)体育教师数量有待增加

2015 年,奉节县专职体育教师的比例为 53.95%,低于全市平均水平。其中,小学、初中、九年一贯制学校及完全中学的专职体育教师比例均低于全市平均水平。全县体育教师缺额比例为 31.53%,高于全市体育教师缺额比例的平均值,各类型学校的教师缺额比例均大于全市相应类型学校的缺额比例平均值(见表 3-32-1)。表明奉节县需增加体育教师数量。

表 3-32-1  2015 年奉节县体育教师队伍信息  单位:%

| 学校类别 | 专 职 | | 缺 额 | | 县级以上培训 | | 受县级以上表彰 | |
|---|---|---|---|---|---|---|---|---|
| | 奉节县 | 重庆市 | 奉节县 | 重庆市 | 奉节县 | 重庆市 | 奉节县 | 重庆市 |
| 小学 | 33.16 | 51.82 | 40.06 | 19.82 | 69.45 | 54.90 | 20.89 | 13.61 |
| 初中 | 84.67 | 87.22 | 13.29 | 7.26 | 54.67 | 72.54 | 42.00 | 24.86 |
| 九年一贯制学校 | 54.55 | 65.51 | 31.25 | 15.59 | 18.18 | 51.64 | 9.09 | 14.90 |
| 完全中学 | 87.13 | 95.27 | 11.40 | 7.82 | 57.43 | 76.48 | 56.44 | 27.78 |
| 合 计 | 53.95 | 67.05 | 31.53 | 15.44 | 63.26 | 61.42 | 31.16 | 18.29 |

### (二)体育场地数量需要增加

2015 年,奉节县中小学校有篮球场 277 块,学生体质测试室 85 间,体育器材达标学校数120所,其平均数量虽高于全市平均水平(见表3-32-2)。但其他体育场地设施数量与全市平均水平存在一定差距。其中,田径场79块(200米田径场70块,300米田径场5块,400米田径场4块),校均数量为0.60块,低于全市每校平均数量0.64块;排球场61块,游泳池0个,校均数量为校均数量为0块,分别低于全市每校平均数量0.06块、0.02个。以上数据表明,奉节需加强学校部分体育场馆的建设。

表3-32-2　2015年奉节县体育场地器材信息(场地器材总量/学校个数)

| 类　别 | | 小　学 | 初　中 | 九年一贯制学校 | 完全中学 | 合　计 |
|---|---|---|---|---|---|---|
| 田径场/块 | 奉节县 | 0.50 | 0.91 | 0.33 | 1.00 | 0.60 |
| | 重庆市 | 0.53 | 0.84 | 0.74 | 1.06 | 0.64 |
| 篮球场/块 | 奉节县 | 1.57 | 3.22 | 2.00 | 5.11 | 2.11 |
| | 重庆市 | 1.54 | 2.51 | 2.37 | 4.57 | 2.02 |
| 排球场/块 | 奉节县 | 0.25 | 0.96 | 0.00 | 1.67 | 0.47 |
| | 重庆市 | 0.41 | 0.76 | 0.59 | 1.41 | 0.58 |
| 体育馆/个 | 奉节县 | 0.00 | 0.00 | 0.00 | 0.00 | 0.00 |
| | 重庆市 | 0.04 | 0.04 | 0.06 | 0.25 | 0.06 |
| 游泳池/个 | 奉节县 | 0.00 | 0.00 | 0.00 | 0.00 | 0.00 |
| | 重庆市 | 0.01 | 0.01 | 0.01 | 0.07 | 0.02 |
| 学生体质测试室/间 | 奉节县 | 0.71 | 0.43 | 0.00 | 0.78 | 0.65 |
| | 重庆市 | 0.48 | 0.52 | 0.53 | 0.75 | 0.51 |
| 体育器材达标数/个 | 奉节县 | 0.95 | 0.87 | 0.67 | 0.78 | 0.92 |
| | 重庆市 | 0.69 | 0.75 | 0.82 | 0.87 | 0.72 |

注:2015年奉节县上报的篮球场277块,而2014年上报的篮球场334块,需要在上报数据时对数据变化作出说明。

(三)学生体质健康促进工作有待加强

2015年,奉节县认真组织开展了学生体质健康标准测试工作,并如实上报了相关数据,上报率达100%。根据上报数据,全县2015年学生体质健康达到合格以上等级的学生比例为95.26%,略高于《国家学生体质健康标准》95%的要求,比2014年下降了1.17个百分点(如图3-32-7、图3-32-8所示);达到良好以上等级的学生比例为35.52%,低于《国家学生体质健康标准》40%要求,比2014年下降了3.91

个百分点(如图 3-32-7、图 3-32-8 所示)。这充分表明奉节县学生体质健康促进工作有待加强。

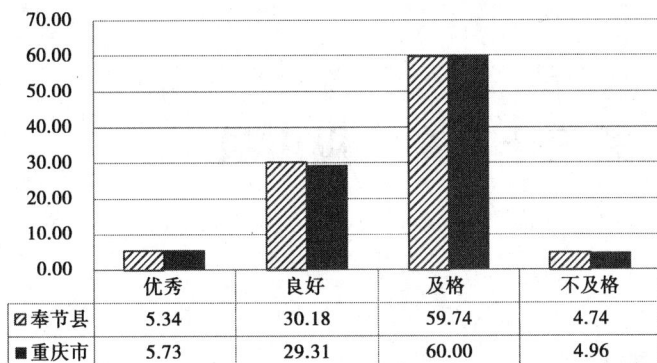

| | 优秀 | 良好 | 及格 | 不及格 |
|---|---|---|---|---|
| 奉节县 | 5.34 | 30.18 | 59.74 | 4.74 |
| 重庆市 | 5.73 | 29.31 | 60.00 | 4.96 |

图 3-32-7　2015 年奉节县与重庆市学生体质健康等级比例对比图(单位:%)

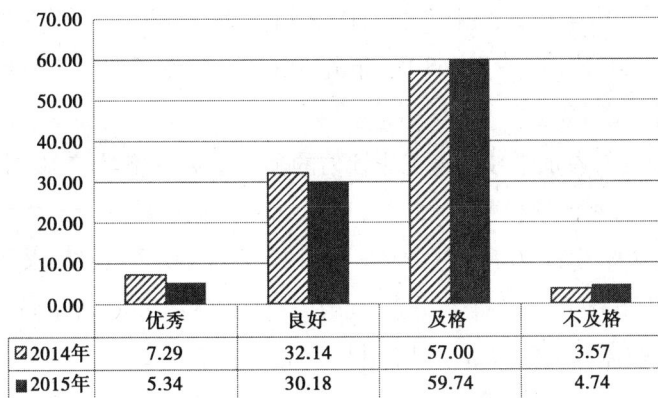

| | 优秀 | 良好 | 及格 | 不及格 |
|---|---|---|---|---|
| 2014年 | 7.29 | 32.14 | 57.00 | 3.57 |
| 2015年 | 5.34 | 30.18 | 59.74 | 4.74 |

图 3-32-8　奉节县 2014 年和 2015 年学生体质健康等级比例对比图(单位:%)

**(四)加强所报数据的管理与核对**

2015 年,奉节县上报的篮球场 277 块,而 2014 年上报的篮球场 334 块,见表 3-32-2,两年数据存在差距。因此,需对本县各学校体育场地数量的变化作及时更新,并在以后上报自评报告时对数据进行认真核对。

# 第三十三章　巫山县

## 一、基本概况

2015 年,巫山县有中小学校 245 所,比 2014 年减少 18 所,下降 6.84%;有在校学生 74 114 人,比 2014 年减少 2 368 人,下降 3.10%;有专任教师 4 831 人,比 2014 年增加 81 人,增长 1.71%。

2015 年,全县有参加学校体育工作评估的独立法人资格学校 106 所。其中,优秀等级学校 43 所,占参评学校的 40.57%,比全市平均水平低 18.58 个百分点,与 2014 年持平;良好等级学校数 40 所,占参评学校的 37.74%,比全市平均水平高 11.07 个百分点,比 2014 年下降了 9.66 个百分点(如图 3-33-1、图 3-33-2 所示);无不合格学校,全县 2015 年学校体育工作评审结果总体情况相对良好。

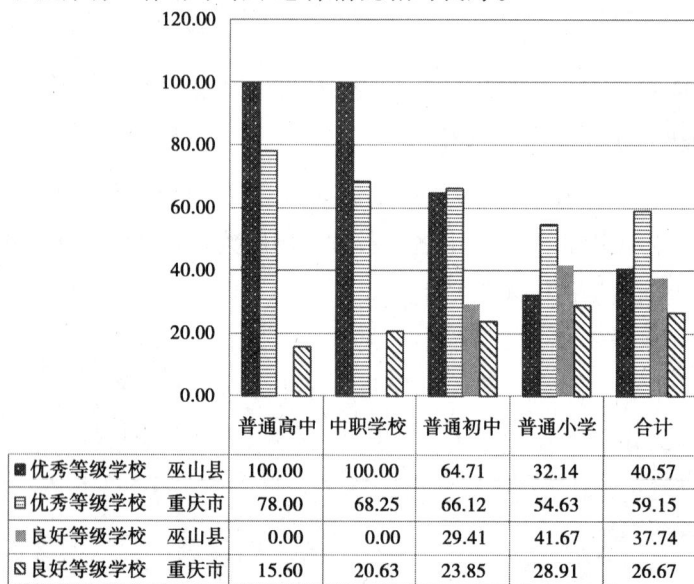

| | | 普通高中 | 中职学校 | 普通初中 | 普通小学 | 合计 |
|---|---|---|---|---|---|---|
| ■ 优秀等级学校 | 巫山县 | 100.00 | 100.00 | 64.71 | 32.14 | 40.57 |
| □ 优秀等级学校 | 重庆市 | 78.00 | 68.25 | 66.12 | 54.63 | 59.15 |
| ■ 良好等级学校 | 巫山县 | 0.00 | 0.00 | 29.41 | 41.67 | 37.74 |
| ◩ 良好等级学校 | 重庆市 | 15.60 | 20.63 | 23.85 | 28.91 | 26.67 |

图 3-33-1　2015 年巫山县与重庆市学校评审结果比例对比图(单位:%)

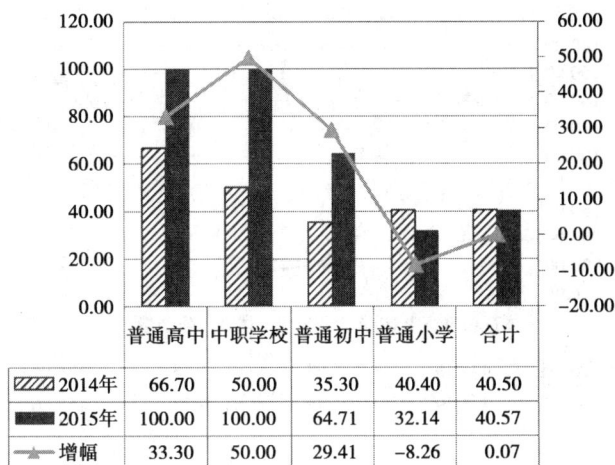

| | 普通高中 | 中职学校 | 普通初中 | 普通小学 | 合计 |
|---|---|---|---|---|---|
| 2014年 | 66.70 | 50.00 | 35.30 | 40.40 | 40.50 |
| 2015年 | 100.00 | 100.00 | 64.71 | 32.14 | 40.57 |
| 增幅 | 33.30 | 50.00 | 29.41 | −8.26 | 0.07 |

图 3-33-2　巫山县 2014 年和 2015 年优秀等级学校比例对比图（单位:%）

## 二、主要亮点

（一）组织管理到位

县委高度重视学校体育工作,将学校体育纳入全县教育系统整体工作。成立了以教委主任为组长的体育工作领导小组,形成了主要领导负总责、分管领导主要抓、相关部门具体抓、各级各学校齐抓共管的良好工作局面。制订了学校体育工作三年发展规划,做到了目标明确,思路清晰,措施得力,大力推进了学校体育工作。

（二）教育教学有序开展

巫山县严格执行国家教育课程管理计划,充分发挥体育课堂的主阵地作用,各学段学校体育课开足率均为 100%。同时巫山县保障 1 小时体育锻炼时间的学校比例以及组织大课间体育活动的学校比例均为 100%。

（三）生均体育经费投入较大

2015 年,巫山县生均体育经费投入为 178.91 元,高于全市生均体育经费的平均值。其中,生均体育场地经费比全市平均水平高 38.56 元(如图 3-33-3 所示)。

| | 体育场地经费 | 专用器材经费 | 体育工作经费 | 支出总额 |
|---|---|---|---|---|
| 巫山县 | 144.15 | 22.98 | 11.78 | 178.91 |
| 重庆市 | 105.59 | 24.94 | 27.33 | 157.86 |

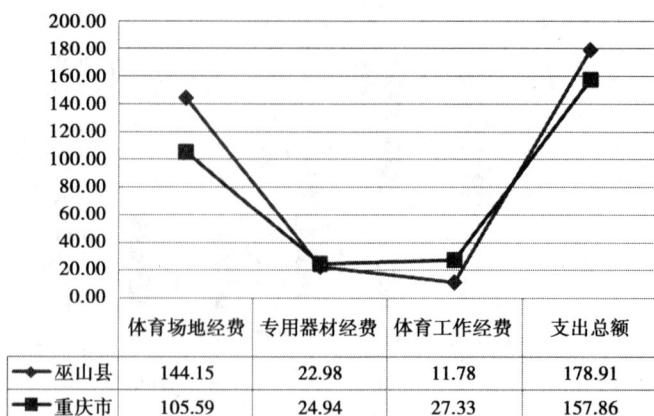

图 3-33-3　2015 年巫山县与重庆市生均体育经费支出情况对比图(单位:元)

## 三、主要问题

### (一)体育活动的创新性与趣味性需提升

2015 年,巫山县学校体育加分学校的比例与 2014 年一样均为 0(如图 3-33-4 所示)。这表明该县中小学校在创新体育活动内容、方式和载体,增强体育活动的趣味性和吸引力,学生运动会项目设计、单项体育比赛数量、体育代表队训练等方面需作更大努力,以提升体育活动的创新性和趣味性。

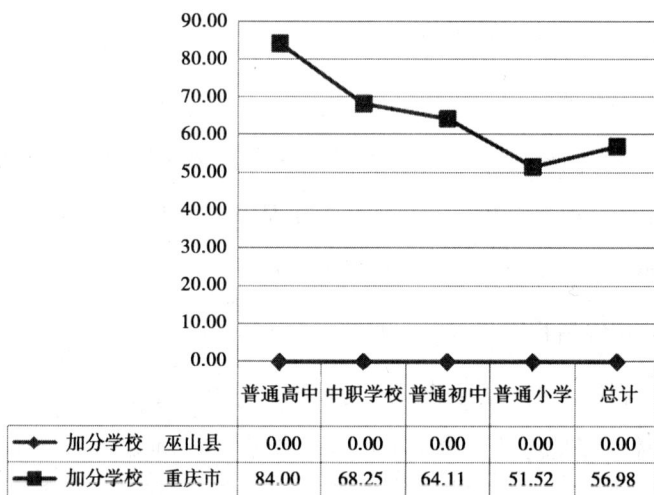

| | | 普通高中 | 中职学校 | 普通初中 | 普通小学 | 总计 |
|---|---|---|---|---|---|---|
| 加分学校 | 巫山县 | 0.00 | 0.00 | 0.00 | 0.00 | 0.00 |
| 加分学校 | 重庆市 | 84.00 | 68.25 | 64.11 | 51.52 | 56.98 |

图 3-33-4　2015 年巫山县与重庆市加分学校比例对比图(单位:%)

（二）体育教师队伍结构有待改善

2015 年，巫山县专职体育教师的比例为 52.08%，低于全市平均水平。其中小学专职体育教师比例最低，为 24.38%（见表 3-33-1）。全县教师缺额比也整体高于全市平均水平。其中，小学体育教师缺额比例最大，为 43.06%，其次是九年一贯制学校，缺额比例为 25%。表明巫山县体育教师数量有待增加。2015 年，全县参加县级以上培训的教师比例整体低于全市平均水平，其中小学参加县级以上培训的教师比例最低。巫山县受县级以上表彰的教师比例整体远低于全市平均水平。其中，高中和小学受县级以上表彰的教师比例较低。以上数据表明，巫山县应加强体育教师队伍建设，加大教师培训力度，提高教师教学水平。

表 3-33-1　2015 年巫山县体育教师队伍信息　　　　　单位:%

| 学校类别 | 专　职 | | 缺　额 | | 县级以上培训 | | 受县级以上表彰 | |
|---|---|---|---|---|---|---|---|---|
| | 巫山县 | 重庆市 | 巫山县 | 重庆市 | 巫山县 | 重庆市 | 巫山县 | 重庆市 |
| 小学 | 24.38 | 51.82 | 43.06 | 19.82 | 38.43 | 54.90 | 0.83 | 13.61 |
| 初中 | 90.32 | 87.22 | 8.82 | 7.26 | 72.04 | 72.54 | 10.75 | 24.86 |
| 高中 | 100.00 | 97.88 | 0.00 | 4.34 | 100.00 | 65.30 | 0.00 | 27.48 |
| 九年一贯制学校 | 66.67 | 65.51 | 25.00 | 15.59 | 100.00 | 51.64 | 16.67 | 14.90 |
| 完全中学 | 95.45 | 95.27 | 4.35 | 7.82 | 61.36 | 76.48 | 27.27 | 27.78 |
| 合　计 | 52.08 | 67.05 | 32.40 | 15.44 | 53.06 | 61.42 | 6.11 | 18.29 |

（三）体育场地器材与经费需进一步完善

2015 年，巫山县中小学校有田径场 69 块（200 米田径场 45 块，300 米田径场 7 块，300~400 米田径场 4 块，400 米田径场 13 块），篮球场 219 块，其平均数量虽高于重庆市平均水平（见表 3-33-2），但其他体育场地设施的数量与重庆市平均水平存在一定差距。其中，排球场 32 块，校均数量为 0.30 块，低于全市每校平均数量 0.58 块；体育馆 1 个，校均数量为 0.01 个，低于全市每校平均数量 0.06 个；游泳池 1 个，校均数量为 0.01 个，低于全市每校平均数量 0.02 个；学生体质测试室 46 间，校均数量为 0.43 间，低于全市每校平均数量 0.51 间；体育器材达标学校 70 所，达标率为 66%，低于全市平均比例 72%。以上数据表明，巫山县需加强学校体育场地与器材的建设。

表 3-33-2　2015 年巫山县体育场地器材信息（场地器材总量/学校个数）

| 类　别 | | 小　学 | 初　中 | 高　中 | 九年一贯制学校 | 完全中学 | 合　计 |
|---|---|---|---|---|---|---|---|
| 田径场/块 | 巫山县 | 0.54 | 1.07 | 2.00 | 0.50 | 1.25 | 0.65 |
| | 重庆市 | 0.53 | 0.84 | 1.09 | 0.74 | 1.06 | 0.64 |
| 篮球场/块 | 巫山县 | 1.44 | 3.47 | 13.00 | 2.00 | 7.25 | 2.07 |
| | 重庆市 | 1.54 | 2.51 | 4.96 | 2.37 | 4.57 | 2.02 |
| 排球场/块 | 巫山县 | 0.19 | 0.40 | 3.00 | 0.50 | 1.50 | 0.30 |
| | 重庆市 | 0.41 | 0.76 | 2.34 | 0.59 | 1.41 | 0.58 |
| 体育馆/个 | 巫山县 | 0.00 | 0.00 | 1.00 | 0.00 | 0.00 | 0.01 |
| | 重庆市 | 0.04 | 0.04 | 0.30 | 0.06 | 0.25 | 0.06 |
| 游泳池/个 | 巫山县 | 0.00 | 0.00 | 0.00 | 0.00 | 0.00 | 0.01 |
| | 重庆市 | 0.01 | 0.01 | 0.20 | 0.01 | 0.07 | 0.02 |
| 学生体质测试室/间 | 巫山县 | 0.40 | 0.47 | 3.00 | 0.50 | 0.25 | 0.43 |
| | 重庆市 | 0.48 | 0.52 | 0.84 | 0.53 | 0.75 | 0.51 |
| 体育器材达标数/个 | 巫山县 | 0.63 | 0.73 | 1.00 | 1.00 | 0.75 | 0.66 |
| | 重庆市 | 0.69 | 0.75 | 0.93 | 0.82 | 0.87 | 0.72 |

注：2015 年巫山县上报的排球场有 32 块（小学 16 块＋初中 6 块＋高中 3 块＋九年一贯制学校 1 块＋完全中学 6 块），但是上报的合计为 22 块，请注意核对上报数据。2015 年巫山县上报的排球场 32 块，而 2014 年上报的排球场 91 块，需要在上报数据时对数据变化作出说明。

（四）学生体质健康促进工作有待加强

2015 年，巫山县认真组织开展了学生体质健康标准测试工作，并如实上报了测试数据，上报率达 100%。根据上报数据，全县 2015 年学生体质健康达到合格以上等级的学生比例为 92.89%，低于《国家学生体质健康标准》95% 要求，比 2014 年下降了 1.75 个百分点；达到良好以上等级的学生比例为 33.18%，低于《国家学生体质健康标准》40% 的要求，低于全市的平均水平 35.04%，比 2014 年下降了 3.25 个百分点（如图 3-33-5、图 3-33-6 所示）。需要在今后的工作中努力提升学生体质健康水平。

（五）加强所报数据的管理和核对

2015 年，巫山县上报的排球场有 32 块（小学 16 块＋初中 6 块＋高中 3 块＋九年一贯制学校 1 块＋完全中学 6 块），但实际上报的合计数为 22 块。另外，2015 年巫山县上报的排球场 32 块,而 2014 年上报的排球场只有 91 块(见表 3-32-2),数据存在差距。因此,需对本县各学校体育场地数量的变化作及时更新,并在以后上报自评报告时对数据进行认真核对。

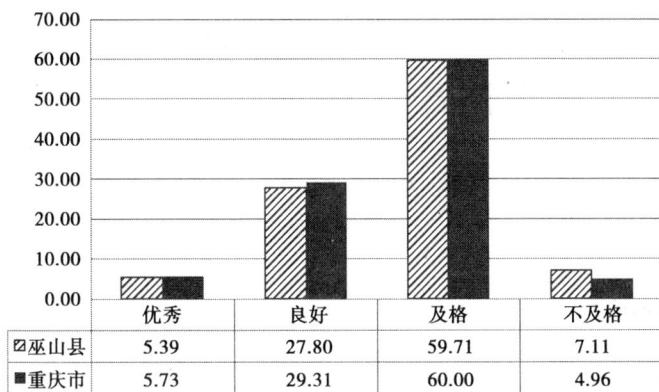

| | 优秀 | 良好 | 及格 | 不及格 |
|---|---|---|---|---|
| 巫山县 | 5.39 | 27.80 | 59.71 | 7.11 |
| 重庆市 | 5.73 | 29.31 | 60.00 | 4.96 |

图 3-33-5 2015 年巫山县与重庆市体质健康等级比例对比图(单位:%)

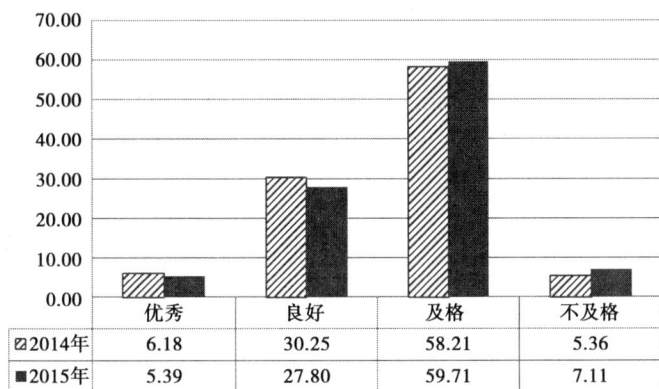

| | 优秀 | 良好 | 及格 | 不及格 |
|---|---|---|---|---|
| 2014年 | 6.18 | 30.25 | 58.21 | 5.36 |
| 2015年 | 5.39 | 27.80 | 59.71 | 7.11 |

图 3-33-6 巫山县 2014 年和 2015 年学生体质健康等级比例对比图(单位:%)

## 一、基本概况

2015 年,巫溪县有中小学校 240 所,比 2014 年减少 1 所,下降 0.41%;有在校学生 58 094 人,比 2014 年减少 92 人,下降 0.18%;有专任教师 4 368 人,比 2014 年减少 36 人,下降 0.82%。

2015 年,全县有参加学校体育工作评估的独立法人资格学校 90 所。其中,优秀等级学校 11 所,占参评学校的 12.22%,比全市平均水平低 46.93 个百分点,比 2014 年增长了 1.22 个百分点;良好等级学校 27 所,占参评学校的 30.00%,比全市平均水平高 3.33 个百分点,比 2014 年下降了 1 个百分点(如图 3-34-1、图 3-34-2 所示);无不合格学校。全县 2015 年学校体育工作评审结果总体情况相对良好。

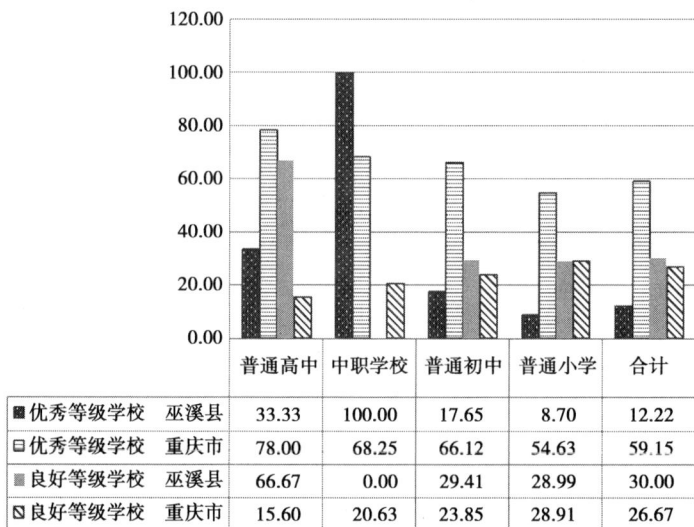

| | | 普通高中 | 中职学校 | 普通初中 | 普通小学 | 合计 |
|---|---|---|---|---|---|---|
| ■ 优秀等级学校 | 巫溪县 | 33.33 | 100.00 | 17.65 | 8.70 | 12.22 |
| □ 优秀等级学校 | 重庆市 | 78.00 | 68.25 | 66.12 | 54.63 | 59.15 |
| ▨ 良好等级学校 | 巫溪县 | 66.67 | 0.00 | 29.41 | 28.99 | 30.00 |
| ▨ 良好等级学校 | 重庆市 | 15.60 | 20.63 | 23.85 | 28.91 | 26.67 |

图 3-34-1 2015 年巫溪县与重庆市学校评审结果比例对比图(单位:%)

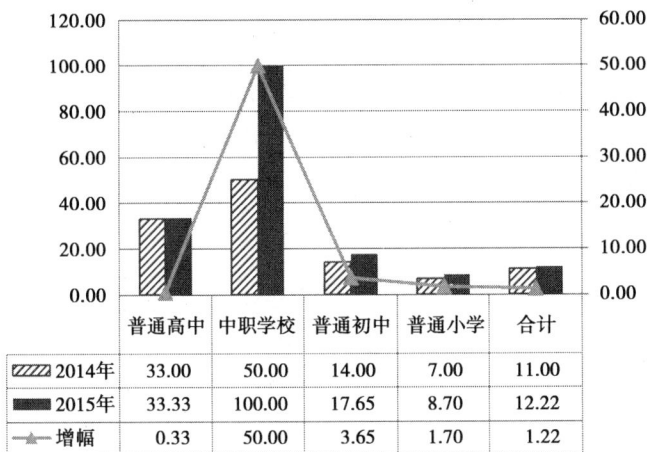

| | 普通高中 | 中职学校 | 普通初中 | 普通小学 | 合计 |
|---|---|---|---|---|---|
| 2014年 | 33.00 | 50.00 | 14.00 | 7.00 | 11.00 |
| 2015年 | 33.33 | 100.00 | 17.65 | 8.70 | 12.22 |
| 增幅 | 0.33 | 50.00 | 3.65 | 1.70 | 1.22 |

图 3-34-2　巫溪县 2014 年和 2015 年优秀等级学校比例对比图(单位:%)

## 二、主要亮点

### (一)组织管理到位

巫溪县教委重视学校体育工作,设立体卫艺科,由教委分管领导主管,有体育专干,机构健全,责任明确。县教委始终将体育工作纳入年度工作计划重要内容,每年至少召开一次体育工作会,至少规划 3 个以上全县性师生体育竞技运动会,定期组织专题教学研究活动,研讨体育教学工作,解决体育工作中存在的实际问题。各学校把体育工作纳入学校年度工作计划,统筹安排,统一考核。学校均设立德育处和体卫艺教研组,形成了有主要领导负总责、分管领导具体抓,班主任、体育教师参与的体育工作格局。

### (二)教育教学有序开展

巫溪县严格落实国家体育与健康课时规定,开齐开足体育课、健康教育课。坚持全员参与,将"2＋2"体育艺术科技活动与"1＋5"实践活动有机结合,积极开展阳光体育活动和大课间活动。各校结合校情实际,充分挖掘学校潜力,将体育、艺术有机结合,开发了独具特色的学校大课间项目,保证学生每天有 1 小时体育活动时间,即做到了全员参与,又很好提升了学生的艺术素养和身体素质。各学校依据《课程标准》,结合学校实际制订了体育教学学年计划和学期计划,规范体育课堂教学,组织体育教学研究,提高了教育教学效果。

（三）教师培训力度较大

巫溪县参加区（县）级以上培训的教师比例为97.49%，远高于全市平均水平，各学段学校参加区（县）级以上培训的教师比例均高于全市平均水平（如图3-34-3所示）。

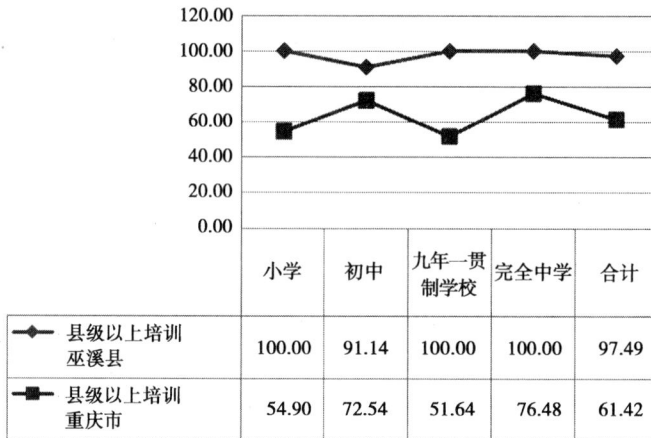

| | 小学 | 初中 | 九年一贯制学校 | 完全中学 | 合计 |
|---|---|---|---|---|---|
| 县级以上培训 巫溪县 | 100.00 | 91.14 | 100.00 | 100.00 | 97.49 |
| 县级以上培训 重庆市 | 54.90 | 72.54 | 51.64 | 76.48 | 61.42 |

图3-34-3　2015年巫溪县与重庆市体育教师参加县级以上培训比例对比图（单位:%）

（四）生均体育经费投入较大

2015年,巫溪县生均体育经费投入为303.86元,远高于全市生均体育经费的平均值。其中,生均体育场地经费、生均专用器材经费和生均体育工作经费均高于全市平均水平（如图3-34-4所示）。

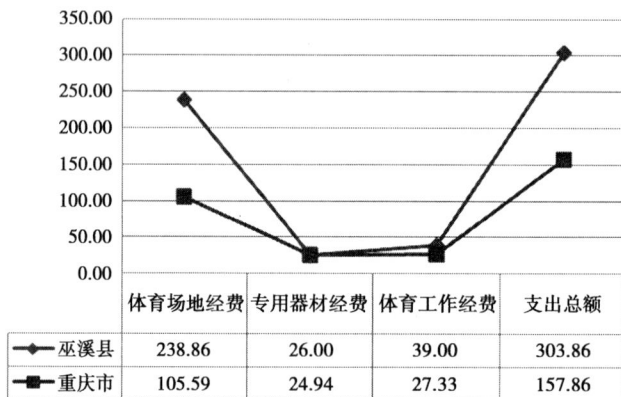

| | 体育场地经费 | 专用器材经费 | 体育工作经费 | 支出总额 |
|---|---|---|---|---|
| 巫溪县 | 238.86 | 26.00 | 39.00 | 303.86 |
| 重庆市 | 105.59 | 24.94 | 27.33 | 157.86 |

图3-34-4　2015年巫溪县与重庆市生均体育经费支出情况对比图（单位:%）

## 三、主要问题

### (一)体育活动的创新性与趣味性需提升

2015 年,巫溪县体育工作加分学校的比例为 36.67%,低于全市平均水平 56.98%。其中,普通初中和普通小学加分学校比例均低于全市平均水平(如图 3-34-5 所示)。这表明该县中小学校在创新体育活动内容、方式和载体,增强体育活动的趣味性和吸引力,学生运动会项目设计、单项体育比赛数量、体育代表队训练等方面需作更大努力,以提升体育活动的创新性和趣味性。

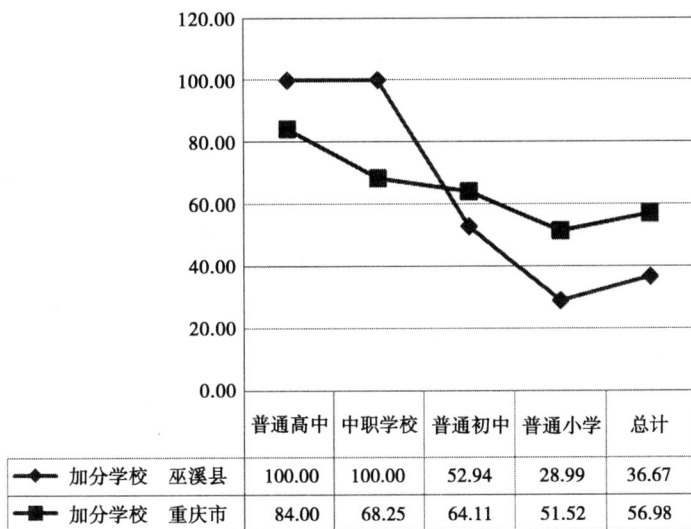

| | | 普通高中 | 中职学校 | 普通初中 | 普通小学 | 总计 |
|---|---|---|---|---|---|---|
| 加分学校 | 巫溪县 | 100.00 | 100.00 | 52.94 | 28.99 | 36.67 |
| 加分学校 | 重庆市 | 84.00 | 68.25 | 64.11 | 51.52 | 56.98 |

图 3-34-5 2015 年巫溪县与重庆市加分学校比例对比图(单位:%)

### (二)体育教师队伍结构有待改善

2015 年,巫溪县专职体育教师的比例为 82.08%,虽高于全市平均水平(如图 3-34-6 所示),但体育教师缺额比例为 16.96%,高于全市平均水平,特别是小学体育教师缺额比达到 27.80%(如图 3-34-7 所示)。表明巫溪县在整体专职教师师资结构情况不断改善的同时,还需要加大对小学体育专职教师的引进,以满足教育教学的需要。全县受县级以上表彰的体育教师比例为 8.6%,低于全市平均水平(如图 3-34-8 所示)。表明巫溪县应加强体育教师队伍的建设,提高体育教师教学水平。

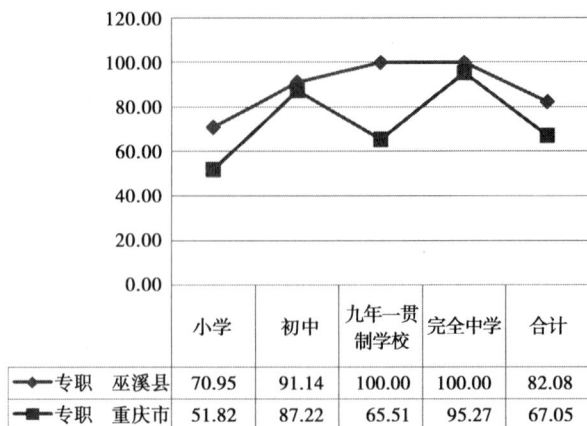

| | | 小学 | 初中 | 九年一贯制学校 | 完全中学 | 合计 |
|---|---|---|---|---|---|---|
| 专职 | 巫溪县 | 70.95 | 91.14 | 100.00 | 100.00 | 82.08 |
| 专职 | 重庆市 | 51.82 | 87.22 | 65.51 | 95.27 | 67.05 |

图 3-34-6　2015 年巫溪县与重庆市体育专职教师比例对比图（单位:%）

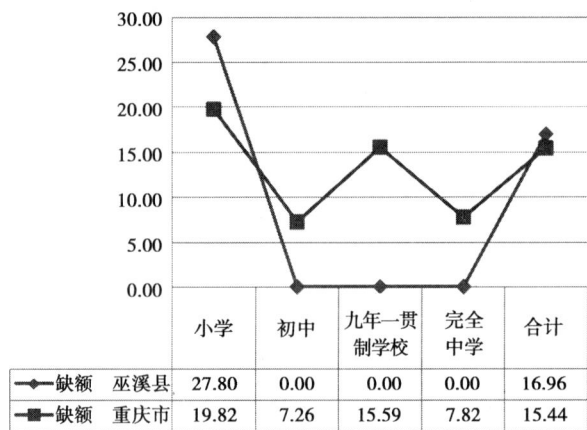

| | | 小学 | 初中 | 九年一贯制学校 | 完全中学 | 合计 |
|---|---|---|---|---|---|---|
| 缺额 | 巫溪县 | 27.80 | 0.00 | 0.00 | 0.00 | 16.96 |
| 缺额 | 重庆市 | 19.82 | 7.26 | 15.59 | 7.82 | 15.44 |

图 3-34-7　2015 年巫溪县与重庆市体育缺额教师比例对比图（单位:%）

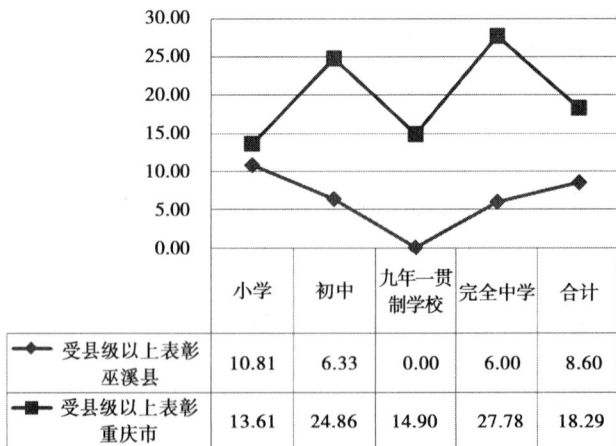

| | 小学 | 初中 | 九年一贯制学校 | 完全中学 | 合计 |
|---|---|---|---|---|---|
| 受县级以上表彰 巫溪县 | 10.81 | 6.33 | 0.00 | 6.00 | 8.60 |
| 受县级以上表彰 重庆市 | 13.61 | 24.86 | 14.90 | 27.78 | 18.29 |

图 3-34-8　2015 年巫溪县与重庆市体育教师受县级以上表彰比例对比图（单位:%）

（三）体育场地器材与经费需进一步完善

2015 年，巫溪县中小学校有田径场 90 块（200 米田径场 76 块，300 米田径场 10 块，300～400 米田径场 1 块，400 米田径场 3 块），其平均数量虽高于重庆市平均水平（见表 3-34-1），但其他体育场地器材的数量与全市平均水平存在一定差距。其中，篮球场 106 块，校均数量为 1.18 块，低于全市每校平均数量 2.02 块；体育馆 1 个，校均数量为 0.01 个，低于全市每校平均数量 0.06 个；游泳池 1 个，校均数量为 0.01 个，低于全市每校平均数量 0.02 个；学生体质测试室 27 间，校均数量为 0.30 间，低于全市每校平均数量 0.51 间；全县没有 1 所学校的体育器材配备达标，没有 1 块排球场。这些数据表明，巫溪县急需加强学校体育场地与器材的建设。

表 3-34-1　2015 年巫溪县体育场地器材信息（场地器材总量/学校个数）

| 类　别 | | 小　学 | 初　中 | 九年一贯制学校 | 完全中学 | 合　计 |
|---|---|---|---|---|---|---|
| 田径场/块 | 巫溪县 | 1.00 | 1.00 | 1.00 | 1.00 | 1.00 |
| | 重庆市 | 0.53 | 0.84 | 0.74 | 1.06 | 0.64 |
| 篮球场/块 | 巫溪县 | 0.78 | 2.06 | 1.00 | 4.50 | 1.18 |
| | 重庆市 | 1.54 | 2.51 | 2.37 | 4.57 | 2.02 |
| 排球场/块 | 巫溪县 | 0.00 | 0.00 | 0.00 | 0.00 | 0.00 |
| | 重庆市 | 0.41 | 0.76 | 0.59 | 1.41 | 0.58 |
| 体育馆/个 | 巫溪县 | 0.01 | 0.00 | 0.00 | 0.00 | 0.01 |
| | 重庆市 | 0.04 | 0.04 | 0.06 | 0.25 | 0.06 |
| 游泳池/个 | 巫溪县 | 0.01 | 0.00 | 0.00 | 0.00 | 0.01 |
| | 重庆市 | 0.01 | 0.01 | 0.01 | 0.07 | 0.02 |
| 学生体质测试室/间 | 巫溪县 | 0.39 | 0.00 | 0.00 | 0.00 | 0.30 |
| | 重庆市 | 0.48 | 0.52 | 0.53 | 0.75 | 0.51 |
| 体育器材达标数/个 | 巫溪县 | 0.00 | 0.00 | 0.00 | 0.00 | 0.00 |
| | 重庆市 | 0.69 | 0.75 | 0.82 | 0.87 | 0.72 |

（四）学生体质健康促进工作有待加强

2015 年，巫溪县认真组织开展了学生体质健康标准测试工作，并如实上报了监测数据，上报率达 100%。根据上报数据，全县 2015 年学生体质健康达到合格以上等级的学生比例为 92.22%，低于《国家学生体质健康标准》95% 的要求，比 2014 年下降了

3.48 个百分点;达到良好以上等级的学生比例为28.36%,低于《国家学生体质健康标准》40%的要求,比 2014 年下降了 1.21 个百分点(如图 3-34-9、图 3-34-10 所示)。说明巫溪县需要加强学生体质健康促进工作。

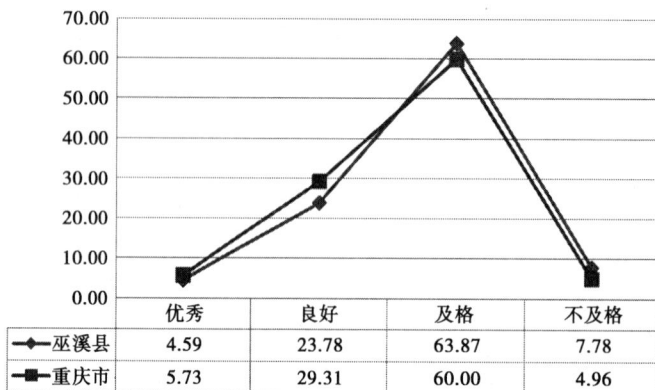

| | 优秀 | 良好 | 及格 | 不及格 |
|---|---|---|---|---|
| 巫溪县 | 4.59 | 23.78 | 63.87 | 7.78 |
| 重庆市 | 5.73 | 29.31 | 60.00 | 4.96 |

图 3-34-9　2015 年巫溪县与重庆市学生体质健康等级比例对比图(单位:%)

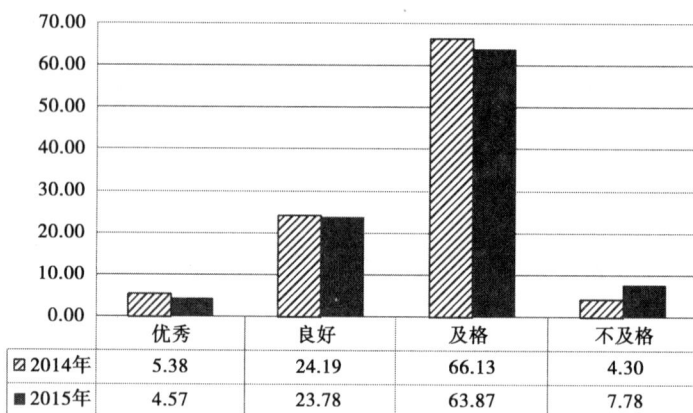

| | 优秀 | 良好 | 及格 | 不及格 |
|---|---|---|---|---|
| 2014年 | 5.38 | 24.19 | 66.13 | 4.30 |
| 2015年 | 4.57 | 23.78 | 63.87 | 7.78 |

图 3-34-10　巫溪县 2014 年和 2015 年学生体质健康等级比例对比图(单位:%)

# 第三十五章　石柱土家族自治县

## 一、基本概况

2015 年,石柱土家族自治县有中小学校 239 所,比 2014 年减少 2 所,下降 0.83%;有在校学生 67 453 人,比 2014 年减少 1 800 人,下降 2.60%;有专任教师 4 549 人,比 2014 年增加 26 人,增长 0.60%。

2015 年,全县有参加学校体育工作评估的独立法人资格学校 96 所。其中,优秀等级学校 65 所,占参评学校的 67.71%,比全市平均水平高 8.56 个百分点,比 2014 年增长了 42.71 个百分点;良好等级学校数 28 所,占参评学校的 29.17%,比参评学校平均水平高 2.5 个百分点,比 2014 年下降了 10.83 个百分点(如图 3-35-1、图 3-35-2 所示);无不合格学校,全县 2015 年学校体育工作评审结果总体情况相对良好。全县学校体育工作加分学校的比例为 46.88%,低于全市平均水平(如图 3-35-3 所示)。与 2014 年相比,增长了 29.88 个百分点。其中,普通初中与普通小学的加分学校比例均有增长(如图 3-35-4 所示)。

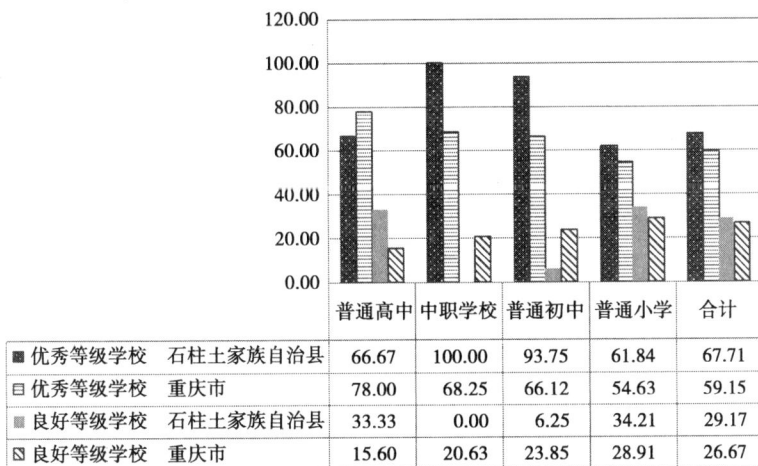

| | | 普通高中 | 中职学校 | 普通初中 | 普通小学 | 合计 |
|---|---|---|---|---|---|---|
| ■优秀等级学校 | 石柱土家族自治县 | 66.67 | 100.00 | 93.75 | 61.84 | 67.71 |
| □优秀等级学校 | 重庆市 | 78.00 | 68.25 | 66.12 | 54.63 | 59.15 |
| ▨良好等级学校 | 石柱土家族自治县 | 33.33 | 0.00 | 6.25 | 34.21 | 29.17 |
| ▧良好等级学校 | 重庆市 | 15.60 | 20.63 | 23.85 | 28.91 | 26.67 |

图 3-35-1　2015 年石柱土家族自治县与重庆市学校评审结果比例对比图(单位:%)

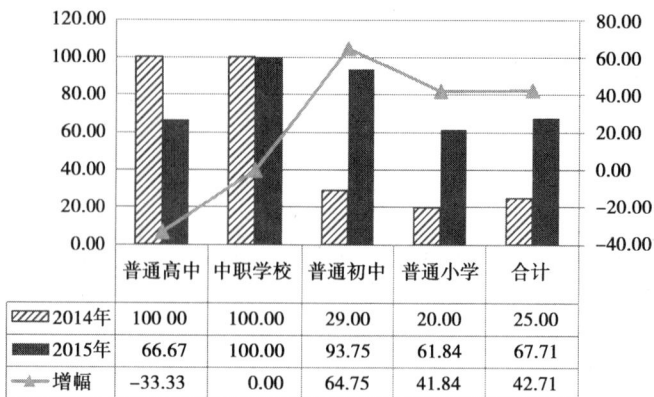

| | 普通高中 | 中职学校 | 普通初中 | 普通小学 | 合计 |
|---|---|---|---|---|---|
| 2014年 | 100.00 | 100.00 | 29.00 | 20.00 | 25.00 |
| 2015年 | 66.67 | 100.00 | 93.75 | 61.84 | 67.71 |
| 增幅 | -33.33 | 0.00 | 64.75 | 41.84 | 42.71 |

图 3-35-2　石柱土家族自治县 2014 年和 2015 年优秀等级学校比例对比图（单位:%）

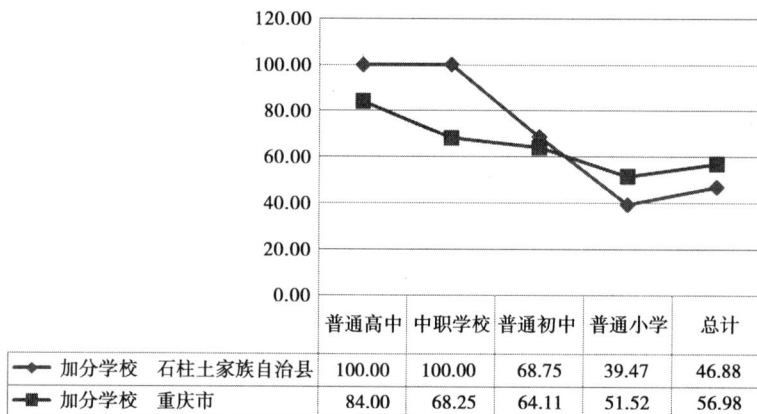

| | 普通高中 | 中职学校 | 普通初中 | 普通小学 | 总计 |
|---|---|---|---|---|---|
| 加分学校　石柱土家族自治县 | 100.00 | 100.00 | 68.75 | 39.47 | 46.88 |
| 加分学校　重庆市 | 84.00 | 68.25 | 64.11 | 51.52 | 56.98 |

图 3-35-3　2015 年石柱土家族自治县与重庆市加分学校比例对比图（单位:%）

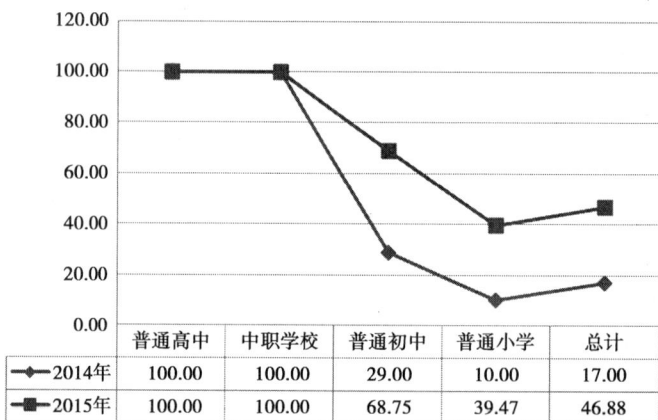

| | 普通高中 | 中职学校 | 普通初中 | 普通小学 | 总计 |
|---|---|---|---|---|---|
| 2014年 | 100.00 | 100.00 | 29.00 | 10.00 | 17.00 |
| 2015年 | 100.00 | 100.00 | 68.75 | 39.47 | 46.88 |

图 3-35-4　石柱土家族自治县 2014 年和 2015 年加分学校比例对比图（单位:%）

## 二、主要亮点

### (一)组织管理到位

石柱土家族自治县成立体育工作领导小组,教委设体卫艺科,并配备专干兼教研员。中学设体卫处,小学设体育教研组,实行校长—分管领导—体卫主任(教研组长)—体育教师一条线,做到专项管理,专人负责,规范体育工作。同时,不断完善对学校的体卫工作管理制度,每年都组建一个体卫工作督查小组,用一个多月时间,对全县32个乡(镇)中心小学和17所中学进行督导检查,用抽查的方式,测试一个班的学生,查阅有关教学资料,将上级规定的有关工作落到实处,最后用最化的方法评价其优劣,并将该成绩以10%的权重指数纳入教育评估之列,校长和教师的业绩纳入晋级、调动、提拔和"绩效工资"之中。

### (二)教学行为规范,体育活动丰富

石柱土家族自治县各中小学重视与加强体育工作,严格执行教学计划,开齐开足体育课程,且大课间活动校校得到落实。高中学校均开展军训活动。学生睡眠时间得到保证。各中小学努力提高"三课两操两活动"的课堂效益,确保每个学生每天参加体育锻炼一小时。坚持每两年举办一届全县中小学生田径运动会(现已举办了十四届),分年度举办篮球、排球、足球、乒乓球、广播操、健美操、棋类等各种单项体育比赛活动。各中小学每年举办田径运动会、体育趣味运动会、体育节等群体性比赛。以"2+2"项目为载体,开展阳光体育活动,全体学生身体得到普遍锻炼。竞技体育比赛本着全员参与、人人受益的工作原则,做到普及与提高相结合、教育与趣味相结合、自愿和引导相结合、校内与校外相结合,逐步培养学生的体育意识,增强体质,陶冶情操。

### (三)自评准确性较高

以"专家评分÷自评分"比较学校自评准确性,2015年石柱土家族自治县学校体育工作总体自评准确性为99.14%,高于全市学校自评准确性平均水平(94.02%)。其中,有3所学校(沙子中学、悦崃中学和金玲小学)的自评准确性为100%,其余3所学校的自评准确性均较高(见表3-35-1)。

表3-35-1  2015年石柱土家族自治县体育工作评估审核结果

| 学校名称 | 自评得分 | 核实得分 | 自评准确性/% |
|---|---|---|---|
| 沙子中学 | 93.7 | 93.7 | 100.00 |
| 悦崃中学 | 97.5 | 97.5 | 100.00 |

续表

| 学校名称 | 自评得分 | 核实得分 | 自评准确性/% |
|---|---|---|---|
| 金竹乡小学 | 89.4 | 88.4 | 98.88 |
| 金玲小学 | 92.8 | 92.8 | 100.00 |
| 六塘学校 | 105.7 | 102.7 | 97.16 |
| 民族中学 | 103.0 | 102.0 | 99.03 |

### (四)体质健康监测可信度较高

本次现场抽查石柱土家族自治县学校共 6 所,将抽查情况与学生体质健康检测原始数据进行对比,原始数据基本准确可信的有 5 所,分别是沙子中学、悦崃中学、金玲小学、六塘学校和民族中学,占抽查学校数的 83.33% ;其余 1 所学校数据有较多明显差异或完全错误情况,为金竹乡小学。全县抽查原始数据可信率为 81.36% ,高于全市抽查原始数据可信率 70.24% 。

## 三、主要问题

### (一)体育教师队伍建设有待加强

2015 年,石柱土家族自治县专职体育教师的比例为 67.34% ,略高于全市平均水平,但高中与九年一贯制学校的专职体育教师比例均低于重庆市平均水平,尤其是九年一贯制学校。高中、九年一贯制学校及完全中学的体育教师缺额比高于全市相应学校类型的平均值(见表3-35-2)。表明全县体育教师略显不足。在体育教师专业素质方面,石柱土家族自治县体育教师参与县级以上培训的比例为 59.91% ,略低于全市平均水平。其中,高中、九年一贯制学校和完全中学的体育教师参与县级以上培训的比例低于全市相应学校类型的平均值。

表3-35-2 2015 年石柱土家族自治县体育教师队伍信息　　　　单位:%

| 学校类别 | 专职 | | 缺额 | | 县级以上培训 | | 受县级以上表彰 | |
|---|---|---|---|---|---|---|---|---|
| | 石柱土家族自治县 | 重庆市 | 石柱土家族自治县 | 重庆市 | 石柱土家族自治县 | 重庆市 | 石柱土家族自治县 | 重庆市 |
| 小学 | 59.17 | 51.82 | 7.37 | 19.82 | 59.17 | 54.90 | 31.83 | 13.61 |
| 初中 | 93.59 | 87.22 | 3.70 | 7.26 | 83.33 | 72.54 | 83.33 | 24.86 |
| 高中 | 97.67 | 97.88 | 24.56 | 4.34 | 58.14 | 65.30 | 48.84 | 27.48 |
| 九年一贯制学校 | 12.50 | 65.51 | 17.24 | 15.59 | 12.50 | 51.64 | 12.50 | 14.90 |

续表

| 学校类别 | 专　职 | | 缺　额 | | 县级以上培训 | | 受县级以上表彰 | |
|---|---|---|---|---|---|---|---|---|
| | 石柱土家族自治县 | 重庆市 | 石柱土家族自治县 | 重庆市 | 石柱土家族自治县 | 重庆市 | 石柱土家族自治县 | 重庆市 |
| 完全中学 | 100.00 | 95.27 | 52.38 | 7.82 | 20.00 | 76.48 | 20.00 | 27.78 |
| 合　计 | 67.34 | 67.05 | 11.20 | 15.44 | 59.91 | 61.42 | 41.22 | 18.29 |

（二）体育场地器材的数量需要增加

2015 年，石柱土家族自治县中小学校有篮球场 250 块，排球场 96 块，游泳池 2 个，其平均数量均高于全市平均水平（见表 3-35-3），但其余体育场地器材数量与全市平均水平存在一定差距。其中，田径场 40 块（200 米田径场 30 块，300 米田径场 6 块，400 米田径场 4 块），校均数量为 0.42 块，低于全市每校平均数量 0.64 块；全县没有 1 个体育馆，校均数量为 0 个，低于全市每校平均数量 0.06 个；学生体质测试室 46 间，校均数量为 0.48 间，低于全市每校平均数量的 0.51 间；体育器材达标学校 32 所，校均达标比例为 33%，低于全市平均水平达标水平 72%。以上数据表明，石柱土家族自治县仍需增加学校体育场馆和器材的数量。

表 3-35-3　2015 年石柱土家族自治县体育场地器材信息（场地器材总量/学校个数）

| 类　别 | | 小　学 | 初　中 | 高　中 | 九年一贯制学校 | 完全中学 | 合　计 |
|---|---|---|---|---|---|---|---|
| 田径场/块 | 石柱土家族自治县 | 0.29 | 1.00 | 1.00 | 0.33 | 1.00 | 0.42 |
| | 重庆市 | 0.53 | 0.84 | 1.09 | 0.74 | 1.06 | 0.64 |
| 篮球场/块 | 石柱土家族自治县 | 2.13 | 4.62 | 5.67 | 1.33 | 7.00 | 2.60 |
| | 重庆市 | 1.54 | 2.51 | 4.96 | 2.37 | 4.57 | 2.02 |
| 排球场/块 | 石柱土家族自治县 | 0.68 | 2.31 | 3.00 | 1.00 | 2.00 | 1.00 |
| | 重庆市 | 0.41 | 0.76 | 2.34 | 0.59 | 1.41 | 0.58 |
| 体育馆/个 | 石柱土家族自治县 | 0.00 | 0.00 | 0.00 | 0.00 | 0.00 | 0.00 |
| | 重庆市 | 0.04 | 0.04 | 0.30 | 0.06 | 0.25 | 0.06 |
| 游泳池/个 | 石柱土家族自治县 | 0.01 | 0.08 | 0.00 | 0.00 | 0.00 | 0.02 |
| | 重庆市 | 0.01 | 0.01 | 0.20 | 0.01 | 0.07 | 0.02 |
| 学生体质测试室/间 | 石柱土家族自治县 | 0.45 | 0.92 | 0.00 | 0.00 | 0.00 | 0.48 |
| | 重庆市 | 0.48 | 0.52 | 0.84 | 0.53 | 0.75 | 0.51 |

续表

| | 类　别 | 小　学 | 初　中 | 高　中 | 九年一贯制学校 | 完全中学 | 合　计 |
|---|---|---|---|---|---|---|---|
| 体育器材达标数/个 | 石柱土家族自治县 | 0.28 | 0.54 | 1.00 | 0.00 | 1.00 | 0.33 |
| | 重庆市 | 0.69 | 0.75 | 0.93 | 0.82 | 0.87 | 0.72 |

### （三）生均体育经费投入需要加强

2015年,石柱土家族自治县生均体育经费为125.79元,低于全市平均水平(如图3-35-5所示)。与2014年相比,生均专用器材经费减少了8.13元,生均体育工作经费减少了2.65元(如图3-35-6所示)。这表明石柱土家族自治县应加强体育经费的投入,切实保证体育教育教学工作的顺利开展。

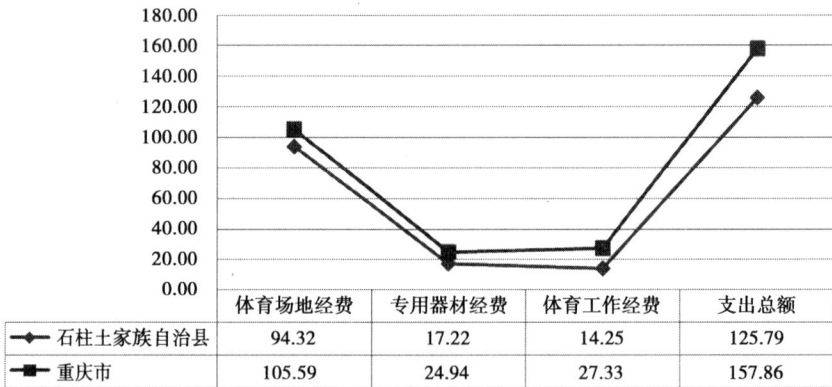

| | 体育场地经费 | 专用器材经费 | 体育工作经费 | 支出总额 |
|---|---|---|---|---|
| 石柱土家族自治县 | 94.32 | 17.22 | 14.25 | 125.79 |
| 重庆市 | 105.59 | 24.94 | 27.33 | 157.86 |

图3-35-5　2015年石柱土家族自治县与重庆市生均体育经费支出情况对比图(单位:元)

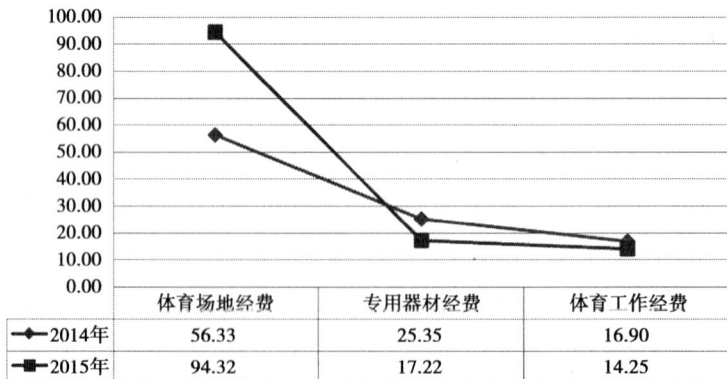

| | 体育场地经费 | 专用器材经费 | 体育工作经费 |
|---|---|---|---|
| 2014年 | 56.33 | 25.35 | 16.90 |
| 2015年 | 94.32 | 17.22 | 14.25 |

图3-35-6　石柱土家族自治县2014年和2015年生均体育经费支出情况对比图(单位:元)

（四）学生体质健康促进工作有待加强

2015 年,石柱土家族自治县学生体质健康测试上报率为 99.29%,虽比 2014 年增长了 0.57 个百分点,但仍未达到国家提出的 100% 监测、100% 上报要求,上报率还需进一步提高。根据上报数据,全县 2015 年学生体质健康达到合格以上等级的学生比例为 93.12%,低于《国家学生体质健康标准》95% 的要求,比 2014 年下降了 0.99 个百分点;达到良好以上等级的学生比例为 27.40%,虽比 2014 年增长了 1.39 个百分点,但仍低于《国家学生体质健康标准》40% 的要求,低于全市平均水平(如图 3-35-7、图 3-35-8 所示)。因此,石柱土家族自治县需加强学生体质健康促进工作。

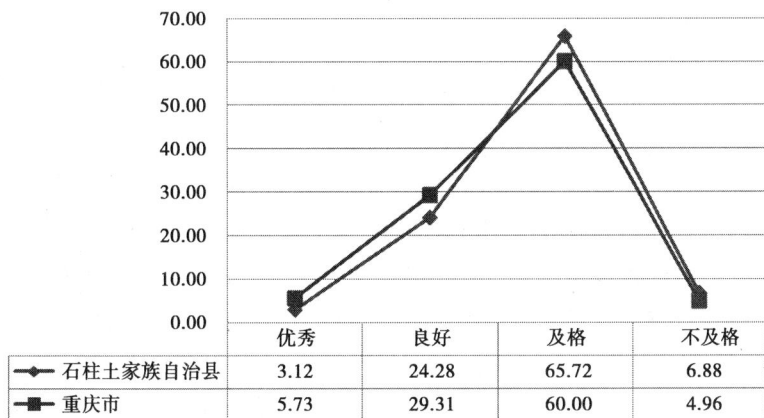

| | 优秀 | 良好 | 及格 | 不及格 |
|---|---|---|---|---|
| 石柱土家族自治县 | 3.12 | 24.28 | 65.72 | 6.88 |
| 重庆市 | 5.73 | 29.31 | 60.00 | 4.96 |

图 3-35-7　2015 年石柱土家族自治县与重庆市学生体质健康等级比例对比图(单位:%)

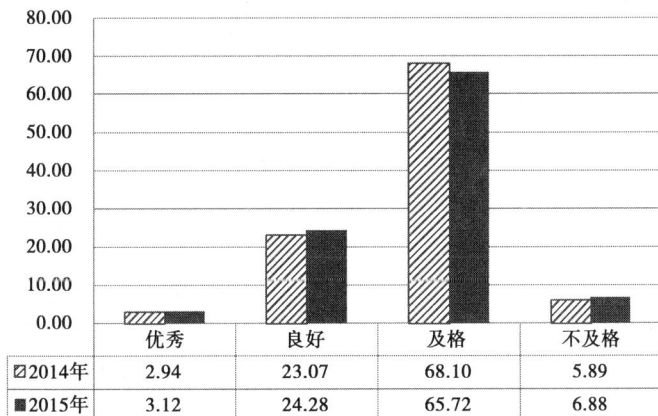

| | 优秀 | 良好 | 及格 | 不及格 |
|---|---|---|---|---|
| 2014年 | 2.94 | 23.07 | 68.10 | 5.89 |
| 2015年 | 3.12 | 24.28 | 65.72 | 6.88 |

图 3-35-8　石柱土家族自治县 2014 年和 2015 年学生体质健康等级比例对比图(单位:%)

# 第三十六章　秀山土家族苗族自治县

## 一、基本概况

2015 年,秀山土家族苗族自治县有中小学校 210 所,比 2014 年减少 12 所,下降 5.41%;有在校学生 74 950 人,比 2014 年增加 531 人,增长 0.71%;有专任教师 5 331 人,比 2014 年增加 61 人,增长 1.16%。

2015 年,全县有参加学校体育工作评估的独立法人资格学校 71 所。其中,优秀等级学校 59 所,占参评学校的 83.10%,比全市平均水平高 23.95 个百分点,比 2014 年增长了 3.1 个百分点;良好等级学校 11 所,占参评学校的 15.49%,比全市平均水平低 9.18 个百分点,比 2014 年增长了 3.19 个百分点(如图 3-36-1、图 3-36-2 所示);无不合格学校。全县 2015 年学校体育工作评审结果总体情况相对良好,学校体育工作加分学校比为 76.06%,高于全市平均水平(如图 3-36-3 所示),与 2014 年相比增长了 16.06 个百分点(如图 3-36-4 所示)。

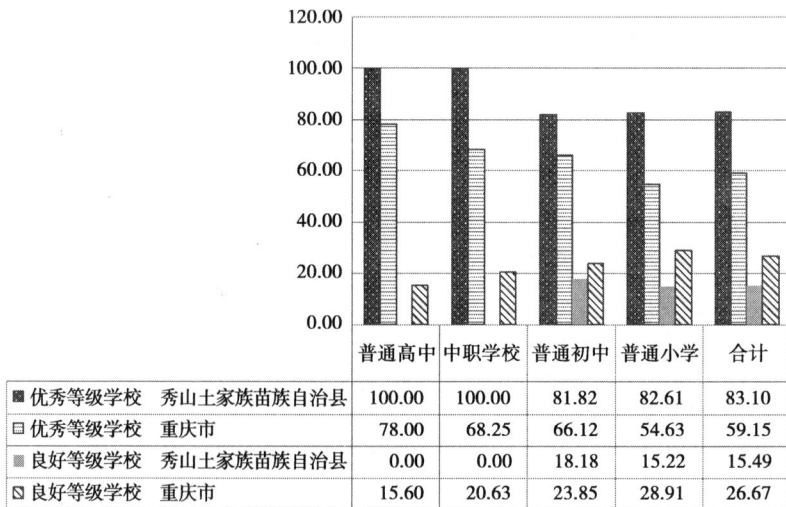

| | | 普通高中 | 中职学校 | 普通初中 | 普通小学 | 合计 |
|---|---|---|---|---|---|---|
| ■ 优秀等级学校 | 秀山土家族苗族自治县 | 100.00 | 100.00 | 81.82 | 82.61 | 83.10 |
| □ 优秀等级学校 | 重庆市 | 78.00 | 68.25 | 66.12 | 54.63 | 59.15 |
| ▨ 良好等级学校 | 秀山土家族苗族自治县 | 0.00 | 0.00 | 18.18 | 15.22 | 15.49 |
| ▨ 良好等级学校 | 重庆市 | 15.60 | 20.63 | 23.85 | 28.91 | 26.67 |

图 3-36-1　2015 年秀山土家族苗族自治县与重庆市学校评审结果比例对比图(单位:%)

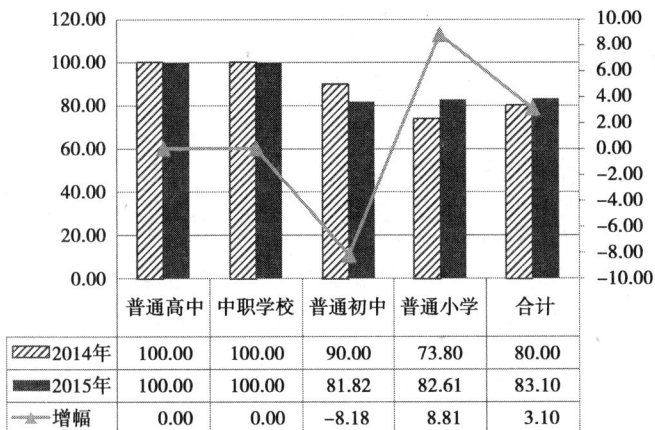

| | 普通高中 | 中职学校 | 普通初中 | 普通小学 | 合计 |
|---|---|---|---|---|---|
| 2014年 | 100.00 | 100.00 | 90.00 | 73.80 | 80.00 |
| 2015年 | 100.00 | 100.00 | 81.82 | 82.61 | 83.10 |
| 增幅 | 0.00 | 0.00 | -8.18 | 8.81 | 3.10 |

图 3-36-2　秀山土家族苗族自治县 2014 年和 2015 年优秀等级学校比例对比图(单位:%)

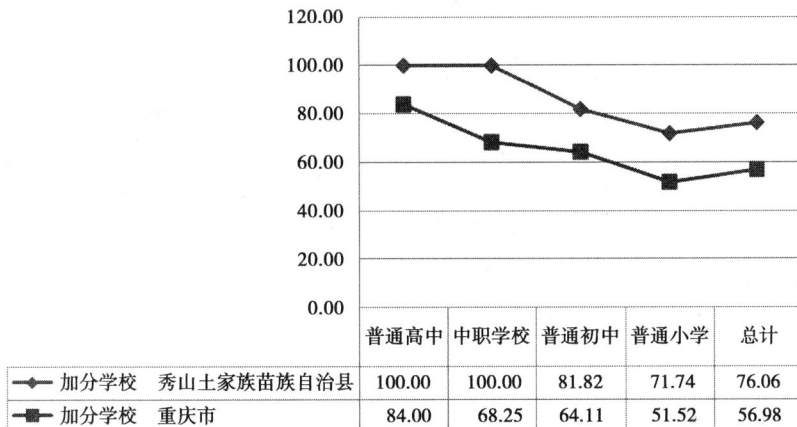

| | 普通高中 | 中职学校 | 普通初中 | 普通小学 | 总计 |
|---|---|---|---|---|---|
| 加分学校　秀山土家族苗族自治县 | 100.00 | 100.00 | 81.82 | 71.74 | 76.06 |
| 加分学校　重庆市 | 84.00 | 68.25 | 64.11 | 51.52 | 56.98 |

图 3-36-3　2015 年秀山土家族苗族自治县与重庆市加分学校比例对比图(单位:%)

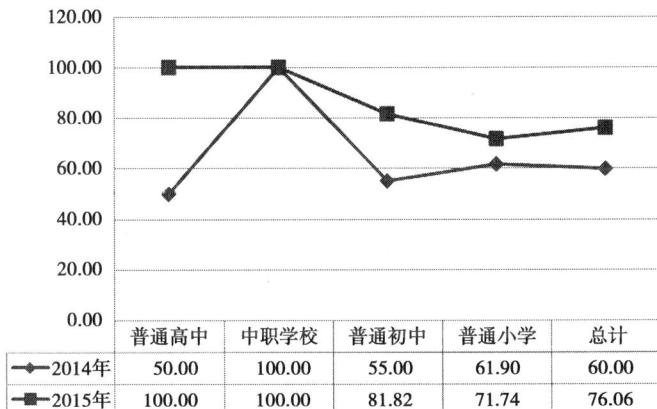

| | 普通高中 | 中职学校 | 普通初中 | 普通小学 | 总计 |
|---|---|---|---|---|---|
| 2014年 | 50.00 | 100.00 | 55.00 | 61.90 | 60.00 |
| 2015年 | 100.00 | 100.00 | 81.82 | 71.74 | 76.06 |

图 3-36-4　秀山土家族苗族自治县 2014 年和 2015 年加分学校比例对比图(单位:%)

## 二、主要亮点

### (一)教育教学工作开展有效

秀山土家族苗族自治县各校严格按照相关条例,认真执行国家课程标准,开齐开足,保证质量,学校体育课开课率达100%,均以一周3节课执行。秀山土家族苗族自治县积极推进阳光体育运动,认真推广《中小学生广播体操》,大力推行大课间活动,积极落实《体质健康标准》测试工作,积极按时上报相关数据,全面实施初中毕业升学体育考试制度,开展丰富多彩的师生体育运动,有效地推动了全县体育教育工作,使学生的身体素质有了稳步的提高。举办各种各类校级、县级运动会,县教委建立了学生体育运动会制度,每年举办全县中小学学生运动会。

在课堂教学中,各校体育教研组老师精心备课,使学生全面掌握新课程所规定的各项健康常识及体育技能,不断更新教学方法和组织形式,不断优化课堂教学,努力提高体育教学质量。要求学校对体育教师的体育与健康课程教学计划,依据课程标准组织体育教学,完成教学任务的情况进行检查。加强教学研究与课程教学改革,提高教学效果。

### (二)生均体育经费投入有所增长

2015年,秀山土家族苗族自治县生均体育经费投入为133.88元,虽低于全市生均体育经费的平均值,但是与2014年相比,生均体育经费投入有所增长。其中,生均体育场地经费增加了94.18元,生均专用器材经费增加了8.50元,生均体育工作经费增加了14.68元(如图3-36-5、图3-36-6所示)。

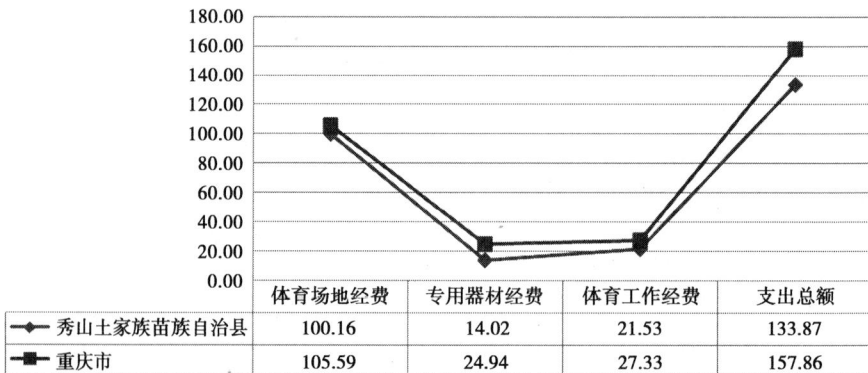

| | 体育场地经费 | 专用器材经费 | 体育工作经费 | 支出总额 |
|---|---|---|---|---|
| 秀山土家族苗族自治县 | 100.16 | 14.02 | 21.53 | 133.87 |
| 重庆市 | 105.59 | 24.94 | 27.33 | 157.86 |

图3-36-5　2015年秀山土家族苗族自治县与重庆市生均体育经费支出情况对比图(单位:元)

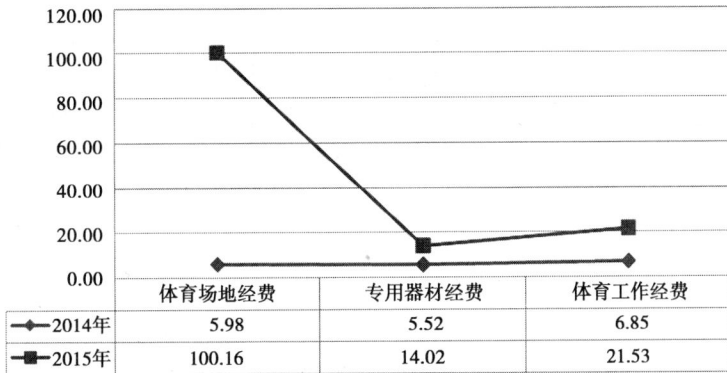

| | 体育场地经费 | 专用器材经费 | 体育工作经费 |
|---|---|---|---|
| 2014年 | 5.98 | 5.52 | 6.85 |
| 2015年 | 100.16 | 14.02 | 21.53 |

图 3-36-6　秀山土家族苗族自治县 2014 年和 2015 年生均体育经费支出情况对比图(单位:元)

## 三、主要问题

### (一)教师队伍建设亟待加强

2015 年,秀山土家族苗族自治县专职体育教师的比例为 45.99%,低于全市平均水平。其中,小学、初中和九年一贯制学校、完全中学的专职体育教师比例均低于全市平均水平。另外,秀山土家族苗族自治县九年一贯制学校的体育教师的缺额比例为 26.67%,高于全市九年一贯制学校体育教师缺额比例的平均值(见表 3-36-1)。表明秀山土家族苗族自治县部分学校体育教师略显不足。在体育教师专业素质方面,秀山土家族苗族自治县体育教师参与县级以上培训的比例为 43.98%,低于全市平均水平。其中,小学、高中及九年一贯制学校的体育教师参与县级以上培训的比例均低于全市平均水平。受县级以上表彰的体育教师比例为 14.78%,低于全市平均水平。其中,小学、高中、九年一贯制学校及完全中学的体育教师受县级以上表彰的比例均低于全市同类型学校平均值。以上数据表明,秀山土家族苗族自治县急需加强体育教师队伍的建设。

表 3-36-1　2015 年秀山土家族苗族自治县体育教师队伍信息　　　　单位:%

| 学校类别 | 专　职 | | 缺　额 | | 县级以上培训 | | 受县级以上表彰 | |
|---|---|---|---|---|---|---|---|---|
| | 秀山土家族苗族自治县 | 重庆市 | 秀山土家族苗族自治县 | 重庆市 | 秀山土家族苗族自治县 | 重庆市 | 秀山土家族苗族自治县 | 重庆市 |
| 小学 | 24.72 | 51.82 | 15.69 | 19.82 | 27.22 | 54.90 | 6.11 | 13.61 |
| 初中 | 86.61 | 87.22 | 4.51 | 7.26 | 86.61 | 72.54 | 33.07 | 24.86 |
| 高中 | 100.00 | 97.88 | 3.57 | 4.34 | 37.04 | 65.30 | 18.52 | 27.48 |
| 九年一贯制学校 | 63.64 | 65.51 | 26.67 | 15.59 | 50.00 | 51.64 | 0.00 | 14.90 |

续表

| 学校类别 | 专 职 | | 缺 额 | | 县级以上培训 | | 受县级以上表彰 | |
|---|---|---|---|---|---|---|---|---|
| | 秀山土家族苗族自治县 | 重庆市 | 秀山土家族苗族自治县 | 重庆市 | 秀山土家族苗族自治县 | 重庆市 | 秀山土家族苗族自治县 | 重庆市 |
| 完全中学 | 100.00 | 95.27 | 0.00 | 7.82 | 100.00 | 76.48 | 100.00 | 27.78 |
| 合　计 | 45.99 | 67.05 | 13.02 | 15.44 | 43.98 | 61.42 | 14.78 | 18.29 |

### （二）体育场地的数量需增加

2015年，秀山土家族苗族自治县中小学校有学生体质测试室40间，体育器材达标学校数58所，其平均数量均高于全市平均水平（见表3-36-2），但其余体育场地、设施和器材的数量与重庆市平均水平存在一定差距。其中，田径场35块（200米田径场29块，300米田径场1块，400米田径场5块），校均数量为0.49块，低于全市每校平均数量0.64块；篮球场135块，校均数量为1.90块，低于全市每校平均数量2.02块；排球场19块，校均数量为0.27块，低于全市每校平均数量0.58块；体育馆1个，校均数量为0.01个，低于全市每校平均数量0.06个；游泳池1个，校均数量为0.01个，低于全市每校平均数量0.02个。以上数据表明，秀山土家族苗族自治县仍需增加学校体育场地的数量。

表3-36-2　2015年秀山土家族苗族自治县体育场地器材信息（场地器材总量/学校个数）

| 类　别 | | 小　学 | 初　中 | 高　中 | 九年一贯制学校 | 完全中学 | 合　计 |
|---|---|---|---|---|---|---|---|
| 田径场/块 | 秀山土家族苗族自治县 | 0.35 | 0.75 | 1.00 | 0.50 | 1.00 | 0.49 |
| | 重庆市 | 0.53 | 0.84 | 1.09 | 0.74 | 1.06 | 0.64 |
| 篮球场/块 | 秀山土家族苗族自治县 | 1.33 | 2.30 | 6.00 | 5.00 | 6.00 | 1.90 |
| | 重庆市 | 1.54 | 2.51 | 4.96 | 2.37 | 4.57 | 2.02 |
| 排球场/块 | 秀山土家族苗族自治县 | 0.17 | 0.45 | 0.50 | 0.00 | 1.00 | 0.27 |
| | 重庆市 | 0.41 | 0.76 | 2.34 | 0.59 | 1.41 | 0.58 |
| 体育馆/个 | 秀山土家族苗族自治县 | 0.00 | 0.00 | 0.00 | 0.50 | 0.00 | 0.01 |
| | 重庆市 | 0.04 | 0.04 | 0.30 | 0.06 | 0.25 | 0.06 |
| 游泳池/个 | 秀山土家族苗族自治县 | 0.00 | 0.05 | 0.00 | 0.00 | 0.00 | 0.01 |
| | 重庆市 | 0.01 | 0.01 | 0.20 | 0.01 | 0.07 | 0.02 |
| 学生体质测试室/间 | 秀山土家族苗族自治县 | 0.57 | 0.55 | 0.50 | 1.00 | 0.00 | 0.56 |
| | 重庆市 | 0.48 | 0.52 | 0.84 | 0.53 | 0.75 | 0.51 |
| 体育器材达标数/个 | 秀山土家族苗族自治县 | 0.80 | 0.85 | 1.00 | 0.50 | 1.00 | 0.82 |
| | 重庆市 | 0.69 | 0.75 | 0.93 | 0.82 | 0.87 | 0.72 |

（三）学生体质健康促进工作需要进一步加强

2015 年,秀山土家族苗族自治县认真组织开展了学生体质健康标准测试,并如实上报了测试数据,上报率达 100%。根据上报数据,全县 2015 年学生体质健康达到合格以上等级的学生比例为 91.60%,低于《国家学生体质健康标准》95% 的要求,比 2014 年下降了 3.76 个百分点;达到良好以上等级的学生比例为 26.70%,低于《国家学生体质健康标准》40% 的要求,比 2014 年下降了 0.26 个百分点(如图 3-36-7、图 3-36-8 所示)。因此,秀山土家族苗族自治县需要加强学生体质健康促进工作的开展。

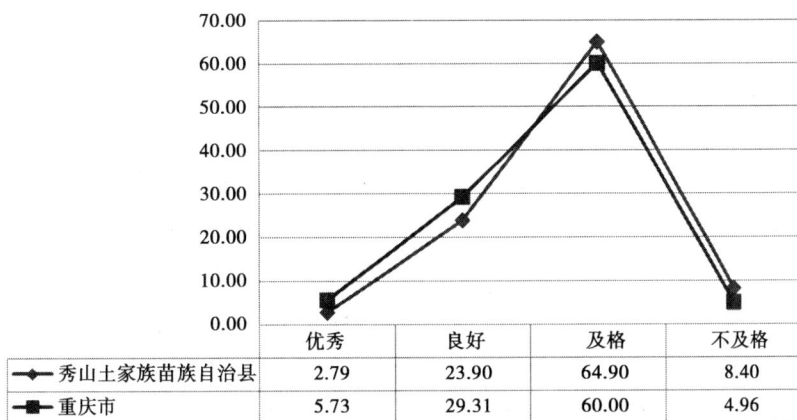

| | 优秀 | 良好 | 及格 | 不及格 |
|---|---|---|---|---|
| 秀山土家族苗族自治县 | 2.79 | 23.90 | 64.90 | 8.40 |
| 重庆市 | 5.73 | 29.31 | 60.00 | 4.96 |

图 3-36-7　2015 年秀山土家族苗族自治县与重庆市学生体质健康等级比例对比图(单位:%)

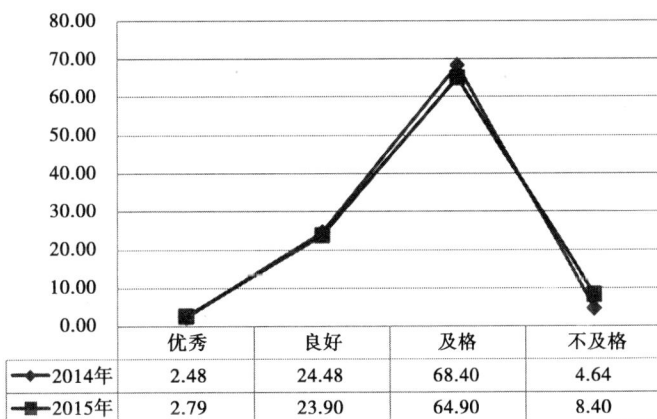

| | 优秀 | 良好 | 及格 | 不及格 |
|---|---|---|---|---|
| 2014年 | 2.48 | 24.48 | 68.40 | 4.64 |
| 2015年 | 2.79 | 23.90 | 64.90 | 8.40 |

图 3-36-8　秀山土家族苗族自治县 2014 年和 2015 年学生体质健康等级比例对比图(单位:%)

# 第三十七章　酉阳土家族苗族自治县

## 一、基本概况

2015 年,酉阳土家族苗族自治县有中小学校 355 所,比 2014 年减少 61 所,下降 14.66%;有在校学生 113 784 人,比 2014 年增加 40 人,增长 0.04%;有专任教师6 770 人,比 2014 年增加 51 人,增长 0.76%。

2015 年,全县有参加学校体育工作评估的独立法人资格学校 61 所。其中,优秀等级学校 41 所,占参评学校的 67.21%,比全市平均水平高 8.06 个百分点,比 2014 年增长了 41.21 个百分点;良好等级学校 16 所,占参评学校的 26.23%,比全市平均水平低 9.18 个百分点,比 2014 年下降了 33.77 个百分点(如图 3-37-1、图 3-37-2 所示);无不合格学校,全县 2015 年学校体育工作评审结果总体情况相对良好。全县学校体育工作加分学校比为 42.62%,低于全市平均水平(如图 3-37-3 所示)。同 2014 年相比,增长了 16.62 个百分点。其中,普通初中和普通小学的加分学校比例均有增长(如图 3-37-4 所示)。

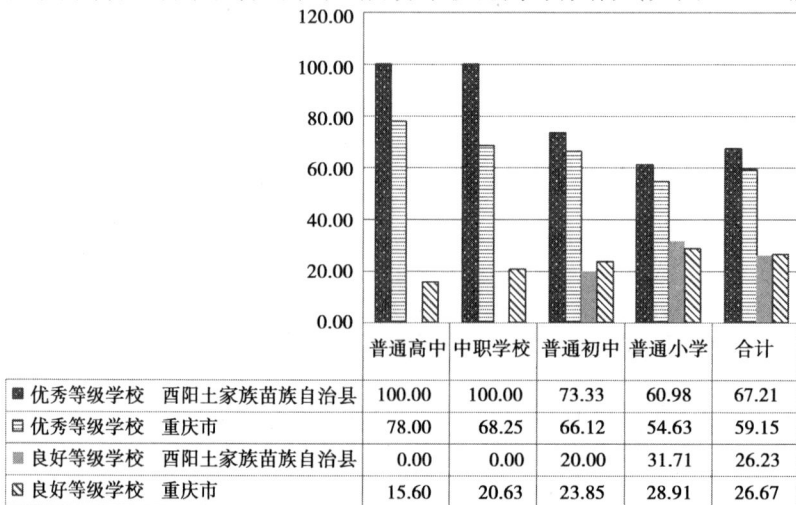

| | | 普通高中 | 中职学校 | 普通初中 | 普通小学 | 合计 |
|---|---|---|---|---|---|---|
| ■优秀等级学校 | 酉阳土家族苗族自治县 | 100.00 | 100.00 | 73.33 | 60.98 | 67.21 |
| □优秀等级学校 | 重庆市 | 78.00 | 68.25 | 66.12 | 54.63 | 59.15 |
| ▨良好等级学校 | 酉阳土家族苗族自治县 | 0.00 | 0.00 | 20.00 | 31.71 | 26.23 |
| ◪良好等级学校 | 重庆市 | 15.60 | 20.63 | 23.85 | 28.91 | 26.67 |

图 3-37-1　2015 年酉阳土家族苗族自治县与重庆市学校评审结果比例对比图(单位:%)

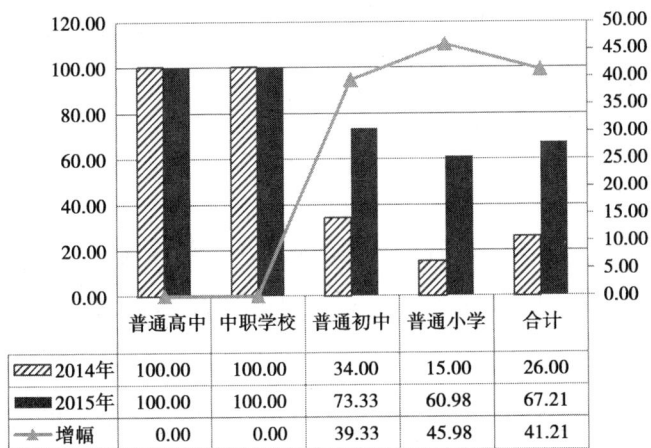

| | 普通高中 | 中职学校 | 普通初中 | 普通小学 | 合计 |
|---|---|---|---|---|---|
| 2014年 | 100.00 | 100.00 | 34.00 | 15.00 | 26.00 |
| 2015年 | 100.00 | 100.00 | 73.33 | 60.98 | 67.21 |
| 增幅 | 0.00 | 0.00 | 39.33 | 45.98 | 41.21 |

图 3-37-2　酉阳土家族苗族自治县 2014 年和 2015 年优秀等级学校比例对比图(单位:%)

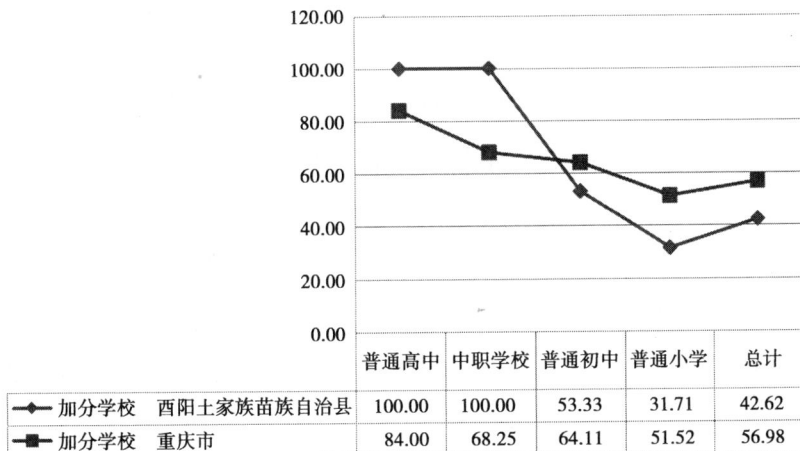

| | 普通高中 | 中职学校 | 普通初中 | 普通小学 | 总计 |
|---|---|---|---|---|---|
| 加分学校　酉阳土家族苗族自治县 | 100.00 | 100.00 | 53.33 | 31.71 | 42.62 |
| 加分学校　重庆市 | 84.00 | 68.25 | 64.11 | 51.52 | 56.98 |

图 3-37-3　2015 年酉阳土家族苗族自治县与重庆市加分学校比例对比图(单位:%)

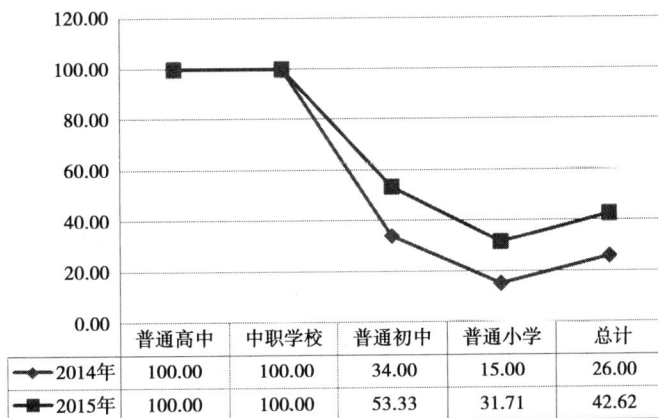

| | 普通高中 | 中职学校 | 普通初中 | 普通小学 | 总计 |
|---|---|---|---|---|---|
| 2014年 | 100.00 | 100.00 | 34.00 | 15.00 | 26.00 |
| 2015年 | 100.00 | 100.00 | 53.33 | 31.71 | 42.62 |

图 3-37-4　酉阳土家族苗族自治县 2014 年和 2015 年加分学校比例对比图(单位:%)

## 二、主要亮点

### （一）学校组织管理到位

酉阳土家族苗族自治县各级各类学校都成立了以校长任组长的体育工作领导小组。坚持学习贯彻国家有关体育工作方面的政策和规定；制订贯彻落实体育工作计划；学校每学期都把体育工作列为学校正常工作内容，召开体育工作会议，总结先进经验，解决体育工作中的存在的实际问题，使学校体育工作不断加强和改进。

### （二）教育教学工作有序推进

各学校严格执行中小学体育课程计划均按照要求开齐开足课时；进一步落实健康教育课，各级各类学校都开足7节健康教育课，通过对学生的健康教育、宣传，促进学生养成健康行为，加强青少年青春期性知识宣传教育。针对中小学生的身心发展规律和认知特点，将知识学习和行为养成有机结合，提高学生的健康水平。全县各中小学全部将健康教育课纳入教学计划，健康教育开课率达100%。通过健康教育课的知识传授和技能培训，帮助学生逐步形成健康态度，养成健康行为，使学生健康知识知晓率达90%以上，健康行为形成率达85%以上。"阳光体育运动"持续开展，保证学生在校期间每天锻炼1小时，在高中毕业前掌握1~2项终生受益的体育运动技能，养成日常锻炼的良好习惯。

## 三、主要问题

### （一）学生体质健康促进工作需要加强

2015年，酉阳土家族苗族自治县认真组织开展了学生体质健康标准测试，并如实上报了测试数据，上报率达100%。根据上报数据，全县2015年学生体质健康达到合格以上等级的学生比例为94.34%，低于《国家学生体质健康标准》95%的要求，比2014年下降了3个百分点；达到良好以上等级的学生比例为30.79%，低于《国家学生体质健康标准》40%的要求，比2014年下降了6.95个百分点（如图3-37-5、图3-37-6所示）。因此，酉阳土家族苗族自治县需加强学生体质健康促进工作。

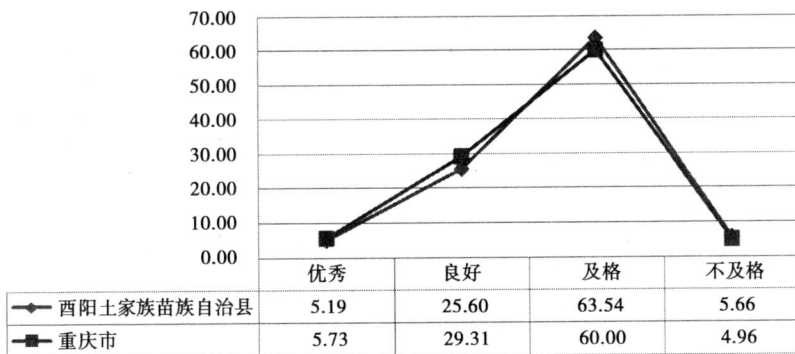

| | 优秀 | 良好 | 及格 | 不及格 |
|---|---|---|---|---|
| 酉阳土家族苗族自治县 | 5.19 | 25.60 | 63.54 | 5.66 |
| 重庆市 | 5.73 | 29.31 | 60.00 | 4.96 |

图 3-37-5　2015 年酉阳土家族苗族自治县与重庆市学生体质健康等级比例对比图(单位:%)

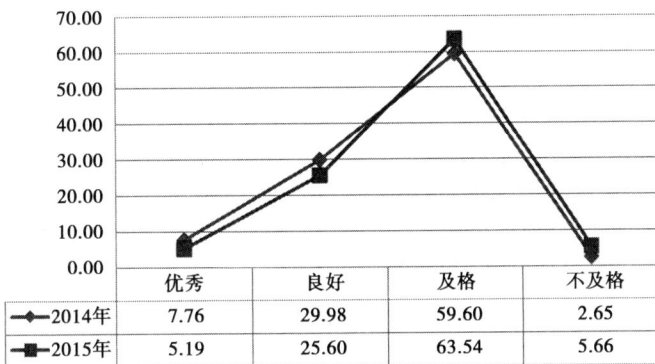

| | 优秀 | 良好 | 及格 | 不及格 |
|---|---|---|---|---|
| 2014年 | 7.76 | 29.98 | 59.60 | 2.65 |
| 2015年 | 5.19 | 25.60 | 63.54 | 5.66 |

图 3-37-6　酉阳土家族苗族自治县 2014 年和 2015 年学生体质健康等级比例对比图(单位:%)

### (二)体育教师队伍建设亟待加强

2015 年,酉阳土家族苗族自治县专职体育教师的比例为 50.11%,低于全市平均水平。其中,小学和完全中学的专职体育教师比例均低于全市平均水平。全县体育教师的缺额比例为 16.45%,略高于全市平均水平(见表 3-37-1)。表明酉阳土家族苗族自治县体育教师略显不足。在体育教师专业素质方面,酉阳土家族苗族自治县体育教师参与县级以上培训的比例为 28.86%,低于全市平均水平,各学校类型的体育教师参与县级以上培训的比例均低于全市平均水平。受县级以上表彰的体育教师比例为 8.72%,低于全市平均水平。其中,小学、初中和完全中学的体育教师受县级以上表彰的比例均低于全市各相应类型学校平均值。以上数据表明,酉阳土家族苗族自治县急需加强体育教师队伍的建设。

表 3-37-1　2015 年酉阳土家族苗族自治县体育教师队伍信息　　　　单位:%

| 学校类别 | 专　职 | | 缺　额 | | 县级以上培训 | | 受县级以上表彰 | |
|---|---|---|---|---|---|---|---|---|
| | 酉阳土家族苗族自治县 | 重庆市 | 酉阳土家族苗族自治县 | 重庆市 | 酉阳土家族苗族自治县 | 重庆市 | 酉阳土家族苗族自治县 | 重庆市 |
| 小学 | 26.21 | 51.82 | 20.77 | 19.82 | 23.45 | 54.90 | 3.10 | 13.61 |
| 初中 | 95.12 | 87.22 | 8.89 | 7.26 | 45.12 | 72.54 | 9.76 | 24.86 |
| 高中 | 100.00 | 97.88 | 0.00 | 4.34 | 0.00 | 65.30 | 100.00 | 27.48 |
| 完全中学 | 90.74 | 95.27 | 6.90 | 7.82 | 44.44 | 76.48 | 1.85 | 27.78 |
| 合　计 | 50.11 | 67.05 | 16.45 | 15.44 | 28.86 | 61.42 | 8.72 | 18.29 |

注:2015 年酉阳土家族苗族自治县参加县级以上培训的体育教师为 129 人(小学 68 人 + 初中 37 人 + 高中 0 人 + 完全中学 24 人),但是上报的合计为 154 人。请注意核对上报数据。

### (三)体育场地数量需要增加

2015 年,酉阳土家族苗族自治县中小学校有田径场 50 块(200 米的田径场 32 块, 300 米的田径场 2 块,300 ~ 400 米的田径场 12 块,400 米的田径场 4 块),游泳池 1 个, 体育器材达标学校数 58 所,其平均数量均高于全市平均水平(见表 3-37-2),但其余体育场地设施的数量与全市平均水平存在一定差距。其中,篮球场 122 块,校均数量为 2.00 块,低于全市每校平均数量 2.02 块;排球场 12 块,校均数量为 0.20 块,低于全市每校平均数量 0.58 块;体育馆 1 个,校均数量为 0.02 个,低于全市每校平均数量 0.06 个;学生体质测试室 22 间,校均数量为 0.36 间,低于全市每校平均数量的 0.51 间。 以上数据表明,酉阳土家族苗族自治县仍需增加学校体育场馆的数量。

表 3-37-2　2015 年酉阳土家族苗族自治县体育场地器材信息(场地器材总量/学校个数)

| 类　别 | | 小　学 | 初　中 | 高　中 | 完全中学 | 合　计 |
|---|---|---|---|---|---|---|
| 田径场/块 | 酉阳土家族苗族自治县 | 0.80 | 0.80 | 1.00 | 1.00 | 0.82 |
| | 重庆市 | 0.53 | 0.84 | 1.09 | 1.06 | 0.64 |
| 篮球场/块 | 酉阳土家族苗族自治县 | 1.41 | 2.53 | 6.00 | 5.00 | 2.00 |
| | 重庆市 | 1.54 | 2.51 | 4.96 | 4.57 | 2.02 |
| 排球场/块 | 酉阳土家族苗族自治县 | 0.07 | 0.13 | 1.00 | 1.50 | 0.20 |
| | 重庆市 | 0.41 | 0.76 | 2.34 | 1.41 | 0.58 |

| | 类　别 | 小　学 | 初　中 | 高　中 | 完全中学 | 合　计 |
|---|---|---|---|---|---|---|
| 体育馆/个 | 酉阳土家族苗族自治县 | 0.00 | 0.00 | 0.00 | 0.25 | 0.02 |
| | 重庆市 | 0.04 | 0.04 | 0.30 | 0.25 | 0.06 |
| 游泳池/个 | 酉阳土家族苗族自治县 | 0.00 | 0.07 | 0.00 | 0.00 | 0.02 |
| | 重庆市 | 0.01 | 0.01 | 0.20 | 0.07 | 0.02 |
| 学生体质测试室/间 | 酉阳土家族苗族自治县 | 0.29 | 0.33 | 1.00 | 1.00 | 0.36 |
| | 重庆市 | 0.48 | 0.52 | 0.84 | 0.75 | 0.51 |
| 体育器材达标数/个 | 酉阳土家族苗族自治县 | 0.93 | 1.00 | 1.00 | 1.00 | 0.95 |
| | 重庆市 | 0.69 | 0.75 | 0.93 | 0.87 | 0.72 |

注:2015 年酉阳土家族苗族自治县有篮球场 122 块(小学 58 块 + 初中 38 块 + 高中 6 块 + 完全中学 20 块),但是上报的合计为 114 块。请注意核对上报数据。

(四)加强所报数据的管理和核对

2015 年,酉阳土家族苗族自治县参加县级以上培训的体育教师为 129 人(小学 68 人 + 初中 37 人 + 高中 0 人 + 完全中学 24 人),但实际上报的合计数为 154 人。另外,2015 年酉阳土家族苗族自治县有篮球场 122 块(小学 58 块 + 初中 38 块 + 高中 6 块 + 完全中学 20 块),但实际上报的合计数为 114 块(见表 3-37-2),上报数据存在差异。因此,需对本县各学校体育场地数量的变化情况作及时更新,并在以后上报自评报告时对数据进行认真核对。

# 第三十八章　彭水苗族土家族自治县

## 一、基本概况

2015 年,彭水苗族土家族自治县有中小学校 179 所,比 2014 年减少 21 所,下降 10.5%;有在校学生 93 583 人,比 2014 年减少 1 711 人,下降 1.80%;有专任教师 5 994 人,比 2014 年增加 39 人,增长 0.65%。

2015 年,全县有参加学校体育工作评估的独立法人资格学校 94 所。其中,优秀等级学校 32 所,占参评学校的 34.04%,比全市平均水平低 25.11 个百分点,比 2014 年下降了 7.46 个百分点;良好等级学校 40 所,占参评学校的 42.55%,比全市平均水平低 9.18 个百分点,比 2014 年增长了 11.65 个百分点(如图 3-38-1、图 3-38-2 所示);无不合格学校,全县 2015 年学校体育工作评审结果总体情况相对良好。全县 2015 年体育工作加分学校的比例为 46.81%,低于全市平均水平(如图 3-38-3 所示),比 2014 年增长了 1.11 个百分点,主要是普通小学的加分学校比例有所增长(如图 3-38-4 所示)。

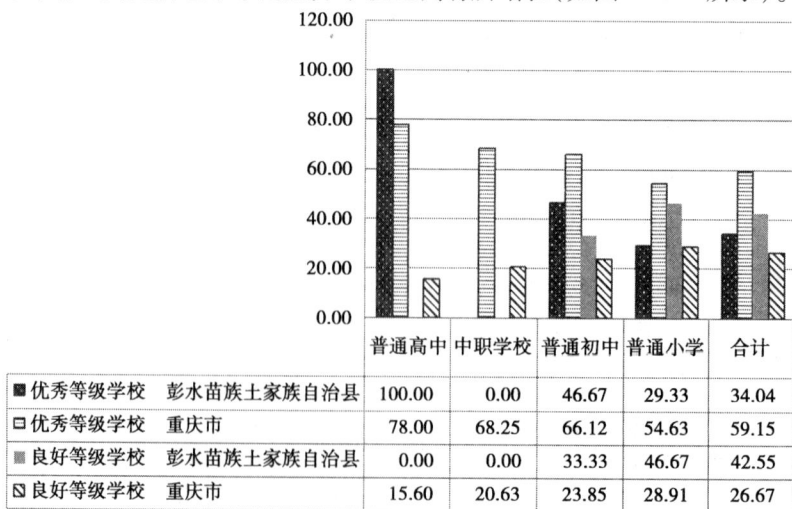

| | | 普通高中 | 中职学校 | 普通初中 | 普通小学 | 合计 |
|---|---|---|---|---|---|---|
| ■优秀等级学校 | 彭水苗族土家族自治县 | 100.00 | 0.00 | 46.67 | 29.33 | 34.04 |
| □优秀等级学校 | 重庆市 | 78.00 | 68.25 | 66.12 | 54.63 | 59.15 |
| ▨良好等级学校 | 彭水苗族土家族自治县 | 0.00 | 0.00 | 33.33 | 46.67 | 42.55 |
| ◪良好等级学校 | 重庆市 | 15.60 | 20.63 | 23.85 | 28.91 | 26.67 |

图 3-38-1　2015 年彭水苗族土家族自治县与重庆市学校评审结果比例对比图(单位:%)

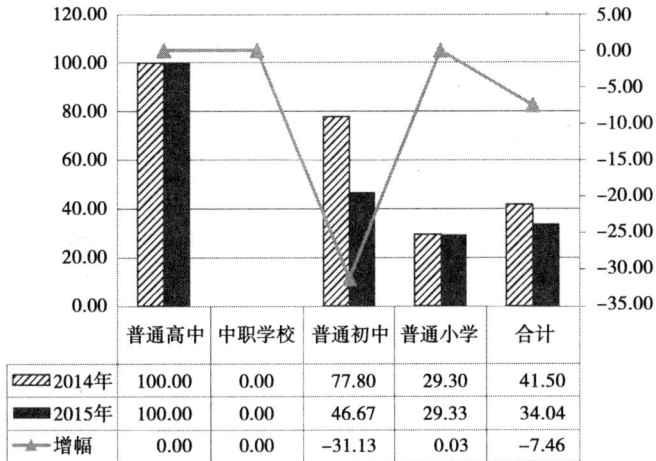

| | 普通高中 | 中职学校 | 普通初中 | 普通小学 | 合计 |
|---|---|---|---|---|---|
| 2014年 | 100.00 | 0.00 | 77.80 | 29.30 | 41.50 |
| 2015年 | 100.00 | 0.00 | 46.67 | 29.33 | 34.04 |
| 增幅 | 0.00 | 0.00 | −31.13 | 0.03 | −7.46 |

图 3-38-2　彭水苗族土家族自治县 2014 年和 2015 年优秀等级学校比例对比图(单位:%)

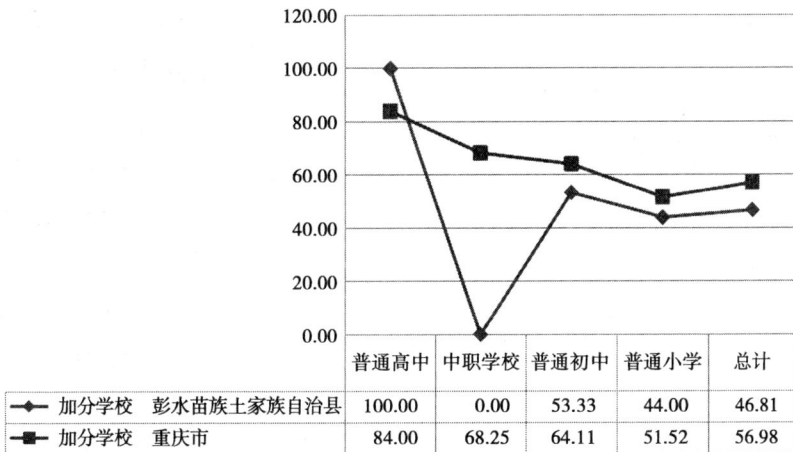

| | 普通高中 | 中职学校 | 普通初中 | 普通小学 | 总计 |
|---|---|---|---|---|---|
| 加分学校　彭水苗族土家族自治县 | 100.00 | 0.00 | 53.33 | 44.00 | 46.81 |
| 加分学校　重庆市 | 84.00 | 68.25 | 64.11 | 51.52 | 56.98 |

图 3-38-3　2015 年彭水苗族土家族自治县与重庆市加分学校比例对比图(单位:%)

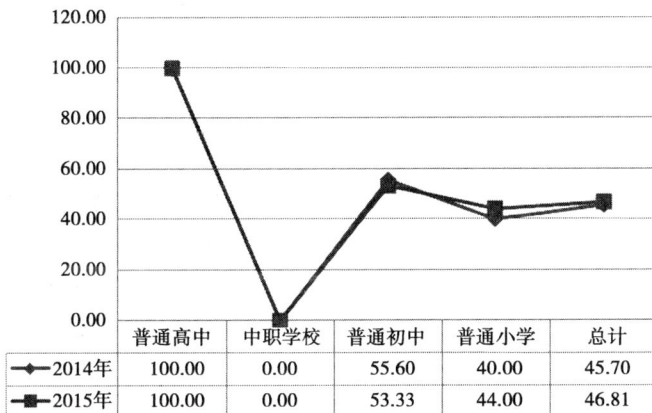

| | 普通高中 | 中职学校 | 普通初中 | 普通小学 | 总计 |
|---|---|---|---|---|---|
| 2014年 | 100.00 | 0.00 | 55.60 | 40.00 | 45.70 |
| 2015年 | 100.00 | 0.00 | 53.33 | 44.00 | 46.81 |

图 3-38-4　彭水苗族土家族自治县 2014 年和 2015 年加分学校比例对比图(单位:%)

## 二、主要亮点

### (一)组织管理到位

彭水苗族土家族自治县教委高度重视学校体育工作,规范常规工作,鼓励特色创新,严格要求各中小学学校。学校成立由校长任组长,分管体育工作的副校长任副组长,政教、教务、总务、共青团(少先队)等部门主要责任人为成员的学校体育工作领导小组,明确职责、落实分工,并定期研究工作。将体育纳入学校整体工作计划,制订学校体育工作计划,认真组织实施,定期组织检查、考核。学校建立校园意外伤害事故的应急管理机制,制定和实施《体育安全管理工作方案》,明确责任,落实到人。每学期校长听体育课不少于4次,分管校长不少于6次。切实减轻学生过重的课业负担,严格按照《国家体育与健康课时规定》开足体育课。

### (二)教育教学工作扎实有效

彭水苗族土家族自治县各学校首先规范健全体育与健康课程教学计划、单元计划、课时计划,能够依据课程标准组织体育教学,切实完成教学任务。同时,进一步加强了教学研究与课程教学改革,大大提高了教学效率。执行体育课考勤和考核登记制度,建立学生档案。利用课余时间,大力开展校园体育活动,100%的学校制订了阳光体育运动工作方案、基本要求,并组织实施;将校园体育活动时间和内容纳入教学计划,列入课表,把工作落到实处。大力推进开展体育、艺术2+1项目,保证有85%以上的学生掌握至少两项日常锻炼的体育技能;各中小学校学校每学期开运动会不少于1次;县级比赛活动多样化,丰富了体育文化生活。

### (三)生均体育经费投入有所增长

2015年,彭水苗族土家族自治县生均体育经费投入为163.25元,高于全市生均体育经费的平均值。其中,生均专用器材经费、生均体育工作经费的投入均高于全市平均水平(如图3-38-5所示)。与2014年相比,全县2015年生均体育经费的各方面投入有所增长。其中,生均体育场地经费增加了15.38元,生均专用器材经费增加了19.83元,生均体育工作经费增加了21.72元(如图3-38-6所示)。

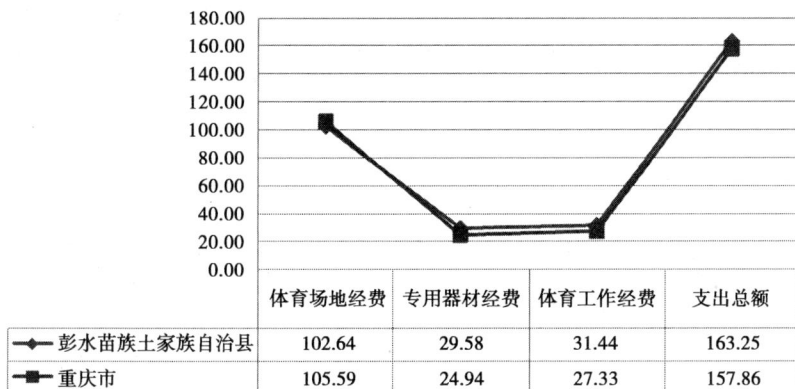

| | 体育场地经费 | 专用器材经费 | 体育工作经费 | 支出总额 |
|---|---|---|---|---|
| 彭水苗族土家族自治县 | 102.64 | 29.58 | 31.44 | 163.25 |
| 重庆市 | 105.59 | 24.94 | 27.33 | 157.86 |

图 3-38-5　2015 年彭水苗族土家族自治县与重庆市生均体育经费支出情况对比图(单位:元)

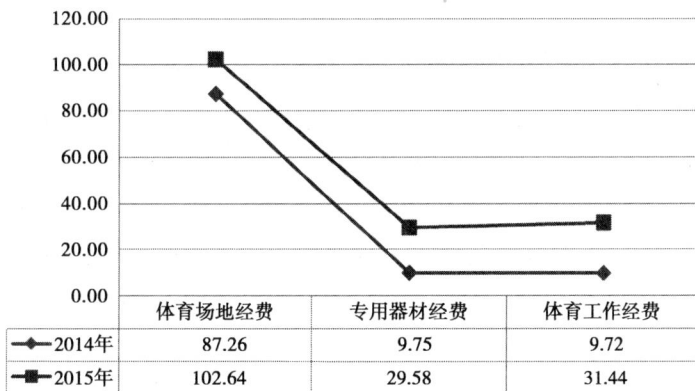

| | 体育场地经费 | 专用器材经费 | 体育工作经费 |
|---|---|---|---|
| 2014年 | 87.26 | 9.75 | 9.72 |
| 2015年 | 102.64 | 29.58 | 31.44 |

图 3-38-6　彭水苗族土家族自治县 2014 年和 2015 年生均体育经费支出情况对比图(单位:元)

## 三、主要问题

### (一)自评准确性有待提高

以"专家评分÷自评分"比较学校自评准确性(见表 3-38-1),彭水苗族土家族自治县 2015 年学校体育总体自评准确性为 84.27%,低于全市学校自评准确性平均水平 94.02%。其中,彭水苗族土家族自治县一中的自评准确性高于 90%,彭水苗族土家族自治县保家中学、桑柘中心校、新田中学和万足镇中心校、彭水二小的自评准确性均低于 90%(自评过高)。

表 3-38-1    2015 年彭水苗族土家族自治县体育工作评估审核结果

| 学校名称 | 自评得分 | 核实得分 | 自评准确性/% |
|---|---|---|---|
| 彭水县保家中学 | 92.5 | 68.6 | 74.16 |
| 彭水县一中 | 92.2 | 88.4 | 95.88 |
| 桑柘中心校 | 86.0 | 70.4 | 81.86 |
| 新田中学 | 86.3 | 71.3 | 82.62 |
| 万足镇中心校 | 86.4 | 75.0 | 86.81 |
| 彭水二小 | 100.3 | 84.5 | 84.25 |

（二）体质健康监测可信度有待提高

本次现场抽查彭水苗族土家族自治县学校共 6 所,将抽查情况与学生体质健康检测原始数据进行对比,原始数据基本准确可信的有 3 所,分别是桑柘中心校、新田中学和万足镇中心校,占抽查学校数的 50%;其余 3 所学校数据有较多明显差异,为彭水苗族土家族自治县保家中学、彭水苗族土家族自治县一中和彭水二小。全县抽查原始数据可信率为 68.33%,低于全市抽查原始数据可信率 70.24%。县教委应提高对学生体质健康测试的认识,切实加强对测试工作的组织和管理,并且进一步完善对学校体质健康测试工作的抽查制度,真正将学生体质健康测试工作落到实处。

（三）教师队伍建设需进一步加强

2015 年,彭水苗族土家族自治县专职体育教师的比例为 40.57%,低于全市平均水平。其中,小学及九年一贯制学校的专职体育教师比例均低于全市平均水平。另外,彭水苗族土家族自治县九年一贯制学校与完全中学的体育教师缺额比例均高于全市平均值(见表 3-38-2)。表明彭水苗族土家族自治县部分学校体育教师略显不足。在体育教师专业素质方面,彭水苗族土家族自治县体育教师参与县级以上培训的比例为 43.74%,低于全市平均水平。其中,小学及九年一贯制学校的体育教师参与县级以上培训的比例均低于全市平均水平。受县级以上表彰体育教师比例为 18.86%,略高于全市平均水平。以上数据表明,彭水苗族土家族自治县需加强体育教师队伍的建设。

表 3-38-2　　2015 年彭水苗族土家族自治县体育教师队伍信息　　　单位:%

| 学校类别 | 专　职 | | 缺　额 | | 县级以上培训 | | 受县级以上表彰 | |
|---|---|---|---|---|---|---|---|---|
| | 彭水苗族土家族自治县 | 重庆市 | 彭水苗族土家族自治县 | 重庆市 | 彭水苗族土家族自治县 | 重庆市 | 彭水苗族土家族自治县 | 重庆市 |
| 小学 | 23.08 | 51.82 | 11.36 | 19.82 | 29.70 | 54.90 | 12.82 | 13.61 |
| 初中 | 91.11 | 87.22 | 8.16 | 7.26 | 82.22 | 72.54 | 32.22 | 24.86 |
| 九年一贯制学校 | 16.67 | 65.51 | 33.33 | 15.59 | 16.67 | 51.64 | 33.33 | 14.90 |
| 完全中学 | 97.01 | 95.27 | 19.28 | 7.82 | 92.54 | 76.48 | 41.79 | 27.78 |
| 合　计 | 40.57 | 67.05 | 12.12 | 15.44 | 43.74 | 61.42 | 18.86 | 18.29 |

### (四)体育场地与器材数量需要增加

2015 年,彭水苗族土家族自治县除中小学校学生体质测试室(70 间)的平均水平高于全市平均水平(见表3-38-3),其余体育场地设施器材的数量与全市平均水平存在一定差距。其中,田径场 51 块(200 米田径场 46 块,300 米田径场 3 块,300~400 米田径场 1 块,400 米田径场 1 块),校均数量为 0.54 块,低于全市每校平均数量 0.64 块;篮球场 182 块,校均数量为 1.94 块,低于全市每校平均数量 2.02 块;排球场 32 块,校均数量为 0.34 块,低于全市每校平均数量0.58 块;全县没有 1 个体育馆、1 个游泳池,校均数量为 0 个,分别低于全市每校平均数量 0.06 个、0.02 个;体育器材达标学校 18 所,校均达标比例为 19%,远低于全市平均水平 72.00%。以上数据表明,彭水苗族土家族自治县急需增加学校体育场地及体育器材的数量。

表 3-38-3　　2015 年彭水苗族土家族自治县体育场地器材信息(场地器材总量/学校个数)

| 类　别 | | 小　学 | 初　中 | 九年一贯制学校 | 完全中学 | 合　计 |
|---|---|---|---|---|---|---|
| 田径场/块 | 彭水苗族土家族自治县 | 0.42 | 1.00 | 1.00 | 1.00 | 0.54 |
| | 重庆市 | 0.53 | 0.84 | 0.74 | 1.06 | 0.64 |
| 篮球场/块 | 彭水苗族土家族自治县 | 1.70 | 2.60 | 2.00 | 3.75 | 1.94 |
| | 重庆市 | 1.54 | 2.51 | 2.37 | 4.57 | 2.02 |
| 排球场/块 | 彭水苗族土家族自治县 | 0.26 | 0.40 | 1.00 | 1.50 | 0.34 |
| | 重庆市 | 0.41 | 0.76 | 0.59 | 1.41 | 0.58 |
| 体育馆/个 | 彭水苗族土家族自治县 | 0.00 | 0.00 | 0.00 | 0.00 | 0.00 |
| | 重庆市 | 0.04 | 0.04 | 0.06 | 0.25 | 0.06 |

续表

| 类　别 | | 小　学 | 初　中 | 九年一贯制学校 | 完全中学 | 合　计 |
|---|---|---|---|---|---|---|
| 游泳池/个 | 彭水苗族土家族自治县 | 0.00 | 0.00 | 0.00 | 0.00 | 0.00 |
| | 重庆市 | 0.01 | 0.01 | 0.01 | 0.07 | 0.02 |
| 学生体质测试室/间 | 彭水苗族土家族自治县 | 0.72 | 0.80 | 1.00 | 1.00 | 0.74 |
| | 重庆市 | 0.48 | 0.52 | 0.53 | 0.75 | 0.51 |
| 体育器材达标数/个 | 彭水苗族土家族自治县 | 0.15 | 0.33 | 0.00 | 0.50 | 0.19 |
| | 重庆市 | 0.69 | 0.75 | 0.82 | 0.87 | 0.72 |

注:2015 年彭水苗族土家族自治县有排球场 32 块(小学 19 块 + 初中 6 块 + 九年一贯制学校 1 块 + 完全中学 6 块),但是上报的合计为 42 块。请注意核对上报数据。

### (五)学生体质健康促进工作有待加强

2015 年,彭水苗族土家族自治县学生体质健康监测上报率为 61.59%,虽比 2014 年增长了 25.83 个百分点,但仍远远低于国家 100% 的要求,上报率还需进一步提高。根据上报数据,全县 2015 年学生体质健康达到合格以上等级的学生比例为 95.42%,虽略高于《国家学生体质健康标准》95% 的要求,但比 2014 年下降了 1.95 个百分点;达到良好以上等级的学生比例为 35.71%,低于《国家学生体质健康标准》40% 的要求,比 2014 年下降了 7.5 个百分点(如图 3-38-7、图 3-38-8 所示)。因此,彭水苗族土家族自治县需要加强学生体质健康促进工作的开展。

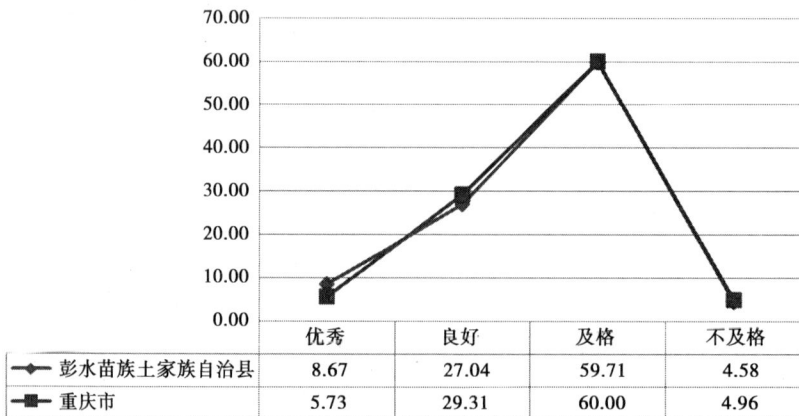

| | 优秀 | 良好 | 及格 | 不及格 |
|---|---|---|---|---|
| 彭水苗族土家族自治县 | 8.67 | 27.04 | 59.71 | 4.58 |
| 重庆市 | 5.73 | 29.31 | 60.00 | 4.96 |

图 3-38-7　2015 年彭水苗族土家族自治县与重庆市学生体质健康等级比例对比图(单位:%)

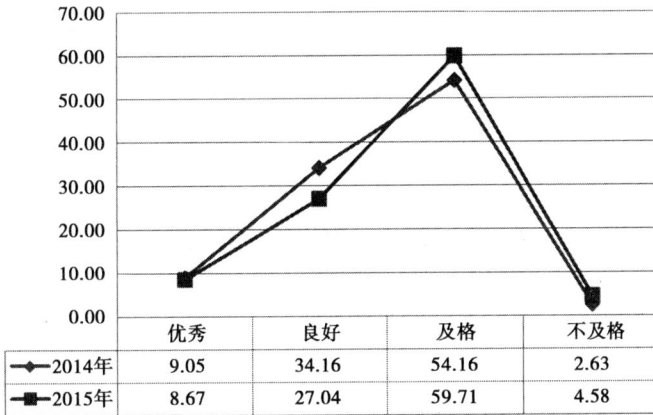

| | 优秀 | 良好 | 及格 | 不及格 |
|---|---|---|---|---|
| 2014年 | 9.05 | 34.16 | 54.16 | 2.63 |
| 2015年 | 8.67 | 27.04 | 59.71 | 4.58 |

图 3-38-8　彭水苗族土家族自治县 2014 年和 2015 年学生体质健康等级比例对比图(单位:%)

（六）加强所报数据的管理和核对

2015 年,彭水苗族土家族自治县有排球场 32 块(小学 19 块 + 初中 6 块 + 九年一贯制学校 1 块 + 完全中学 6 块),但实际上报的合计数为 42 块(见表 3-38-2),上报数据存在差异。因此,需对本县各学校体育场地数量的变化情况作及时更新,并在以后上报自评报告时对数据进行认真核对。

# 第三十九章  北部新区

## 一、基本概况

2015年,北部新区有中小学校27所,在校学生29 758人,有专任教师1 933人。2015年,全区有参加学校体育工作评估的独立法人资格学校19所。其中,优秀等级学校17所,占89.47%,比全市平均水平高30.32个百分点,比2014年下降了5.23个百分点;良好等级学校2所,占10.53%,比全市平均水平低16.14个百分点,比2014年增长了5.27个百分点(如图3-39-1、图3-39-2所示);无不合格学校。全区2015年学校体育工作评审结果总体情况相对良好。全区各学段学校体育工作加分学校比例均为100%,均高于全市平均水平(如图3-39-3所示)。

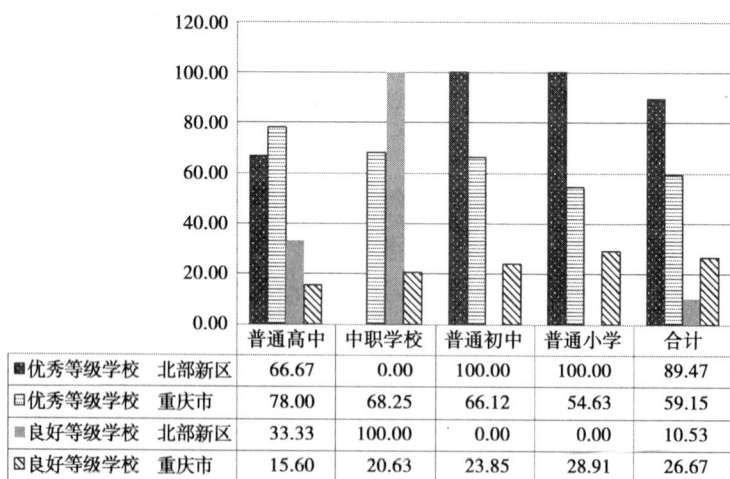

| | | 普通高中 | 中职学校 | 普通初中 | 普通小学 | 合计 |
|---|---|---|---|---|---|---|
| ■优秀等级学校 | 北部新区 | 66.67 | 0.00 | 100.00 | 100.00 | 89.47 |
| □优秀等级学校 | 重庆市 | 78.00 | 68.25 | 66.12 | 54.63 | 59.15 |
| ▩良好等级学校 | 北部新区 | 33.33 | 100.00 | 0.00 | 0.00 | 10.53 |
| ▨良好等级学校 | 重庆市 | 15.60 | 20.63 | 23.85 | 28.91 | 26.67 |

图3-39-1　2015年北部新区与重庆市学校评审结果比例对比图(单位:%)

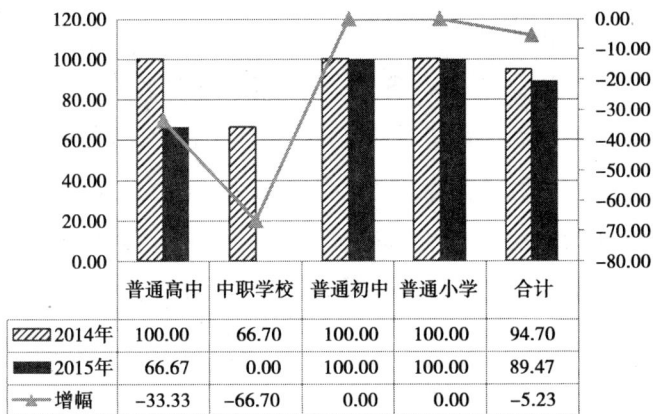

| | 普通高中 | 中职学校 | 普通初中 | 普通小学 | 合计 |
|---|---|---|---|---|---|
| 2014年 | 100.00 | 66.70 | 100.00 | 100.00 | 94.70 |
| 2015年 | 66.67 | 0.00 | 100.00 | 100.00 | 89.47 |
| 增幅 | −33.33 | −66.70 | 0.00 | 0.00 | −5.23 |

图 3-39-2　北部新区 2014 年和 2015 年优秀等级学校比例对比图(单位:%)

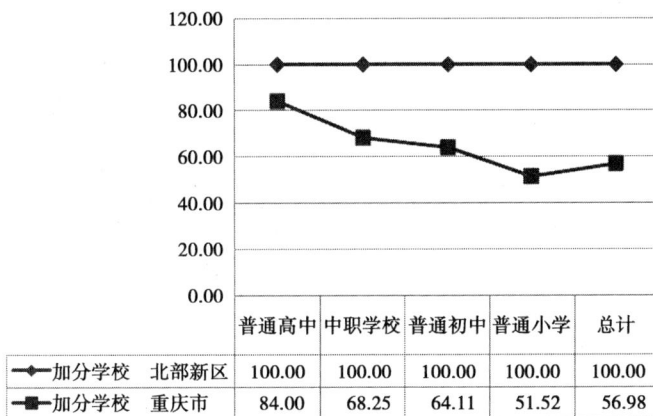

| | | 普通高中 | 中职学校 | 普通初中 | 普通小学 | 总计 |
|---|---|---|---|---|---|---|
| 加分学校 | 北部新区 | 100.00 | 100.00 | 100.00 | 100.00 | 100.00 |
| 加分学校 | 重庆市 | 84.00 | 68.25 | 64.11 | 51.52 | 56.98 |

图 3-39-3　2015 年北部新区与重庆市加分学校比例对比图(单位:%)

## 二、主要亮点

### (一)组织管理工作到位

北部新区教育局成立了专门的领导小组,体育工作的布置安排、过程督查、复核等工作都责任到人。各学校确立了第一责任人直接责任人,以确保学校体育工作专项评估工作顺利进行。另外,各学校高度重视学校体育工作,成立了专门的体育工作领导小组,积极完成具体工作的组织和落实。各学校均制订了符合本校实际和特点的学校体育工作细则,明确职责、落实分工,定期研究工作,定期开展体育教育教学工作抽查,考核工作情况。建立健全了体育器材保管制度和体育活动安全制度,落实了安全责任,避免和防止体育活动中意外事故的发生。

## （二）教育教学工作开展扎实

北部新区各学校严格执行国家课程标准，严格依据课程标准组织体育教学，努力提高教学质量。各校将校园体育活动时间和内容纳入教学计划，列入课表，严格实施。制订了阳光体育运动工作方案，积极推广"大课间"活动，开展体育、艺术"2+2"项目，确保学生每天一个小时的锻炼时间。各校都把春、秋季运动会作为教育教学活动内容并认真开展。体育教师充分利用体育课和课外活动时间对比赛项目进行专门指导，确保体育活动实效、安全。

## （三）体育教师队伍结构较为良好

北部新区专职体育教师的比例为 96.77%，远高于全市平均水平。其中，各学段专职体育教师的比例均高于全市平均水平。北部新区各学段体育教师缺额比例均为0（见表3-39-1），表明北部新区体育专职教师配备充足。全区参加区级以上培训的教师比例整体高于全市平均水平。其中，小学和十二年一贯制学校参加区级以上培训的教师比例均高于全市平均水平。全区受区级以上表彰的教师比例为 41.40%，远高于全市平均水平，各学段受区级以上表彰的体育教师比例均高于全市平均水平（见表3-39-1）。以上数据表明，北部新区体育教师队伍具有较高的专业水平。

表 3-39-1　2015 年北部新区体育教师队伍信息　　　　　　　单位:%

| 学校类别 | 专　职 | | 缺　额 | | 县级以上培训 | | 受县级以上表彰 | |
|---|---|---|---|---|---|---|---|---|
| | 北部新区 | 重庆市 | 北部新区 | 重庆市 | 北部新区 | 重庆市 | 北部新区 | 重庆市 |
| 小学 | 91.78 | 51.82 | 0.00 | 19.82 | 86.30 | 54.90 | 38.36 | 13.61 |
| 九年一贯制学校 | 100.00 | 65.51 | 0.00 | 15.59 | 39.13 | 51.64 | 46.38 | 14.90 |
| 十二年一贯制学校 | 100.00 | 90.38 | 0.00 | 20.00 | 100.00 | 53.85 | 31.58 | 17.31 |
| 完全中学 | 100.00 | 95.27 | 0.00 | 7.82 | 68.00 | 76.48 | 44.00 | 27.78 |
| 合　计 | 96.77 | 67.05 | 0.00 | 15.44 | 67.74 | 61.42 | 41.40 | 18.29 |

注:2015 年北部新区参加县级以上培训的体育教师126人（小学63人＋九年一贯制学校27人＋十二年一贯制学校19人＋完全中学17人），但是上报的合计为156人，请注意核对上报数据。

## （四）体育场地与器材配备较为完善

2015 年，北部新区中小学校有田径场 20 块（200 米田径场 12 块,300 米田径场 5块,400 米田径场 3 块），篮球场44 块，排球场 14 块，体育馆 12 个，游泳池 1 个，学生体质测试室 12 间，体育器材达标学校数 17 所，其平均数量均高于全市平均水平（见

表3-39-2）。北部新区教育局还根据学校需求,为学校采购了体育器材和设备,完善了体育硬件设施建设。其中,小学、九年一贯制学校及完全中学的体育场地与器材配备均高于全市平均水平。

表3-39-2  2015 年北部新区体育场地与器材信息（场地器材总量/学校个数）

| 类　　别 | | 小　学 | 九年一贯制学校 | 十二年一贯制学校 | 完全中学 | 合　计 |
|---|---|---|---|---|---|---|
| 田径场/块 | 北部新区 | 1.00 | 1.00 | 2.00 | 1.00 | 1.05 |
| | 重庆市 | 0.53 | 0.74 | 1.25 | 1.06 | 0.64 |
| 篮球场/块 | 北部新区 | 1.64 | 2.75 | 2.00 | 3.67 | 2.32 |
| | 重庆市 | 1.54 | 2.37 | 5.00 | 4.57 | 2.02 |
| 排球场/块 | 北部新区 | 0.45 | 1.50 | 2.00 | 0.33 | 0.74 |
| | 重庆市 | 0.41 | 0.59 | 2.50 | 1.41 | 0.58 |
| 体育馆/个 | 北部新区 | 0.45 | 1.00 | 1.00 | 0.67 | 0.63 |
| | 重庆市 | 0.04 | 0.06 | 0.50 | 0.25 | 0.06 |
| 游泳池/个 | 北部新区 | 0.00 | 0.00 | 0.00 | 0.33 | 0.05 |
| | 重庆市 | 0.01 | 0.01 | 0.00 | 0.07 | 0.02 |
| 学生体质测试室/间 | 北部新区 | 0.36 | 1.00 | 3.00 | 0.33 | 0.63 |
| | 重庆市 | 0.48 | 0.53 | 1.50 | 0.75 | 0.51 |
| 体育器材达标数 | 北部新区 | 0.91 | 1.00 | 1.00 | 0.67 | 0.89 |
| | 重庆市 | 0.69 | 0.82 | 0.75 | 0.87 | 0.72 |

## 三、主要问题

（一）生均体育经费投入需加大

2015 年,北部新区生均体育经费投入为 152.30 元,略低于全市生均体育经费的平均值（如图 3-39-4 所示）。与 2014 年相比,北部新区 2015 年生均体育工作经费有所减少,降低了 0.89 元（如图 3-39-5 所示）。因此,需要加大生均体育经费的投入。

（二）体育活动尚未落实到位

2015 年,北部新区学校体育活动落实情况未达到 100%。其中,完全中学组织大课间体育活动的学校比例为 66.67%（见表 3-39-3）。这表明北部新区体育活动落实情况尚未达到相关要求,需要加强这方面的工作。按照评估要求,这些学校应"一票否决",为不合格学校。

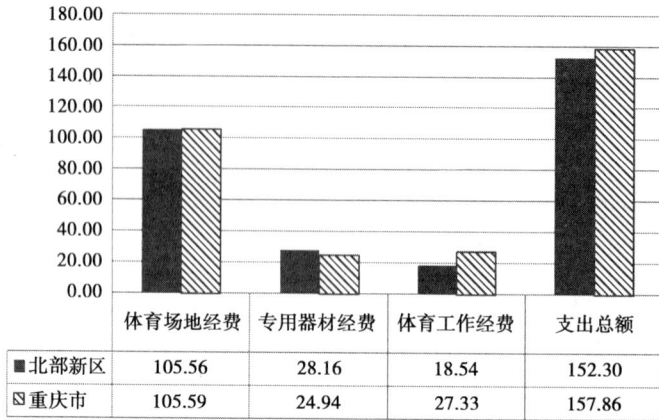

| | 体育场地经费 | 专用器材经费 | 体育工作经费 | 支出总额 |
|---|---|---|---|---|
| ■北部新区 | 105.56 | 28.16 | 18.54 | 152.30 |
| ▨重庆市 | 105.59 | 24.94 | 27.33 | 157.86 |

图3-39-4　2015年北部新区与重庆市生均体育经费投入对比图(单位:元)

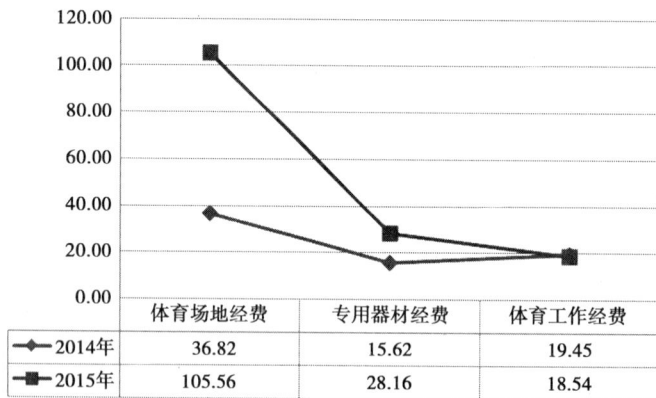

| | 体育场地经费 | 专用器材经费 | 体育工作经费 |
|---|---|---|---|
| ◆2014年 | 36.82 | 15.62 | 19.45 |
| ■2015年 | 105.56 | 28.16 | 18.54 |

图3-39-5　北部新区2015年与2014年生均体育经费投入对比图(单位:元)

表3-39-3　2015年北部新区体育活动落实情况

| 学校类别 | 学校/所 | 体育课开足的学校比例/% | 落实每天一小时体育锻炼的学校比例/% | 组织大课间体育活动的学校比例/% |
|---|---|---|---|---|
| 小学 | 11 | 100.00 | 100.00 | 100.00 |
| 九年一贯制学校 | 4 | 100.00 | 100.00 | 100.00 |
| 十二年一贯制学校 | 1 | 100.00 | 100.00 | 100.00 |
| 完全中学 | 3 | 100.00 | 100.00 | 66.67 |
| 合　计 | 19 | 100.00 | 100.00 | 94.74 |

（三）加强所报数据的管理和核对

2015 年,北部新区参加县级以上培训的体育教师 126 人(小学 63 人 + 九年一贯制学校 27 人 + 十二年一贯制学校 19 人 + 完全中学 17 人),但实际上报的合计数为 156 人(见表 3-39-3),上报数据存在差异。因此,需对本区各学校体育场地数量的变化情况作及时更新,并在以后上报自评报告时对数据进行认真核对。

# 第四十章　万盛经济技术开发区

## 一、基本概况

2015 年,万盛经济技术开发区有中小学校 46 所,在校学生 24 242 人,有专任教师 2 024 人。2015 年,全区有参加学校体育工作评估的独立法人资格学校 29 所。其中, 优秀等级学校 18 所,占 62.07%,比全市平均水平高 2.92 个百分点,比 2014 年增长了 43.07 个百分点;良好等级学校数 10 所,占 34.48%,比全市平均水平高 7.81 个百分 点,比 2014 年下降了 46.52 个百分点(如图 3-40-1、图 3-40-2 所示);无不合格学校, 全区 2015 年体育工作学校评审结果总体情况相对良好。但全区 2015 年学校体育工 作加分学校的比例为 0,需要加强学校加分项目工作的开展(如图 3-40-3 所示)。

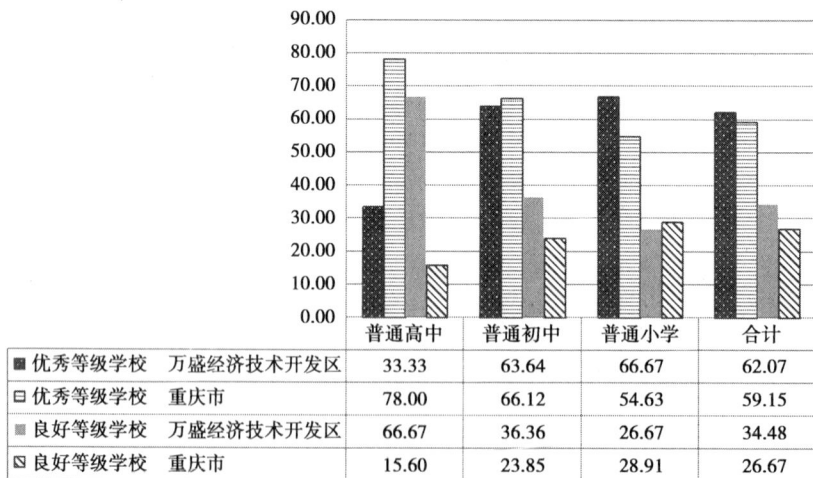

| | | 普通高中 | 普通初中 | 普通小学 | 合计 |
|---|---|---|---|---|---|
| ■优秀等级学校 | 万盛经济技术开发区 | 33.33 | 63.64 | 66.67 | 62.07 |
| □优秀等级学校 | 重庆市 | 78.00 | 66.12 | 54.63 | 59.15 |
| ▨良好等级学校 | 万盛经济技术开发区 | 66.67 | 36.36 | 26.67 | 34.48 |
| ◨良好等级学校 | 重庆市 | 15.60 | 23.85 | 28.91 | 26.67 |

图 3-40-1　2015 年万盛经济技术开发区与重庆市学校评审结果比例对比图(单位:%)

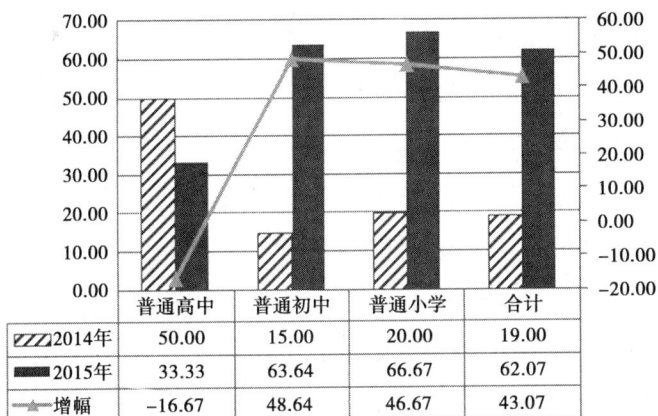

| | 普通高中 | 普通初中 | 普通小学 | 合计 |
|---|---|---|---|---|
| 2014年 | 50.00 | 15.00 | 20.00 | 19.00 |
| 2015年 | 33.33 | 63.64 | 66.67 | 62.07 |
| 增幅 | -16.67 | 48.64 | 46.67 | 43.07 |

图 3-40-2　万盛经济技术开发区 2014 年和 2015 年优秀等级学校比例对比图（单位:%）

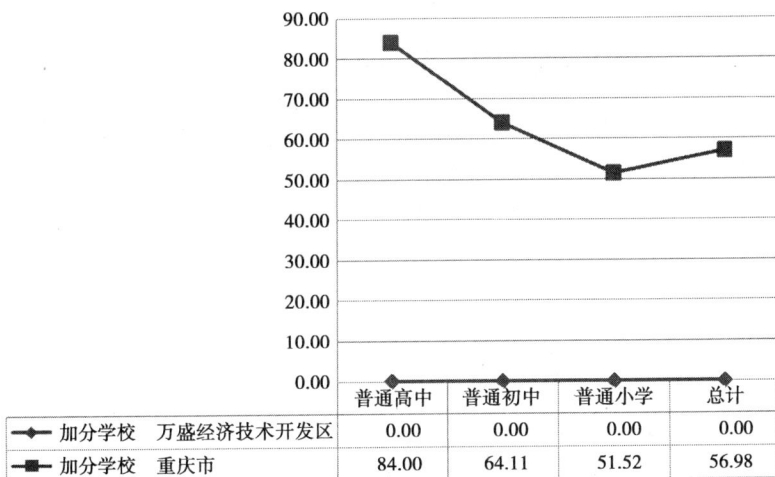

| | 普通高中 | 普通初中 | 普通小学 | 总计 |
|---|---|---|---|---|
| 加分学校　万盛经济技术开发区 | 0.00 | 0.00 | 0.00 | 0.00 |
| 加分学校　重庆市 | 84.00 | 64.11 | 51.52 | 56.98 |

图 3-40-3　2015 年万盛经济技术开发区与重庆市加分学校比例对比图（单位:%）

## 二、主要亮点

### （一）教育教学活动开展扎实有效

2015 年,万盛经济技术开发区各中小学严格执行国家教育课程管理计划,按要求开足开齐体育课程,结合学校实际制订了体育教学学年计划、学期计划、单元计划、课时计划、规范体育课堂教学,实施效果良好。在各中小学全面开展"大课间"活动,并与校园文化及区域特色结合起来,创编了羽球操、啦啦操、书法操等形式多样内容丰富的团体操。为了让学生在自由活动中能充分展示其兴趣爱好,各校还在"大课间"开展了篮球、足球、跳绳、羽毛球、障碍跑、踢毽子等运动项目,让学生在40分钟的"大课间"活动里得到有效的锻炼。

### (二)体育教师队伍建设较为完善

万盛经济技术开发区专职体育教师的比例为88.46%,高于全市平均水平。其中,各类型学校专职体育教师比例均低于全市平均水平;万盛经济技术开发区体育教师缺额比例为1.62%,远低于全市平均水平(见表3-40-1),表明万盛经济技术开发区专职体育教师相对充足。全区体育教师参加县级以上培训的比例为60.99%,基本与重庆市平均水平持平。同时受县级以上表彰的体育教师比例为36.26%,高于全市平均水平(18.29%)。以上数据表明,万盛经济技术开发区体育教师队伍的建设较为完善。

表3-40-1　2015年万盛经济技术开发区体育教师队伍信息　　　　单位:%

| 学校类别 | 专职 | | 缺额 | | 县级以上培训 | | 受县级以上表彰 | |
|---|---|---|---|---|---|---|---|---|
| | 万盛经济技术开发区 | 重庆市 | 万盛经济技术开发区 | 重庆市 | 万盛经济技术开发区 | 重庆市 | 万盛经济技术开发区 | 重庆市 |
| 小学 | 77.92 | 51.82 | 1.28 | 19.82 | 74.03 | 54.90 | 24.68 | 13.61 |
| 初中 | 96.67 | 87.22 | 0.00 | 7.26 | 40.00 | 72.54 | 56.67 | 24.86 |
| 九年一贯制学校 | 86.96 | 65.51 | 8.00 | 15.59 | 91.30 | 51.64 | 26.09 | 14.90 |
| 完全中学 | 100.00 | 95.27 | 0.00 | 7.82 | 40.38 | 76.48 | 46.15 | 27.78 |
| 合计 | 88.46 | 67.05 | 1.62 | 15.44 | 60.99 | 61.42 | 36.26 | 18.29 |

## 三、主要问题

2015年,万盛经济技术开发区中小学校有体育馆2个,体育器材达标学校数29所,其平均数量均高于全市平均水平(见表3-40-2),但其他体育场地器材设施的数量均与全市平均水平存在一定差距。其中,田径场18块(200米田径场16块,300米田径场1块,400米田径场1块),校均数量为0.62块,低于全市每校平均数量0.64块;篮球场53块,校均数量为1.83块,低于全市每校平均数量2.02块;排球场5块,校均数量为0.17块,低于全市每校平均数量0.58块;全区没有1个游泳池,校均数量为0个,低于全市每校平均数量0.02个;学生体质测试室8间,校均数量为0.28间,低于全市每校平均数量0.51间。以上数据表明,万盛经济技术开发区需进一步完善学校体育场地的配备。

**表 3-40-2  2015 年万盛经济技术开发区体育场地器材信息**（场地器材总量/学校个数）

| 类　别 | | 小　学 | 初　中 | 九年一贯制学校 | 完全中学 | 合　计 |
|---|---|---|---|---|---|---|
| 田径场/块 | 万盛经济技术开发区 | 0.53 | 0.57 | 0.50 | 1.33 | 0.62 |
| | 重庆市 | 0.53 | 0.84 | 0.74 | 1.06 | 0.64 |
| 篮球场/块 | 万盛经济技术开发区 | 1.53 | 1.43 | 2.50 | 3.33 | 1.83 |
| | 重庆市 | 1.54 | 2.51 | 2.37 | 4.57 | 2.02 |
| 排球场/块 | 万盛经济技术开发区 | 0.00 | 0.00 | 0.50 | 1.00 | 0.17 |
| | 重庆市 | 0.41 | 0.76 | 0.59 | 1.41 | 0.58 |
| 体育馆/个 | 万盛经济技术开发区 | 0.00 | 0.00 | 0.00 | 0.67 | 0.07 |
| | 重庆市 | 0.04 | 0.04 | 0.06 | 0.25 | 0.06 |
| 游泳池/个 | 万盛经济技术开发区 | 0.00 | 0.00 | 0.00 | 0.00 | 0.00 |
| | 重庆市 | 0.01 | 0.01 | 0.01 | 0.07 | 0.02 |
| 学生体质测试室/间 | 万盛经济技术开发区 | 0.20 | 0.14 | 0.50 | 0.67 | 0.28 |
| | 重庆市 | 0.48 | 0.52 | 0.53 | 0.75 | 0.51 |
| 体育器材达标数/个 | 万盛经济技术开发区 | 1.00 | 1.00 | 1.00 | 1.00 | 1.00 |
| | 重庆市 | 0.69 | 0.75 | 0.82 | 0.87 | 0.72 |

注：2015 年万盛经济技术开发区上报的篮球场为 53 块、排球场 5 块，而 2014 年上报的篮球场为 88 块、排球场 38 块。需要在上报数据时对数据变化作出说明。

# 附 录

**附件** 1

### 重庆市 2015 年中小学校体育工作评估审核结果一览表

| 学校类别 | 学校总数 | 优秀等级学校 | % | 良好等级学校 | % | 合格等级学校 | % | 不合格学校 | % | 加分学校 | % |
|---|---|---|---|---|---|---|---|---|---|---|---|
| 普通高中 | 250 | 195 | 78.00 | 39 | 15.60 | 16 | 6.40 | 0 | 0.00 | 210 | 84.00 |
| 中职学校 | 63 | 43 | 68.25 | 13 | 20.63 | 7 | 11.11 | 0 | 0.00 | 43 | 68.25 |
| 普通初中 | 847 | 560 | 66.12 | 202 | 23.85 | 84 | 9.92 | 1 | 0.12 | 543 | 64.11 |
| 普通小学 | 2 473 | 1 351 | 54.63 | 715 | 28.91 | 400 | 16.17 | 7 | 0.28 | 1 274 | 51.52 |
| 总计 | 3 633 | 2149 | 59.15 | 969 | 26.67 | 507 | 13.96 | 8 | 0.22 | 2 070 | 56.98 |

附件 2

## 重庆市 2015 年学校体育工作年度报表（一）

| 学校类别 | 学校数/所 | 在校学生数/人 | 教学班数/个 | 体育课开足学校数/所 | 落实每天一小时体育锻炼学校数/所 | 组织大课间体育活动学校数/所 | 体育教师人数/人 | | 体育教师缺额比/% | 体育教师缺额数/% | 体育教师师生比/% | 体育教师参加区县级以上培训人次 | 体育教师受区县级以上表彰人数/人次 |
|---|---|---|---|---|---|---|---|---|---|---|---|---|---|
| | | | | | | | 专职 | 兼职 | | | | | |
| 小学 | 2 466 | 1 846 536 | 42 838 | 2 464 | 2 464 | 2 464 | 5 907 | 5 492 | 24.71 | 2817 | 0.15 | 6 258 | 1 551 |
| 初中 | 661 | 633 487 | 13 476 | 660 | 660 | 660 | 2947 | 432 | 7.83 | 264.5 | 0.17 | 2 451 | 840 |
| 高中 | 56 | 185 632 | 3 350 | 56 | 56 | 56 | 691 | 15 | 4.53 | 32 | 0.22 | 461 | 194 |
| 九年一贯制学校 | 190 | 175 527 | 4224 | 190 | 190 | 190 | 699 | 368 | 18.46 | 197 | 0.16 | 551 | 159 |
| 十二年一贯制学校 | 4 | 13 589 | 324 | 4 | 4 | 4 | 47 | 5 | 25.00 | 13 | 0.22 | 28 | 9 |
| 完全中学 | 251 | 841 619 | 15 432 | 250 | 251 | 249 | 2 840 | 141 | 8.49 | 253 | 0.24 | 2 280 | 828 |
| 合计 | 3628 | 3 696 390 | 79 644 | 3 624 | 3 625 | 3 623 | 13 131 | 6 453 | 18.26 | 3 576.5 | 0.17 | 12 029 | 3 581 |

**重庆市 2015 年学校体育工作年度报表（二）**

| 学校类别 | 田径场/块 | | | | 篮球场/块 | 排球场/块 | 器械体操及游戏区面积/m² | 体育馆 | | 游泳池 | | 学生体质测试室/间 | 体育器材配备达标学校数/所 |
| --- | --- | --- | --- | --- | --- | --- | --- | --- | --- | --- | --- | --- | --- |
| | 200米 | 300米 | 300~400米 | 400米 | | | | 个数/个 | 总面积/m² | 个数/个 | 总面积/m² | | |
| 小学 | 1 146 | 50 | 88 | 19 | 3 787 | 1 010 | 1 521 492.2 | 87 | 87 874.62 | 22 | 13 495 | 1 173 | 1 691 |
| 初中 | 355 | 88 | 63 | 48 | 1 661 | 501 | 526 093.5 | 25 | 23 946.4 | 6 | 3 335 | 346 | 494 |
| 高中 | 15 | 12 | 3 | 31 | 278 | 131 | 124 447 | 17 | 40 082 | 11 | 19 260 | 47 | 52 |
| 九年一贯制学校 | 118 | 16 | 6 | 1 | 450 | 112 | 192 584 | 12 | 13 490 | 1 | 1 024 | 100 | 155 |
| 十二年一贯制学校 | 2 | 0 | 0 | 3 | 20 | 10 | 120 | 2 | 2 861.62 | 0 | 0 | 6 | 3 |
| 完全中学 | 73 | 40 | 25 | 127 | 1147 | 353 | 640 253 | 62 | 86 770 | 18 | 19 224 | 187 | 218 |
| 合 计 | 1 709 | 206 | 185 | 229 | 7343 | 2117 | 3 004 989.7 | 205 | 255 024.64 | 58 | 56 338 | 1 859 | 2 613 |

## 重庆市 2015 年学校体育工作年度报表（三）

| 学校类别 | 学校体育工作等级评估 | | | | | | | | 各级专职体育教研员人数 | 学校体育经费支出情况/万元 | | | | 体育中考实施情况 | | | | 是否建立专项督导制度 | 是否制订体育活动意外伤害保障措施 |
|---|---|---|---|---|---|---|---|---|---|---|---|---|---|---|---|---|---|---|---|
| | 优秀 | | 良好 | | 合格 | | 不合格 | | | 支出总额 | 体育场地经费支出 | 专用器材经费支出 | 体育工作经费 | 是 | | | 否 | | |
| | 所 | % | 所 | % | 所 | % | 所 | % | | | | | | 地区覆盖率/% | 分值 | | 分值占总分比例/% | | |
| 小学 | 1 340 | 54.34 | 741 | 30.05 | 399 | 16.18 | 7 | 0.28 | 159.25 | 24 570.00 | 16 689.95 | 4 722.92 | 3 568.41 | — | — | | — | 否 | 是 |
| 初中 | 436 | 65.96 | 167 | 25.26 | 71 | 10.74 | 1 | 0.15 | 53.25 | 10 418.41 | 7 797.32 | 1 720.39 | 1 602.29 | 100.00 | 50 | | 6.70 | 是 | 是 |
| 高中 | 47 | 83.93 | 8 | 14.29 | 1 | 1.79 | 0 | 0.00 | 10 | 1 960.42 | 1 052.89 | 387.40 | 778.62 | — | — | | — | 是 | 是 |
| 九年一贯制学校 | 130 | 68.42 | 41 | 21.58 | 14 | 7.37 | 0 | 0.00 | 30.25 | 2 361.12 | 1 673.09 | 372.26 | 379.88 | 100.00 | 50 | | 6.70 | 是 | 是 |
| 十二年一贯制学校 | 1 | 25.00 | 2 | 50.00 | 1 | 25.00 | 0 | 0.00 | 0 | 1 078.00 | 962.00 | 56.00 | 60.00 | 100.00 | 50 | | 6.70 | 是 | 是 |
| 完全中学 | 181 | 72.11 | 37 | 14.74 | 16 | 6.37 | 0 | 0.00 | 49.25 | 11 288.13 | 8 702.87 | 1 686.43 | 1 877.89 | 100.00 | 50 | | 6.70 | 是 | 是 |
| 合计 | 2 135 | 58.85 | 996 | 27.45 | 502 | 13.84 | 8 | 0.22 | 302 | 55 405.30 | 39 030.06 | 9 220.55 | 10 101.42 | — | — | | — | 是 | 是 |